西部人口城市化质量现状及存在的问题研究

杨 筠 孙丽萍 著

科学出版社
北 京

内 容 简 介

本书梳理了我国人口"半城市化"现状的产生背景、原因、阶段特征及演化趋势。从人口城市化质量的适度性、协调性和包容性3个方面,初步构建起制度性框架下我国西部人口城市化质量综合评价框架和指标体系。本书运用构建的西部人口城市化质量评价指标体系对西部12个省(区、市)的人口城市化质量进行综合评估和审视。根据西部人口城市化质量现状分析,识别与剖析西部人口城市化发展存在的主要问题,并提出促进我国西部人口城市化高质量发展的政策思路。本书研究突破了以往城市化研究注重城市化数量与规模,忽视城市化质量的偏向,能够直指当下中国人口"半城市化"之弊端,为我国西部城市化高质量发展提供了有益的指导。

本书理论联系实际,可为高等院校和科研院所城市化研究学者的教学、科研以及西部地方政府推进西部城市化高质量发展提供参考。

图书在版编目(CIP)数据

西部人口城市化质量现状及存在的问题研究 / 杨筠,孙丽萍著. —北京:科学出版社,2020.9
ISBN 978-7-03-061845-0

Ⅰ.①西⋯ Ⅱ.①杨⋯ ②孙⋯ Ⅲ.①城市人口–人口质量–研究–西北地区②城市人口–人口质量–研究–西南地区 Ⅳ.①C924.24

中国版本图书馆 CIP 数据核字 (2019) 第 147775 号

责任编辑:莫永国 孟 锐 / 责任校对:彭 映
责任印制:罗 科 / 封面设计:墨创文化

科学出版社 出版
北京东黄城根北街16号
邮政编码:100717
http://www.sciencep.com

成都锦瑞印刷有限责任公司 印刷
科学出版社发行 各地新华书店经销

*

2020年9月第 一 版　开本:787×1092 1/16
2020年9月第一次印刷　印张:14 1/2
字数:361 000
定价:145.00元
(如有印装质量问题,我社负责调换)

杨筠，云南省蒙自市人，2002年毕业于西南大学，获理学硕士学位，现为内江师范学院经济与管理学院教授，硕士生导师，受聘为内江师范学院校学术委员会委员、内江师范学院校教学指导委员会委员。近年来主持国家社会科学基金项目"西部人口城市化质量现状及存在的问题研究（12BJY051）"等的研究工作。出版专著3部，发表学术论文60余篇。独立撰写的学术论文荣获云南省第十三次哲学社会科学优秀成果三等奖、曲靖市社会科学优秀成果二等奖和三等奖。

孙丽萍，汉族，云南宣威人，副教授，现任教于曲靖师范学院数学与统计学院，主要研究方向为城镇化理论。曾主持多项省厅级课题，参与多项国家级课题及其横向课题，发表论文20余篇，在《地域研究与开发》《现代城市研究》等刊物上发表论文14篇。

前　言

  我国正处于城市化进程的重要时期，人口城市化被视为解决我国劳动力成本上升、投资回报率下降、老龄化和促成经济发展方式转变的关键所在。现阶段我国人口城市化面临的最大问题在于人口城市化质量低，人口"半城市化"的城市化发展模式是造成人口城市化质量低的根源，数以亿计的"半城市化"人口无法分享人口城市化红利，带来了一系列经济社会问题。2014年西部人口城市化发展水平达到46.89%，标志着西部人口城市化由数量扩张、外延式发展向质量提升、内涵式建设转型，原有的粗放式人口城市化模式已不可持续，西部人口城市化模式和道路将发生根本性的变化。西部人口城市化水平滞后于经济发展、工业化和土地城市化水平，土地城市化超前，城乡差距持续扩大，民生福利和社会保障性投入不足，精锐劳动力大量流失，人口城市化质量整体不高。我国西部地区是未来人口城市化的重点区域，有效的政策和措施可以使西部人口城市化的积极效应超过负面效应。

  一是扫清市民化障碍。我国现行户籍制度和土地制度在一定程度上固化了城乡"二元结构"，当务之急是进行制度改革和政策创新，通过户籍制度改革打破人口流动限制，通过土地制度改革解开土地对流动人口的束缚，通过社会保障制度改革，为顺利推进户籍制度改革和土地制度改革保驾护航。二是推进市民化进程。提高西部中小城市和小城镇的"人气"，关键在于改革财税制度，推进公共资源配置均等化，提高西部居民生活的便利程度和优质公共服务的可获得性，缩小区域发展差距，引导西部流动人口就地城市化。三是提高市民化能力。西部人口城市化进程滞后客观上受制于制度障碍，主观上受制于农民自身市民化能力不足。城市应该具有更好的包容性，以包容的心态和行动，帮助半城市化农民提高城市就业的稳定性。四是优化城镇空间布局。西部人口城市化应遵循世界人口城市化规律，顺应我国人口流动趋势，顺应大城市集群发展规律，摒弃传统均衡发展思路，采取"以城市群为龙头，充分发挥大城市优势，有重点地发展特色小城镇，严格控制中小城镇盲目扩张"的发展战略，调整和优化西部城镇空间布局。五是走紧凑型人口城市化道路。西部地区宜根据人口分布和自然环境条件，采取"大集中、小分散"人口城市化方针，引导人口向资源环境承载力较好的城市群、省会城市集聚，走集中、节约型人口城市化道路，提高城市人口密度和城市聚集效应，才能有效疏散东部大城市人口压力，并形成西部地区经济增长轴，提高西部人口城市化水平。

目　录

第一章　绪论 1
 一、研究背景 1
 二、目的和意义 1
 三、相关概念 2
 四、研究思路与方法 8
 五、创新之处 10
 六、研究框架 10

第二章　世界人口城市化进程及特征 12
 第一节　人口城市化理论回顾 12
  一、人口迁移理论 12
  二、二元结构理论 14
  三、产业结构转换理论 16
 第二节　发达国家人口城市化进程及特征 17
  一、发达国家人口城市化历程 18
  二、发达国家人口城市化规律 21
  三、美国人口城市化进程及特征 24
 第三节　发展中国家人口城市化进程及特征 27
  一、发展中国家人口城市化进程 27
  二、发展中国家人口城市化特征 30
  三、巴西和缅甸人口城市化进程 34

第三章　我国人口城市化进程及特征 42
 第一节　我国人口城市化进程 42
  一、1949~1959年人口城市化起步阶段 43
  二、1960~1978年人口城市化停滞阶段 45
  三、1979~1998年人口城市化爆发式增长阶段 47
  四、1999~2011年人口城市化快速推进阶段 48
  五、2011年后人口城市化质量提升阶段 49
 第二节　我国人口城市化特征 49
  一、人口城市化滞后 49
  二、人口城市化区域差距大 53
  三、不彻底的人口"半城市化" 54
 第三节　我国人口"半城市化"特征 56

一、我国人口"半城市化"现状···57
　　二、我国人口"半城市化"特点···60
　第四节　我国人口"半城市化"成因··66
　　一、二元户籍制度的限制···66
　　二、"城市偏向"的公共政策···68
　　三、"二元分割"的土地制度···69
　　四、人力资本和社会资本的缺失··71

第四章　人口城市化质量理论及分析框架··73
　第一节　人口城市化质量相关理论··73
　　一、城市可持续发展理论···73
　　二、生态城市理论···75
　　三、生活质量理论···77
　第二节　人口城市化质量相关研究··78
　　一、人口城市化适度性研究···78
　　二、人口城市化包容性研究···79
　　三、农民市民化研究···80
　　四、迁移人口稳定性研究···82
　第三节　西部人口城市化质量分析框架··83
　　一、人口城市化与经济发展水平适度性······································83
　　二、人口城市化与工业化适度性··85
　　三、人口城市化与土地城市化协调性··87
　　四、人口城市化与城乡统筹发展协调性······································88
　　五、人口城市化与民生福利包容性··89
　　六、人口城市化与社会保障包容性··89

第五章　西部人口城市化质量评价指标体系··92
　第一节　人口城市化质量评价指标综述··92
　　一、国外人口城市化质量评价指标综述······································92
　　二、国内人口城市化质量评价指标综述······································94
　第二节　西部人口城市化质量评价指标体系构建·······························102
　　一、基本原则··103
　　二、指标体系··104
　　三、指标说明··105
　　四、数据来源及评价方法··112

第六章　西部人口城市化质量适度性评价···113
　第一节　西部人口城市化与经济发展适度性···································113
　　一、西部地区人口城市化与经济发展进程及特征·····························114
　　二、西部人口城市化与经济发展相关性分析·································117
　　三、西部人口城市化与经济发展适度性评价·································120

  第二节 西部人口城市化与工业化适度性 ·· 123
    一、西部地区人口城市化与工业化进程及特征 ··· 124
    二、西部人口城市化与工业化相关性分析 ·· 126
    三、西部人口城市化与工业化适度性评价 ·· 128

第七章 西部人口城市化质量协调性评价 ·· 132
  第一节 西部人口城市化与土地城市化协调性 ·· 132
    一、西部地区人口城市化与土地城市化进程及特征 ····································· 132
    二、西部人口城市化与土地城市化相关性 ·· 135
    三、西部人口城市化与土地城市化协调性评价 ··· 138
  第二节 西部人口城市化与城乡统筹发展协调性 ·· 142
    一、西部地区人口城市化与城乡居民收入差距特征 ····································· 142
    二、西部人口城市化与城乡居民收入差距相关性 ······································· 143
    三、西部人口城市化与城乡统筹发展协调性评价 ······································· 146

第八章 西部人口城市化质量包容性评价 ·· 150
  第一节 西部人口城市化与民生福利包容性 ··· 150
    一、西部地区人口城市化与民生福利演变 ·· 150
    二、西部人口城市化与受高等教育人数变化相关性 ····································· 153
    三、西部人口城市化与民生福利包容性评价 ··· 154
  第二节 西部人口城市化与社会保障包容性 ··· 157
    一、西部地区人口城市化与社会保障进程 ·· 158
    二、西部人口城市化与社会保障相关性 ··· 161
    三、西部人口城市化与社会保障水平包容性评价 ······································· 162

第九章 西部人口城市化质量综合审视 ·· 166
  第一节 西部人口城市化质量分指标评价 ·· 166
    一、西部人口城市化质量适度性分析 ··· 166
    二、西部人口城市化质量协调性分析 ··· 169
    三、西部人口城市化质量包容性评价 ··· 172
  第二节 西部人口城市化质量区域分异评价 ··· 175
    一、西部人口城市化质量区域分异分析 ··· 176
    二、西部12省（区、市）人口城市化质量分析 ·· 178
  第三节 西部人口城市化质量总体评价 ··· 181
  第四节 西部人口城市化质量问题 ·· 185
    一、西部人口城市化进程滞后 ·· 185
    二、土地城市化超前发展 ··· 187
    三、人口城市化质量建设"重物轻人" ·· 190
    四、人口城市化质量区域差距扩大 ·· 191

第十章 西部人口城市化推进及质量提升对策 ·· 192
    一、扫清市民化障碍 ··· 192

二、推进市民化进程 ·· 198
三、提升市民化能力 ·· 201
四、优化城镇空间布局 ··· 203
五、走紧凑型人口城市化道路 ··· 206
参考文献 ·· 210

第一章 绪 论

从世界范围看,我国快速、大规模的人口城市化现象史无前例,加快我国人口城市化进程并提高人口城市化质量,已成为当前我国改革与发展的共识。通过人口城市化,努力提高全体居民的幸福感、探索改善民生的新途径已成为政策制定者的重要优先事项(Tang,2014)。1996年,联合国人居组织发布的《伊斯坦布尔宣言》指出:"我们的城市必须成为人类能够过上有尊严、健康、安全、幸福和充满希望的美满生活的地方。"这意味着人口城市化不仅关注速度,还关注质量,要以城市居民的生活水平、生活质量来衡量人口城市化的成效。农村人口过上更好生活的愿望是人口城市化的最终驱动力,也是人口城市化是否成功的最终衡量标准(Bai et al., 2014)。2014年,我国西部人口城市化率达到46.89%,接近50%,西部人口城市化处于由数量扩张向质量提升转变的关键时期,对西部人口城市化质量进行综合评估和审视是促进西部人口城市化可持续发展的一个重要议题。

一、研究背景

根据美国城市地理学家 Northam(诺瑟姆)提出的人口城市化发展曲线,当城市人口占比超过30%时,人口城市化进入加速发展时期,2014年我国西部人口城市化率接近50%,标志着西部人口城市化进入快速推进期和质量提升期。西部大开发以来,西部人口城市化在取得巨大成就的同时,也存在一些问题,主要表现为人口城市化的发展重视城市数量的增加和城市规模的扩张,忽视了城市化质量的提升,西部人口城市化"质"和"量"的发展不协调带来诸多不和谐因素,阻碍了西部人口城市化的可持续发展(李琪,2013)。促进西部人口城市化健康发展,应坚持人口城市化数量与质量并重。

二、目的和意义

2014年西部人口城市化率接近50%,标志着西部人口城市化进程由数量扩张到质量、效益提升的转型,只有不断地提升西部人口城市化质量,才能解决前期人口城市化高速发展带来的诸多问题,促进西部人口城市化健康发展。

从理论研究角度看,研究西部人口城市化质量是对城市化理论的发展和完善。城市化是过程和结果、数量和质量的统一,是城市数量、城市化率、城市职能不断提高和城市发展质量不断提升的有机结合,城市化不仅表现为城市数量、规模和人口的增长,还表现为城市质量和城市居民生活水平的提高。城市化研究不仅需要从城市化数量的变动方面进行研究,还要考察城市化内在过程的演变。在城市化理论发展二百多年的历史里,学者们主要进行了大量的与城市化数量变化有关的研究,对于城市化质量变化的研究则相对匮乏。由于我国人口城市化质量理论研究的滞后性，人口城市化质量的概念和内涵尚未得以明确，统一和规范的人口城市化质量评价体系也尚未建立起来，相对成形的人口城市化质量理论研究框架也尚在建构中。

从实践研究角度看，西部人口城市化质量研究不仅缺少系统的理论研究框架，而且缺乏相应的实证分析支撑。第二次世界大战后，发展中国家和发达国家的人口城市化特征和路径明显不同，发展中国家经济发展、工业化与人口城市化不同步，表现为"过度城市化"或者"滞后城市化"。我国的人口城市化进程与发达国家所经历的人口城市化进程的背景和条件都发生了根本性变化，有不同于西方发达国家和其他发展中国家的特殊性。西方的人口城市化与工业化同步，以市场经济为基础，是市场主导模式，我国西部特殊的经济特征、历史基础、区域格局等都深刻影响着西部的人口城市化进程，西部人口城市化的特征、问题及路径都显著区别于发达国家，简单套用西方国家的人口城市化理论和实践是行不通的。同时，经过改革开放40多年的发展，尤其是西部大开发以来，西部人口城市化水平迅速提高，人口城市化进程正在经历由数量增长向质量提升的转变，西部人口城市化的模式将发生根本性的变化，原有的粗放式人口城市化模式已不可持续，必须从人口城市化质量提升的角度出发，研究西部人口城市化的转型发展，探寻西部新型人口城市化道路。

本书试图在众多学者研究成果的基础上，厘清人口城市化质量的概念内涵，分析世界发达国家、发展中国家以及我国人口城市化的阶段性特征，依据现有的人口城市化质量研究成果和西部人口城市化特征，提出西部人口城市化质量分析框架，构建西部人口城市化质量评价指标体系，采用具有普遍性和代表性的评价方法和指标，对整个西部地区和西部12省(区、市)人口城市化质量的各个方面进行评价，并提出有关西部人口城市化推进及质量提升的对策。

三、相关概念

(一)城市化

城市化是工业化的产物，但城市的出现和产生远在工业化之前。狭义上，城市化是指城市的形成。大约4000年前，最早的城市开始萌芽，中世纪时，长途贸易和商业资本主义的扩张刺激了欧洲主要城市的发展，随后的工业化带来农业劳动生产率的提高以及社会分工的细化，使城市快速发展的物质条件得以准备。工业革命促进了生产力的大发展，城市数量快速增长，城市人口占比急剧上升，城市得到空前的大发展，城市数量、结构和功能均发生了重大变化，形成了现代意义上的新型城市。城市的发展史不同于城市化的发展史，工业革命拉开了真正意义上的城市化序幕，工业化使人类社会完成了由以乡村为中心到以城市为中心的经济活动与生活方式的变革，一国的城市化水平总是与其工业化水平高度吻合。因此，真正意义上的城市化产生于工业革命后，距今有二百余年的历史。

"城市化(urbanization)"一词的出现距今已有百余年，较早出现在1858年，马克斯等的著作《政治经济学批判》提出了"现代的历史是乡村城市化，而不是在古代那样，是城市的乡村化"的重要论断(马克思 等，1979)。1857年，西班牙人A.Seula的《城镇化基本理论》一书首次使用了"urbanization"一词(周一星，2007)。城市化是一个复杂的、涉及多学科的社会演进过程，各学科学者从不同学科的角度观察、阐释了对"城市化"这一人类社会重要进程的细致研究，从不同的学科角度看，城市化概念的诠释可以概括如下。

人口学家从人口结构变化来诠释城市化，对城市化的理解侧重于"人口的城市化"。20世纪五六十年代，美国经济学家西蒙·库兹涅茨(1989)将城市化定义为人口的分布在城市和乡村之间的变化过程。赫茨勒(1963)在《世界人口的危机》一书中也提出城市化即人口由乡村流入大城市并且在城市里集中的过程。Christopher Wilson 在主编的《人口学辞典》中对"城市化"所做的解释是"城市化是农村人口转变为城市人口的过程，是人口从分散到集中的过程"(邹农俭，1989)。R.罗西也认为"城市化是人口集中的过程，是城市人口占全社会人口比例的提高过程"(向德平，2002)。很显然，人口学家把城市化理解为农村人口不断涌入城市，致使城市数量增加，城市人口增长，进而使城市人口数量占总人口的比值不断攀升的过程。

地理学家从空间视角认识城市化，对城市化的理解侧重于"地域(空间)的城市化"，研究重点关注城市及其区域空间组织结构的变化。规划大师霍华德提出了"田园城市"的发展模式；苏格兰城市规划思想家盖迪斯预见性地提出了城市集聚连绵发展的群体形态；法国城市规划思想家勒·柯布西埃主张城市集中发展，提出集聚是城市化的本质与核心；美国建筑大师赖特则主张低密度城市化；美国学者沃纳·赫希在其著作《城市经济学》中指出，"城市化是指从以人口稀疏并相当均匀遍布空间、劳动强度很大且个人分散为特征的农村经济，转变成为具有基本对立特征的城市经济的变化过程"。地理学家强调城市化是地域空间转移的过程，包括城市数量的增加和城市地域范围的扩大，以及城市空间结构和组织的演变。

经济学家通常是从经济效率视角研究城市化，认为城市化是农业产业和农业经济向非农业产业和非农业经济转化的过程。亚当·斯密的《国民财富的性质和原因的研究》开启了城市发展进程中地域分工理论的研究。经济学家克拉克将城市化定义为第一产业人口向第二、三产业人口转换的过程。日本著名经济学家山田浩之(1991)从城市经济关系的角度诠释了"城市系统"的概念，认为城市化内容可分为两个方面：一是经济基础领域的城市化现象，包括产业的转换、经济结构的调整；另一个是在社会文化过程中的城市化现象，包括价值观、态度和行为等方面的城市化变迁。英国城市经济学家巴顿(1990)更进一步地提出了"发展空间经济理论，为现代城市经济的研究奠定基础"。20世纪，P. Krugman 建立了新经济地理学说，提出城市经济、区域经济和国际贸易都是空间经济学，认为"城市与经济增长本质上是相同的，只不过一个是空间上的，一个是时间上的"。

社会学家从城市社会结构和生产与生活方式变迁分析城市化，认为城市化是人们生活方式由乡村转变为城市的过程。城市代表着先进的生产生活方式，城市化是城市生产生活方式产生、聚集并不断向农村扩散的过程。城市生产生活方式从城市扩散到农村，导致整个社会中心向城市转移。同时，随着城市的发展和产业的变迁，农村人口从农村和农业向城市和工业转移，他们随之被纳入城市生产生活组织中，城市生产生活方式和价值观得以确立。

有学者从多学科、综合角度阐释城市化概念。美国新版的《世界城市》从多学科角度来理解城市化，认为城市化可划分为两个过程，一种侧重物质方面，包括人口、生产要素等物质因素往城市环境集中的一个地域推进过程，此过程称为城市化过程Ⅰ；另一种侧重精神或者意识方面，主要包括城市文化、价值观、生活习惯等非物质要素往农村环境推进的地域扩散过程，称为城市化过程Ⅱ。城市化二重性理论的代表皮沃瓦罗夫认为，城市化可以分为狭义城市化和广义城市化，分别强调城市数量的扩张和生活品质的提升(阿·弗·斯捷潘年科，1988)。

国外关于城市化的概念至今也无一个统一确切的定义。随着研究的深入，国外城市化概念的内涵不断得到丰富，城市化的研究视角趋向于综合和多维度，研究的内容不断扩展。美国《现代社会学辞典》对城市化的定义是"人口从乡村到城市的移动过程，其结果是城市人口占比日益提高以及城市行为模式与思想方法的持续传播"(章友德，2003)。Eldridge(1956)将众多的城市化定义归结为 3 个过程的有机结合：人口集中过程(a process of population concentration)、城市品质和特征扩散过程(a process of diffusion)、要素聚集和强化过程(a process of intensification)。

我国城市化的研究起步较晚，城市化概念的界定和研究更多是遵循了国外学者的界定和研究思路，或是从某一学科和视角出发来界定狭义的城市化概念，或是从多维综合角度出发来界定广义的城市化概念。我国城市化二重性理论的代表李树琮(2002)认为，狭义城市化指人口不断向城市集中的过程，广义城市化还包括城市的发展和城市居民生活方式和思想观念的现代化。

国内狭义城市化概念受人口学的影响较大。城市化研究早期，我国学界将城市化理解为一个人口迁移过程，主要从人口学角度来界定城市化概念，认为城市化是城市吸引农村人口的过程。《中国大百科全书》认为"城市化是农村人口向城市转移和农村地域转化为城市地域的过程"。《新社会学辞典》将城市化定义为"人口向一定地区集中而形成城市的过程"。

赵新平等(2002)从制度创新角度，认为城市化是工业化后新经济制度的产物。中国人民大学的戴为民(2007)从制度变迁角度认为，城市化是由社会经济资源的集中而产生的社会经济资源使用的集约化及提升，同时，城市化也是一种制度的变迁——乡村向城市制度的变迁。《中华人民共和国国家标准城市规划术语》将城市化定义为"城市化是人类生产与生活方式由农村向城市转变的历史过程"。

随着城市化研究的拓展，我国学者倾向于从多维综合角度界定城市化概念。叶裕民(2002)从城市化本质出发，认为城市化是传统落后的乡村转变为现代城市的"自然历史"过程，是人口城市化和现代化的统一。张亘稼(2007)认为，城市化是指人口向城市或城市化地带集中，这种集中既包括城镇数量的增加，也体现为城镇人口规模的不断扩大。刘传江等(2004)认为城市化是一个农业人口转变为非农业人口、农村地域转变为城市地域、农业活动转变为非农业活动、农村价值观念转变为城市价值观念，农村生活方式转变为城市生活方式的多景观层面的综合转换过程。李树琮(2002)从广义的城市化角度理解城市化内涵为：城市数量的增加，城市规模的扩大，城市建设质量的提高，城市产业结构的提升，城市空间结构和形态的不断优化，城市经济总量的扩大，生产生活方式的转变和生活质量的提高，城市中心作用的不断加强和充分发挥，城市体系的形成和逐步完善以及城乡关系的协调。高佩义（1991）认为，城市化的含义包括 5 个层次：乡村转化为城市、乡村内部的城市化、城市的城市化、不同学科领域研究对象的城市化及城市化整体运动过程的城市化等。陈明星（2015）指出要重视城市化综合研究，并提出城市化领域的 5 个科学问题及其子问题：城市化的跨学科特性、城市化基础理论体系的构建、城市化的区域特性以及与城乡统筹的相互关系、可持续城市化的发展模式与空间格局等。

在我国，与"城市化"紧密相关的一个概念是"城镇化"。改革开放到 20 世纪 90 年代中期，中国走了一条以小城镇为主的城市化道路，一些学者提出用"城镇化"来取代"城市化"概念，理由之一是我国人口众多，人口高度聚集到大城市不适宜中国的国情，我国的城市化道路应优先发展小城镇，在此城市化政策指引下，我国大量的农村人口向小城镇转移，我国农村人口小城镇化的比例偏高；理由之二是我国计算人口城市化水平是以城市和建制镇的人口为基数的，我国城市化进程中，小城镇人口发展速度快于大中城市，1984~1996 年，我国建制镇的数量就从 2664 个猛增至 18200 个。因此，我国的城市化率统计指标中包含了大量的小城镇人口，城镇化概念比城市化概念更符合我国的实际情况。另一部分学者认为我国城市化与城镇化概念并无本质区别，1982 年中国建筑学会城市规划学术委员会召开的"中国城镇化道路问题学术讨论会"指出，城镇化与城市化是对外来语 urbanization 一词的不同译法，二者并无区别，在我国用"城镇化"来代替"城市化"主要是为了突出城镇化在我国城市化进程中的特殊性和重要性，城镇化与城市化并无本质差别，二者可以通用，城镇化是中国特色的城市化（孔凡文，2006）。考虑到中国市、镇地区的差异以及国家城市化发展的总方针，在中国官方文件中，表述"城市化"时，仍然主要使用"城镇化"，党的十八大提出了"新型城镇化"概念。我国"城镇化"与"城市化"概念分歧造成很多混乱，由于"城市化"表述在国际上被广泛使用，为统一，本书统一使用"城市化"进行表述。

（二）人口城市化

城市化研究涉及多门学科，研究内容包含人口的迁移、就业结构的转变、产业结构的调整、土地和地域空间的变化以及人们生活方式的城市化等。城市化是过程和结果、数量和质量的统一，是城市空间不断扩张，城市人口不断增长，城市地位不断提高和城市经济社会发展质量不断提升的有机整合。然而，从国内外城市化的历史进程来看，不难发现，农村人口向城市人口的转变、城市人口占比的不断上升是城市化最显著的特征，即人口城市化是城市化的核心内容和本质特征。

人口城市化是人口不断由农村向城市集中，城市人口数量和占比得以提高。城市人口的增长来源于 3 个方面：一是城市内部人口的自然增长；二是农村人口向城市人口迁移[①]导致的人口机械增长；三是城镇划分标准变更导致的农村地域转化为城市地域引起的

[①] 在我国，一般意义上的人口迁移是指移动者的户口随同移动者一起迁入某地的人口流动现象，以户口发生迁移为依据。人口流动则指移动者本人离开原居住地一天以上，而户口没有变动的临时性人口流动现象。

人口机械增长。1971年，人口学家Wilbur Zelinsky在《流动转移的前提》一文中指出，不同经济发展阶段，人口迁移形式存在差异，在工业化和人口城市化初期，城市人口增长以内部人口自然增长为主，随着城市人口出生率的下降，城市人口增长主要依靠外来人口的机械增长或城乡划分标准的变更导致的城市人口增长。欧美国家的人口城市化进程是经济与社会发展的自然产物，其人口城市化、空间城市化、生产和生活方式城市化几乎是同步进行的，因此缺乏独立的人口城市化研究，对人口城市化的研究就主要散见于城市化和农村劳动力转移的论著中。

随着研究的深入，我国学者对人口城市化概念有了更全面而深刻的认识。早期的"人口城市化"概念突出城市化进程中人口数量的增长，而随着研究的扩展和深入，人口城市化概念更关注人口城市化质量的提高。总体来看，人口城市化概念的界定有一些共性，普遍认为人口城市化是一个多层次的概念，它是农村人口转变为城市人口的过程和结果的统一，既包括农村居民居住、就业和身份向城市居民的转变，还包括农村人口生产生活方式和价值观念向现代化和城市化的改变。当前，我国学者主要从3个方面界定人口城市化：一是农村人口在地域上从农村向城市转移，就业结构从第一产业向第二产业、第三产业转化(刘铮，1985)；二是农业人口向非农业人口转化，城市化是一国人口的经济与社会活动非农化和现代化的过程(李辉，2003)；三是人口的生活地域、生活方式、价值观念等的城市化(孔凡文，2006)。可见，人口城市化不仅是人口的居住、就业和身份的乡-城转换，以及人们的生产、生活方式市民化的过程，更重要的是传统封闭的农业文明向城市文明的转变过程。

我国部分学者认为"城市化"在狭义上的解释即是"人口城市化"(顾朝林 等，1999)。他们认为，城市化的重要标志是人口城市化，人口城市化水平(level of population urbanization)是评价城市化水平的基本尺度，通常用人口城市化率(rate of population urbanization)来反映城市化水平。据此，人口城市化是城市化的原生变量，其他变量是派生变量，从狭义上看，人口城市化即城市化，因此，"城市化"和"人口城市化"是两个可以相互等同的概念。刘家强(1997)认为，城市化即人口城市化，人口城市化不仅是人口在地域空间上的乡-城移动，更重要的是乡村传统封闭文化向城市现代开放文化的转变，人们生产和生活方式趋向于城市化的过程。

我国另外一些学者指出，"城市化"与"人口城市化"并非同一概念(李辉，2003)，郑杭生(2005)认为，"城市化"是一种地理学术语，强调农村地域景观向城市景观的转变，而"人口城市化"则是一种人口学术语，强调农民转化为居民身份上的根本变化，城市化与人口城市化研究的对象和侧重点不同，不能将二者混同起来。李辉认为，城市化是指一个国家人口由农业人口占多数转变为非农业人口占多数，由农业国转变为工业国，由农业经济社会转变为城市经济社会的演变过程。城市化是社会经济整体变迁的过程，不仅包括人口和产业的聚集，还包括整个社会生产生活方式的演进和变迁，而人口城市化的实质是人口经济活动和生活方式的非农化过程。

由于我国城市化进程中人口流动受到特殊户籍制度、城市偏向的公共政策、土地制度等因素的制约，我国人口城市化具有特殊的"半城市化""虚假城市化"(安虎森 等，2013)特征，即人口城市化速度和规模远远滞后于经济发展、产业转换、土地城市化，走的是一条人口城市化、土地城市化、社会城市化不同步，迁移人口就业转换与身份改变不同步的人口"半城市化"道路。我国的城市化是不彻底的人口城市化，其最鲜明的特征是人口"半城市化"，为了深入、细致把握和研究我国城市化进程中的这一鲜明特色，本书认为我国"城市化"与"人口城市化"是两个紧密关联又有区别的概念，人口城市化是城市化的核心，二者研究的对象和侧重点不同，城市化是一个集合概念，包含人口学、地理学、经济学、人类学和社会学城市化研究的各个方面；人口城市化重点关注城市化进程中人口的市民化，人口城市化概念并非一个静止和简单的水平量化概念，而是一个动态的具有质量要求的概念。简言之，人口城市化是针对我国当前人口"半城市化"特征提出的，突出和强调城市化应以人为本，从动态角度研究人的城市化的水平和质量。

（三）城市化质量

国内对城市化质量的系统性研究起步较晚，目前关于城市化质量的研究，主要是对其意义的探讨以及定量的分析。如何界定城市化质量的内涵和外延，至今尚无一个公认和权威的定义（李琪，2013）。个别学者用物理学或管理学中的"质量"概念给出城市化质量定义（郑亚平，2006）。越来越多的学者指出，城市化质量不仅仅要考虑城市化发展的速度和程度，还要考虑城市化的效率和公平；不仅要关注城市系统与其他系统互动发展的质量，还要关注城市系统内部的发展质量，提出了综合角度的城市化质量研究（俞芳，2012）。综合角度的城市化质量概念主要以叶裕民、樊纲、陈明、国家城调总队福建省城调队课题组等为代表。2001年，叶裕民（2001）指出了城市化质量研究的重要性，认为城市化质量在于城市现代化以及城乡一体化的程度，他提出，城市化质量是城市现代化的水平。国家城调总队福建省城调队课题组（2005）从人的生存和生活质量、城市化发展动力、发展的协调性以及公平性4个方面解释了城市化质量的内涵。孔凡文等（2006）认为，城市化质量的内涵包括城市经济的发展、社会的进步、基础设施的完善、人居环境的改善、城镇管理和市民生活方式的改变。樊纲等（2009b）认为，城市化质量强调经济发展、城市功能以及社会和谐发展质量三者之间的协调性。周小刚等（2009）从城市化构成要素方面界定城市化质量，通过城市化各个要素之间的协调发展来衡量城市化质量。郭叶波（2013）指出，城市化质量是过程与结果的统一，是效率与公平的统一，城市化质量既包括城市化核心载体的发展质量，也包括城市化域面载体的发展质量，还包括两者之间的协调互动关系。

邹农俭（1989）在《中国农村城市化研究》一书中较早明确提出，科学地研究城市化，需要从"质"和"量"两个方面加以把握，整个城市化的过程可以看作是"质"和"量"两点交叉运动的轨迹。孔凡文（2006）提出，城市化内涵包括速度和质量两个方面，认为城市化是由农村人口和各种生产要素不断向城市集聚而形成的经济结构、生产方式、生活方式以及社会观念等向城市性质的演变过程。陈明（2012）从城乡统筹能力即城乡一体化程度、城市综合承载能力、城市发展推进效率以及城市发展的可持续程度等多方面考量城市化质量。姚士谋等（2014）从地理空间与自然资源可持续的角度，提出中国新型城市化建设中需重视3个理论和实践问题，实施"内涵型"城市化开发模式，提升城市化建设质量。陆大道等（2015）指出，我国城市化存在"冒进式"扩张，城市化超出经济发展与就业增长能力，土地城镇化规模盲目扩张，是虚假的城市化和贫困的城市化。"冒进式"城市化导致"大城市病"的严重后果，具体包括城市规模的无序扩张、土地资源的严重浪费、环境的持续恶化、空气污染的加剧、交通拥堵及房价高等问题（姚士谋 等，2012）。还有学者以市民化为重点，将城市化质量研究重点聚焦于居民生活质量、市民化程度等（袁晓玲 等，2008）。

综上所述，城市化质量是一个具有丰富内涵的概念，城市化质量的内涵是多维度的，人口城市化质量是城市化质量的核心与本质。

（四）人口城市化质量

目前，我国城市化质量的评价和研究已经有较多文献资料，但人口城市化质量研究还很少有学者涉及，大部分学者把人口城市化质量作为城市化质量研究的一个部分或者一个方面。对于我国这样的一个人口大国，人的城市化问题是城市化问题的核心问题，从人的城市化质量出发构建人口城市化质量评价指标体系并对人口城市化质量进行评价，有很大的必要性。

周艳萍（2011）对我国人口城市化质量进行研究，该研究阐释了人口城市化质量的内涵，提出通过人口城市化的适度性和包容性分析我国人口城市化质量现状和问题。研究指出，人口城市化不仅是农村人口居住地由农村转移到了城市，更重要的在于农村人口的生活方式、价值观念不断从传统方式向现代方式转变，人口城市化的重点应该转移到城市化人口生活质量、教育水平等的提高。檀学文（2012）从人口稳定性的角度，提出人口城市化质量水平取决于人口城市化的稳定性，即农村人口在城市的就业、生活等的稳定、不可逆性，以及迁移人口的家庭完整性。

综上所述，人口城市化质量的概念内涵至少应包括两个方面。首先，"人口城市化质量"是一个比较概念，国际上衡量一国或者一个地区的人口城市化质量普遍采用该国或者该地区人口城市化率与其工业化率、人均 GDP 水平、非农业化率等指标进行比较，并与世界平均水平或其他国家进行横向比较。其次，"人口城市化质量"是一个集合概念，包含人口城市化的"量"和"质"。"量"和"质"是一对矛盾体，具有对立与统一关系，人口城市化"量"的增长是"质"提升的基础和前提，人口城市化"质"的提升是人口城市化"量"扩张的目标。人口城市化"量"的增长更多追求的是速度和效率，"质"的提升更加关注公平和效益，二者协同发展才能实现高质量的人口城市化。

四、研究思路与方法

（一）研究思路

本书在继承前人研究成果的基础上，从理论探索和实证分析两个方面研究西部人口城市化质量现状及问题。人口城市化质量是当前城市化研究中较少涉及的研究领域，在梳理前人关于城市化、城市化质量、人口城市化、人口城市化质量研究成果的基础上，对人口城市化质量的内涵进行界定,构建人口城市化质量理论框架。根据人口城市化质量所包含的基本内容,从当前我国西部人口城市化质量的特征和要素出发,构建一套较为科学的西部人口城市化质量评价指标体系,分别从适度性、协调性和包容性3个方面分析和评价西部人口城市化质量现状与问题,并对西部12省(区、市)人口城市化质量的适度性、协调性和包容性进行横向比较,分析西部12省(区、市)人口城市化质量的区域性差异,判断西部12省(区、市)人口城市化质量的阶段性特征及问题,给出提高西部人口城市化水平及质量的对策。

(二)研究数据及方法

本书根据联合国和世界银行公开数据、中华人民共和国国家统计局、中国经济信息网、国研网相关统计数据,以及各年份《中国统计年鉴》《中国城市年鉴》及西部12省(区、市)各年份的统计年鉴等统计数据和资料,运用统计分析法对西部人口城市化质量进行统计分析。

研究对象的跨学科特征决定了研究视角的多学科性、研究方法的多样化。西部人口城市化质量研究不仅适用应用经济学、人口学的研究方法,而且还适用地理学、社会学、管理学等多学科的研究方法。本书以人口城市化理论和我国新型城镇化战略为指导,批判地借鉴和吸收西方城市化相关理论和实践经验,运用统计分析法、时间系列分析法和区域分异分析法等研究方法,EViews软件及GIS(geographic information sytem,地理信息系统)等技术手段对西部人口城市化质量现状与问题进行识别,重点采用以下分析方法。

(1)统计分析法。统计分析法是以数量关系和数量特征为基础,对研究对象客观发展数据收集、整理、归纳和分析的方法,广泛运用于各个研究领域。研究主要采用面板数据分析法、因子分析法、层次分析法等对西部12省(区、市)1999~2014年人口城市化质量适度性、协调性和包容性进行评价,并进行聚类分析,依据西部人口城市化质量综合评价指数,将西部12省(区、市)人口城市化质量进行类别细分。

(2)时间系列分析法。时间系列分析法是以时间为参照系,比较研究对象在一定时间范围内所表现出的特征及变化趋势,本书研究时间为1999~2014年,运用时间系列分析法对西部地区人口城市化质量适度性、协调性和包容性进行评价,并对其动态变化特征进行分析。

(3)区域分异分析法。区域分异分析法以空间或区域为参照系,在比较研究对象不同的情况下,国家或地区表现出相同或相异性质或特征。西部地区面积广阔,西部12省(区、市)发展不平衡,仅从西部整体层面分析评价人口城市化质量,难以揭示西部人口城市化质量的区域分异特征,本书运用区域分异分析法对西部12省(区、市)人口城市化质量适度性、协调性和包容性进行测度并进行区域分异评价,还选取2000年、2007年和2014年3个时点,运用GIS技术呈现西部12省(区、市)人口城市化质量的适度性评价、协调性评价和包容性评价可视化区域分异图。

五、创新之处

与现有的西部人口城市化质量相关研究相比，本书研究主要有两个方面的创新。

(1)构建西部人口城市化质量分析框架，丰富我国人口城市化质量研究成果。已有的研究尚缺乏西部人口城市化质量系统分析框架，本书在对人口城市化质量的外延与内涵进行界定基础上，依据人口城市质量的本质内涵，借鉴已有的相关理论和研究成果，构建能较为客观反映我国西部人口城市化质量的分析框架，从人口城市化质量适度性(人口城市化与经济发展适度性、人口城市化与工业化适度性)、协调性(人口城市化与土地城市化协调性、人口城市化与城乡统筹发展协调性)和包容性(人口城市化与民生福利包容性、人口城市化与社会保障包容性)3个方面对西部人口城市化质量进行综合评价。

(2)构建西部人口城市化质量评价指标体系，对西部12省(区、市)人口城市化质量进行评价，拓展了我国西部人口城市化质量评价的研究成果。以城市化质量理论为基础，借鉴已有的人口城市化质量评价指标体系，依据复合评价指标体系构建方法，遵循西部人口城市化质量评价指标体系构建原则，构建西部人口城市化质量评价指标体系，对西部12省(区、市)1999~2014年人口城市化质量进行评价与分析。

六、研究框架

本书共分为十章。

第一章为绪论，主要介绍研究背景、研究目的和意义，并厘清研究基本概念内涵，明确研究对象和研究区域。

第二章为世界人口城市化进程及特征，主要包括人口城市化理论回顾，以及发达国家与发展中国家人口城市化历程及特征分析。

第三章为我国人口城市化进程及特征，分析我国人口城市化阶段性特征，并对我国人口"半城市化"特征及成因进行研究。

第四章为人口城市化质量理论及分析框架，系统梳理国外人口城市化质量理论，对国内人口城市化质量研究进行综述，在此基础上，提出西部人口城市化质量分析框架。

第五章为西部人口城市化质量评价指标体系，对国内外人口城市化质量评价指标进行研究综述，提出西部人口城市化质量评价指标构建原则，构建西部人口城市化质量评价指标体系并对评价指标进行说明。

第六章、第七章和第八章对西部人口城市化质量适度性、协调性和包容性分别进行评价和分析，借鉴联合国人类发展指数(human development index，HDI)的测量方法，根据评价指标的上、下限阈值计算单个评价指标指数，对数据进行标准化或无量纲化处理，通过专家打分法(德尔菲法)确定各级评价指标权重，形成复合评价指数，对1999~2014年整个西部地区及西部12个省(区、市)人口城市化质量适度性、协调性和包容性分别进行评价。

第九章为西部人口城市化质量综合审视，综合西部人口城市化质量适度性、协调性和包容性评价结果，整体评价西部人口城市化质量现状，指出西部人口城市化质量存在的主要问题。

第十章为西部人口城市化推进及质量提升对策，根据西部人口城市化质量分析结果，以我国新型城镇化战略为指导，提出西部人口城市化质量提升对策及建议。

第二章 世界人口城市化进程及特征

从全球的文明史来看，人口城市化是一场全球性运动，人口城市化是实现人的现代化和社会现代化的重要推动力，世界各国都踏上了人口城市化的征程。由于发达国家与发展中国家工业化发生的时间存在差异，发达国家的人口城市化进程开始于18世纪初，而发展中国家到19世纪初才缓慢开始人口城市化进程，发达国家与发展中国家的人口城市化进程相差了一个世纪，因此，发达国家与发展中国家的人口城市化路径和特征具有显著差异。

第一节 人口城市化理论回顾

人口城市化是一国或地区城市人口在总人口中的占比不断上升、农村地域转变为城市地域的过程。人口乡-城迁移的过程即人口城市化的过程，西方学者早期的人口城市化理论与人口迁移理论密不可分，之后在诸多学科共同推动下，人口城市化理论不断得以丰富和完善。

一、人口迁移理论

人口迁移理论包含人口迁移推-拉理论、人口迁移决策理论、人口迁移假说、人口迁移引力模型等，其中人口迁移推-拉理论是被广泛运用的人口迁移理论（史学斌 等，2006）。人口迁移推-拉理论之所以被广泛接受，主要是由于它把人口城市化过程高度概括为迁出地和迁入地两极，将复杂的人口迁移过程高度简化，将人口城市化看成是迁出地推力和迁入地拉力共同作用的结果。人口迁移推-拉理论的产生最早可以追溯到雷文斯坦的人口迁移法则（law of migration），雷文斯坦认为，人们进行迁移的主要目的是为了改善自己的经济和生活状况，人们对于自身经济条件提升和生活质量提高的诉求，促成了人口迁移到收入和生活质量更高的城市。雷文斯坦提出的人口迁移法则从影响人口迁移的因素、数量、流向以及特征等方面对人口迁移推-拉理论进行了论述与总结，形成了著名的人口迁移七定律（陈希 等，2009）（表2.1）。

表2.1 雷文斯坦的人口迁移七定律（朱杰，2008）

迁移要素	具体定律	定律内涵
迁移原因	经济定律	增加收入、提高和改善生活质量
	城乡定律	从乡村迁移到城镇
迁移特征	性别定律	女性迁移倾向强于男性，且以短距离迁移为主
	年龄定律	各年龄段人口迁移的倾向是不同的，青年是移民的主体

续表

迁移要素	具体定律	定律内涵
迁移流向	距离定律	移民的迁移数量随距离迁入地的距离增加而减少
	递进定律	人口由偏远地区流向乡镇，乡镇流向中心城市
	双向定律	人口迁移的流向是双向的，主流与逆流并存

R.Herberle 和 Mitchell 分别在 1938 年和 1946 年正式提出了人口迁移推-拉理论。R.Herberle 在 1938 年发表的《乡村-城市迁移的原因》一文中指出，迁移力量包括迁出地的推力和迁入地的拉力，迁移行为取决于这两个力量的对比。在人口迁移推-拉理论中，农村和农业的推力包括农村日益减少的自然资源和恶劣的生存环境、农业生产中不断增加的成本和下降的收益、农村劳动力过剩与就业不足等，城市的拉力包括城市较高的收入和生活水平、更多的受教育机会及更多的自我选择和自我实现的可能性，人口迁移取决于农村推力或排斥力与城市拉力或吸引力共同作用的结果。从迁移者个体的行为决策过程来看，人口迁移推-拉理论的成立包含两个基本假设：一是人们的迁移行为是一种理性的选择；二是迁移者对迁出地和迁入地基本情况有比较充分的了解，他可以根据对两地之间推力和拉力的比较，从自身比较利益的角度出发，做出理性选择。系统的人口迁移推-拉理论则是 D.J.Bogue 于 20 世纪 50 年代末提出的，他指出"强推力所刺激的人口迁移比强拉力刺激的人口迁移具有更小的选择性，当只有强推力而无强拉力时，人口迁移的选择性最小"。

以上学者对人口迁移推-拉理论的研究主要强调外部因素在人口迁移中的作用，对个人的作用有明显忽视，针对这个问题，E.S.Lee 于 1966 年在其《迁移理论》一文中对人口迁移推-拉理论进行了补充和完善，提出了人口迁移四因素模型，将影响迁移行为的因素概括为 4 个方面：迁出地推力、迁入地拉力、迁移障碍、个人因素。E.S.Lee 的迁移模型较好地弥补了原有人口迁移推-拉理论所不能解释的同一因素对不同的人既可以看作推力也可以看作拉力，以及不同人对推力和拉力的反应不同等问题。E.S.Lee 认为，人口的迁移是人们对推力和拉力因素进行主观判断的结果，因此在研究迁移时，需要考虑迁入地和迁出地各自存在的正面及负面因素，从迁出地到迁入地之间的障碍以及单个移民的个体特征。E.S.Lee 的贡献在于完善了人口迁移推-拉理论的解释框架，对人口迁移的推力和拉力有了更进一步的认识。

20 世纪 60 年代，以 Larry Siaastad 为代表的新古典派将人口迁移理论研究从空间和数量模型转向人的行为研究，把人口迁移理论研究带到人口迁移决策研究方面(陈希 等，2009)。新古典经济学家把经济学中的供求关系带入人口迁移推-拉理论中，他们认为各个地区劳动者收入的差异是导致人口迁移的一个主要原因。然而，随着研究的深入，学者们发现在现实中，个人的迁移和整个家庭有着密不可分的关系，于是，又出现了新家庭迁移理论，这一理论主要阐述的是个人的迁移行为是由整个家庭共同决定的，即个人的迁移行为不仅仅受到个人特征及预期收入的影响，同时也受到家庭的影响(朱杰，2008)。

1979 年，美国经济学家彼德·多林格尔和迈克尔·皮奥雷提出了"双重劳动力"市场理论(double laborrmarket model，DLM)，该理论认为，发展中国家存在两种不同的劳动力部门,分别为资本集中的主要部门,即该部门中的劳动者大部分为脑力劳动者,他们不愿意从事一些薪酬低、危险度高、对自身发展没有意义的工作;而另一部分是劳动力集中的次要部门,该部门的劳动者主要从事报酬较低且辛苦的体力劳动,两种不同的劳动部门的存在,促使一些经济欠发达地区的次要部门低收入劳动力向经济发达地区的高收入部门转移,以提高其收入和生活品质(王军宏 等,2001),彼德·多林格尔和迈克尔·皮奥雷运用"双重劳动力"市场理论来解释人口城市化中人口迁移的动机和决策。

美国经济学家 M.P.托达罗(1988)提出了预期收入理论。该理论是以预期收入为切入点,讨论人口由农村迁移到城市的动因,同时也提出了影响人口向城市迁移的因素,即农村和城市之间劳动收入的差距以及在城市是否有稳定就业岗位,这是迁移者是否从农村迁移到城市的主要影响因素。

美国社会学家吉佛则提出了人口迁移的量化模型,把万有引力定律引入人口迁移推-拉理论,提出了人口迁移的数量、规模以及迁移地距离之间存在定量关系,并提出了人口迁移引力模型(gravity model),即人口迁移总量与迁入地和迁出地人口数量的乘积成正比,与距离成反比,用公式可以表示为

$$M_{ij}=K[(P_iP_j)/(D_{ij})a] \qquad (2\text{-}1)$$

式中,M_{ij} 为从 i 地区到 j 地区的迁移人口量;P_i 和 P_j 分别表示 i 地区和 j 地区的人口数;D_{ij} 为 i 地区和 j 地区之间的距离;K 和 a 为常数。

二、二元结构理论

在西方学者提出的系列劳动力转移理论中,对发展中国家农村劳动力转移研究最丰富、最具有价值的当属美国经济学家刘易斯(1989)的二元结构理论。著名的发展经济学家、诺贝尔奖获得者刘易斯是二元经济理论的开创者,其在 20 世纪 50 年代中期出版的《劳动力无限供给条件下的经济发展》一书中,提出劳动力转移的二元经济体系下人口流动结构模型,用二元结构理论来解释发展中国家的人口迁移现象。刘易斯认为,在发展中国家经济发展的过程中,会长期并存着两种经济结构,即传统农业部门和现代工业部门。由于现代城市工业部门的劳动生产率、经济效益、生产所获利润都远远高于传统农业经济部门,因此,引发了农业劳动力源源不断地流向城市工业部门,直到两部门的劳动生产率达到均衡为止。一国经济的发展依赖现代城市工业的发展,而在城市工业发展的过程中,城市工业部门会不断地向农业部门吸收廉价的劳动力,所以工业发展的过程,就是农村劳动力不断向城市转移的过程,也就是通过农村人口向城市转移逐步实现人口城市化的过程(李骏阳,1998),刘易斯的二元结构理论可以用图 2.1 来表示。

与刘易斯不同,1967 年,美国经济学家 Dale W. Jorgenson 在《过剩农业劳动力和两重经济发展》一文中提出了农业劳动力向工业部门转移的"乔根森理论模型",该模型指出农村劳动力转移的基本条件是农业剩余劳动力,假设农业的总产出与人口的增长量成正相关,当农业技术提高后,农业剩余劳动力会随之提高,过剩的农村劳动力便会转移到工业部门,从而实现了农村人口向城市人口的转移(戴炳源 等,1998)。

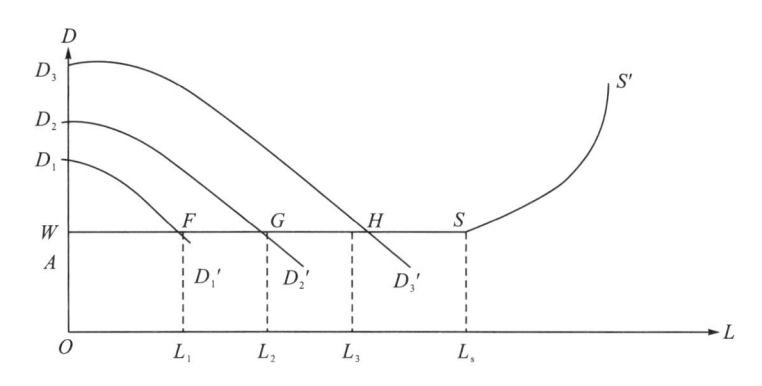

图 2.1 刘易斯的二元结构人口流动模型（程名望，2007）

在刘易斯二元结构理论基础上，John C. H. Fei 和 Gustav Ranis 进一步修正和发展了农村劳动力转移模型，提出了以分析农业剩余劳动力转移为核心，重视技术变化的费-拉模型（Ranis-Fei model）。费-拉模型是从动态角度研究农业和工业均衡增长的二元结构理论，把劳动力向工业部门的流动过程划分为 3 个阶段：第一阶段类似于刘易斯模型；第二阶段工业部门吸收那些边际劳动生产率低于农业部门平均产量的劳动力，工农业产品间的贸易条件转而有利于农业；第三阶段是农业完成了从传统农业向现代农业的转变，经济完成了对二元经济的改造，此时，农业与工业间的劳动力流动完全取决于边际生产力的变动。费-拉模型更准确地反映了发展中国家二元经济结构中工农业平衡增长的重要性，提出了劳动力转移的基础是农业劳动生产率的提高等观点。

早期，刘易斯的二元结构理论模型假定城市不存在失业，现实中，城市存在失业，且即使在城市存在高失业率的情况下，农村劳动力仍然未停止向城市迁移。在许多发展中国家，城市失业问题已经相当严重，仍有大量的农村人口源源不断地流入城市，显然，刘易斯模型难以对此现象做出解释。在这个背景下，美国经济学家 M.P.托达罗建立了新的农村劳动力转移托达罗模型。托达罗认为，农村和城市收入差距的存在是导致农村劳动力向城市转移的主要诱导因素，而且只要在城市就业的预期收入值大于农村就业的预期收入值，农村劳动力向城市的迁移就是合理的和持续的（雷定安 等，1998），也就是影响农村劳动力迁移决策的因素不是城乡实际收入差距，而是城乡预期收入差距。托达罗认为，一个社会存在 3 个部门，即传统农业部门、城市现代化正规部门以及非正规部门。劳动力转移到城市，往往是先被城市非正规部门接收，再向城市正规部门转移。在托达罗的"三部门模型"中，劳动力非农化转移的决策主要取决于农业实际收入与城市预期收益，即实际收入与就业率的乘积之间的差异。托达罗人口迁移引力模型显示，人口乡-城迁移率是城市就业率和城乡收入差距的增函数，托达罗模型可用图 2.2 直观地加以说明。

图 2.2 中，AA' 为农业部门的劳动力需求曲线，即边际产出曲线，MM' 为工业部门的劳动力需求曲线；两线交于 E 点，确定两部门均衡工资为 W_m^*，均衡就业量为 $O_m L_m^*$。托达罗模型是研究劳动力转移的经典模型，正如 1980 年 Willis 所说："没有任何一个人像托达罗那样，对第三世界城市高失业率与农村迁移者向城市大量流入并存的现象，做出了如此令人信服的解释，这种解释引起了大多数经济学家观点的重大改变"

(李新影，2008)。

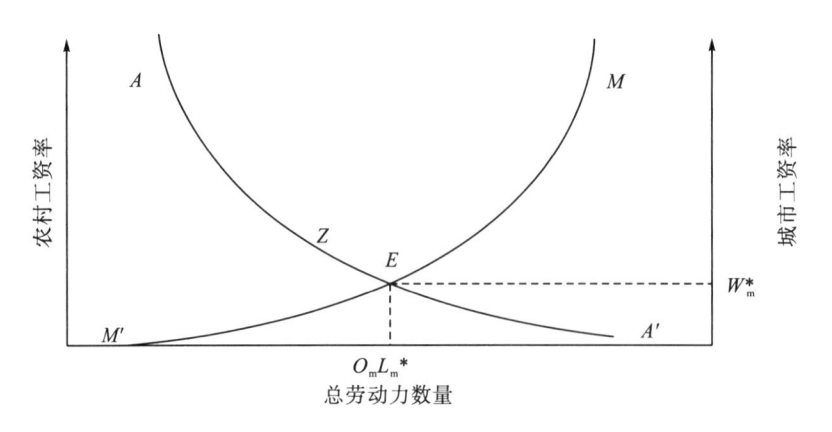

图 2.2 托达罗人口流动模型(李瑞，2009)

三、产业结构转换理论

产业经济学研究指出，产业结构演变是人口城市化发展的推动力之一。17 世纪，英国古典经济学家威廉·配第指出，商业比工业的利润多，工业又比农业利润多得多，因此，劳动力人口必然由农业转向工业，而后再由工业转向商业。英国经济学家克拉克将人类经济活动划分为三大产业(第一产业为农业，第二产业为制造业和建筑业，第三产业为服务业)。经过大样本观察，配第与克拉克两位经济学家先后发现，随着人均国民收入水平的提高，劳动力从第一产业向第二产业转移再向第三产业转移，配第-克拉克定理揭示了经济发展中，劳动力人口在三次产业中分布结构的演变规律(图 2.3)。

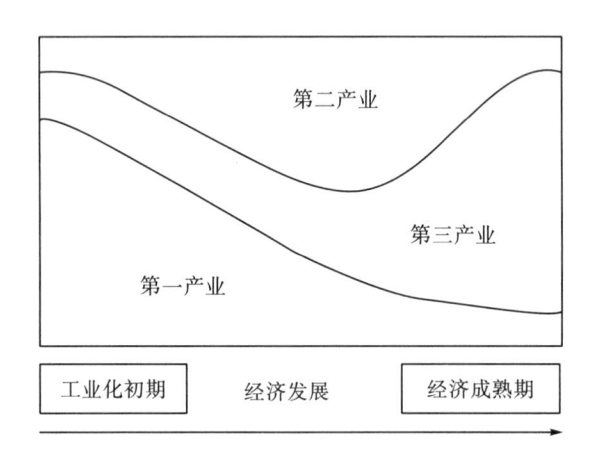

图 2.3 产业结构演变一般规律图(陈秀山 等，2003)

美国经济学家西蒙·库兹涅茨(1989)依据人均国内生产总值份额基准，考察了总产值变动和就业人口结构变动的规律，证明了配第-克拉克定理。西蒙·库兹涅茨在《现代经济增长》一书中指出"各国经济增长常伴随着人口增长和产业结构的巨大变化，产品和资源从农业生产活动转向非农业生产活动，即工业化过程，同时，城市和乡村之间的人口分布发生了变化，即人口城市化过程"，得出现代经济增长的必要条件是第一产业生产率明显提高，第二产业和第三产业总产量占比呈上升趋势，劳动力人口从第一产业部门逐步转移到第二产业、第三产业部门。

霍利斯·钱纳里等(1989)进一步概括了工业化与城市化关系的一般变动模式，即人均收入水平与城市人口占比的提高呈正相关，具有如下变动规律(表2.2)。

表2.2 工业化与城市化关系的一般变动估计值

人均GNP /美元	生产结构/%				就业结构/%			城市人口占比/%
	初级产业	工业	公共产业	服务业	初级产业	工业	服务业	
<100	52.2	12.5	5.3	30.0	71.2	7.8	21.0	12.8
100	45.2	14.9	6.1	33.8	65.8	9.1	25.1	22.0
200	32.7	21.5	7.2	38.6	55.7	16.4	27.9	36.2
300	26.6	25.1	7.9	40.4	48.9	20.6	30.5	43.9
400	22.8	27.6	8.5	41.1	43.8	23.5	32.7	49.0
500	20.2	29.4	8.9	41.5	39.5	25.8	34.7	52.7
800	15.6	33.1	9.8	41.5	30.0	30.8	39.2	60.1
1000	13.8	34.7	10.2	41.3	25.2	32.5	42.3	63.4
>1000	12.7	37.9	10.9	38.5	15.9	36.8	47.3	65.8

注：人均GNP(gross national product，国民生产总值)按1964年数据计算

纵观世界人口城市化的发展历程，综合上述人口城市化理论的研究成果，可以发现，人口城市化是经济发展、产业结构调整的产物，真正意义上的人口城市化始于工业革命，工业化是人口城市化的推动力。

第二节 发达国家人口城市化进程及特征

1950年，世界城市人口约为7.32亿，城市人口仅占世界总人口的30%左右，到2007年，城市人口在人类历史上首次超过农村人口(图2.4)。2014年，全球范围内约有54%的人口居住在城市，根据预测，到2050年，全球将会有大约66%的人口为城市人口，而农村人口将下降到全球总人口的1/3[①]。

从全球范围看，世界人口城市化的差异主要体现在发展中国家与发达国家之间，发展中国家与发达国家人口城市化的发展阶段及特征存在显著差异(图2.5)。通过比较处于人口城市化不同发展阶段的发达国家与发展中国家人口城市化进程及特征，可以更好地解析世界不同类型的人口城市化道路，人口城市化阶段性演进特征，以及我国人口城市化的发展阶段、特征及演进趋势。

---

① 数据来源：United Nations. World Urbanization Prospects：The 2014 Revison.

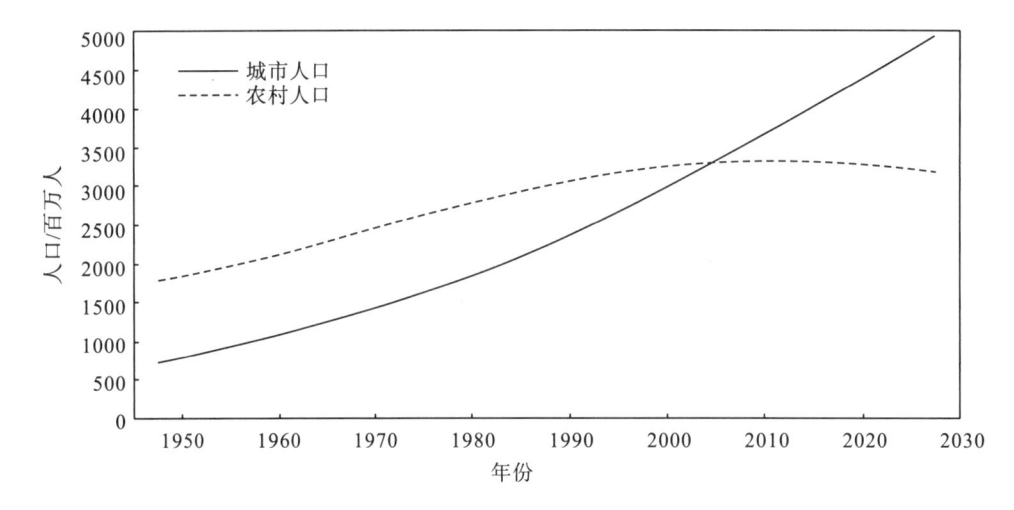

图 2.4　世界城市人口和农村人口规模预测（Cohen，2006）

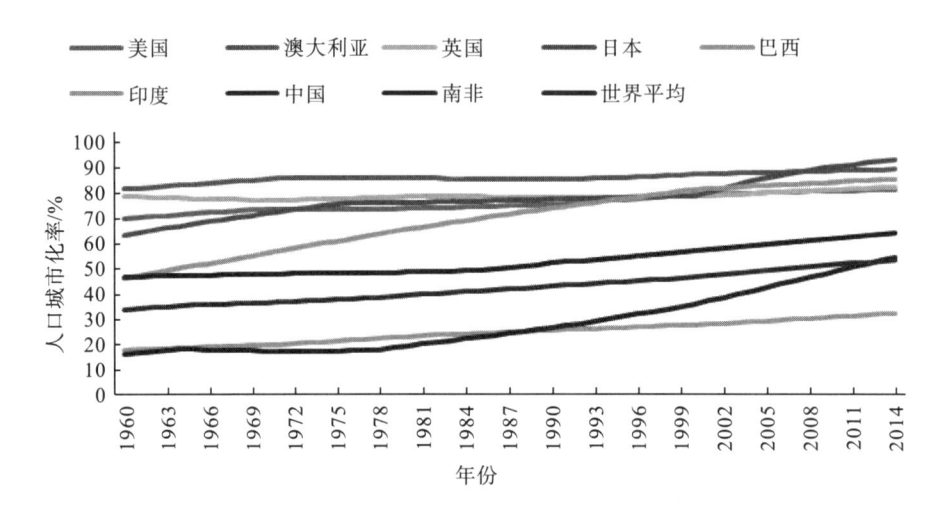

图 2.5　主要发达国家与发展中国家人口城市化进程（1960~2014 年）

数据来源：世界发展指标

一、发达国家人口城市化历程

人口城市化是一个历史过程，是社会生产力发展与演变的结果。发达国家的人口城市化始于 18 世纪中期的英国产业革命，到 20 世纪 80 年代，许多发达国家的人口城市化率超过 85%，基本完成了人口城市化 S 形阶段曲线进程。依据诺瑟姆的城市化 S 形阶段曲线，可将发达国家人口城市化进程分为 4 个阶段。

第一阶段：1750 年（产业革命）以前人口城市化缓慢发展阶段。城市发展的历史早于城市化的历史，早期城市的出现是基于其防卫功能，之后商品生产和交换的集中催生了城市的繁荣。在产业革命以前，世界城市的发展和城市人口的增长都极其缓慢，此时，城市体系尚未形成，城市规模不大，城市经济效益不佳，对农村劳动力的吸纳能力较弱，人口城市化率极低，直到 1800 年，全世界的城市人口仅占世界总人口的 3%。

第二阶段：1750～1850 年人口城市化起步阶段。人口城市化起步阶段是指产业革命后人口城市化快速推进到城市人口占比达到 50%的这个阶段。一般说来，人口城市化是近代工业化的产物，工业革命是近代人口城市化的加速器。机器大工业的生产方式促进了生产规模的扩大，工业的发展带动城市人口的增加，使城市规模逐渐扩大，城市基础设施的兴建和功能的完善又为工业化创造了良好的物质条件，同时，城市人口的增加还为工业化生产提供了广阔的商品市场和劳动力市场。18 世纪后半期，工业革命在英国兴起，蒸汽机的发明和运用使社会生产力出现了划时代的飞跃，带动了交通运输业的巨大变革，英国手工作坊和手工工场被新的工厂所取代，手工劳动被机器大生产所代替，城市工业劳动生产率的提高使农村人口被大规模地吸引到城市，城市人口不断增加，城市的规模和地域日趋扩大，城市作为经济中心的地位和作用得以巩固和强化，新兴工业城市如曼彻斯特、利物浦、格拉斯哥等发展十分迅速，城市人口增长快速。

英国是世界工业革命的发源地，因而世界人口城市化最早出现在这一地区。由于工业革命的来临，以英国为代表的大多数资本主义工业国家都进入了工业化时代，现代工业初步确立，带动了社会经济的空前繁荣，城市规模不断扩大，就业岗位增多，对农村劳动力的拉力增大。同时，科技的进步提高了农业劳动生产率，农村劳动力从农业中解放出来，农村剩余劳动力压力增大，农村劳动力推力明显加大，大量农村劳动力在人口迁移推-拉力的共同作用下从农村流向城市，从农业流入工业，人口城市化进程加速发展。工业革命成为近代城市的孵化器，工业化引起人口迁移，新兴的城市不断兴起和扩张，促成了世界近代城市革命。工业革命为人口城市化提供了物资、技术基础和其他必须条件，工业革命使村镇的工厂规模不断扩大，逐步形成较大的工业中心和城市，以机器生产力为基础的新兴城市工业迅速崛起，机器生产和工厂制日渐普及，带动了第二、三产业的发展，城市具有了吸纳大量农村劳动力的能力。伦敦人口在 1750 年时仅为 75 万人，到 1875 年，达到了 426 万人，伦敦一跃成为当时世界上最大的城市(罗正东 等, 1993)。1520 年，英国农业人口占总人口的 76%，到 19 世纪中叶，工业革命在英国基本完成，农业人口占比下降到 51%，城市人口超过了农村人口(王章辉 等, 1995)，英国率先跨入人口城市化快速发展阶段。

第三阶段：1850～1970 年人口城市化快速发展阶段。工业革命从英国逐步扩展到欧洲及北美国家，使得这些国家的经济得到迅猛的发展，同时，由于医疗卫生条件的改善，人口进入了高生育率、低死亡率阶段，各国总人口和城市人口快速增长。欧洲国家的总人口从 1850 年的 4000 多万人上升到了 1950 年的 4.49 亿人，100 年里人口增幅达到约 1000%。总人口的高速增长带来了城市人口的快速增长，1851 年，整个欧洲的人口城市化率为 18.9%，到 1950 年达到了 44%(林伟, 2014)。1910 年，人口城市化先发国家英国的城市人口占比上升到 79%，成为高度人口城市化的国家(米歇尔·博德, 1986)。随着工业的发展，社会分工越来越细，生产专门化程度、企业间协作更加紧密，为了更大程度地降低成本、获取利润，人们将同类或相关工业集中在一起，企业的规模空前扩大，城市规模不断扩展，城市功能不断扩大，集中了生产、服务、居住、消费等，渐渐发展为规模更大的城市。同时，城市快捷、安全的交通工具为人口的大规模迁移和资源的运输提供了便利，交通的发展还加强了城市之间的联系，城市汇聚为超大城市群、城市带。

第四阶段：1970年以后的"逆城市化"阶段。一般认为，人口城市化率在70%以上表明进入了人口城市化高级阶段，此时，城市人口增长进入饱和状态。发达国家随着人口城市化进程的推进，城市人口的数量越来越多，城市市区人口密度过大，带来了城市交通拥堵、地价房价高昂、物价过高、生态环境恶化、犯罪率上升等一系列"城市病"，引起居民生活成本增加、生活质量下降，导致城市人口出现往城郊、农村等地区迁移的现象，学者将这一现象称为"逆城市化""反城市化"或"郊区化"。与20世纪40~50年代的发达国家人口城市化出现的"郊区化"不同，"逆城市化"并不是指人口从城市中心向周围郊区或农村地区扩散，而是指人口从大城市向较小的城市和城镇，乃至农村迁移，在此过程中，伴随着大城市的空心化，人口和产业逐渐向新的地区迁移。"逆城市化"这一概念最早是由美国地理学家伯恩在1976年时提出的，主要用于描述城市人口向农村或者郊区流动的一种现象或趋势。一般而言，处于中后期人口城市化阶段的城市会出现此现象，这也是人口城市化发展到一定程度所必然经历的一个阶段。当前，以西欧、美国、日本等人口城市化水平较高的国家为代表，它们分别在20世纪70~80年代出现了"逆城市化"高潮。

从城市发展的角度看，"逆城市化"是一个城市高速城市化后的"自我修复"过程。"逆城市化"的过程中首先表现出来的是个别要素跳出城市，在整个社会要素中，首先能放弃城市中各种经济效益因素转而寻求农村中的社会自然效益的，往往是有着较高经济收入的人群，对于此类人群，更为纯净的空气、清澈的溪水以及安静和谐的生活氛围是其更高的一种追求。随着高收入人群（社会精英人群）的到来，必然会将其高品质的生活方式带到农村地区，具有发展潜力的各种社会产业就会出现在农村地区，随着新产业的发展，资金、人员、劳动力必然会逐渐流向这些区域。同时，一些城市中的生活习惯和消费理念、价值观等文化方面的要素也会一同进入这些地区，使得农村地区的交通、居住环境、医疗卫生水平、教育资源等都得到很大程度的发展，使得农村有了更多的城市特征。对城市而言，随着其原来的优秀资源外流，城市必然会出现城市效益下降，但同时也留出了更多的发展空间给其他留在城市发展的人。城市发展机会增加以及农村新就业机会的出现，会使得人们有更多的选择，去城市发展或去农村发展的前景差距不会非常明显。随着去农村地区发展的人员增多，以及农村经济发展、就业机会的增多，可以在一定程度上缓解由于急剧人口城市化带来的诸如生态环境恶化、贫富差距严重、社会治安糟糕等各类"城市病"，这就相当于城市的一种"自我修复"和"自我平衡"过程。通过"逆城市化"修复人口城市化过快导致的社会、环境问题，同时平衡原先过于集中于城市的社会要素和资源，这对于城市和农村的健康发展是必不可少的，这会使得整个国家全面繁荣，所以，"逆城市化"实质上可以看作是一种社会要素的均质回归。"逆城市化"的出现对于西方国家人口城市化进程的影响毫无疑问是巨大的，各国政府都纷纷采取行动缓解"逆城市化"带来的各种问题。例如，英国政府通过在城市内部建立自由港、特别企业区等吸引外资，以减少人口外流，应对"逆城市化"。

总之，自20世纪70~80年代出现的发达国家逆城市化现象，表现为城市人口往农村地区迁移，实质上是城市的一种分散化的发展方式，是人口城市化的另一种表现形式，是城市规模扩张以及城市文化、城市文明、城市生活方式等的普及和扩散，也是城市治愈人口密度过大、交通拥堵、地价房价高昂、物价过高、生态环境恶化等一系列引起居民生活成本增加、生活质量下降等"城市病"的一种"自我调节"，同时也是一种社会要素由高度集中于城市变为均质回归分布的过程，而不是人口城市化的反向运动，更不是城市发展和人口城市化进程的终结。

二、发达国家人口城市化规律

(一) 市场主导的人口城市化

发达国家的人口城市化深受市场经济自由主义的影响，人口城市化进程是一种市场主导的自然历史进程，特别是在资本主义早期，自由主义者提倡国家尽量对经济和社会的发展少干预，国家只是市场经济的守夜人。因此，发达国家的人口城市化是自发的、快速的、以要素聚集为主的人口城市化，是在市场经济制度下"政府少干涉或不干涉，自由发展"的自发过程。在发达国家的人口城市化进程中，有限政府的职能作用主要在于经济发展规划的引导、产业政策的激励以及公共物品和服务的提供，整个社会的一切经济活动都是在比较健全的自由市场经济体制下，依据市场规律自然展开的，政府并不直接插手和被动推进人口城市化，生产要素在全国范围内自由流动，尤其是人口的流动最为明显，人口乡-城转移是一个自然发生的过程。发达国家自由市场体制下的人口城市化客观上有效减少了人口城市化过程中的各种阻力，有利于人口城市化的高速发展，但自由放任的人口城市化出现了人口、经济发展与城市资源、环境不协调等问题，人口城市化的无序也催生了严重的"城市病"。

(二) 人口城市化与工业化同步

18世纪下半叶产业革命开始后，工业革命促进了社会生产力的迅速发展，新机器、先进的管理方法和科学技术被广泛运用到农业生产中，农业劳动生产率得到大幅度提高，使得较少的农业人口就能够完成以前的耕种，农村出现了大量剩余劳动力。与此同时，随着工业革命的深入发展，城市高度发达的工业文明冲击着传统的农业文明，城市中形成的新思想和新观念在农村广泛传播，居住在城市意味着一种全新的生活方式，处于自然经济向市场经济转变中的农村人口成群结队离开了祖祖辈辈生活的农村，到达城市生产和生活，农村人口迅速地变为了城市人口。工业化的集聚效应导致的经济和人口不断集中，促进了城市规模的扩大和人口的聚集，工业在城市的集中，要求城市具有配套的公共基础设施，生产性及生活服务性基础设施在城市得到不断完善，城市功能日益健全，成为工业集聚的理想地域，这又促使工业不断向城市集中，推动城市的发展。因此，人口城市化是工业化的必然结果，工业化是人口城市化的必要条件，工业化与城市化良性互动，共同发展。工业革命的产业结构高级化带动了城市人口持续聚集，"经济发展最重要的伴随现象……是劳动人口从农业到制造业，再从制造业到商业和服务业的活动"(林秀玉，2004)。工业革命带动了第二、三产业的发展，尤其是第三产业在城市中的兴旺发达，为城市人口创造了更多就业机会，城市成为"吸纳农村剩余劳动力的中心"（王章辉 等，1999）。同时，第三产业的大发展使城市功能不断完善，促进了商品经济的发展，商品交换使得城市的存在具有了意义（夏祻，2008）。欧美发达国家的人口城市化道路表明，工业化催生了人口城市化，人口城市化推动了农业现代化，又为工业化的发展奠定基础。发达国家人口城市化是近代工业化的产物，是伴随着近代工业革命而迅速发展的一个历史进程，人口城市化与工业化、农业现代化呈现出同步、有序和相互促进的特点。

（三）人口城市化与经济发展同步

世界经济发展历程表明，人口城市化是经济发展的推动机，长期的经济发展是人口城市化得以持续的动力，人口城市化与经济发展水平是同步的。1988年，钱纳里、塞尔昆等考察了上百个国家和地区人口城市化水平与人均收入水平的关系，通过描散点图发现二者存在明显的正相关，提出了钱纳里经济发展水平与城市化水平标准模型，该模型反映人均国民生产总值与人口城市化水平之间的正相关关系。卢卡斯的内生增长模型也揭示了人口城市化与国民经济增长之间的正相关关系。美国经济学家兰帕德在《经济发达地区城市发展历史》一文中指出，近百年来美国城市发展与经济增长之间具有显著的同步性。以发达国家英国、美国为例，从人口城市化进程来看，人口城市化与国民经济发展水平具有正相关关系（表2.3、表2.4）。

表2.3　英国人口城市化水平与人均GDP（陈治中，2002）

年份	人口城市化水平/%	人均GDP/美元	年份	人口城市化水平/%	人均GDP/美元
1820	32	1756	1965	87	9668
1851	50	2361	1970	88.5	9674
1891	72	4065	1975	89.8	11701
1921	77	4651	1980	90.8	12777
1931	78	5195	1985	91.5	14046
1950	80.5	6847	1988	92	15739

表2.4　美国人口城市化水平与人均GDP（陈治中，2002）

年份	人口城市化水平/%	人均GDP/美元	年份	人口城市化水平/%	人均GDP/美元
1900	38	3396	1965	72	13316
1920	51	5559	1970	73.6	14854
1930	56	6220	1980	73.7	16060
1940	57	7018	1983	74	18547
1950	64.1	9573	1990	75	21783
1960	70	11193	1993	76	21922

由最小二乘法原理求和，得回归方程（巫正霞，2009）：

$$y=A+Bx \tag{2-2}$$

式中，A、B 为拟合系数。英国人口城市化水平与人均国内生产总值回归方程为

$$\ln y=2461.569+0.048x，R^2=0.9478 \tag{2-3}$$

式中，R 为决定系数。

美国人口城市化水平与人均国内生产总值回归方程为

$$\ln y=2032.477+0.0363x，R^2=0.8942 \tag{2-4}$$

分析发现，发达国家英国、美国的人口城市化水平与人均国内生产总值高度正相关，人口城市化水平与经济发展水平的提高同步。

(四) 人口城市化呈 S 形阶段性演进

人口城市化的动力并非持续不变的恒力，而是一个变量(钟秀明 等，2006)，因此，人口城市化的演进具有阶段性特征，其发展轨迹不是呈直线形而是呈 S 形，在不断变化中曲折发展。1979 年，Northam(1979)通过对英、美等国家 100~200 年城市人口占总人口比例的变化进行分析，得出人口城市化进程的阶段性特征，即人口城市化率在 30%以下为人口城市化初始阶段，人口城市化率为 30%~70%为人口城市化加速阶段，人口城市化率达到 70%为人口城市化成熟阶段，人口城市化率超过 90%则表示人口城市化趋于饱和(图 2.6)。

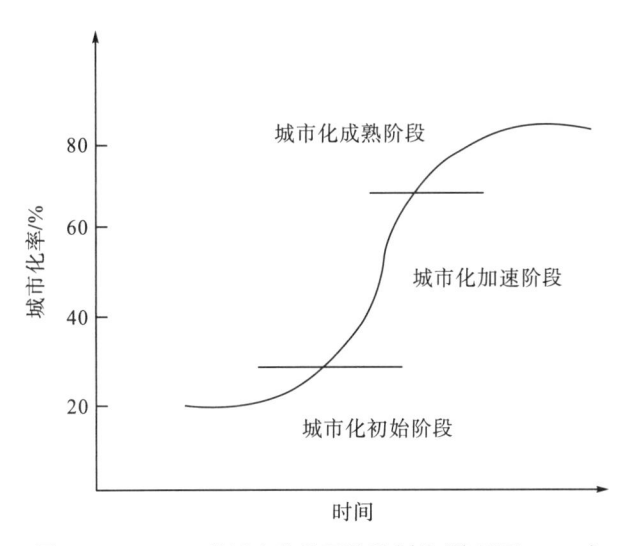

图 2.6 Northam 的城市化发展阶段划分(陈甬军，2002)

山田浩之(1980)将发达国家人口城市化进程划分为集中型城市化、郊区化和逆城市化 3 个阶段，进一步可细分为绝对集中城市化、相对集中城市化、相对分散郊区化、绝对分散郊区化、绝对分散逆城市化和相对分散逆城市化 6 个时期(表 2.5)。

表 2.5 发达国家人口城市化阶段划分及特征

阶段	时期	特征
集中型城市化	绝对集中城市化	人口向中心城市聚集，中心城市快速扩张，郊区人口下降，城市群开始出现
	相对集中城市化	人口加速向中心城市聚集，中心城市急剧扩张，城市郊区人口增长，大都市圈逐步形成

续表

阶段	时期	特征
郊区化	相对分散郊区化	人口向中心城市缓慢聚集，中心城市扩张速度下降，城市郊区人口快速增长，大都市圈快速扩张
	绝对分散郊区化	人口从中心城市缓慢流出，中心城市开始收缩，城市郊区人口继续增长，大都市圈继续扩张
逆城市化	绝对分散逆城市化	人口从中心城市流出，中心城市进一步收缩，城市郊区人口缓慢增长，大都市圈开始收缩
	相对分散逆城市化	中心城市人口大幅减少，中心城市急剧收缩，城市郊区人口下降，大都市圈继续收缩

欧美发达国家的人口城市化进程佐证了 Northam 人口城市化阶段划分。在人口城市化初始阶段，人口城市化水平低，数据统计显示，在人口城市化初始阶段，英国、法国和美国的人口城市化率平均年增长值分别为 0.16%、0.20%和 0.24%。进入人口城市加速阶段，在工业化的带动下，大量人口从农村涌向城市，城市规模和人口急剧扩张，英国、法国和美国的人口城市化率年均增长值分别上升为 0.30%、0.35%和 0.52%，此阶段人口城市化速度是人口城市化初始阶段的 1.5 倍到 2.5 倍。到人口城市化成熟阶段，由于农村人口减少，人口城市化速度减慢，人口城市化的重点从速度和规模的增长转向质量和内涵的提高，此时期英国、法国和美国的人口城市化率平均年增长率为 0.20%（陈凯荣，2013）。发达国家的人口城市化进程与 Northam 的城市化发展阶段理论相吻合，其人口城市化呈 S 形阶段性演进，人口城市化发展的阶段性已被发达国家城市化进程的演变所证实。

尽管世界各国人口城市化发展的基础条件差异很大，且先期发达国家人口城市化的经济、政治、科技和人文环境今日已不复存在，但人口城市化的普遍性规律、经验和研究成果仍然值得发展中国家学习和借鉴。

三、美国人口城市化进程及特征

美国是由英国在北美大陆的 13 块殖民地经民族独立战争后，摆脱英国的殖民统治联合而成的国家，因此，美国是一个有着地方自治自由主义思想的联邦制国家。美国的人口城市化是市场主导下自由发展的产物，是发达国家自由市场驱动人口城市化的代表。

美国人口城市化始于 18 世纪初，以美国独立为其人口城市化的起点，具有早发性的特征。20 世纪下半叶美国成为世界经济发展中心，其人口城市化发展进程出现一些新的特征，鲜明地反映了世界人口城市化发展的新趋势。依据 Northam 的城市化 S 形阶段曲线，美国的人口城市化进程可划分为 1790～1830 年人口城市化初始阶段、1830～1930 年人口城市化迅猛发展阶段、1930～1970 年人口城市化高级化阶段（林伟，2014）和 1970 年后的"逆人口城市化"阶段。

1790～1830 年人口城市化初始阶段。1790 年，美国真正取得民族独立，开启了人口城市化进程。18 世纪末，美国经济以农牧业和商业为主，人口稀少，交通不便，政治、经济重心处于大西洋沿岸地区。据统计，1790 年，美国人口城市化水平只有 5%，1800

年，人口城市化水平达到 6%，人口城市化水平低且进展缓慢，城市数量少、规模小，人口超过 1 万人的城市只有纽约、费城、波士顿、新港和查尔斯顿，主要分布在大西洋沿岸。1825 年伊利运河竣工，纽约连接五大湖地区的运河网络基本形成，人口逐渐向内陆推进，芝加哥、底特律和密尔沃基等内陆城市兴起。

1830~1930 年人口城市化迅猛发展阶段。1830 年美国工业化处于加速阶段，使美国人口城市化也处于一个加速发展时期，美国的工业化促进了制造业和商业的发展与聚集、交通运输条件的改善、农业劳动生产率的提高。工业化使美国的交通基础设施快速发展，美国修筑了大量的铁路、公路和运河。1854 年，纽约到中西部芝加哥的铁路全线贯通，人口流动和物资流通十分方便和快捷。到 1840 年，美国已开凿的运河达 3000 英里（1 英里≈1.61 千米），汽船被广泛使用，大大降低了货运费用，平均吨英里货运价格由 1817 年的 19 美分降到 1 美分（王旭，2006）。交通条件的不断改善为美国人口城市化向内陆推进提供了保障，内陆城市数量不断增加，城市规模不断扩大，1850 年美国城市数量为 236 个，1870 年为 663 个，1890 年为 1348 个，1910 年达到 2262 个。1870 年，城市人口超过 1 万人的有 168 个，城市人口超过 10 万人的有 15 个，美国的人口城市化加速，城市人口占比上升到 25.7%，1920 年，美国城市人口超过农村人口，人口城市化率达到 51.2%。

在美国人口城市化迅猛发展阶段，外来移民起了重要的作用。19 世纪是美国人口城市化快速发展阶段，1851~1920 年，平均每年有 39 万名来自欧洲的移民，欧洲移民数与美国人口自然增长数之比为 56.5∶100（新玉言，2013）。1860 年，外国移民占城市居民的比例分别是波士顿 36%、布鲁克林 39%、纽约 48%，此后随移民的快速增加，外国移民及其子女占城市居民的比例在波士顿达到 68%，布鲁克林达到 71%，纽约更高，达 80%。据统计，19 世纪的 100 年间，仅爱尔兰向美洲的移民就达 500 万人，外来移民为美国人口城市化带来充足的人口和劳动力，美国人口城市化率从 1860 年的 19.8%提高到 1890 年的 35%，再跃升到 1920 年的 51.2%，标志着美国人口城市化进入了一个新的发展阶段。

1930~1970 年人口城市化高级化阶段。在这一阶段，美国人口城市化的速度开始放缓，人口城市化质量持续提升。前期美国人口城市化迅猛发展的同时，也出现了城市圈急剧膨胀，人口、资源向中心城市过度集中的问题。例如 1940 年，美国的大型城市只有 11 个，人口占比为 25.5%，1980 年大型城市增加到 38 个，人口占比上升到了 41.1%。大都市圈不仅人口占比急剧升高，其空间面积占比也是突飞猛进，1940 年，美国大都市占全美土地面积的 5.9%，1960 年为 8.7%，1970 年为 10.9%，而 1980 年则高达 16.0%[①]。随着城市数量和规模的迅速膨胀与扩张，美国在 20 世纪 60 年代形成了一种规模庞大、结构松散、多中心复合结构的大都市绵延区（孙群郎，2005），即城市群、都市带，美国形成了以华盛顿、纽约、波士顿等城市为中心的大西洋沿岸大都市带，以洛杉矶、旧金山等城市为中心的太平洋沿岸大都市带，以芝加哥、底特律等城市为中心的五大湖区大都市群等。

---

① 美国人口普查局：美国统计摘要，www.census.gov/.

美国人口城市化进程中出现了两次人口城市化率下降，一次是发生在 20 世纪 40～50 年代的"郊区化"，一次是 20 世纪 70 年代的"逆城市化"（图 2.7）。20 世纪 40～50 年代，美国"郊区化"迎来波澜壮阔时期，美国郊区人口 10 年增长了 50%，而中心城区只增长了 10%，人口增加仅为 630 万，如果不考虑中心城区边界的扩张，郊区人口增长率达到城区人口增长率的 41 倍以上（巴曙松 等，2013）。1950～1970 年，美国郊区人口占总人口比例由 26.7%提高到 49.8%，到 2000 年，美国城市人口中的 77%居住在郊区。地铁、汽车等现代交通工具较为普及，交通条件改善，使人们生活区和工作区的分离成为可能，人口向郊区、乡村转移，出现了"郊区化"现象。

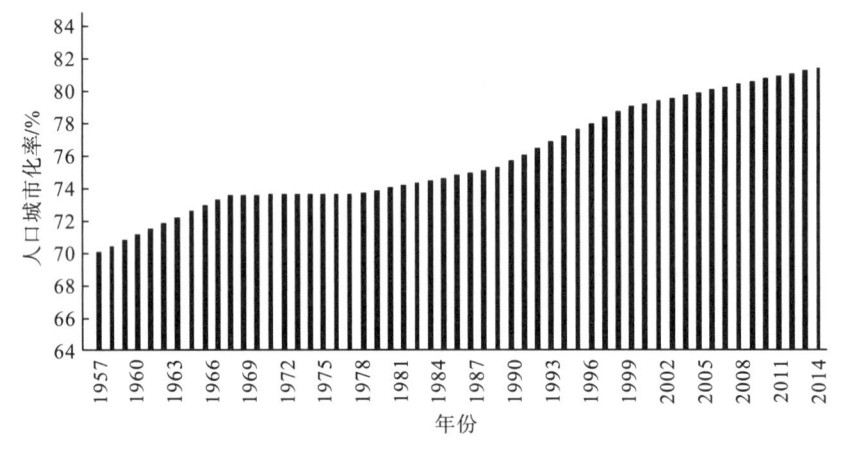

图 2.7 美国人口城市化进程（1960～2014 年）

数据来源：世界银行

20 世纪 70 年代前后，许多发达国家的人口城市化已达到饱和状态，人口城市化速度开始降低。20 世纪 70 年代以前，美国农村人口增长率一直低于城市人口增长率，为美国人口城市化的急剧扩张时期，但是 20 世纪 70 年代以后，情况发生了转变，美国城市人口的增长率为 9.1%，而农村人口的增长率高达 15.4%。1970～1974 年，美国城市人口减少了 180 万人（欧文·加兰迪，1987）。其中，人口减少主要发生在大型城市中，1970～1975 年，8 个人口过 300 万人的城市人口减少高达 75 万人（布莱恩·贝里，1976）。美国"逆城市化"还表现为城市人口密度的显著下降，美国城市平均人口密度由 1950 年的 6536 人／平方英里下降到 1990 年的 3783 人／平方英里（表 2.6）。

表 2.6 1940～1990 年美国城市人口密度

年份	城市数量/个	平均人口/人	人口密度/(人/平方英里)
1940	412	128051	6742
1950	481	128811	6536
1960	673	112400	5340
1970	835	104785	4673
1980	944	97756	3998
1990	1068	98108	3783

数据来源：世界银行

当时的美国学者提出了很多观点来分析美国出现的"逆城市化"现象，其中比较主流的有两种观点。第一种观点认为，"逆城市化"是由于美国当时特殊的国情和社会情况决定的。当时美国经济由于能源危机，面临经济大衰退，在能源危机时期，美国对其西部广阔的农村地区进行了大规模能源开采，这使得这些农村地区的人口快速增长，带来了农村人口的增长。同时，由于经济衰退，城市就业难度加大，城市投资收益下降，制造业所面临的国际竞争也日益加大，这使得部分城市人口逃离城市，迁移到了就业相对宽松的农村地区，因此，这种"逆城市化"现象将随着美国经济的复苏而逐渐减弱甚至消失（布莱恩·贝里，1976）。第二种观点认为，美国农村地区较高的人口增长率预示着城市定居方式的终结，农村人口将会加速发展，而城市人口的逐步减少，最终城市时代将会结束，美国人口的分布模式将会由人口城市化转为"逆人口城市化"，最后逐渐成为"人口乡村化"（Champion，1989）。

事实上如前所述，"逆城市化"现象不单出现在美国，20世纪70年代以来，许多欧洲发达国家甚至亚洲的日本等国家也出现了人口城市化速度降低，最后趋于停滞，而农村地区则反而出现人口增长的"逆城市化"现象。美国"逆城市化"缓解了中心城区人口拥挤、交通阻塞、住房紧张和环境恶化等"城市病"，并通过产业的再布局，促进了城乡、区域经济的协调发展。事实上，"逆城市化"是城市自身通过城市人口的流动而达到一种"自我修复"的目的，使得城市环境得到一定程度改善，农村地区得到更好发展，在一定程度上缩小了社会要素在城市和农村的不均衡分布，是一个要素均质回归的过程。经过"逆城市化"的"自我修复"，美国迎来了新一轮的人口城市化高潮，2015年，美国人口城市化率上升到了82.59%，更健康和可持续的人口城市化使得整个国家的农村地区与城市地区一同繁荣。

第三节　发展中国家人口城市化进程及特征

综观当前世界人口城市化进程，发达国家基本实现了高度人口城市化，城市的结构、布局和功能不断调整和完善，城市综合效益逐步提高，城乡差别基本消除，城市文明更加普及。大部分发展中国家人口城市化水平和质量则处于较低水平，部分发展中国家人口城市化快速甚至超速发展，面临各种"城市病"，如城市人口过度膨胀和集中、城市贫民窟面积不断蔓延、新移民城市融入度低、城市生态环境持续恶化等问题，发展中国家人口城市化面临的挑战比发达国家更大。

一、发展中国家人口城市化进程

人口城市化进程可依据Northam的城市化S形曲线来划分，据此，发展中国家人口城市化进程可以划分为两个阶段：19世纪末至20世纪初殖民地时期的人口城市化准备阶段、第二次世界大战结束后的人口城市化快速发展阶段。

19世纪末至20世纪初殖民地时期的人口城市化准备阶段。大多数发展中国家沦为西方发达国家的殖民地以后，作为发达国家的农产品和矿业等初级原料供应地，发展中国家殖民地经济特征十分显著。在前殖民地时期，由于殖民统治和殖民地经济发展的需要，殖民统治者所处的经济、政治、文化、宗教中心得到发展，人口开始在这些经济活跃的地区聚集，城市形成，城市人口开始增长，带动了发展中国家经济的发展和人口城市化进程。但是在这段时期，由于大规模人口城市化缺乏必要的物质基础、现代化工业的支撑，发展中国家的人口城市化进程极其缓慢，城市化的成果非常有限。这个时期的城市人口增长部分来源于殖民国家的外国移民，部分来源于由于奴隶制、封建领主制的废除，使奴隶或农村人口作为自由人流入城市。1950年，世界发达地区的人口城市化率达到52.5%，城市人口超过农村人口，而欠发达地区的人口城市化率仅为17.9%，人口城市化水平较低（表2.7）。

表2.7 世界发达地区与欠发达地区城市人口规模与分布（1950~2030年）（Cohen，2006）

项目	地区	1950年	1975年	2000年	2030年
总人口 /百万人	世界	2519	4068	6,071	8130
	发达地区	813	1047	1194	1242
	欠发达地区	280	3021	4877	6888
农村人口 /百万人	世界	1786	2552	3214	3185
	发达地区	386	344	311	228
	欠发达地区	1400	2208	2902	2958
城镇人口 /百万人	世界	733	1516	2,857	4,945
	发达地区	427	703	882	1015
	欠发达地区	306	813	1974	3,930
人口城市 化率/%	世界	29.1	37.3	47.1	60.8
	发达地区	52.5	67.2	73.9	81.7
	欠发达地区	17.9	26.9	40.5	57.1
世界城市人口 分布/%	世界	100	100	100	100
	发达地区	58.3	46.4	30.9	20.5
	欠发达地区	41.7	53.6	69.1	79.5

注：发达地区包括欧洲、北美、澳大利亚、新西兰和日本。欠发达地区包括非洲、亚洲（除日本外）、拉丁美洲和加勒比地区、美拉尼西亚、密克罗尼西亚和波利尼西亚的所有地区

第二次世界大战结束后的人口城市化快速发展阶段。第二次世界大战结束后，大部分的发展中国家摆脱了殖民者的控制，迫切需要发展本国的民族经济，进入主动工业化阶段，在工业化的带动下，广大发展中国家的人口城市化进程加速。拉丁美洲与加勒比地区的人口城市化比其他发展中地区起步更早，从1930年起，在本国民族工业发展的带动和没有限制的人口迁移政策下，大量的农业人口涌进城市，人口城市化进程早于其他发展中国家。拉丁美洲与加勒比地区人口城市化率高于同期的发展中地区，形成独特的"超前城市化"，表现为人口城市化率高于工业化和经济发展水平，拉丁美洲与加勒比地区人口城市化率1950年为41.9%，1975年上升到61.2%，2000年达到75.5%，预计2030年将高达84.6%，出现了以城市贫民窟为特征的"城市病"。非洲、亚洲地区的人

口城市化进程晚于拉丁美洲与加勒比地区,受前期拉丁美洲与加勒比地区"超前城市化"引发诸多"城市病"负面后果的影响,这些地区的国家大多采取措施限制农村人口向城市迁移,如中国实施严格的户籍制度,再加之这些地区经济发展水平低,工业化和人口城市化起步较晚,这些地区的人口城市化普遍呈现出滞后特征。1950年,非洲、亚洲地区的人口城市化率分别为14.9%、16.6%,1975年上升到25.3%、24.0%,2000年均达到37.1%,预计到2030年,非洲、亚洲地区的人口城市化水平将分别达到53.5%、54.5%,低于发达国家和同为发展中国家的拉丁美洲与加勒比地区(表2.8)。

表2.8 发展中国家城市人口规模与人口城市化率(1950~2030年)(Cohen,2006)

项目	地区	1950年	1975年	2000年	2030年
城市人口/百万人	非洲	33	103	295	748
	亚洲	232	575	1367	2664
	拉丁美洲与加勒比地区	70	197	393	602
城市人口占比/%	非洲	14.9	25.3	37.1	53.5
	亚洲	16.6	24.0	37.1	54.5
	拉丁美洲与加勒比地区	41.9	61.2	75.5	84.6

发展中国家普遍存在的二元结构是导致农村人口逃离贫困落后农村涌入城市的主要推动力,从人口迁移推-拉理论看,这个阶段的人口流动主要来自农村的推力,巨大的城乡差距导致大规模的人口单向乡-城迁移。在此阶段,农村人口的迁移规模主要受到政治和经济等因素的影响,且易在这类因素的作用下表现出反复性。拉丁美洲与加勒比地区没有人口迁移的政策限制,人口乡-城迁移规模较大,而部分亚洲地区的国家通过人口迁移限制性政策抑制人口的乡-城流动,人口城市化水平长期滞后。20世纪70年代后,发展中国家逐步建立起了较为完整的工业体系,在工业化的带动之下,新城市不断出现,农业人口持续流入城市,城市间的人口迁移加剧,大城市之间往往形成城市圈或城市带。从人口迁移推-拉理论看,这个阶段的人口流动主要来自工业化和城市聚集效应的拉力作用,经济、教育、医疗等社会要素和资源集中于少数几个特大城市,城市聚集经济效应推动人口进一步在大城市或城市带高度集聚,城市环境开始恶化,失业率上升,房价飞涨,收入差距扩大等"城市病"突显。发展中国家普遍面临人口增长压力,据统计,1950~2005年,发展中国家的农村人口从14亿增加到30亿,增加了一倍多[①],过快的人口增长和短期快速人口城市化的结果使发展中国家人口城市化质量低,低质量人口城市化导致的"城市病"迫使发展中国家放慢人口城市化速度,人口城市化的重点从速度增长转向质量提升。

20世纪70年代,发展中国家的人口城市化进程显示出与发达国家不同的特征,学术界对此展开了深入研究,并且形成了不同的理论观点。1958年Coale和Hover的《低收入国家的人口增长和经济发展》、1966年Lowry的《迁移和大都市的增长:两个分析模型》、Breese的《新发展中国家的城市化》等论著,从发展经济学和人口学角度,探

---

① United Nations, 2008. World urbanization prospects: The 2007 revision. New York.

讨发展中国家人口城市化迅速发展的原因与结果，分析了发展中国家的"过度人口城市化"现象。1976年Todaro的《发展中国家的国内迁移》、1979年Preston的《发展中国家的城市增长：一项人口学的重新评价》、1980年联合国人口司的《城市人口增长的模式》等论著，考察了发展中国家的乡-城人口增长和迁移模式。

1973年和1981年，布莱恩·贝里依据社会背景和发展阶段的不同，分析世界不同国家和地区人口城市化道路的差异及后果(Lipton，1977)，指出世界不同国家和地区的人口城市化道路并不相同，发展中国家的人口城市化有其特殊性，发展中国家的城市化道路研究受到高度关注。1996年，Kojima(1996)研究了发展中国家的人口城市化，将发展中国家的人口城市化分为3种类型：政府控制人口城市化、过度人口城市化和低水平人口城市化。

Lipton(1977)认为发展中国家政府"城市偏向"的城乡关系政策导致有限的资源集中投资于城市居民和城市建设，扩大了城市与农村之间的差距，导致贫困农村地区的人口源源不断迁入城市，带来发展中国家的"过度城市化"并由此引发了系列"城市病"。Saskia Sassen主张从外部体系去查找发展中国家人口城市化问题产生的原因，他从世界体系论(world systems theory)的角度来分析发达国家与发展中国家的关系，指出发展中国家处于世界"核心-边缘"体系的边缘依附位置，发展中国家经济发展不平衡、产业结构单一、空间布局高度集中、城乡差别悬殊等问题是其城市人口过度膨胀、分布过度集中的根源(何志扬，2009)。布莱恩·贝里(1976)从综合角度主张从社会文化、体制制度、国际环境等方面寻找发展中国家"城市病"的成因。

二、发展中国家人口城市化特征

发展中国家人口城市化具有不同于发达国家人口城市化的历史基础、进程及特征，概括起来看，发展中国家人口城市化具有如下特征。

（一）二元结构的人口城市化

发展经济学认为，发展中国家经济结构的典型特征具有二元结构的特点(Lewis，1954)，发展中国家人口城市化在殖民背景下发展起来，带有殖民地的印记，是经济不充分发展条件下的人口城市化。二元结构下，发展中国家农村长期处于相对落后状态，城市居民收入普遍高于农村居民，城市对贫穷落后的农村人口具有巨大的吸引力，发展中国家人口城市化进程的农村推力大于城市拉力(张梅，2007)，发展中国家农业人口大量流向城市，城市移民数量大，因此，发展中国家的人口城市化速度快。可见，发展中国家的二元结构使得城乡差别巨大，农村人口迁移到城市并非完全是由于城市经济发展的需要，也不完全是由于农业劳动生产率的提高而导致农业人口的剩余，而是二元结构下农村强大推力的作用，强大的推力效应使农村人口流入城市具有盲目性，造成城市人口剧增和城市恶性膨胀。

另一方面，发展中国家的人口城市化促进了本国经济的发展和城市的繁荣，但长期的殖民统治所造成的殖民地经济畸形发展和分布，以及经济发展和城市化进程中政府采取"城市偏向"的政策，以牺牲农业为代价来实现工业化和城市化，使得其人口城市化具有发展速度快但质量低的特点，人口城市化可持续发展的挑战特别艰巨。发达国家的人口城市化通过农业劳动力向城市的转移，农业部门过剩劳动力逐渐消失，农业劳动生产率逐渐提高，工业和农业收入水平逐渐趋于相等，实现了二元经济的一元化。二元结构向一元化的转变的关键是落后农业部门中的剩余劳动力顺利向现代工业部门转移，但是在发展中国家，劳动力供给弹性无限大，大量的农村剩余劳动力在推力效应下不断盲目流向城市，农村仍然存在大量的剩余劳动力，造成边际生产力等于或接近零。例如，在巴西、中国和印度，落后州(省、邦)的贫困率是经济活跃州(省、邦)的两倍以上。发展中国家虽然通过人口城市化使一部分农村人口转化为城市人口，提高了他们的收入和生活品质，但是城乡居民收入差距的拉大，农业发展的落后使得发展中国家的二元结构固化，二元结构长期在发展中国家存在。2013年，《全球监测报告：东亚与太平洋地区城乡动力机制与千年发展目标》指出：东亚太平洋地区在实现千年发展目标方面成就斐然，但人口城市化的压力导致了贫民窟的出现，东亚地区约有25%的城市人口居住在贫民窟。Chen等(2014)利用1978~2008年中国省级面板数据发现，中国城乡收入差距在经济发展和人口城市化进程中呈现先下降、后上升的U形规律，即在经济发展和人口城市化进程中，我国城乡收入差距先减小后增大。

(二)人口城市化与工业化不同步

大多数学者都注意到，大规模的人口城市化往往伴随着工业化和现代社会的出现，人口城市化水平与经济发展水平密切相关，工业化被认为是人口城市化的前提和动力。发达国家的工业化与人口城市化同步，人口城市化具有自发的内生性。然而不少发展中国家工业化滞后或超前于人口城市化，发展中国家中除少数新兴工业经济体(newly industrialised economies，NIES)实现了经济增长、工业化与人口城市化协调均衡发展，多数的发展中国家经济发展和工业化与人口城市化失衡，最为突出的表现是城市人口占比的快速增长超前于经济发展和工业化进程，这种现象被称为"过度城市化"(excessive-urbanization)或"超前城市化"(over-urbanization)，如巴西、阿根廷和印度等发展中国家都属于"超前城市化"国家，如1950~1980年，拉美地区的总人口增长了一倍，而同期的城市人口却增长了4倍。发展中国家的经济发展和人口城市化起步较晚，政府为了更迅速地取得发展成就，对城市的投资比欠发达农村地区的投资要大得多，导致农村和农业的衰败，进一步加剧了农村人口的逃离，人口城市化速度超过了经济发展速度，形成发展中国家特有的"过度城市化"或"超前城市化"现象。此外，发展中国家的人口城市化带有很强的被动性和人为性，发展中国家的快速人口城市化并不完全是城市经济发展带动的，还深受国家人口迁移政策、战争或是农村环境恶化等非经济原因的影响，发展中国家的人口城市化不是内生的。Sovani(1964)认为，发展中国家这种"过度城市化"现象是因为农村地区的人口压力大，农业的收入低于其他经济部门，农民在这些国家是被"推"，而不是被"拉"到城市地区。发展中国家人口流向城市不是源于工业、城市聚集经济的吸引，而是迫于农业凋敝、农村贫困和公共服务短缺的推力。

南亚、东南亚的部分发展中国家人口城市化水平落后于工业化和经济发展水平，呈现出与拉美发展中国家"超前城市化"相反的"滞后城市化"(under-urbanization)特征，如中国、印度、孟加拉国、印度尼西亚等南亚、东南亚国家(图2.8)。"滞后城市化"的产生原因主要是部分发展中国家政府为了避免"城市病"的产生，人为干预人口城市化进程，采取种种措施来限制人口的乡-城迁移和流动，使城市人口聚集产生的集聚效益和规模效益得不到很好的发挥或乡-城迁移人口被迫出现"两栖化"。

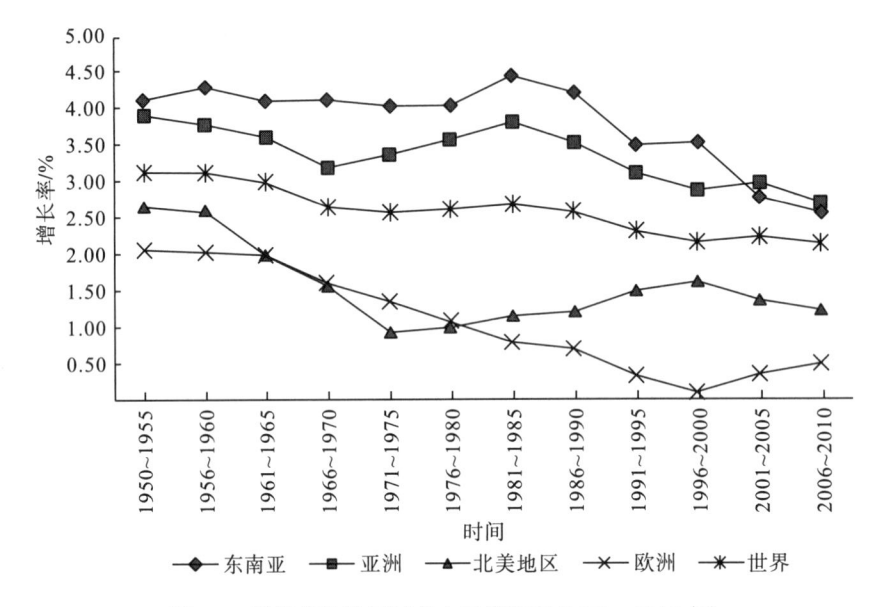

图2.8 世界部分地区城市人口增长率(1950～2010年)

数据来源：UN Department of Economic and Social Affairs. World Urbanization Prospects 2011

(三)人口城市化道路多样化

国情不同，人口城市化的基础条件不同，这就决定了发展中国家差异化的人口城市化道路。发展中国家的人口城市化道路迥异，拉丁美洲和加勒比地区人口城市化水平高于经济发展水平和工业化水平，呈现出"超前城市化"的特点，如巴西、阿根廷，而同为发展中地区的亚洲和非洲，人口城市化水平较低，人口城市化进程缓慢，呈现出"滞后城市化"的特点，如印度、缅甸(表2.9)，发展中国家人口城市化与发达国家的"同步城市化"形成鲜明对比。

表2.9 巴西、阿根廷、印度和缅甸的人口城市化率(%)

国家	1970年	1980年	1990年	2000年	2010年	2015年
巴西	55.9	65.6	73.9	81.2	84.3	85.7
阿根廷	78.9	82.9	87.0	89.1	91.0	91.8
印度	19.8	23.1	25.6	27.7	30.9	32.7
缅甸	22.8	24.0	24.6	27.0	31.4	34.1

数据来源：世界银行WDI数据库

发展中国家人口城市化水平差异大，拉丁美洲和加勒比地区的人口城市化水平高于发展中国家平均水平一倍左右，少数国家甚至超过发达国家的平均水平，属于"超前城市化"。2000年，拉丁美洲和加勒比地区的城市人口占比高达75.5%，超过同期发达地区欧洲和大洋洲的72.7%，略低于北美的79.1%，远远高于同为发展中地区的亚洲和非洲人口城市化水平(37.1%)(表2.10)。

表2.10 世界主要地理区域人口城市化率(1950~2030年)(%)(Cohen，2006)

区域	1950年	1975年	2000年	2030年
非洲	14.9	25.3	37.1	53.5
亚洲	16.6	24.0	37.1	54.5
欧洲	51.2	66.0	72.7	79.6
拉丁美洲和加勒比地区	41.9	61.2	75.5	84.6
北美	63.9	73.8	79.1	86.9
大洋洲	60.6	71.7	72.7	74.9

(四)人口城市化质量低

1950年，发展中国家城市人口占总人口的比例只有16.2%，比世界平均水平低12.2%，比发达国家低35.6%。第二次世界大战前的殖民地统治使大多数发展中国家人口城市化水平极低，第二次世界大战结束后，发展中国家政治、经济得到了独立，人口城市化进程加快。由于发展中国家经济基础薄弱，经济发展水平低，而人口增长率高，人口城市化压力大于发达国家，因此，发展中国家人口城市化尽管起步晚，但发展速度快。例如，1970年，韩国的人口城市化率为40%，1990年，韩国的人口城市化率达到了78%，韩国用了短短20年，巴西用了30年就走完了美国长达百年的人口城市化进程(Vernon，2002)。发达国家的人口城市化速度比较和缓，1900年美国人口城市化率为40%，1960年为70%，1990年上升到75%以上，发达国家这种渐进式的人口城市化进程与许多发展中国家有着明显的反差。发达国家的渐进式人口城市化，加上相对较高的国内生产总值和人均受教育水平，为发达国家高质量人口城市化进程所必需的政治、经济制度和市场规律的发挥提供了必要保障(Vernon，2002)。发展中国家人口城市化速度过快，城市规模过度膨胀，城市人口快速增长，落后的城市基础设施由于投入不足，不能满足城市新增人口的需求，造成城市房价高涨、道路拥挤，大量的贫民窟和过渡地带成了发展中国家许多大城市的鲜明特色。

当前，世界人口城市化的焦点已经转移到了发展中国家，在未来的30年里，大部分的世界人口增长预计将集中在发展中国家的城市地区，发展中国家的人口城市化进程具有与发达国家不一致的特点。发达国家与发展中国家人口城市化进程形成鲜明对比，是由二者所处经济发展阶段及其在国际经济格局中所处的位置决定的(贺雪峰，2014)。发展中国家低水平的经济增长和产业结构却面临高人口增长率和人口城市化速度，其仓促的人口城市化似乎杂乱无序，甚至出现了触目惊心的贫民窟，但人口城市化却是其通往现代化的必经之路。

三、巴西和缅甸人口城市化进程

发展中国家的人口城市化道路可以划分为两种类型,以拉美国家为代表的"过度城市化"进程和以南亚、东南亚国家为代表的"滞后城市化"进程。下面,本书以巴西为例分析发展中国家的"过度城市化"进程,以缅甸为例分析发展中国家的"滞后城市化"进程。

(一)巴西人口城市化进程及特征

巴西是南美洲最大的国家,国土面积达 851.49 万平方公里,居世界第五位,总人口为 2.01 亿,国内生产总值高居南美洲第一,是世界第七大经济体、"金砖国家"之一,也是发展中国家"过度城市化"的典型代表之一。巴西是发展中国家中经济发展水平较高国家的代表,其人口城市化水平超过经济发展和工业化水平,具有"超前城市化"特征(图 2.9)。

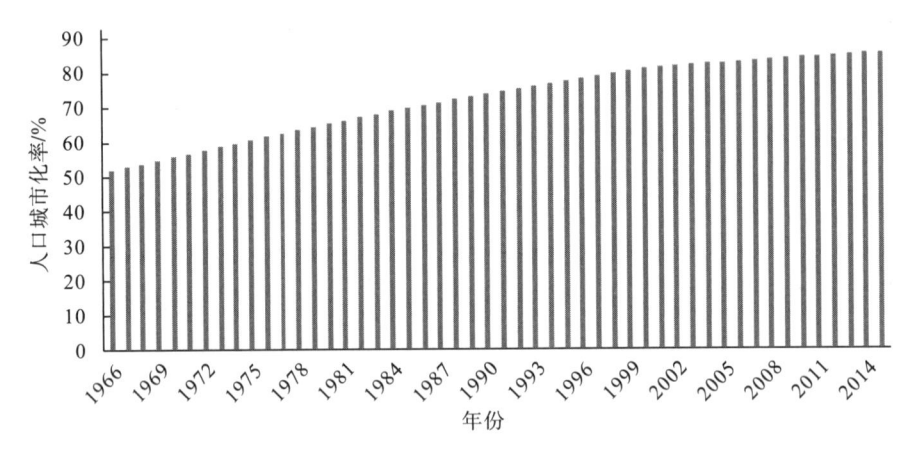

图 2.9 巴西人口城市化进程(1960~2014 年)
数据来源:世界银行

16 世纪 30 年代,巴西沦为葡萄牙的殖民地,殖民地时期,葡萄牙殖民者对巴西进行殖民统治,废除了奴隶制,奴隶有了迁移的自由,同时,大量的殖民者涌入殖民地国家,殖民地经济得到快速发展。随着奴隶制的废除和 1822 年与巴拉圭战争的结束,引发了巴西的第一次大规模移民浪潮(图 2.10)。如同大部分发展中国家一样,巴西早期的人口城市化主要依靠农村劳动力移民的迁入,即大量获得迁移自由的农村人口的涌入。1872~1920 年,农村劳动力的大量迁入使圣保罗、埃斯皮里图、里约热内卢的总人口增加了五倍[1]。

巴西的快速人口城市化始于 19 世纪末 20 世纪初。巴西从 18 世纪开始种植咖啡,到了 19 世纪中叶,里约热内卢咖啡种植业取得巨大发展,逐渐成为巴西重要的国民经济来源。巴西"牛奶咖啡经济"的发展促进了大量农民背井离乡,去往经济相对发达的地区。

---
[1] 百度百科:圣保罗. http://baike.baidu.com/subview/60685/10035055.htm.

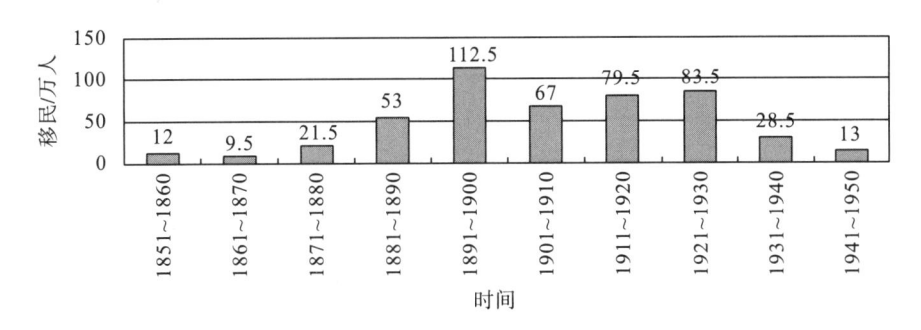

图 2.10 巴西城市移民进程(1851~1950 年)(颜俊,2014)

1930 年后,为了摆脱殖民宗主国对巴西经济的控制,巴西民族经济快速发展,创造了"巴西经济奇迹"。巴西民族经济的大发展带动了人口城市化,新城市不断出现,城市规模急剧扩张,出现了"过度城市化"现象。20 世纪 50~70 年代的约 30 年间,巴西人口城市化水平从 36.2%快速提高到 67.4%,接近欧洲的人口城市化水平,而巴西在殖民地经济基础上发展起来的民族工业结构不完善,工业人口占比仅为 20%~30%,人口城市化水平显著超过工业化水平(王永辉,2011)。由于城市工业发展滞后,无法提供足够的就业机会给这些城市新移民,发展中国家独特的二元结构又使得城市相对于农村存在着某些生存和资源优势,对农村移民具有强大的吸引力,大量的农村移民源源不断流入城市,出现了"过度城市化"。1996 年,巴西人口城市化水平达到 78.4%,2000 年为81.4%,而同期世界平均水平仅为 46%。联合国《世界城市化展望》报告指出,巴西是拉美国家中人口城市化速度最快的国家。1970~1980 年,巴西人口城市化率年增速约为 1.2 个百分点,个别年份超过 2 个百分点。1970~1990 年的 20 年间,巴西人口城市化率从 54%快速上升到 70%,一般在此时期,发达国家的人均国内生产总值增加幅度在 3 倍左右,而巴西的人均国内生产总值只提高了 60%左右。尤其值得注意的是,20 世纪 80 年代起,巴西人均国内生产总值不升反降,成为典型的"中等收入陷阱"国家。

1850~1950 年,巴西农村劳动力移民增长快速,20 世纪初期是巴西人口移民的高潮期,而在 20 世纪中期,移民大潮开始衰退。移民在一定程度上推进了巴西的人口城市化进程,到 1950 年,巴西的人口城市化率达到 36.1%,城市快速扩张,到 1960 年,巴西人口超过 2 万的城市约有 150 个,城市人口达到了 2000 万人,占总人数的 46.2%,而其中 28%的城市和 31%的人口集中在圣保罗州。1950~2000 年这 50 年间,从巴西城市人口增长中的自然增长和城乡移民贡献率可以看出,1980 年以前,巴西城市人口增长的主要来源依然是农村往城市的移民,其贡献率超过了 55%,但是在 80 年代以后,农村移民对城市人口增长的贡献率仅为 30%左右(表 2.11),这说明在 80 年代之后,巴西城市人口的自然增长逐渐起主导作用,尽管其同期城市人口的增长率也不高,但是城市人口自然增长在城市人口增长来源中占据了主要部分。也就是说,巴西农村移民对城市化增长的贡献越来越小,人口城市化水平的提高越来越依靠城市人口的自然增长,巴西城市人口增长"自给自足"的能力越来越强,标志着巴西进入了人口城市化的第二阶段,人口城市化依赖城市自身的发展来推动。

表 2.11 巴西城市人口自然增长和乡-城移民贡献率（1950~2000 年）

时期	1950~1960 年	1961~1970 年	1971~1980 年	1981~1990 年	1991~2000 年
城市人口增长量/万人	1252.1	2178.6	2835.1	3045.5	2696.3
移民增长/万人	700	1200	1600	916.8	948.4
自然增长/万人	552.1	978.6	1235.1	2128.7	1747.9
移民率/%	55.6	55.1	56.4	30.1	35.2
自然增长率/%	44.4	44.9	43.6	69.9	64.8

资料来源：IBGE, demographic censuses

巴西城市人口过度集中于圣保罗和里约热内卢，城市不断扩展，甚至出现大型城市带。在圣保罗和里约热内卢之间所形成的城市带，虽然从规模上尚达不到欧美发达国家的巨型城市带水平，但是，巴西的城市带特色却十分鲜明。首先，圣保罗和里约热内卢是巴西最大的两个城市，里约热内卢人口为 1200 万，城市人口数目高居世界第 16 位，圣保罗人口近 2000 万，是巴西乃至南半球最大的都市，也是世界上人口排名第 5 位的巨型城市[1]。在巴西较大规模的城市当中，位于圣保罗和里约热内卢城市带之间的城市大约有 17 个，占比近 1/4，圣保罗和里约热内卢城市带人口占到了全国总人口的 23%，城市带的人口和城市都比较集中。此外，圣保罗和里约热内卢城市带是巴西经济最活跃的地区，巴西的重要基础工业、科技产业、商业、旅游以及金融中心都集中于此。2000 年，里约热内卢的 GDP 达到了 823 亿美元，占到巴西 GDP 的 14.36%[2]，里约热内卢是巴西的第二大工业基地，尤其是以石油化工、医药工业著称，海上石油和天然气储备和产量高居巴西之首。同时，里约热内卢还是巴西著名的旅游胜地和人文胜地，并获得了 2016 年夏季奥运会举办权。圣保罗不仅是巴西最富裕的城市，也是南美地区最富裕的大都市，2012 年，在美国的 Sink Tank 公司公开发布的按照产业、人才、文化、政治等因素来进行城市综合评分中，圣保罗高居世界第 33 位（颜俊，2014）。

城市首位度是由马克·杰斐逊提出的，用以衡量不同规模城市的差异程度，城市首位度越高，说明首位城市在区域内的地位和作用越强。1970 年，圣保罗和里约热内卢的城市首位度指数为 1.22，到 2010 年达到了 1.78，说明这两大城市及其所在州集中了全国较多的城市人口和生产力。圣保罗-里约热内卢巨型城市带的出现表明整个巴西出现了人口城市化发展不均衡，2010 年，巴西城市化水平最高的地区是东南部地区，达到了 92.9%，其次是西部地区 88.8%、南部地区 84.9%、东北部地区 73.1% 和北部地区 68.5%。人口城市化的水平基本与该地区经济发展水平呈正相关，人口城市化分布不均、社会资源与社会财富的过于集中，使巴西出现了以贫民窟为代表的"城市病"，即面临贫富差距扩大、就业压力加大、住房短缺、房价高涨、医疗、教育和卫生无法满足新增人口需求等城市问题。

基尼系数是由意大利经济学家基尼提出的，用于测量收入分配差距程度的一个重要指标。一般认为，基尼系数低于 0.2 为收入绝对平均，0.4 作为收入分配差距的警

---

[1] 数据来源：United Nations. World Urbanization Prospects: The 2014 Revison.
[2] 数据来源：United Nations. World Urbanization Prospects: The 2014 Revison.

戒线，0.5 以上则认为收入差距悬殊。根据巴西 1981~2014 年的基尼系数趋势图显示（图 2.11），巴西近 30 年间的基尼系数大于 0.4，说明巴西的贫富差距一直很大，尤其是在 1989 年时达到了峰值 0.647，之后在政府的调控下逐渐下降。例如，巴西政府推出了"零饥饿"计划，把全国范围内的贫困人口作为主要扶贫重点，增加贫困人口的减贫投入。财富分配的两极分化使得巴西整个社会矛盾十分尖锐，如城市治安恶化、全国范围内的大规模罢工经常发生、失地农民抢占庄园主土地等社会问题。同时，由于贫富差距较大，使得巴西的经济难以健康、高速发展，劳动人民的生产积极性下降，财富及社会地位的代际传承明显，社会流动板结，阶层固化。巴西政府面对严重的社会贫富差距，采取了诸如"零饥饿"计划、"家庭补助金"计划等一系列有利于民生的补助计划，目前整个巴西约有 1240 万个贫困家庭享受政府的各种减贫补贴，约占巴西总人口的 26%。

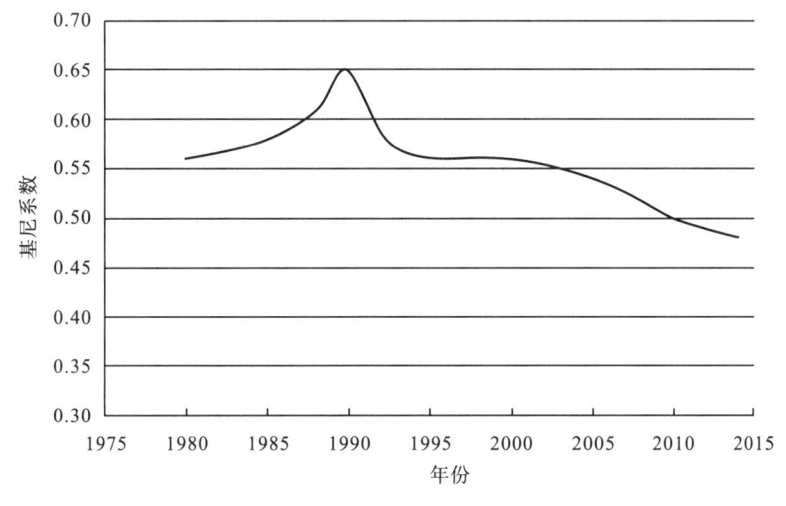

图 2.11 巴西基尼系数变化(1981~2014 年)(颜俊，2014)

就业方面，巴西面临着严峻的就业压力。由于城市人口增长速度超过经济发展和工业化速度，城市吸纳劳动力能力不足，就业压力大。据巴西国家地理统计局公布的数据显示，2015 年，巴西主要大城市失业率逐月上升，7 月份达到了 7.5%，为 2010 年 3 月以来最高；巴西 7 月求职人数达到 180 万人，环比增长 9.4%，同比增长 56%，这是 2002 年 3 月以来的最高值，如果不采取有力措施，巴西的失业问题将会越来越严峻[①]。

教育方面，巴西也面临着教育资源不足等问题。依据联合国教科文组织的报告，巴西小学生入学率高达 95%，但是仅有 18% 的学生可以完成小学四年级的学习。同时，巴西约有 4200 万 7~14 岁的学生不能在校学习。政府每年在教育上的投入占 GNP 的 3.7%，其中，大学为 50 亿美元、基础教育为 27.5 亿美元、职业教育及中学为 5.5 亿美元（劳匹斯·亚历山大，2005）。而对比中国的教育投入来看，2014 年，中国财政性教育经费支出达到近 3000 亿美元，占 GDP 的 4.3%，远高于巴西的教育投入。教育资源不足一方面导致了巴西的文盲率高达 31.28%，另一方面，较低的文化程度导致居民就业竞争力下降，影响了巴西经济的发展。

---

① 新浪财金，2015. 巴西失业率攀至 5 年新高. http://finance.sina.com.cn/roll/20150825/074023054486.shtml.

医疗卫生方面，由于巴西人口城市化超速，而城市相应的基础设施建设却进展缓慢，整个城市的住房和卫生条件非常落后。据 1976 年统计，巴西城市中有高达 33%的住房没有自来水设备，75.9%的居民没有污水处理设施。1982 年，由于恶劣的卫生条件，巴西北部、西北部营养不良儿童数量占总人口的 70%，即使在圣保罗这样的大城市中，儿童死亡率也高达 8%。

综上，巴西作为殖民地国家，城市化进程起步较晚，早期的人口城市化受殖民者影响较大，摆脱殖民后人口城市化进入超速发展阶段，人口城市化水平超过经济发展水平和工业化水平。2000 年，巴西的人口城市化率为 81.2%，而同期世界平均水平仅为 46%，2015 年的人口城市化率为 85.7%，已经实现了高度人口城市化(高强 等，2006)。巴西人口城市化超速发展，形成"虚假城市化"或"超前城市化"，面临城市贫民窟、失业率高、犯罪率高、贫富差距扩大、环境恶化等严峻的城市问题。同时，巴西区域经济发展不平衡，经济、工业、教育等资源高度集中于少数几个大城市，城市化区域发展不平衡，又进一步加剧了巴西的城市化问题。巴西人口城市化的演进历程反映了发展中国家"超前城市化"的阶段性特征及面临的问题。发展中国家为了加快民族经济发展，通常通过政府集中社会资源搞国家经济建设和发展，经济和资源在少数城市集中，人口城市化的进程和方向受此影响而出现"城市病"，阻碍了发展中国家人口城市化的可持续发展(颜俊，2014)。

(二)缅甸人口城市化进程及特征

缅甸位于亚洲东南部，是一个历史悠久的文明古国，也是南太平洋沿岸最不发达的国家之一，是低收入国家的代表。2015 年，缅甸人口城市化水平为 34.098%，远低于世界平均水平，缅甸在很大程度上仍然是一个农业和乡村经济体(图 2.12)。目前，缅甸除了仰光和曼德勒这两座大城市之外，只有 8 个城市的人口超过 20 万，其人口城市化发展阶段处于起步发展时期[①]。

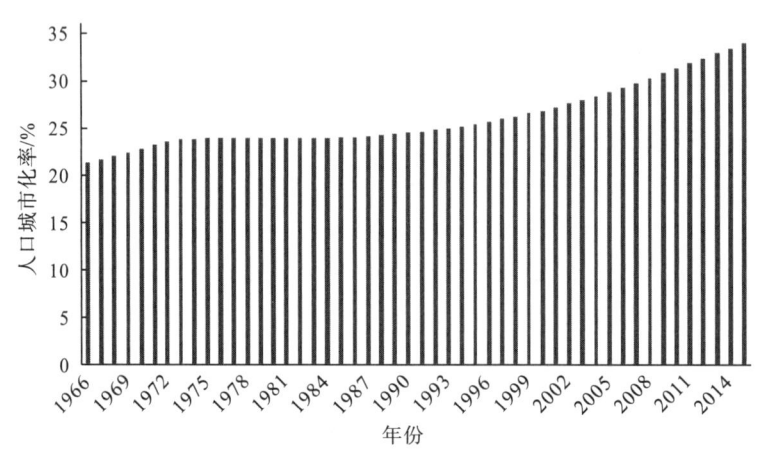

图 2.12 缅甸人口城市化进程(1966～2015 年)

数据来源：世界发展指标

---

① 对缅甸崛起感到乐观的八个理由. http://news.sohu.com/20130604/n377929133.shtml.

1891 年，缅甸的人口约为 770 万，到 1931 年缅甸人口增长到 1460 万，40 年的时间人口增加了 1 倍，1983 年人口增长到 3500 万。1948 年缅甸独立以前，除了在 1891~1901 年缅甸的人口增长出现异常，其余时间，缅甸的人口增长都比较稳定（表 2.12）。1948 年后，缅甸的人口增长率几乎翻了一倍，每年增长 2%左右。这一时期人口的快速增长主要归因于死亡率的持续下降，缅甸人口死亡率从 1955 年的 20.7‰下降到了 1982 年的 8.6‰。

表 2.12　缅甸城市人口、农村人口和总人口变化　　　　　　　　（单位：人）

年份	城市人口	农村人口	总人口
1891	947000	6775000	7722000
1901	991000	9500000	10491000
1911	1127000	10988000	12115000
1921	1292000	11920000	13212000
1931	1520000	13147000	14667000
1941	缺失	缺失	16824000
1953	2579000	16466000	19045000
1973	6818000	22102000	28921000
1983	8466000	26841000	35307000

数据来源：缅甸人口普查数据

殖民地时期，缅甸进入了第一次人口城市化高潮。外来移民是缅甸城镇人口增长的一个重要因素，由于缅甸发现了大量的石油，英国殖民者为了填补缅甸劳动力不足的虚空，从印度和中国引入了大量的劳工。1927 年，从印度移民至缅甸的劳工多达 40 万人，其中近 90%选择留在了上缅甸（英殖民时期，缅甸中部和北部地区常称为"上缅甸"，与之相应的为"下缅甸"，二者并无明确界线）（Chakravarti，1971）。20 世纪 30 年代，缅甸每年的劳工流动为 20 万~35 万人，大多往返于缅甸的各城镇之间，这种浩浩荡荡的人员流动引起缅甸城乡人口结构发生变化，缅甸城镇人口的增长速度高于农村人口，城镇人口快速增长（表 2.13）。

表 2.13　缅甸城市人口、农村人口和总人口增长率(%)

时期	城市人口增长率	农村人口增长率	总人口增长率
1891~1901 年	0.5	3.4	3.1
1902~1911 年	1.3	1.5	1.4
1912~1921 年	1.4	0.8	0.9
1922~1931 年	1.6	1.0	1.0
1932~1941 年	缺失	缺失	1.4
1942~1953 年	缺失	缺失	1.0
1954~1973 年	4.9	1.5	2.1
1974~1983 年	2.2	1.9	2.0

数据来源：缅甸人口普查数据

同时，缅甸还出现了大规模农民移居城市现象。随着缅甸三角洲的开发，位于上缅甸干旱地区的农民大量移居到相对湿润的下缅甸，成为了伊洛瓦底江三角洲地区"缅人化"的重要因素。随着伊洛瓦底江三角洲地区的商业逐步发展起来，城市基础设施得到改善，也成为吸引上缅甸农民迁入的重要诱因。下缅甸城镇规模不断扩大，人口增长速度明显快于周围农村地区。尽管城市规模不断扩大，但是由于城市的地域空间主要还是被英国殖民者所占据，缅甸的城市只能作为将缅甸产品输送到世界市场的通道。普查数据表明，缅甸城镇数从1891年开始大幅增加，1891年，缅甸只有52座城镇，1931年，这一数字上升到92座，1973年，缅甸城镇数量达到了288座，缅甸的城市体系主要由小城镇组成，很多城镇人口不足5000人（表2.14）。

表2.14 缅甸不同人口规模城市及比例（Naing，1989）

人口规模/人	1931年比例/%	1953年比例/%	1983年比例/%
≤5000	17	58	22
5001~10000	50	21	24
10001~20000	18	10	24
20001~50000	12	9	20
50001~100000	1	0.8	7
≥100000	2	1.2	3
总数	100	100	100

1948年缅甸独立以后，作为一个新独立的国家，缅甸联邦政府试图尽快发展国民经济，提高人民的生活水平，加大了对工业和城市的投入，使其人口城市化水平在东南亚地区处于较高水平。同时，由于国内的战乱，导致农民大量移入城市寻求庇护，城市人口剧增，进入了缅甸的第二次人口城市化高潮。1950年，缅甸人口城市化率达到16.2%，是当时中南半岛人口城市化水平排名第二的国家，仅次于泰国。20世纪60年代初期，缅甸政府为工业化做了积极准备和努力，缅甸国民生产总值每年提高约6%，工业化的发展促进了人口城市化进程，缅甸人口城市化水平每年大约提高3%。1953~1973年，缅甸城市人口以每年4.9%的速度递增，城市人口总数增长达到160%，1973年城市人口达到700万，而同一时期，缅甸总人口增长仅为50%，城市人口增长速度远远超过总人口增长速度。

1973~1983年，由于缅甸政府的闭关锁国和高度集中的计划经济，经济停滞和下滑使得缅甸人口城市化速度急剧下降。1990年，缅甸仍有24.6%的人口城市化率，但是如果考虑到城市人口的自然增长以及城市扩张所导致的城市人口增加的话，可以认为缅甸在20世纪60~90年代，几乎没有农村人口往城市迁移。这个时期的缅甸，经济迅速衰退，城市失业率急速上升，人口城市化停滞不前，城市和农村居民的生活生产都受到了极大影响。缅甸由从前的东南亚经济明星走入谷底，1987年被联合国评估为"世界最不发达国家之一"。1988年，缅甸人均GDP仅为200美元，而同期低收入国家的人均GDP为370美元（李晨阳 等，2013）。1988年，缅甸新军人政府上台，当即废除奈温时期的计划经济政策,开始逐步实行市场经济和改革开放,大力扶植工业发展,积极开展国企改革和企业私有化。由于政府的各项积极措施,国家经济也逐步好转,工业化水平不断提升,人口城市化进程重新开启,人口城市化率从 1990 年的 24.6%上升至 2000 年的 27.2%,2005 年达到 30.6%,2010 年更是达到了 32.1%。

虽然缅甸经历了两次较快的人口城市化发展时期,但是,从横向上比较,其人口城市化水平一直低于世界和亚洲平均水平,甚至低于东南亚平均水平(表 2.15)。2011 年后,缅甸新选民政府上台,新一届政府放宽了经济管制政策,经济增长势头强劲,在可以预见的未来,缅甸的人口城市化进程将加快速度,进入高速人口城市化发展阶段(刘军,2015)。

表 2.15 缅甸人口城市化率横向比较(1950~2010 年)(%)

地区	1950 年	1960 年	1970 年	1980 年	1990 年	2000 年	2010 年
缅甸	16.2	19.2	22.8	24.0	24.6	27.2	32.1
东南亚	15.4	18.5	21.4	25.5	31.6	38.2	44.1
亚洲	17.5	21.1	23.7	27.1	32.3	37.4	44.4
世界	29.4	33.6	36.6	39.4	43.0	46.7	51.6

数据来源:UN Department of Economic and Social Affairs. World Urbanization Prospects 2011. 2012.

纵观缅甸人口城市化进程,缅甸人口城市化的推力包括政治、经济、自然等不利于农村居民生产生活的因素,如政治迫害、农业生态环境恶化、农村人口过剩等。缅甸人口城市化的拉力为有利于城市居民生产生活的各方面因素,如经济水平高、政局稳定、环境宜居等,当拉力大于推力时,人口就会发生乡-城迁移。例如,近代英殖民者的贩奴运动,大量劳工进入缅甸,属于以"政治推力"作用为主的人口城市化。缅甸伊洛瓦底江三角洲地区的经济迅速发展,劳工数量增多,大量缅甸农民开始往经济发达城镇移民,人口城市化水平进一步提高,属于以"经济拉力"作用为主的人口城市化。1955~1965 年,在"政治推力"作用下,农村人口大量成为难民迁移至城市避难,人口城市化水平上升,缅甸城市人口增长的 67.2%归功于城市移民的增加,32.8%归功于城市人口的自然增长。自 1973 年以后,缅甸城市人口的增长由移民推动转为城市人口自然增长推动,1973~1983 年,缅甸城市人口增长的 22.4%归功于城市移民,77.6%归功于城市人口的自然增长。分析可见,缅甸人口城市化同大多数发展中国家一样,人口城市化进程特别容易受到政治因素的影响,政府的作用力往往大于市场的力量。

第三章 我国人口城市化进程及特征

我国人口城市化不同于西方发达国家工业化推动的"同步城市化",也不同于拉美发展中国家的"过度城市化",而是在"地广人多""二元结构""计划经济向市场经济转轨"的背景下,在不断的探索中走出的一条特色鲜明、内涵独特的中国人口城市化道路(刘士林,2013)。

第一节 我国人口城市化进程

1950~2050 年,我国人口城市化水平与世界平均水平、发达国家平均水平和发展中国家平均水平比较,将显示出其人口城市化进程具有独特性(图 3.1),我国人口城市化道路是政府主导和市场规律两者共同作用、相互耦合的结果(冀福俊,2016)。

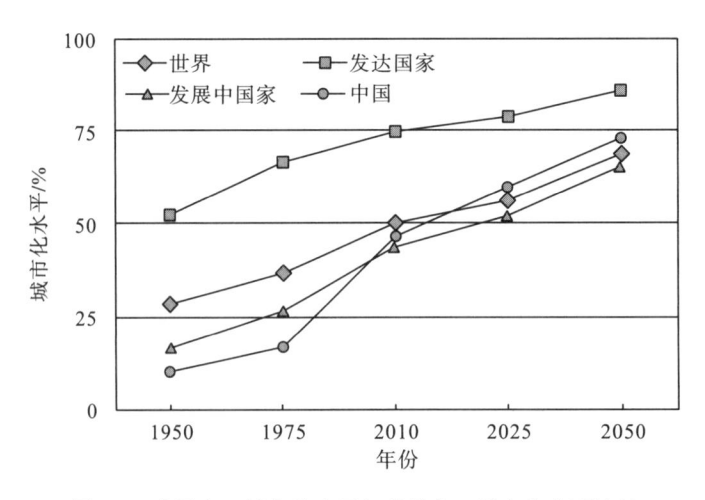

图 3.1 我国人口城市化水平与世界人口城市化水平比较

数据来源:UNPD, 2010. World Urbanization Prospects: 2009 Revision,2025 年、2050 年的数值为预测值

改革开放前我国人口城市化进展缓慢,1949~1978 年,由于我国采取城乡隔离、控制大城市规模的人口城市化发展方针,人口城市化率仅从 10.64%提高到 17.92%,远低于世界平均水平 28.4%。改革开放后,乡镇企业异军突起,带动我国中小城市的发展;20 世纪 90 年代,经济开发区带动了城市的扩张,大城市成为我国人口城市化的主战场;进入 21 世纪后,大城市集群发展,成为我国人口城市化的"领头雁",推动我国人口城市化率从 2000 年的 36.22%提高到 2015 年的 56.10%(图 3.2)。

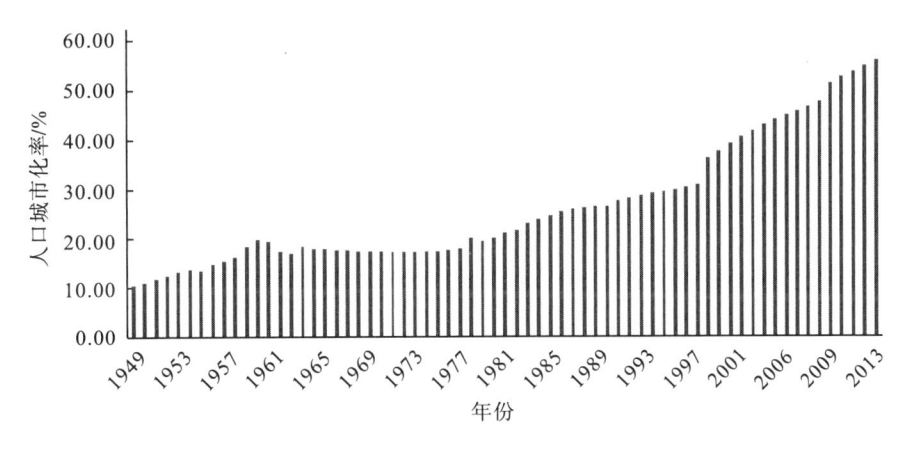

图 3.2 我国人口城市化进程(1949～2015 年)

数据来源：国家统计局

依据 Northam 的人口城市化 S 形阶段曲线来划分我国人口城市化演进阶段，考虑到我国人口城市化影响因素有别于发达国家，与世界其他国家人口城市化阶段性特征差异较大，综合考虑经济因素与非经济因素，尤其是我国的人口流动政策因素，我国人口城市化进程可划分为五个阶段：1949～1959 年人口城市化起步阶段、1961～1978 年人口城市化停滞阶段、1979～1998 年人口城市化爆发式增长阶段、1999～2011 年人口城市化快速推进阶段、2011 年后的人口城市化质量提升阶段。

一、1949～1959 年人口城市化起步阶段

1949～1959 年为我国人口城市化起步阶段。1949 年中华人民共和国成立时，我国城市人口占比仅为 10.64%，1949 年以后，我国进入和平建设时期，经济发展和城市建设带来了对劳动力的需求，国家根据需要，制定了一系列政策为农村人口进入城市铺平道路，带动农村人口向城市迁移。1954 年的第一部《中华人民共和国宪法》把"迁徙自由"列为公民的一项基本权利，实施"自由迁移"人口政策，允许居民在城乡之间或城镇之间自由迁移。受此政策影响，1954～1956 年，大批农民从人口稠密的东中部农村迁往东北、内蒙古、西北边疆诸省区开垦拓荒。20 世纪 50 年代，企业事业单位可以根据生产和工作需要，自行招聘职工，职工来源不受户籍限制，农村人口进城工作户口随迁与否自便，此阶段实施的是按居住地登记户口、迁徙自由的管理制度。城市新建扩建的工矿企业由于急需劳动力，从农村招收大批农民进入城镇。在城市和经济发展拉力作用与宽松的人口流动政策驱动下，成千上万的农村劳动力进入城市就业，城市人口迅速增加。经过 3 年的国民经济恢复时期和"一五"规划的实施，全国城市人口由建国时的 5765 万人增加到 9949 万人，增加了 72.58%；城市化水平由 1949 年的 10.64%增加到 1958 年的 16.25%(图 3.3)，城市面貌也有较大改观，城市公共交通安全快捷，人口城市化健康发展。

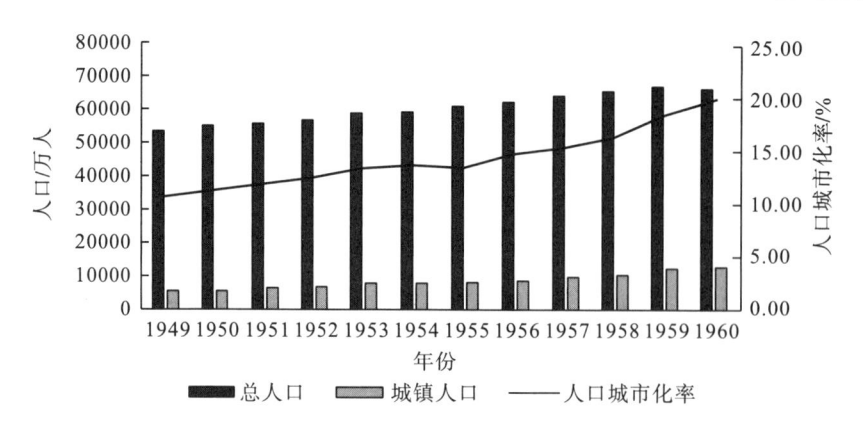

图 3.3　我国人口城市化起步阶段(1949～1960 年)

数据来源：国家统计局

1958～1960 年为我国人口城市化超速发展时期，大量农村人口涌入城市。1958 年，我国工业和建筑业新增职工 1950 万人，比原有职工总数增加了一倍。在新增职工中，农村人口为 1000 万人，占 50%以上。1960 年，我国城镇人口达到 13073 万人，比 1957 年增长了 31.4%，城市人口超速增长，人口城市化水平从 1958 年的 16.25%迅速上升到 1960 年的 19.75%(图 3.4)。

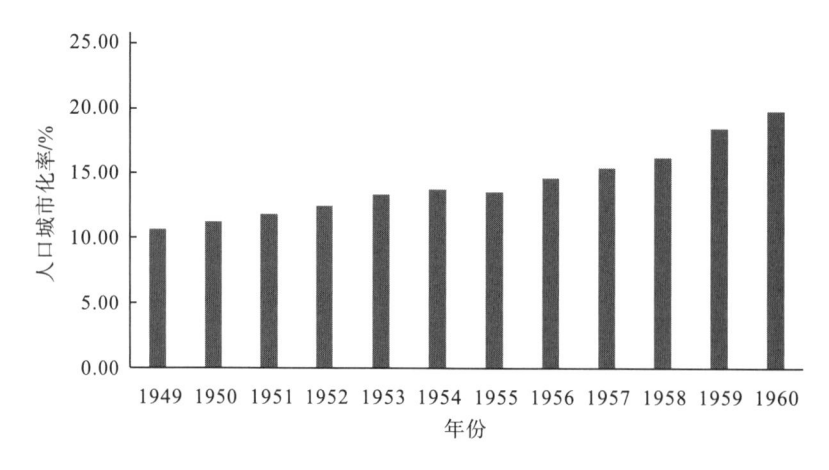

图 3.4　我国人口城市化起步阶段(1949～1960 年)

数据来源：国家统计局

1959 年全国出现了严重自然灾害，粮食严重短缺。1959～1961 年为我国的"三年困难时期"，1959 年粮食产量较上年下降 17.6%，1960 年又比 1959 年减产 18.5%。农村人口过度频繁的流动给政府管理和经济秩序带来了巨大的考验，同时政府还面临部分农副产品和公共物品不能满足城市新增人口需求的压力。因此，1955 年后，政府先后发布各种限制农民进城的政策性文件，1958 年颁布的《中华人民共和国户口登记条例》规定："公民由农村迁往城市，必须持有城市劳动部门的录用证明，学校的录取证明，或者城市户口登记机关的准予迁入证明。"1958 年开始，我国建立了以控制人口乡城迁移为目的的户籍制度①，部分之前从农村迁移到城市的人口又回流到农村，我国人口城市化率从 1960 年的 19.75%开始下降。

二、1960～1978 年人口城市化停滞阶段

1960～1978 年为我国人口城市化停滞和下降阶段，期间出现了两次人口城市化停滞和下降高潮，一次是 1960～1962 年受"三年自然灾害"影响，另外一次是 1966～1977 年(图 3.5)。

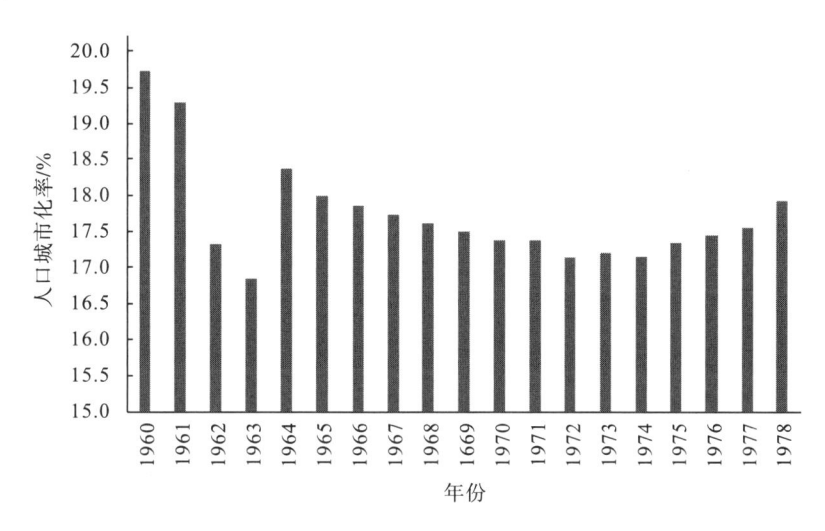

图 3.5　我国人口城市化停滞阶段(1960～1978 年)
数据来源：国家统计局

1960～1963 年为我国人口城市化第一次倒退时期。由于 1958～1960 年的三年自然灾害使我国农业生产雪上加霜，陷入全面减产的灾难性困境，出现了农产品短缺。国家被迫决定大规模精减城镇人口，把城镇居民"下放"到农村，以缓解人口迅猛增长和农产品供应短缺这一矛盾。据统计，1961～1963 年，全国共减少城市人口 2600 万人，城市人口占总人口的比例由 1960 年的 19.75%下降至 1963 年的 16.84%(图 3.6)。

1966～1977 年为我国第二次人口城市化停滞期。1966 年起，城市企业大面积停产，为了解决城市就业问题，从 20 世纪 60 年代末到 70 年代初，国家通过"知识青年上山下乡""干部下放"等措施，将 3000 万城镇人口迁往农村，使得我国的人口城市化处于停滞，甚至是倒退状态。为了控制城市人口增长，其间实施了严格的城乡户籍管理制度，对农村人口进入城市进行严格限制，把占总人口 80%的农业人口束缚在土地上，城市人口锐减，我国城镇人口占总人口的比例由 1966 年的 17.86%下降到 1972 年的 17.13%，我国人口城市化进程再次出现停滞和倒退。此阶段，我国经济发展停滞，人口城市化率不升反降(图 3.7)。

---

① 1958 年，《中华人民共和国户口登记条例》颁布，正式确立了户口迁移审批制度和凭证落户制度，对城市劳动力实行"低工资、高保障"，并严格控制农村劳动力向城市流动。条例以法律形式严格限制农民进入城市，限制城间人口流动，在城市与农村之间构筑了一道高墙，城乡分离的二元经济模式因此而生成。

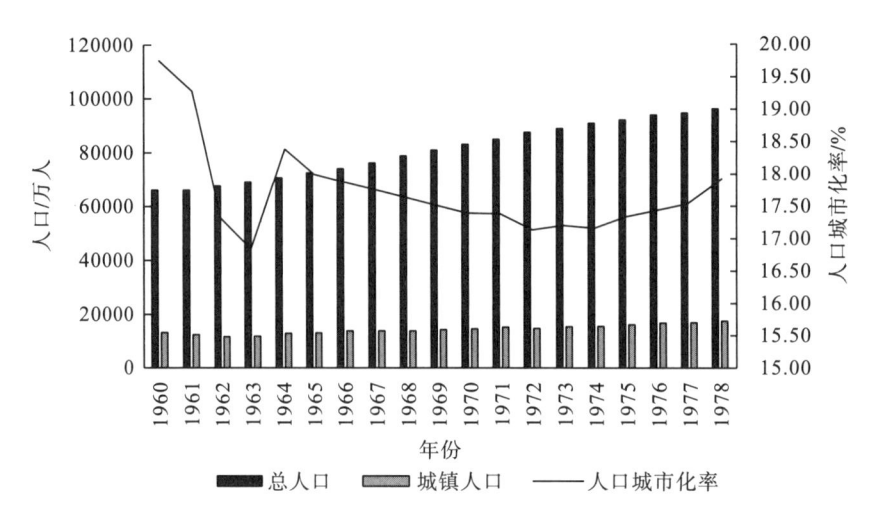

图 3.6　我国人口城市化停滞阶段（1960～1978 年）

数据来源：国家统计局

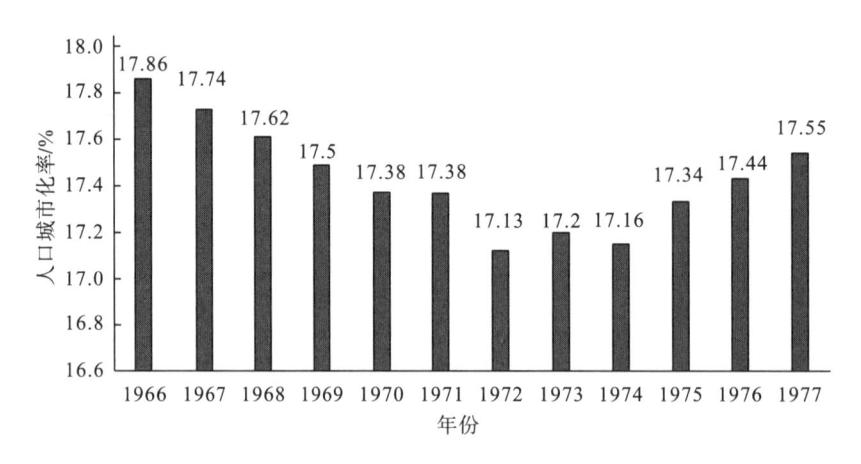

图 3.7　1966～1977 年我国人口城市化率

数据来源：国家统计局

为了防止城市人口增加和应对粮食等公共产品短缺，依据 1958 年国务院颁布的《中华人民共和国户口登记条例》，将城乡居民划分为农业户口和非农业户口，并严格规定，农业户口不得转为非农业户口。1975 年修宪时，"迁徙自由"被正式删除。1961～1978 年，我国执行严格限制农民向城市迁移的城乡分割户籍管理制度，通过严格的户籍制度限制人口的城乡流动，实施"控制大城市"的城市发展政策。由于国家的经济形势以及严格户籍制度的影响，制约了我国人口城市化进程，我国人口城市化进程受阻，部分年份甚至出现了人口城市化率下降的"逆城市化"现象。

三、1979~1998年人口城市化爆发式增长阶段

1979~1998年为我国人口城市化爆发式增长阶段。1978年改革开放后,农业生产责任制取代了人民公社制,赋予农民生产经营的自主权,极大地调动了农民的生产积极性,提高了农业生产力,农村经济焕然一新,我国人口城市化进程开始恢复。1978年,党的十一届三中全会召开,确定通过改革、开放促进经济发展和现代化建设,随着改革开放以及各类特别行政区的设立,我国东部沿海地区的经济得到巨大发展,同时也创造了丰富的就业岗位和职业发展机会,吸引大量农村人口往东部发达地区迁移,推动了我国人口城市化进程。1978年我国城市人口为17.245万人,城市化率为17.92%,此后,城市人口总量一直以较快的速度增长,尤其是1981~1987年和1996~1998年这两个时期,人口城市化率增速达到4%以上,到1998年,我国城市人口增长到41608万人,人口城市化率上升到了30.4%(图3.8)。

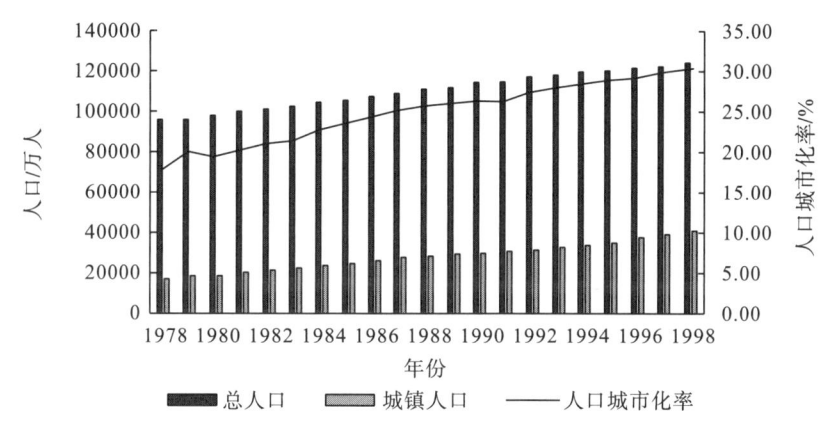

图3.8 我国人口城市化爆发式增长阶段(1978~1998年)

数据来源:国家统计局

1981~1989年,在户籍管理制度的刺激下,我国的城市人口增长最快,农村人口向城镇聚集以利用当地的发展机遇,人口城市化率年均增速达到5%以上[①],之后增速逐步趋缓(图3.9)。此时,我国严格的户籍管理制度出现松动,知青"返城风"在各地悄然兴起,城乡和区域之间人口流动得以恢复。1977年,国务院批转公安部《关于处理户口迁移的规定》,第一次提出"农转非"的概念。1984年,我国放宽了农转非条件,允许农民入集镇落户,严格的户籍管理制度逐渐放松,这一时期我国人口流动较为活跃,人口城市化大潮逐渐从东部沿海地区往中西部扩散。

我国乡镇企业蓬勃发展,县改市和乡改镇的数目增多,小城镇人口猛增,是这个时期人口城市化进程加快的又一原因。1994~1996年,全国共有95个县改市和1个新设县级市,新设城镇使城市面积和城市人口大幅度增长。1978~1991年,我国城市数量从193个增加到479个,建制镇1983年为2968个,1991年突破了1万个,1998年,我国

---
① The Economist Intelligence Unit.

人口城市化率达到 30.4%，进入人口城市化高速发展阶段。可见，改革开放拉开了我国人口城市化的大幕，释放了经济活力和人口流动性，我国人口城市化进程显著加快，人口城市化率年均增速基本保持在 3 个百分点以上(刘士林，2013)。

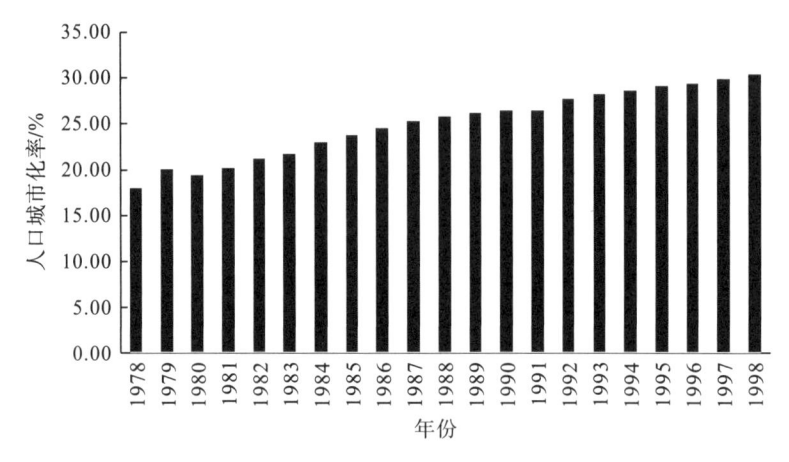

图 3.9 我国人口城市化爆发式增长阶段(1978～1998 年)
数据来源：国家统计局

四、1999～2011 年人口城市化快速推进阶段

1999～2011 年为我国人口城市化快速推进阶段。根据世界各国人口城市化的经验，在人口城市化率为 30%～50%时，城市数量的增加，城市人口占比的提高最为显著。1998 年，我国人口城市化率达到 30.40%，进入人口城市化高速发展阶段，我国人口从农村向城市的流动呈现出爆发式增长，农村人口向城市人口迁移速度加快，人口城市化进入快速发展阶段，2011 年以后我国人口城市化增速开始减慢(图 3.10)。

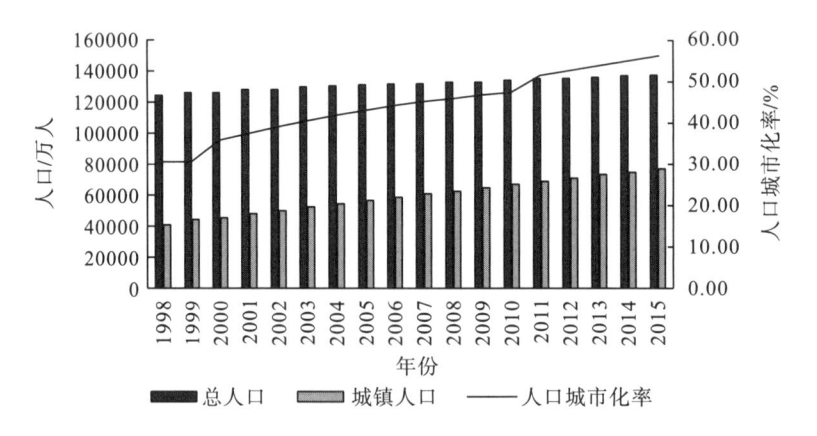

图 3.10 我国人口城市化快速推进阶段(1998～2011 年)
数据来源：国家统计局

2011 年，我国城市人口总数达到 6.9 亿人，人口城市化率首次超过 50%，达到 51.27%，这是我国历史上城市人口首次超过农村人口，成为我国人口城市化进程中的一

个里程碑，意味着我国的人口城市化水平达到了一个新的发展阶段。我国人口城市化没有照搬国外经验，各种制度放开后，我国人口城市化速度还会更快（武廷方 等，2014）。《经济学人》预测，2020年我国的人口城市化率将提高至61%，2030年将进一步上升至67%。据联合国预测，2050年我国人口城市化水平将达到77.3%，我国城市人口快速增长的势头仍将一直持续。

五、2011年后人口城市化质量提升阶段

2011年人口城市化率超过50%以后，我国人口城市化进入调整期，前期人口城市化快速增长累积的城市化问题集中爆发，人口城市化进程需要调整和修正，我国人口城市化从显性的数量增长阶段转向人口城市化质量提升阶段。新的发展阶段，我国提出了新型城镇化战略，并将新型城镇化作为实现我国经济发展方式转变的重要抓手。2013年11月15日，中共中央下发《中共中央关于全面深化改革若干重大问题的决定》，明确提出走中国特色"新型城镇化"道路，推进以人为核心的人口城市化。2013年12月12～13日，中共中央第一次专门召开城镇化工作会议，提出推进新型城镇化的六大任务："推进农业转移人口市民化""提高城镇建设用地利用效率""建立多元可持续的资金保障机制""优化城镇化布局和形态""提高城镇建设水平"和"加强对城镇化的管理"。2014年7月24日，《国务院关于进一步推进户籍制度改革的意见》正式出台，从国家层面就户籍改革进行全面部署，取消了我国沿用了50多年的"二元"户籍管理制度，建立城乡统一的户籍管理制度，正式致力于全面破解户籍制度导致的人口"半城市化"问题。本次户籍改革是差别化户口迁移政策，差别化户口迁移政策是尊重历史、尊重现实的理性选择，但会导致户籍改革不够彻底，人口在城乡之间的自由流动仍然无法完全实现，但在当前不失为一种务实的举措。

2011年以后，我国人口城市化进入新型城镇化阶段，我国新型城镇化道路的核心是以人为本，人口城市化的重心是提升人口城市化质量，把促进常住人口有序市民化作为首要任务，更加注重提高城镇居民素质和生活质量。

第二节 我国人口城市化特征

我国人口城市化走了一条独特的发展道路，体现出其特殊性，具体表现为我国人口城市化滞后于工业化、非农化和经济发展水平，人口城市化区域差距大，具有不彻底人口"半城市化"特征。

一、人口城市化滞后

纵观我国人口城市化进程可以发现，我国人口城市化的显著特征是人口城市化的滞后性，具体体现在以下四个方面。

(1)我国人口城市化水平长期滞后于世界平均水平和大多数发展中国家人口城市化水

平。我国人口城市化中制度政策因素（如户籍制度、城乡划分标准的变化等）是导致人口城市化滞后的主要原因。改革开放前，我国严格的户籍制度导致人口城市化停滞甚至倒退，改革开放后，尽管逐步放开了户籍管制，出台了一系列促进人口流动的政策，但由于我国存在巨大的农业人口迁移压力，城市又缺乏充足的就业机会和完善的基础设施来满足新增人口的需求，加上对发展中国家普遍出现的"城市病"的恐惧，我国仍然通过户籍制度严格限制城市人口的增长，使我国人口城市化增速低于世界平均水平和其他同样处在经济高速发展期的发展中国家人口城市化增速（图3.11）。

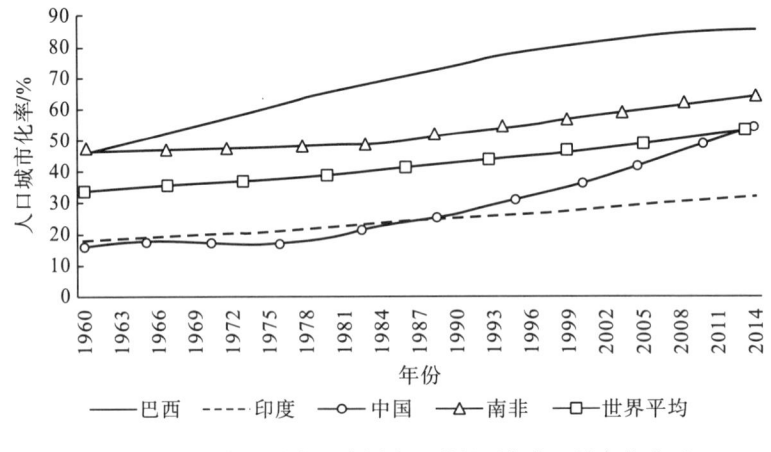

图3.11 我国与部分发展中国家、世界平均人口城市化水平

数据来源：世界银行

(2) 我国人口城市化水平滞后于经济发展水平。与国际公认的钱纳里人口城市化水平与经济发展水平指标比较，我国人口城市化水平低于钱纳里人口城市化水平指标（图3.12）。

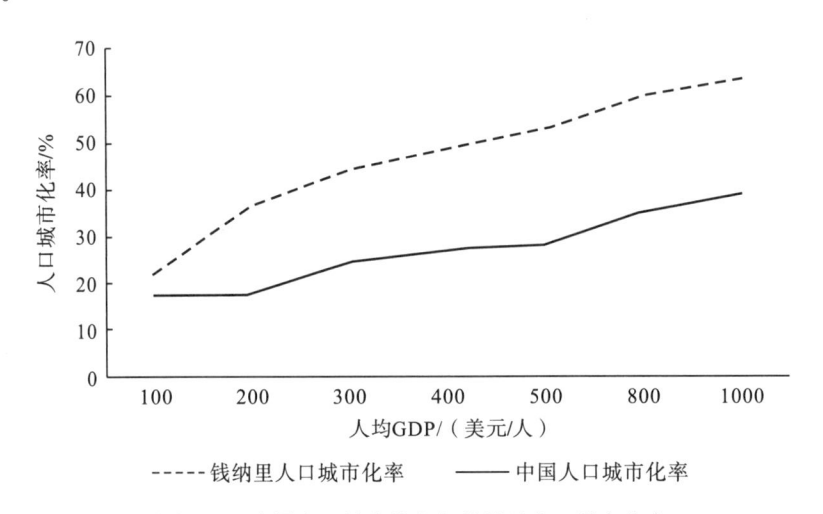

图3.12 我国人口城市化率与钱纳里人口城市化率

数据来源：①霍利斯·钱纳里，等，1988. 发展的型式：1950—1970[M]. 北京：经济科学出版社。②1978～2003年的《中国统计年鉴》

1957 年，钱纳里通过对世界各国人均国内生产总值和人口城市化水平的统计分析，得出两者之间存在正相关关系。1958 年，库兹涅茨的研究进一步发现，长期来看，人口城市化水平的提高不仅会带来经济总量的增长，还会促进经济结构的优化，Bertinelli 和 Black 建立的模型证明了人口城市化是城市经济增长的动力。从世界各国来看，经济发达国家的人口城市化水平高，人口城市化水平与经济发展水平是同步的。《国际统计年鉴（2003）》统计资料显示，2001 年世界各国的人口城市化水平指标：美国为 77.4%、德国为 87.7%、英国为 89.5%，世界上人均收入水平排在前列的国家也是人口城市化水平居于前列的国家(图 3.13)。

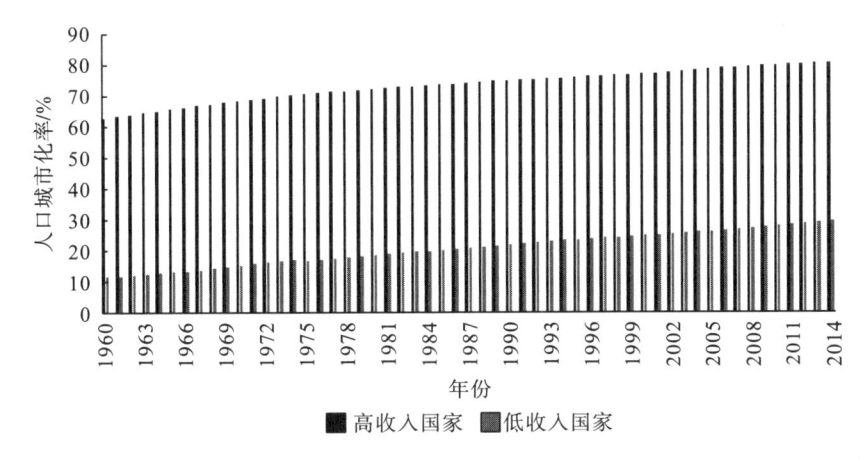

图 3.13 高收入国家与低收入国家人口城市化率

数据来源：世界银行

国际经验显示，当一国人均 GDP 超过 3000 美元时，人口城市化率达到 55%左右。2009 年，我国人均 GDP 达到 3734.8 美元，而人口城市化率仅为 46.59%，低于国际经验值。由 1952～2014 年我国人均 GDP 和人口城市化率变动趋势图可见，我国的人口城市化水平增长率远低于我国同期人均 GDP 增长率，人口城市化提升速度低于经济发展速度(图 3.14)。

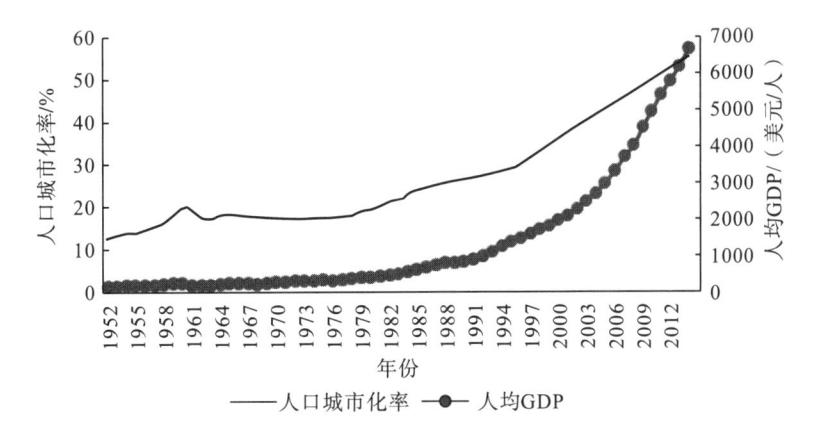

图 3.14 我国人口城市水平与经济发展水平(1952～2014 年)

数据来源：人均 GDP 数据来源于 1952～2014 年的《中国统计年鉴》；人口城市化率数据来源于国家统计局

(3) 我国人口城市化水平滞后于工业化水平。1949～1978 年,我国的工业产值增加了 5.5 倍,但是人口城市化率仅提高了 5.5 个百分点。1980 年,我国工业化率达到 48.22%,人口城市化率仅为 19.36%,同为发展中国家的印度工业化率为 24.29%,人口城市化率为 23.09%,巴西工业化率则为 43.83%,人口城市化率为 65.47%。改革开放后,随着我国人口城市化进入快速发展期,人口城市化水平与工业化水平的差距逐步缩小,2009 年,我国工业化率达到 47.24%,人口城市化率升至 47.89%[①],人口城市化率超过工业化率,我国长期人口城市化水平滞后于工业化水平的现象开始扭转(图 3.15)。

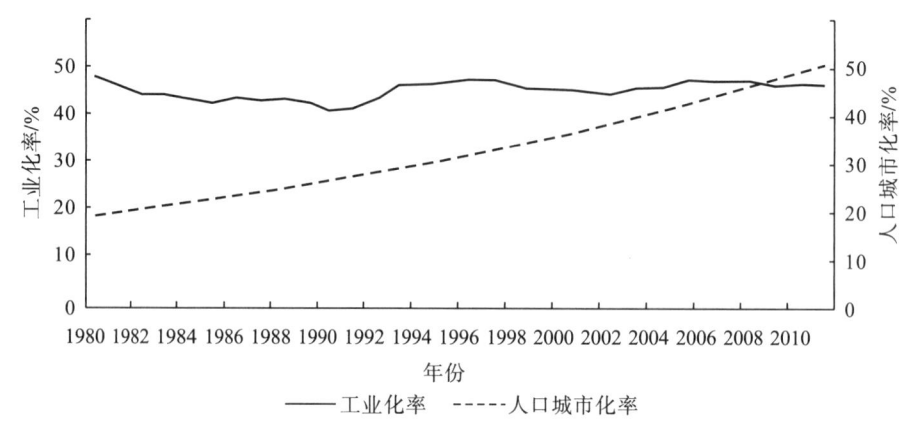

图 3.15 我国工业化率与人口城市化率(1982～2011 年)

数据来源:世界银行

(4) 我国人口城市化滞后于土地城市化。城市化是人的城市化和土地的城市化,人口的乡-城迁移使得城市人口增长,城市人口的增长带动城市建成区面积的扩大。在我国,由于特殊的土地公有制和户籍制度,人口城市化和土地城市化是分离的,严格的户籍制度使乡-城人口流动受到限制,导致我国人口城市化滞后,土地公有制使政府成为土地城市化的主导者,由于土地城市化产生的土地增值能够给地方政府带来巨大的经济利益,我国政府主导的土地城市化速度远远高于人口城市化速度。2001～2008 年,我国城市建成区面积和建设用地面积分别年均增长 6.2%和 7.4%,同期城市人口年均增长仅为 3.55%(魏后凯 等,2011);2008～2014 年我国城市建成区面积和建设用地面积分别年均增长 6.19%和 4.62%,城市人口年均增长仅为 3.34%[②],全国人口城市化速度滞后于土地城市化速度。一般来说,土地城市化的速度略微快于人口城市化速度,公认的合理阈值为 1.12,1990～2000 年,我国土地城市化速度是人口城市化速度的 1.71 倍,2000～2010 年,我国土地城市化速度提高到人口城市化速度的 1.85 倍,高于合理阈值(胡存智,2014),我国的城市化"土地超前,人口滞后"。

---

① 数据来源:世界银行。说明:世界银行的我国人口城市化率与国家统计局公布的我国人口城市化率数据略有差异。
② 数据来源:国家统计局。

二、人口城市化区域差距大

首先，我国人口城市化水平区域差距表现为东部、中部和西部三大地带间的差距。人口城市化水平区域差距是区域经济社会综合发展水平差距的集中体现，由于我国东部地区人口城市化基础好，经济发展水平和速度高于中部和西部地区，对流动人口产生强大的拉力，人口城市化速度快于经济发展水平滞后的西部和中部地区。2000 年，我国东部、中部和西部的人口城市化率分别为 44.95%、33.13%和 27.71%；2010 年，我国东部、中部和西部的人口城市化率分别为 58.36%、45.85%和 40.45%；2013 年，我国东部、中部和西部的人口城市化率分别为 66.87%、50.89%和 45.43%，可见，我国东部、中部和西部的人口城市化水平差距进一步拉大，人口向东部大城市聚集。1999~2014 年，我国西部的人口城市化水平较全国平均水平低 7.73 个百分点（图 3.16）。

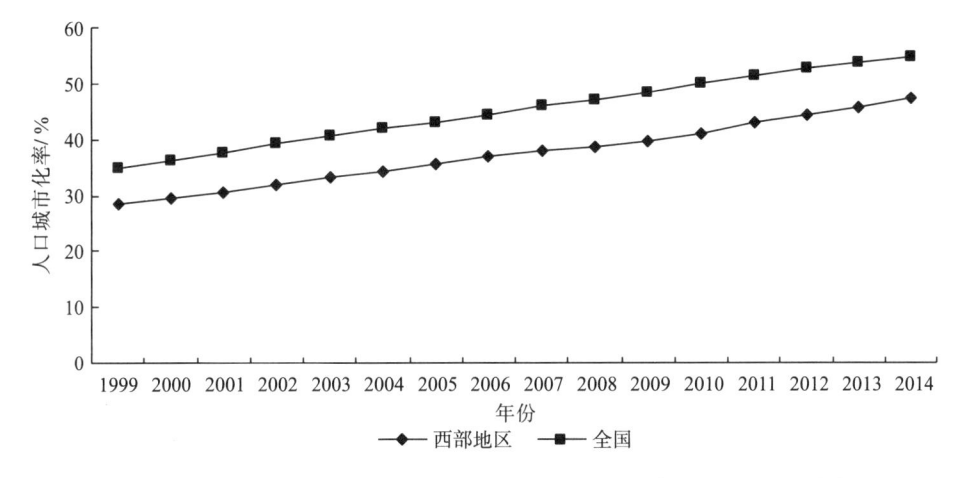

图 3.16　我国西部地区与全国平均人口城市化水平比较(1999~2014 年)

数据来源：国家统计局

其次，我国人口城市化水平区域差距表现为发达省份与不发达省份之间的差距。2010 年人口普查数据显示，我国人口城市化水平最高的为东部省份上海 89.3%，人口城市化水平最低的为西部省份西藏 22.67%，两者人口城市化水平差距约为 67 个百分点。2013 年，我国人口城市化水平最高的省份为上海(89.6%)、北京(86.3%)，人口城市化水平最低的省份为西藏(23.7%)、贵州(37.8%)，上海与西藏的差距约为 66 个百分点。1993~2013 年，我国人口城市化水平的省域差距并未随人口城市化的推进而得到显著改善（图 3.17）。

我国人口城市化水平区域差距表现为同一省份内部不同等级城市的人口城市化水平差距。依据 2014 年 11 月由国务院印发的《关于调整城市规模划分标准的通知》①，以

---

① 依据 2014 年 11 月由国务院印发的《关于调整城市规模划分标准的通知》，新的城市规模划分标准以城区常住人口为统计口径，将城市划分为以下几个等级：常住人口在 50 万以上 100 万以下的城市为中等城市；常住人口在 100 万以上 500 万以下的城市为大城市；常住人口在 500 万以上 1000 万以下的城市为特大城市；常住人口在 1000 万以上的城市为超大城市。

2014 年末常住人口统计结果为划分城市等级的依据,选取四川省超大城市成都、特大城市南充、大城市内江、中等城市阿坝藏族羌族自治州,利用 2006~2013 年人口城市化水平数据进行分析,发现四川省内部不同等级城市的人口城市化水平差距显著(图 3.18),2013 年,人口城市化水平最高的成都达到 69.4%,而人口城市化水平最低的阿坝藏族羌族自治州仅为 34.59%,二者人口城市化率差距约为 35 个百分点。

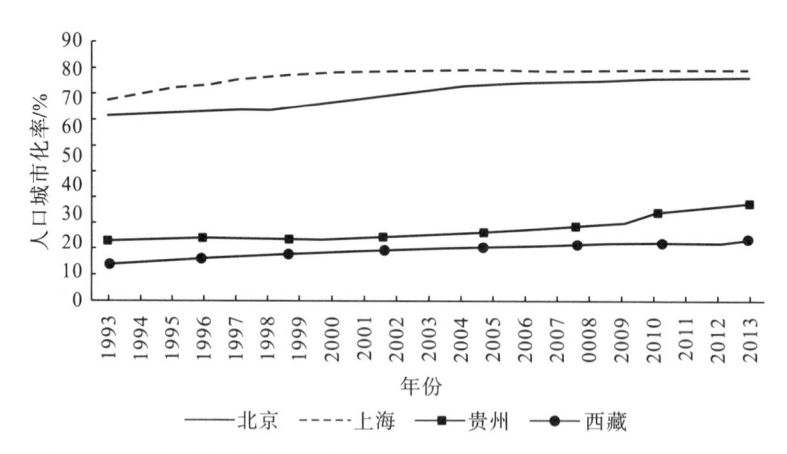

图 3.17 我国发达省份与欠发达省份人口城市化水平(1993~2013 年)

数据来源:国家统计局

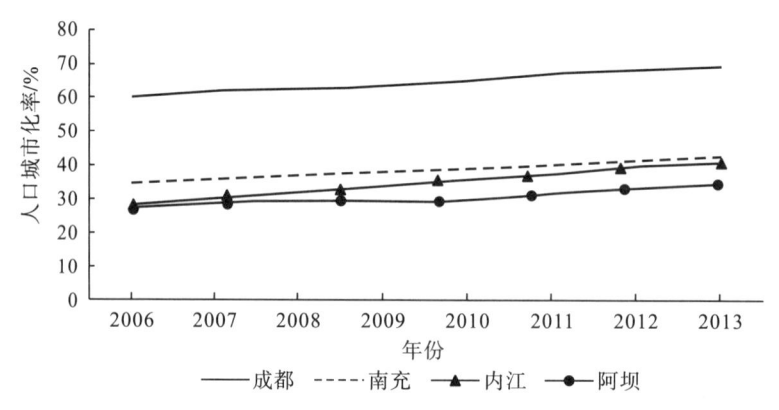

图 3.18 四川省不同等级城市人口城市化水平(2006~2013 年)

数据来源《四川省统计年鉴》

三、不彻底的人口"半城市化"

由于户籍制度、城市偏向的资源配置政策、二元土地制度等的制约,加大了我国城乡二元结构的扭曲,妨碍了基本公共服务均等化,我国的城市化是不彻底的人口城市化(安虎森 等,2013),即人口城市化是一种介于农村与城市人口之间的状态(王春光,2006),我国人口"半城市化"主要体现在以下两个方面。

(1)市民化率低于非农产业人口城市化率。国际上对于人口城市化率的统计口径有三种:①城镇化率,即城镇人口占总人口的比例(城镇人口/总人口),由于我国有户籍限制,在我国为城镇户籍人口城市化率,或称为市民化率;②非农人口占总人口的比例,在我国对应的指标是非农产业人口占总就业人口的比例(非农产业人口/总就业人口);③依据我国人口城市化的特殊性,我国采用常住人口城市化率(常住人口/总人口)。从理论上说,以上三个人口城市化水平指标应该是一致的,由于我国特殊的户籍制度,一部分农业迁移人口在城市生活,从事非农产业,却没有城市户籍;由于户籍制度的限制,部分非农产业人口并未转化为城镇户籍人口,使得我国市民化率或城市人口占比低于非农人口占比(图 3.19)。根据《2014 年中国农民工监测调查报告》,2014 年,我国有 1.6 亿的农村外出务工者处于"候鸟式"的人口"半城市化"状态,工作和生活在城市,从事非农产业,身份和归宿仍在农村,常年在城乡之间往复迁移。

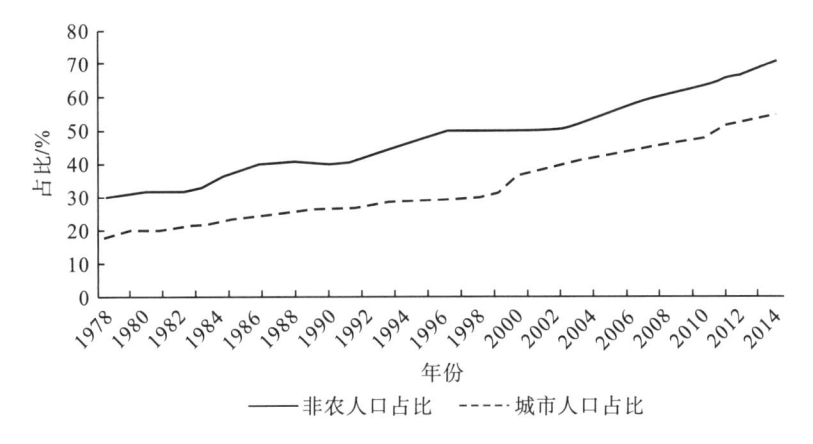

图 3.19 我国户籍城市人口占比与非农产业人口占比(1978~2015 年)
数据来源:国家统计局

(2)市民化率低于常住人口城市化率。根据《中国人口和就业统计年鉴 2010》公布的数据,截至 2009 年底,我国非农户籍人口占总人口的比例为 33.77%,同年国家统计局公布的城镇常住人口占总人口的比例为 46.59%,可推算得出我国至少有 1.72 亿人口工作在城市,却没有城市户籍。中金公司的分析显示,2010 年我国市民化率为 34.17%,与统计局的常住人口城市化率 49.95%有 15.78 个百分点的差距(图 3.20)。魏后凯等(2013)依据第六次人口普查的数据分析得出,2010 年末,我国城市户籍人口大约为 3.56 亿,城市户籍人口占总人口的比例仅为 27.0%,低于当年按常住人口统计的常住人口城市化率 23 个百分点。2013 年,清华大学中国经济数据中心一项有关我国人口城市化的调查显示,我国城市户籍人口占总人口的比例仅为 27.6%,20 年内因"农转非"只增长了 7.7 个百分点[①]。2014 年,依据《中国人口和就业统计年鉴》,我国常住人口城市化率达到 54.77%,而市民化率仅为 36.63%,初步估计,7.5 亿城镇常住人口中有 2.5 亿左右的农村流入人口没有城市户口,没有获得市民权利,也不能相应地享受到城市居民的公共服务,成为中国特色人口"半城市化"中的一个特殊群体。

---

① 数据来源: http//: www. China data center. Tsing hua. Edu. cn .

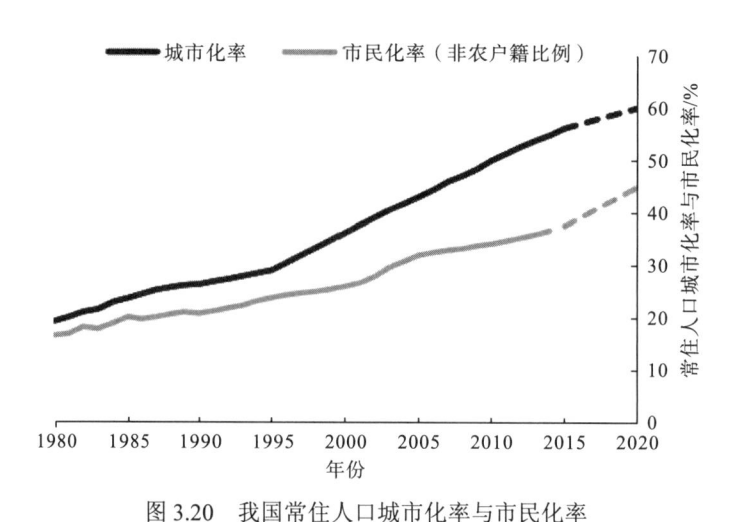

图 3.20 我国常住人口城市化率与市民化率

资料来源：CEIC（香港环亚经济数据有限公司）、中国国际金融股份有限公司相关研究数据

第三节 我国人口"半城市化"特征

我国正处于迈向发达经济体的一个转折点，人口城市化被视为解决我国劳动力成本上升、投资回报率下降、老龄化和促成经济发展方式转变的关键所在。现阶段我国人口城市化面临的最大问题在于人口城市化质量低，人口"半城市化"的城市化发展模式是造成人口城市化质量低的根源，数以亿计的"半城市化"人口无法分享人口城市化的红利，带来了一系列经济社会问题。"半城市化"概念最早由美国学者 P. H. 廖塔、詹姆斯·米斯克尔提及，在其论述大都市带理论中就涉及这一类型独特的现象，而后在 McGee 关于亚洲发展中国家人口城市化的研究中，也提及这类现象。美国著名学者 Friedmann 认为城市化分为两种，一种侧重于物质方面的，包括人口、生产要素等物质因素往城市集中的一个地域推进过程，此过程称为城市化过程 I；另一种侧重于精神或者意识上，主要包括城市文化、价值观、生活习惯等非物质要素往农村地域扩散的过程，称为城市化过程 II（陶松，2012）。人口"半城市化"则主要是指农村人口向城市人口转移中处于一种不完整状态，主要表现在农村人口虽然进入城市生活和工作，甚至取得了一定的经济基础和社会地位，但是作为主体的人本身，却没有在系统层面、社会层面、心理层面、经济层面等融入到城市当中，与城市的社会制度、文化制度、生活习惯等依然存在较大的隔离。总之，居住于城市的农村人口既不能完全从农业生产、农村生活中退出，也无法完全融入城市，只能游离于城市生活圈之外并逐渐被边缘化。

国内学者关于"半城市化"的讨论是以王春光（2003）首次正式提出农村流动人口"半城市化"概念为标志，前后划分为两个阶段。

第一阶段为 2006 年前，我国学者更多的是将注意力集中于进城的农村人口与城市居民的对比分析中，虽然没有明确提出人口"半城市化"的概念，但是通过这类研究，发现农民工（migrant workers）或半城市化农民（semi-urbanized farmers）在较多方面出现了人口城市化的不彻底性，比如户口及其户籍福利存在显著差异，不能享受完整的社会权利,甚至与城市职工间出现"同工不同酬"等区别对待现象。同时,学者们还注意到居住于城市的农村人口中形成了一种独特的"二元社区"(周大鸣,2011),农村流动人口较少或者很少同当地社区居民交流与融合,更多是集中于自有阶层的社会交往,与城市融合不积极,心理认同度不高等。部分学者则从地域的角度关注我国城市化早期发育和形成的"似城非城"的过渡性地域类型,即半城市化地区(刘盛和 等,2004)。

第二阶段为2006年以后,王春光基于前人研究发现的农村流动人口同城市居民的种种差异性,提出了农村流动人口"半城市化"概念。以此为标志,学界开始逐渐重视并开始对人口"半城市化"概念、现象、成因及问题等进行更为深入的研究。《中国发展报告2010:促进人的发展的中国新型城市化战略》定义"半城市化"概念为"农村人口向城市人口转化过程中的一种不完整状态,表现为其就业、收入、住房、社会保障、子女教育等不能享有与城市居民同等的待遇,政治权益得不到保障,不能真正融入城市生产和生活"。可见,人口"半城市化"是相对于完整的城市化而言,是表述一种不彻底的城市化状态,不仅表现为人口城市化在地域、就业、经济等方面的不彻底,还表现为社会生活和行动层面上的不融合以及在社会认同上的"内部化"(王春光,2006),在我国集中表现为农村流动人口(农民工)城市化的不彻底性,随着人口"半城市化"的概念逐渐清晰明确,这一社会现象也引起了社会各方的普遍关注。

一、我国人口"半城市化"现状

我国通常采用常住人口城市化率来衡量人口城市化水平,常住人口城市化率=城镇常住人口÷总人口×100%。鉴于我国存在大量非户籍城市人口,有学者提出非农人口城市化率指标,非农人口城市化率=非农业产业就业人口÷总就业人口×100%,部分学者认为,以非农人口城市化率统计的人口城市化水平来看,我国人口城市化水平并未滞后。但是,人口城市化的内涵不仅包含农业人口向非农业人口的转变,还包含农业人口居住地、生活方式和行为习惯等向城市居民的转变,以城市户籍人口占总人口比例来统计的户籍人口城市化率更符合国际惯例,户籍人口城市化率=(城市户籍人口÷总人口)×100%。中国国际城市化发展战略委员会和部分学者则主张以市民化率(市民化率=享受市民待遇人口÷常住人口×100%)或采用简便市民化率(市民化率=非农业人口÷常住人口×100%)来衡量和测度我国的人口城市化水平。可见,我国人口城市化水平滞后或超前之争,很大程度上是我国人口城市化水平统计口径之争。

第六次人口普查数据显示,2010年,我国城市人口接近6.66亿人,常住人口城市化率达到49.95%,户籍人口城市化率为34.17%,两者之间有15.78%的差距。国家发展和改革委员会编写的《国家新型城镇化报告2015》显示,2014年,我国常住人口城市化率达到56.1%,户籍人口城市化率仅为39.9%,两者之间有16.2%的差距,常住人口城市化率增速高于户籍人口城市化率增速表明我国市民化进展缓慢。具体到各省份,常住人口城市化率与户籍人口城市化率存在较大差异,贵州省统计局分析了2014年全国各省(区、市)的城镇户籍人口城市化率与常住人口城市化率,16个省(区、市)的户籍人口城市化率超过了全国平均水平,最高的上海(90.32%)与最低的贵州(16.4%)相差约74个百分点(图3.21)。

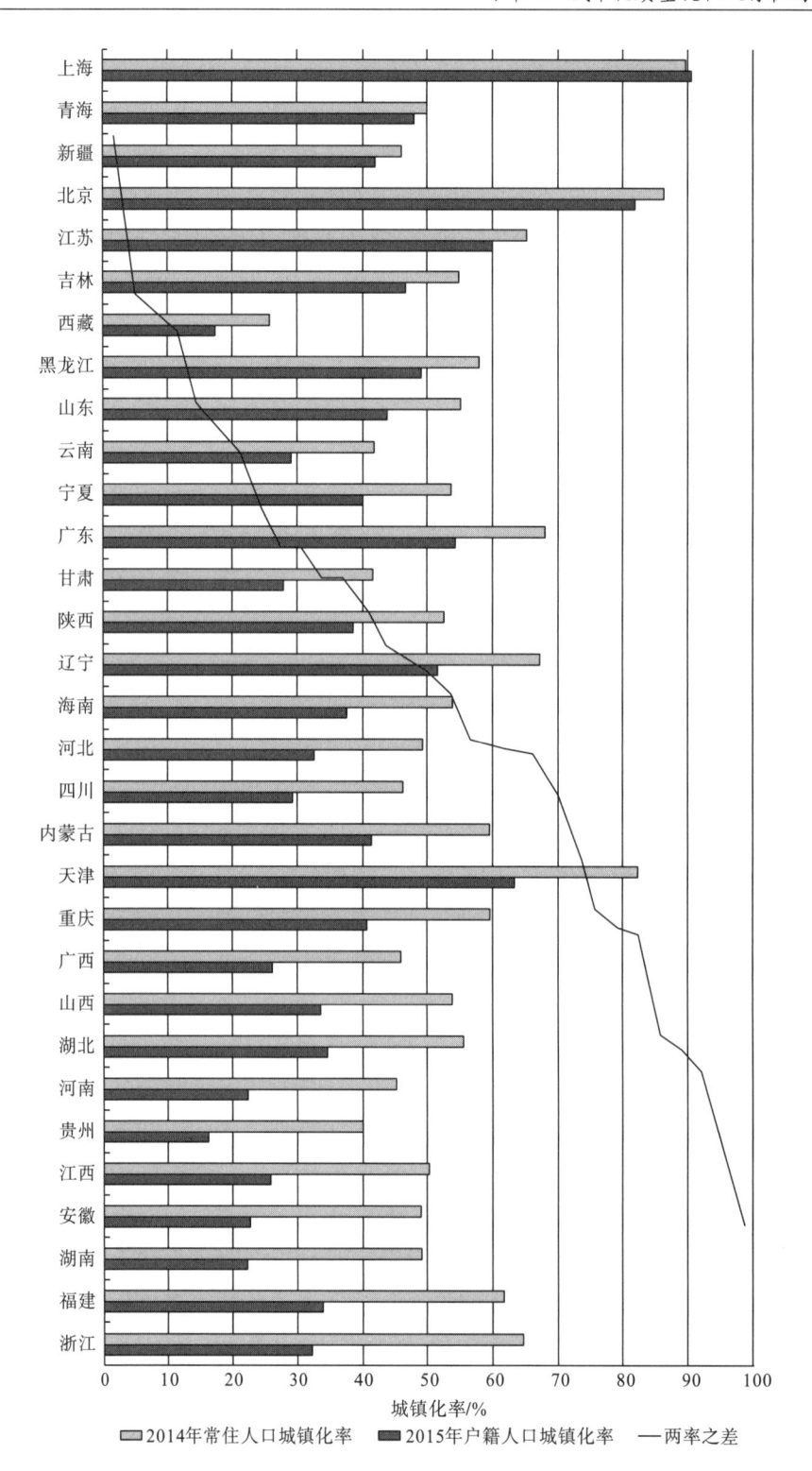

图 3.21　2014 年我国各省(区、市)常住人口城市化率与户籍人口城市化率比较(贵州省统计局，2016)

贵州省统计局，2016. 对当前贵州常住人口、户籍人口城镇化的对比分析[OL].
http://news.gog.cn/system/2016/04/29/014886374.shtml.

在我国人口城市化进程中,农村人口很难获得城市户籍,出现人户分离,我国出现"虚假人口城市化"或"不彻底人口城市化",半城市化农民受到诸多不公平对待,人口城市化质量低。目前,关于我国人口"半城市化"的大量研究表明,我国人口"半城市化"的主体是进城务工的农民工群体(何为 等,2012)。受国际、国内宏观经济和人口迁移政策的影响,我国进城务工农民表现出明显的阶段性特征(魏后凯 等,2013),大体可以分为四个阶段(图 3.22)。

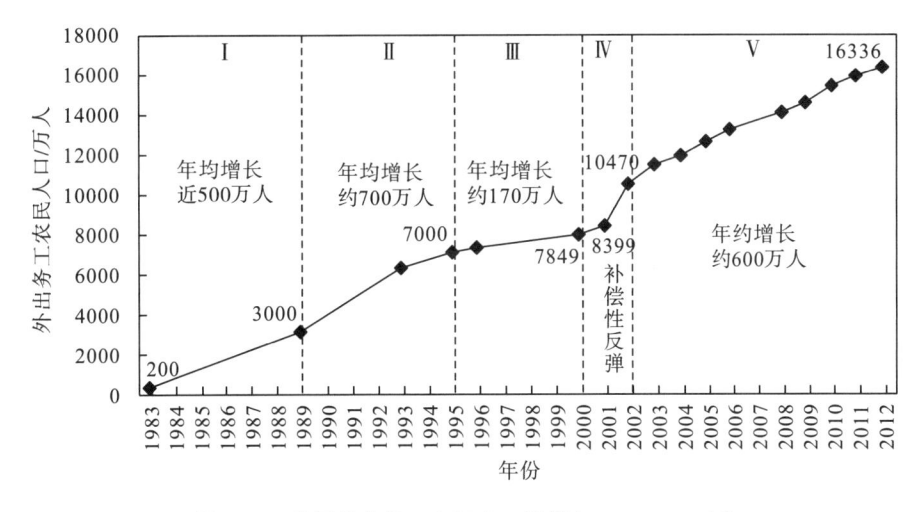

图 3.22 我国外出务工农民人口规模(1983~2012 年)

资料来源:1983 年、1989 年和 1993 年数据来自国务院研究室课题组;1996 年、2006 年数据为两次全国农业普查数据,其余年份为国家统计局数据

第一阶段为就地转移期。20 世纪 80 年代,农村打破集体公社制,普遍推行农村家庭联产承包责任制,农业劳动生产率的提高释放出大量农村劳动力,乡镇企业在国家的鼓励和支持下蓬勃发展,就地吸纳了大量"离土不离乡"的农村劳动力。

第二阶段为异地转移期。20 世纪 90 年代初期,随着改革开放的推进,我国沿海地区经济快速发展,创造了大量的就业机会,吸引了大量农业转移人口到东南沿海异地就业。到 1995 年,我国半城市化农民数量达 7000 万人,年均增长近 700 万人。

第三阶段为缓慢增长期。20 世纪 90 年代后期,由于国有企业改革造成大量工厂倒闭,下岗失业人员再就业压力加大,城市及工业对农村劳动力的吸纳能力下降,一些城市开始对招用外来农民采取限制性措施,"半城市化"农民就业难度增大,流动和迁移规模放缓。2000 年,我国外出务工农民达 7849 万人,年均增长仅为 170 万人。

第四阶段为快速稳定增长期。21 世纪开始,在逐步取消对农村劳动力进城就业的不合理限制和放开户籍管制政策的鼓励和引导下,"半城市化"农民在城乡、地区间的流动稳步增长。2001 年,我国外出务工农民为 8399 万人,2002 年达到 10470 万人。从 2011 年起,随着我国人口红利的消失,外出务工农民增速开始回落。

国务院发展研究中心农村经济研究部调查显示,截至 2007 年底,进程务工农民能够获得城市户籍,转为城市户籍人口的比例仅为 1.7%,我国 98%以上的进城务工农民处于

"半城市化"状态。国家统计局 2014 年抽样调查结果显示，2014 年，全国"半城市化"农民总量为 27395 万人，比上年增长 501 万人，增长率为 1.9%，其中外出务工农民 16821 万人，比上年增长 1.3%；本地务工农民 10574 万人，增加 2.8%。2015 年，我国"半城市化"农民总量达到 27747 万人(图 3.23)，总量逐年增长，累积的社会问题日趋严峻。

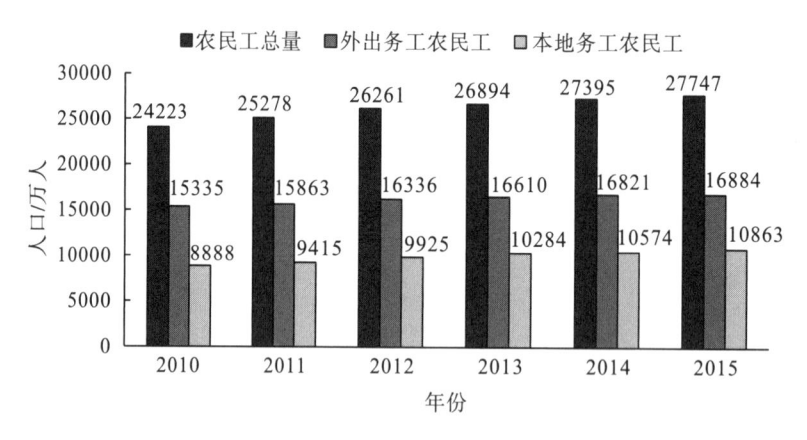

图 3.23 我国"半城市化"农民人口规模(2010～2015 年)

数据来源：国家统计局，《全国农民工监测调查报告》(2014 年、2015 年)

二、我国人口"半城市化"特点

我国 98%以上的进程务工农民虽然已经在城市工作、生活，但是其在社会保障、教育资源、就业、住房等方面并没有取得和城市居民同等的待遇，甚至在心理方面，也同城市产生了疏远感甚至是不认同，我国的人口城市化进程出现独特的人口"半城市化"现象。人口"半城市化"现象是我国人口城市化质量不高的重要表现，我国人口"半城市化"具有如下特点。

(一)经济层面的"半城市化"

追求高的经济收益是"半城市化"农民迁移流动的主要动力，是其进城务工的首要原因，也是其能否立足于城市的依靠。国家统计局抽样调查结果显示，2014 年各行业"半城市化"农民的收入总体保持匀速增长的趋势，月均收入达到 2864 元，比上年增加 255 元，增幅达 9.8%，其中增长较快的行业主要是制造业、建筑业以及服务业(表 3.1)。

表 3.1　不同行业半城市化农民月均收入水平及增长率

	2013 年/(元/月)	2014 年/(元/月)	增长率/%
平均水平	2609	2864	9.8
制造业	2537	2832	11.6
建筑业	2965	3292	11.0
批发和零售业	2432	2554	5.0

续表

	2013年/(元/月)	2014年/(元/月)	增长率/%
交通运输业、仓储和邮政业	3133	3301	5.4
居民服务、修理及其他服务业	2297	2532	10.2

数据来源：国家统计局，《2014年全国农民工监测调查报告》

尽管"半城市化"农民总体收入呈现出上升的趋势，并且也能达到一个相对合理的水平，但是与城市居民的收入比较时，则会发现较为明显的收入差距[1]。2014年，全国居民平均月工资为4164元，而同期"半城市化"农民工资收入仅为2864元，差距高达45.4%。如果再考虑到"半城市化"农民普遍从事高强度、高危险、长时间的劳动，其工资收入差距较城市职工的工资水平差距更是巨大。不仅如此，收入的不稳定性和不确定性也是"半城市化"农民所面临的问题，一方面是由于部分无良企业拖欠工资，2014年，被拖欠工资的"半城市化"农民人均被拖欠工资为9511元；另一方面，部分"半城市化"农民因为工资待遇低，不得不频繁跳槽，只能"游击式打工"，就业和收入不稳定。"半城市化"农民收入低、收入不平等的问题突出，尤其在第二代"半城市化"农民身上愈发明显，第二代"半城市化"农民或者说新生代"半城市化"农民，主要是指"80"后以及"90"后的农村劳动力，约占外出打工"半城市化"农民的60%，与他们的父辈不同，新生代"半城市化"农民大多接受过一定程度的教育，有着相对较高的职业期望，同时对物质和精神也有着较高的需求，他们普遍对传统农业、农村甚至农民本身不熟悉，对工作的耐受性较差，工作流动率较高，面对的就业竞争压力更大，收入下降，他们每小时收入为第一代"半城市化"农民的82.78%(钱雪飞，2010)。

人力资本的差异也导致了"半城市化"农民和城镇工人的收入差距，以及"半城市化"农民群体内的收入差距。一方面，大多数城镇就业者受到了相对系统的职业训练，"半城市化"农民由于文化和户籍制度的限制，很大程度上竞争力弱于城镇工人。传统体力型"半城市化"农民只能进入低技能、低收入、高劳动、高风险的行业，接受过一定程度职业技能训练、掌握有一定技术的技术型"半城市化"农民的收入则明显高于体力型"半城市化"农民，部分甚至高过大学应届毕业生。技术型"半城市化"农民大多具有相对稳定的工作，一般福利待遇较好，雇主多包吃包住甚至部分行业还会签订劳动合同，享受"五险一金"的保障(表3.2)。"半城市化"农民参加"五险一金"与其工作的技术含量呈正相关，可见，人力资本差异是影响城镇职工与"半城市化"农民就业能力的主要原因，也是影响"半城市化"农民群体间收入差异的重要原因。

从地域上看，不同地区间"半城市化"农民的收入也存在一定差距。东部地区的"半城市化"农民收入较高，2014年人均月收入达2966元，较上年增长10.2%，2015年达到3213元，比上年增长8.3%，是全国增幅最高的地区。中部相对低些，2014年人均月收入达到2761元，比上年收入增幅达到9%，2015年比上年收入增长5.7%。西部地

---

[1] 数据来源：国家统计局，《2014年全国农民工监测调查报告》。

表 3.2　2014 年分行业"半城市化"农民参加"五险一金"的比例(%)

	工伤保险	医疗保险	养老保险	失业保险	生育保险	住房公积金
制造业	34.2	22.1	21.4	13.1	9.3	5.3
建筑业	14.9	5.4	3.9	2.1	1.3	0.9
批发和零售业	19.2	15	14.4	9.9	7.8	3.5
交通运输业、仓储和邮政业	27.8	19.2	17.6	12.8	9.2	8.0
住宿和餐饮业	17.2	10.8	10.0	5.4	4.0	2.6
居民服务、修理及其他服务业	16.3	12.1	11.8	6.6	5.2	3.1
比上一年增加						
制造业	1.4	0.4	0.5	0.9	0.5	0.3
建筑业	0.5	0.2	0.2	0.1	0	0
批发和零售业	2.2	0.8	0.9	1.0	0.8	-0.1
交通运输业、仓储和邮政业	2.3	1.8	2.0	2.3	1.6	1.8
住宿和餐饮业	0.1	-1.1	-0.6	-1.2	0.1	0.1
居民服务、修理及其他服务业	0.4	0.5	0.5	0.4	0.4	0.9

数据来源：国家统计局，《2014 年全国农民工监测调查报告》

区的半城市化农民收入达到 2797 元，处于中间水平，2014 年比上年增长 9.6%，2015 年比上年增长 6%。通过对比可以看出，东部地区依然是"半城市化"农民收入最高的地区，也是收入增幅最快的地区，未来这个趋势还有可能持续。受经济收入因素的影响，我国"半城市化"农民的流向长期表现为从经济收入低和增长缓慢的中部和西部跨省流向经济收入高和增长快的东部地区，东部地区的"半城市化"农民以省内流动为主，可见，经济因素主导着"半城市化"农民的流向和规模，"半城市化"农民经济收入整体低于城镇居民。

(二)生活和社会认同的"半城市化"

"社会认同"最早是一个心理学概念，是指个人与他人在感情、心理等方面的趋同过程。社会认同主要强调个体和群体间以及群体和群体间的相互趋同，主要体现在内化群体的价值观、生活习惯、社会风俗，接受其生活方式、道德标准等。"半城市化"农民背井离乡，生活环境、生活角色的转变，必然也会对其心理和生活产生巨大的影响，在心理上主要体现在对其居住、工作城市的归属感、参与感、主人翁感等。

据郭星华等(2009)做的一份关于半城市化农民社会认同二重性的调查显示，"半城市化"农民对城市的认同度为 0.4096，而"半城市化"农民对农村的认同度为 -0.7044。城市认同度为正，表明"半城市化"农民在一定程度上是认同城市的，由于其绝对值不大，说明"半城市化"农民的城市认同趋向性不明显。农村认同度的绝对值大于城市认同度的绝对值,说明"半城市化"农民总体更认同农村。但是,社会认同度的均值为-0.0681,差值非常小,显示"半城市化"农民既认可城市,也认同农村,说明"半城市化"农民的社会认同具有二重性特性。不过"半城市化"农民的城市认同,更多的是对城市本身的认同而不是对城市群体的认同,也就是说"半城市化"农民认为自己"算是城市的一员,但不是城市人",这也符合共青团中央维护青少年权益部维权处课题组(2012)的调查数据,有56.8%的"半城市化"农民认为自己是农民,21.1%的"半城市化"农民将自己定位为半个城市人,3.1%将自己定位为城市人,其他19.0%则表示不清楚自己的归属。

"半城市化"农民的这种群体间认同的割裂必然使得两种社会群体间缺乏交流和融合,也就使得"半城市化"农民群体更少愿意去了解城市群体的生活方式、生活习俗,难以融入当地社会,也较少地参与到城市社区的种种活动中,进而无法融入城市居民关系网络,难以对流入城市产生归属感。归属感和融合的缺失,一方面会使得"半城市化"农民的乡土意识加强,具体表现就是城市赚钱回到农村消费,最直接的表现就是回村建盖房屋。此外,这种较强的乡土情结也是产生留守儿童和农村人口老龄化的原因之一,"半城市化"农民多认为外出打工只是短期行为,不适宜举家迁移,往往将老人和小孩留在了老家,"在城市打工就是挣点钱,就像在饭店里歇歇脚就走人"(郭星华等,2009)。

"半城市化"农民生活层面的人口"半城市化"还表现为超高的流动率。高流动率首先造成用工双方的短期行为,用人单位不愿或者不敢对"半城市化"农民进行系统和长期的人力资本投入,同时也不可能把"半城市化"农民的权益放在重要位置,尽可能在短期内最大程度地利用"半城市化"农民的价值。对于"半城市化"农民而言,培训机会的缺失对于其后期的职业发展、收入提高以及再次就业都有着不良影响,同时短期的雇佣行为也使得"半城市化"农民对于企业的长期发展持无关紧要的态度,促使"半城市化"农民更加频繁地更换工作单位和居住城市,引发了企业和"半城市化"农民间的不良循环,对双方的长期利益都是不利的。高的流动率也必然导致"半城市化"农民对于新城市的适应问题和再融入问题,进一步导致城市认同度下降和归属感缺失,形成恶性循环。

对于"半城市化"农民而言,不单要面对心理层面的融合问题,更要面临严峻的恶劣生活处境。据朱考金等(2008)的一项调查显示,居住面积为10平方米以下的"半城市化"农民高达76.6%,而农村人口的平均居住面积为37.09平方米,这对于"半城市化"农民来说是十分巨大的反差,同期的城市人口人均居住面积达到32.91平方米,远远高于"半城市化"农民的城市居住面积(图3.24)。绝大多数"半城市化"农民居住在工棚区以及由雇主所提供的宿舍或者廉价房中(占61.9%),此类房子的通风、采光、交通等居住体验和安全系数往往都得不到保障。

与恶劣的居住环境相伴随的是"半城市化"农民健康状况恶化。据国家统计局发布的《城市农民工生活质量调查报告》显示,"半城市化"农民在务工期间经常生病,有37.79%的"半城市化"农民会选择自行购买药品,32.01%的会到正规医院看病,20.45%的"半城市化"农民则选择到个体诊所就诊。针对不去正规医院就诊的"半城市化"农民调查表明,不去正规医院就诊的原因主要是费用太高、没钱看病等。同时,调查还显示,有近 36%的"半城市化"农民认为自己的身体状况不好或者很一般,考虑到进城务工的"半城市化"农民大多集中在青壮年,这一数据显得很不乐观。

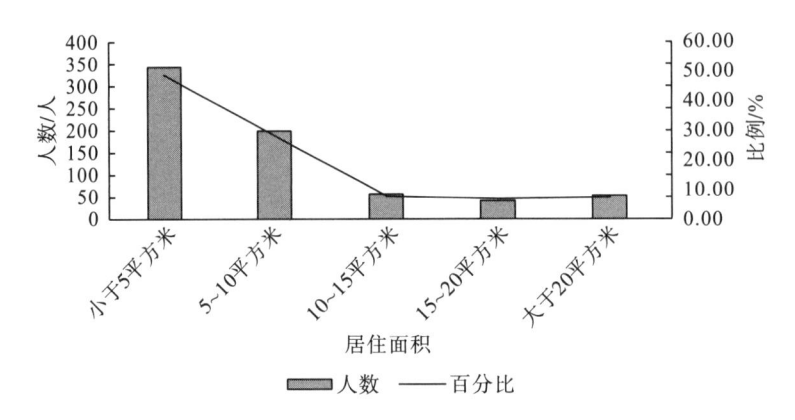

图 3.24 "半城市化"农民人均城市居住面积(朱考金 等,2008)

通过以上各类数据比较不难看出,在心理层面上,"半城市化"农民对于城市认同和农村认同差别不大,但是对于城市群体的认同度不高,归属感不强,心理认同"游离"于农村和城市之间;在生活层面上,"半城市化"农民在生活上面临着居住环境差、健康得不到有效保障等问题,反映了"半城市化"农民的社会保障缺失、参与城市生活的积极性或者可行性不高,生活层面被"脱离"在城市体制外。

(三)社会保障的"半城市化"

福利制度是现代国家制度的重要组成部分,福利制度的建设也是一国民主、现代、强大的综合标志之一。狭义上的社会福利主要是为残障人士、老年人或者因各类疾病而导致生活困难群体提供的服务措施,广义上的社会福利则包括旨在保障全体居民基本生存、提高生活质量的各类措施,包括社会活动、文化教育、住房、医疗保健以及各类社会保险。在我国,主要以五险——工伤、养老、失业、生育、医疗为主体的社会保险制度、最低生活保障制度、社会福利制度等。"半城市化"农民背井离乡进城务工,时常会遭到不公平的待遇,不仅经济收入方面有差距,在劳动时间以及签订就业合同、保险等权益保障方面也较城镇居民落后很多。

国家统计局《2015 年全国农民工监测调查报告》显示,外出务工的"半城市化"农民日从业时间大于 8 个小时的占 39.1%,周从业时间超过 44 个小时的占 85.0%,超过了劳动法所规定的一天 8 小时的规范。从"半城市化"农民劳动合同签订情况来看,高达 60%以上"半城市化"农民没有签订任何劳动合同(表 3.3),这往往让克扣工资、拖欠工资行为频发,工伤频发的"半城市化"农民处于被动局面,由于缺乏正式的劳动合同,维权困难。

第三章 我国人口城市化进程及特征

表3.3 "半城市化"农民签订劳动合同情况(%)

合同签订情况	无固定期限劳动合同	一年以下劳动合同	一年以上劳动合同	没有劳动合同
2013年"半城市化"农民合计	13.7	3.2	21.2	61.9
外出"半城市化"农民	14.3	3.9	23.2	58.6
本地"半城市化"农民	12.9	2.1	18.2	66.8
2014年"半城市化"农民合计	13.7	3.1	21.2	62.0
外出"半城市化"农民	14.6	3.7	23.1	58.6
本地"半城市化"农民	12.5	2.3	18.6	66.6
2015年"半城市化"农民合计	12.9	3.4	19.9	63.8
外出"半城市化"农民	13.6	4.0	22.1	60.3
本地"半城市化"农民	12.1	2.5	17.1	68.3

数据来源：国家统计局，《全国农民工监测调查报告》(2014、2015)。

国家统计局《2015年全国农民工监测调查报告》显示，东部发达地区"半城市化"农民参保率分别为：工伤保险29.8%，医疗保险20.4%、养老保险20.0%、失业保险12.4%、生育保险9.1%、住房公积金6.0%，中部和西部地区的"半城市化"农民参保率低于东部地区[1]。与城镇居民比较，东部发达地区的"半城市化"农民参保率远低于城镇居民的参保率，以中部四线城市湖北省赤壁市为例，该市早在2009年城镇居民参保率就突破70%(童鹏 等，2009)，远高于2014年东部发达地区的"半城市化"农民参保率。上海社会科学研究院2015年发布的《本市常住居民社会保障状况》调研报告显示，上海居民医疗和养老保险参保率达到94%，住房公积金达到86.1%，失业保险达到83.3%，工伤保险达到70.0%，生育保险达到60.9%。上海居民医疗和养老保险参保率，分别是东部"半城市化"农民养老和医疗参保率的4.70倍，住房公积金的14.35倍，失业保险的6.72倍，工伤保险的2.35倍以及生育保险的6.69倍，城镇居民的各类社会保险覆盖率和参保率均远远高于"半城市化"农民。

从"半城市化"农民子女受教育情况看，"半城市化"农民面临子女受教育困难的问题。由于我国教育资源往往和户口挂钩，没有当地户口的儿童入学就需要缴纳一定的借读费。"半城市化"农民子女异地就读需要缴纳高昂的借读费，对于收入不高的"半城市化"农民群体而言是个非常沉重的经济负担。国家统计局调查组调查显示，17.21%的"半城市化"农民带子女随行，且在居住地城镇就学，其中71.92%的"半城市化"农民子女就读于公立学校，22.03%的子女就读于民办学校，还有5.00%的就读于民工学校，有1.05%的"半城市化"农民子女因为各种原因无法上学而辍学。"半城市化"农民子女就读一年的学费及吃住费用为2450元，占其家庭总收入的17.78%，如果再加上高昂的借读费、赞助费(平均缴费1226元)，对于"半城市化"农民家庭是笔不小的开支[2]，所以更多的"半城市化"农民只能选择将孩子留在户籍所在地就读，造成了父母与子女被迫分离，大量留守儿童出现。留守儿童的产生，不利于留守儿童的心理、生理健

---

[1] 数据来源：国家统计局，《2014年全国农民工监测调查报告》。
[2] 数据来源：国家统计局课题组，《城市农民工质量状况调查报告》。

康，也不利于"半城市化"农民在城市的生活，容易造成其归属感的缺失，进而导致身份认同、社会认同冲突，对社会稳定埋下安全隐患。

在政治地位方面，"半城市化"农民大量游离于城市政治生活之外，基本成为既没法参加农村政治生活又不能融入城市政治生活的"边缘人"，其基本的政治权利得不到充分保障。这一方面是由于现有的法制法规当中更多的是关于"半城市化"农民管理的条例，而关于"半城市化"农民政治生活诉求的保障法律较少；另一方面则主要是由于"半城市化"农民的文化素质和文化程度限制，其在政治参与中处于弱势地位。迄今为止，全国人大及全国人大常委会颁布批准的法律和条例、国务院现行条例、中共中央决议和国务院决定、劳动与社会保障部及相关部委文件均缺乏对"半城市化"农民社会保障的明确规定，只有在社会保障立法中可以看到零星内容(代艳丽 等，2006)。

我国人口"半城市化"的发展模式是特定历史环境下的权宜之计，曾起到过不可估量的重要作用，但随着时代的发展，不彻底的人口城市化已经阻碍了我国的人口城市化进程，伴随我国不彻底城市化积累的人口"半城市化"问题已不容忽视，当务之急是尽快解决进城务工农民的市民化问题。今后一段时期，我国人口城市化的重点将放到农民工市民化上，尽快解决我国 2 亿多流动人口的"半城市化"问题，提高人口城市化质量，促使经济社会和谐发展。

第四节 我国人口"半城市化"成因

早期的西方人口迁移推-拉理论、二元结构理论和产业结构转换理论普遍认为经济因素是推动人口城市化的主要因素，强调"个人最大效用原则"在人口迁移中的作用，认为城乡间的收入、生活环境差距是人口乡-城迁移的主要动因。在当代，国际和国内人口迁移理论越来越重视制度、政策、文化等非经济因素对人口城市化的影响。我国的人口城市化未出现发展中国家特有的贫民窟现象，走出了一条与发达国家和其他发展中国家不同的道路。关于我国人口"半城市化"的内在原因，目前的观点主要集中在两个方面：从外部因素看，由于我国城乡分割的二元户籍制度和土地制度，城市化尤其是人的城市化进程人为受阻，存在大量在城市非农产业就业人口无法获得城市户口，如同"候鸟"一般的不彻底人口城市化；从内部因素看，农村流动人口进入城市后由于其自身在人力资本、社会观念、生活习惯方面处于劣势，与城市居民的融合出现障碍，导致他们显现出"半城市化"特征。

一、二元户籍制度的限制

户籍制度是中国的一大特色，大量流动人口在保留农村户籍的情况下进入城市非农产业，形成了"半城市化"农民这一特殊的群体。"半城市化"农民实现了地域和就业的非农化，但仍保留了其农业人口身份，属于不彻底的人口城市化，因此，中国人口城市化具有"半城市化"特色。学者们普遍认为，城乡二元的户籍制度是农村流动人口无法真正融入城市的根本原因之一，也是我国人口城市化质量提升的直接屏障(吴华安等，2011）。户籍制度是横在城市与农村之间的一堵墙，户籍制度是我国人口城市化进程的一大障碍，抑制了人口城市化，对长期经济增长和社会和谐带来不利影响。但是，很少有学者对我国严格的户籍制度的产生背景和原因进行深入分析，刘瑞明等（2015）的分析指出，我国实施严格的户籍制度是内生的，资本密集型的重工业发展战略导致城市就业机会有限，我国长期以来的重工业发展战略阻碍了人口城市化。据统计，每亿元投资轻工业可吸收 1.8 万人就业，而投资重工业仅能吸收 6000 人就业，为缓解城市就业压力，政府不得不采用户籍制度来保证这一战略的执行（蔡昉 等，2003）。

1949 年以来，我国户籍制度管理办法大概经过了三个阶段：第一阶段，1958 年之前，属于人口自由迁移时期；第二阶段，1959～1978 年，属于户籍管理严格控制人口迁移时期；第三阶段，1978 年以后，属于户籍管理半开放期。尽管自改革开放以后，我国的户籍制度出现了一定宽松趋势，但是，在城乡二元结构下，拥有城市户口的居民不单在福利、社会保障方面享有绝对优势，同时也拥有着较多的经济和政治资源，形成既得利益群体。地方政府在制定政策时，倾向于同城市居民形成同盟，制定一系列政策或明或暗地排斥外地"半城市化"农民在城市就业或定居。

首当其冲排斥"半城市化"农民的政策就是社会保障的差别对待。城市居民享有较好的社会保障制度，能享受福利分房、一定程度的公费医疗以及养老保险，还有诸如城镇居民最低生活保障，入学、就业、拆迁安置补偿，保障性住房分配等福利待遇。外来人口则在很大程度上需要自力更生，没有工作或者无法工作时只能重返户籍所在地务农，无法享有最低生活保障等。户籍歧视或者户籍差异甚至在受到意外伤害时也体现出"同命不同价"的悲剧，据《海峡导报》报道，2013 年发生一起货车与客车相撞事故，事故造成 13 名乘客受伤，两名司机死亡，在赔偿过程中，农村户口的死者较城市户口的死者赔偿金少 50 万元[①]。

在就业方面，也处处显现户籍歧视。一方面是突出的"同工不同酬"，另一方面则是户籍制度下的就业歧视和就业保护。比如，2015 年上半年，北京市人力资源和社会保障局就业促进处处长在 2015 年就业工作会谈上透露"北京今年将研究制定政策，鼓励用人单位更多吸纳北京籍的劳动者就业"[②]，这被很多学者认为是违背了《就业促进法》有关平等就业的原则。

教育方面的户籍歧视，突出表现在高等教育上。高等教育作为一种稀缺的社会资源，关系着个人和家庭的前途与命运。目前，高等教育分配的城市倾向十分明显，一方面体现在农村户口的大学生比例逐年下降，基础教育资源过于集中于城市，高等教育收费高昂使"寒门再难出贵子"，在重点高校体现尤为明显。例如，近年来考入清华、北大的农村大学生占比持续下降，农村大学生仅占 15%左右，浙江大学、南京大学等也低于 30%。而在 20 世纪 80 年代，无论重点大学还是普通大学，农村户口的大学生占比都较高，部分甚至高达 80%以上[③]。另一方面体现出明显的地域歧视，如复旦大学 2014 年

---

① 新浪网，同一场车祸死亡赔偿金不同，农村户口死者少 50 万. http://mn.sina.com.cn/news/s/2015-09-19/detail-ifxhytwu5737431.shtml？from=mn_ydph.
② 财新网，北京将推"以业控人"，学者指涉嫌户籍歧视. http://china.caixin.com/2015-04-04/100797625.html？utm_source=baidu&utm_medium=caixin.media.baidu.com&utm_campaign=Hezuo.
③ 学习时报，农村大学生比例下降是个大问题. http://theory.people.com.cn/n/2012/0924/c49369-19091284.html.

在沪招生85人，上海2014年高考生约有5.2万人，招收比达到1.63‰；复旦大学2014年在河南招收人数为64人，河南共有72.4万考生，招收比为0.084‰，上海考生的招收比是河南的19倍。优质高等教育是农村孩子流入城市以及上层社会的重要敲门砖，因户籍歧视，妨碍了社会阶层的流动。

我国尚有许多根植于户籍的歧视性规定，这不仅造成城镇、农村居民身份差异、心理差异以及经济和社会资源占有的差异，使城市居民拥有较好的社会资源和心理优势，对农民及"半城市化"农民形成歧视和排斥，外来人口被排斥在城市社会保障和城市主流生活之外，在就业、教育、医疗、住房、社保等诸多方面都处于"朝不保夕"的动荡状态中，产生了如留守儿童、农村老龄化以及人口高流动率等社会问题，使得他们对城市美好生活的心理期望、生活预期被户籍制度锁死，使其无论从心理还是观念上都难以对城市群体产生认同，更不用说产生融合动力了，这对于社会安全、稳定以及城市和农村的发展而言都是毫无益处的。

二、"城市偏向"的公共政策

"城市偏向"（urban bias）是指政府为实现特定目标而实施的一系列偏向于城市发展的政策，使城市在经济发展过程中受益多于农村，导致城乡差距日趋扩大（程开明，2010）。1997年，Lipton（1977）在其著作《为什么贫困人民依然贫困：在世界发展过程中对城市倾向的研究》中提出了"城市偏向"的理论，认为城市地区所具备的权力使得大量的资源偏向城市地区的居民。Bates和Krueger认为，发展中国家在工业化和城市化进程中容易出现"城市偏向"的公共政策。贝克尔把"城市偏向"政策归结为三种，一是利用价格因素，政府人为干预和扭曲市场价格，把本该属于农业和农民的利润流向城市和城市居民；二是利用非价格因素，如制定投资、税收、金融、外贸等有利于城市发展的政策，把大量资源投入城市和工业，较少考虑农村和农业的发展；三是实施"一国两制"的身份制定，通过制定户籍制度、就业制度、社会保障和福利制度，使城市居民与农村居民产生巨大的利益和权力差距，形成两个阶层（黄锟，2011）。

在中华人民共和国建立之初，我国推行"城市偏向"的非均衡发展战略，形成了城乡分割的二元结构。当时，我国为了尽快改变贫穷落后面貌，不惜通过价格扭曲的"工农剪刀差"使得农业和农村利益流向城市和工业。自1958年起，又实行严格的城乡二元化户籍政策，使大量农业人口被迫滞留在生产力和经济发展水平很低的农村和农业。我国还长期把大量发展资源集中投入到非农产业，非农支出占我国财政支出的比例长期维持在较高水平（图3.25），非农业支出占财政支出的比例越高，说明城市偏向程度越强。2008年实施《中华之民共和国城乡规划法》之前，国家规划和建设的主体是城市，农村规划是空白，农村的教育、医疗、养老、基础设施建设等主要依靠农民自己解决。改革开放后，衰败的农村和农业产生巨大的推力，大量农业和农村人口流入城市以谋求更高的收入、更好的工作和生活环境。《中国统计摘要（2010）》统计数据显示，2005~2009年，全国每年减少7000多个村民委员会，平均每天有20个行政村消失[①]。

[①] 人民网，我国平均每天消失20个行政村，土地撂荒现象严重. http://news.sina.com.cn/c/2011-10-28/061423375647.shtml.

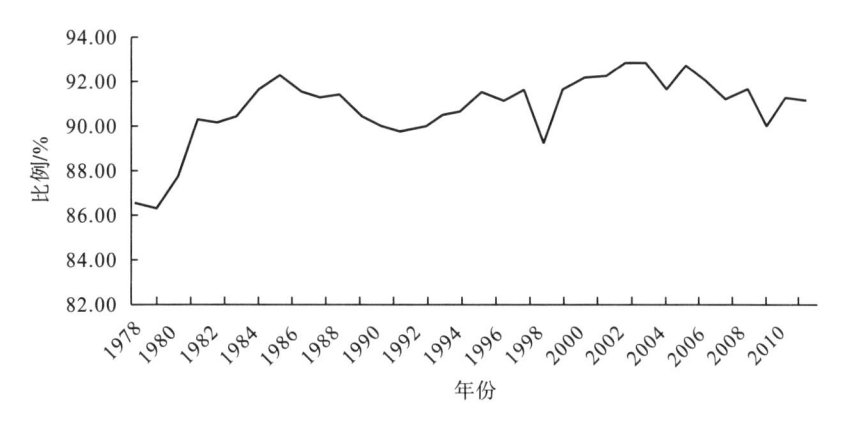

图 3.25　我国非农支出占财政支出比例(1978～2011 年)

数据来源：国家统计局、《中国财政年鉴》

我国长期以来的公共政策具有明显的"大城市倾向"特征，导致不同等级城市间的差距也越拉越大。除了历史原因、自然条件等因素影响，政府大量的财政支出集中投入到少数几个甚至某几个区域性或地方性特大城市和大城市的建设与发展，财政支出呈现明显的"大城市倾向"，尤其向经济发展基础好的特大城市和大城市倾斜。城市的规模越大、级别越高、发展基础越好，就越能充分享受到政府给予的金融、土地、人才等一系列政策和资金投入的强力支持。反之，在农村、城市规模或等级较低的县镇，非但享受不到政策的优惠，自身拥有的资源还可能被更高等级的发达城市"抽走"，因此不同等级城市发展差距日趋扩大。城镇资源配置的"大城市倾向"使我国的大城市患有"膨胀病，有吸纳能力，无承载能力；小城镇不断衰落，有承载能力而无吸纳能力"[1]。为此，我们又不得不采取严格控制大城市外来人口落户的政策，而小城镇因为对外来人口缺乏吸引力，寄希望于"半城市化"农民到此落户的期望又面临落空，人口"半城市化"现象未能取得实质性改变。

三、"二元分割"的土地制度

我国《宪法》规定，土地实行国家所有和集体所有两种所有制形式，是一种城市土地国有，农村土地集体所有的城乡二元分割土地制度。在我国现有的"城乡二元分割"土地制度下，政府对土地资源实行高度集中的严格管制，国家和地方政府对农用地征用具有垄断权。地方政府可以有偿征用新并入的农地，可以以更高的价格出售新征土地用于区域经济发展和城市开发，改善城市基础设施、增加服务以满足日益增加的城市移民的需要。这种做法引起了征地冲突和矛盾，但这让地方政府有足够的资金来满足新增城市和人口的道路、公用设施和住房建设需求，这是中国城市高速发展却很少出现贫民窟的主要原因之一[2]。

---

[1] 刘茸，城镇化：大城市患"膨胀病"小城镇不断衰落. znzg.xynu.edu.cn/Html/？11050.html.
[2] 麦肯锡，迎接中国的城市化挑战.

我国土地制度的"城乡二元结构"引发了城乡居民的对立与排斥。长期以来，人们都持有"土地是农民的社会保障"认识，这是基于我国农村土地承包制度所得出的结论，不否认耕地对于农民具有无以伦比的重要性，土地是维持其家庭收入的主要工具和生存的依靠。但是，对于人均耕地1.4亩的中国农民而言，"半城市化"农民把对城市生活不安定的恐惧转移到对土地的希冀上是不切合实际的，因为就算"半城市化"农民从城市回到家乡，仅靠残留的少量土地也难以保障其生活质量。不少"半城市化"农民对于土地的认知还保有"土地是农民的社会保障"的狭隘认识，使得"半城市化"农民在对城市的融合和认同上积极性不高，也是使得城市居民对农民进城有着偏见，仿佛当城市不适合"半城市化"农民时，他们还能回到家乡靠土地生活，这使得城镇居民在面对农村人口融入城市过程中产生的种种问题易出现不包容和不理解，"半城市化"农民融入城市难度加大。

我国土地制度的"城乡二元结构"还造成了我国农村土地的闲置与城市土地资源的浪费。一方面，农民外出务工而产生的空闲土地是对耕地资源的极大浪费，对于进城务工的农民而言，在缺乏有效的土地流转机制下，进城务工农民老家的土地往往是粗放地耕作直至荒芜，也有少部分进城务工农民将土地承包给其他农民，但对实现农业生产的规模化意义不大，对于出租土地的外出进城务工农民而言，收益也不大。改革和完善土地制度，使得闲置土地能流动起来，这在一定程度上会解开束缚在农民身上的重重枷锁。允许农民依法自由地选择处理其闲置土地，这不仅可以让进城务工的农民市民化更有底气、有资本，也能让留乡发展的农民可以进行农业规模化经营，提高农业产量和农民收入。另一方面，城市国有土地无偿划拨的使用制度造成了城市土地资源的严重浪费，我国急速的工业化、城市化使城市蔓延和农地非农化呈难阻之势。2010~2012年，我国批准建设用地从726.75万亩增加到922.8万亩，其中农用地转为建设用地的比例高达70%（刘守英，2014a）。土地制度的"城乡二元结构"产生了土地价格的"剪刀差"，地方政府热衷于"以地生财"，不仅导致农村土地被过度征收，还导致城市土地无序扩张和低效利用，大城市"摊大饼"，中小城市"遍地开花"，土地浪费惊人。据2008年国务院印发的《全国土地利用总体规划纲要》显示，我国有26.67万公顷的土地被闲置。2013年，据国家发展和改革委员会一个课题组的调查显示，12个省会城市规划了55个新城，144个地级城市要建200个新城（新区），161个县级城市中有67个要建新城[①]。

在我国现有"城乡二元结构"土地制度下，引发了地方政府"重地轻人"的偏好，地方政府宁愿在高安置补偿成本的情况下允许市民化本地城郊农民以谋取用地空间，也不愿意支付较低的成本来接纳外来务工人员。麦肯锡的研究显示，1990~2007年，我国通过并入邻近土地和这些土地上的居民增加的人口估计为1.31亿，多于通过农村人口迁移而增加的居民1.13亿[②]。1990~2000年，我国土地城市化速度是人口城市化速度的1.71倍，2000~2010年，两者速度差距扩大到1.85倍，我国"土地城市化"超前于"人口城市化"，大量失地农民、进城务工农民"游离"在城乡之间，无法实现彻底的人口城市化。

---

① 人民网，圈地"造城"虚火当降：土地浪费 住房闲置 资金套牢. http://news.dichan.sina.com.cn/.
② 麦肯锡，迎接中国的城市化挑战。

四、人力资本和社会资本的缺失

人力资本和社会资本是影响"半城市化"农民市民化的重要因素。人口城市化是有门槛的,并非每个农民都可以在任意城市实现市民化(张国胜,2008)。许多学者的研究发现,农村劳动力在往城市迁移过程中,其人力资本和社会资本会起到决定性作用(陈阿江,1997),受教育程度越高,半城市化农民对职业选择的非农化倾向明显增强(蔡新会,2004)。由于大部分"半城市化"农民很难获得更好的教育机会,文化程度普遍较低,缺乏在城市生存发展的能力。据《2014 全国农民工监测调查报告》显示,我国"半城市化"农民文化程度为高中及以上人口仅占 23.8%,依然有近 60%的"半城市化"农民受教育程度为初中(表 3.4)。

表 3.4 "半城市化"农民文化程度构成(%)

文化程度	"半城市化"农民合计			外出"半城市化"农民合计			本地"半城市化"农民合计		
	2013 年	2014 年	2015 年	2013 年	2014 年	2015 年	2013 年	2014 年	2015 年
未上过学	1.2	1.1	1.1	0.9	0.9	0.8	1.6	1.6	1.4
小学	15.4	14.8	14.0	11.9	11.5	10.9	18.9	18.1	17.1
初中	60.6	60.3	59.7	62.8	61.6	60.5	58.4	58.9	58.9
高中	16.1	16.5	16.9	16.2	16.7	17.2	16.0	16.2	16.6
大专及以上	6.7	7.3	8.3	8.2	9.3	10.6	5.1	5.2	6.0

数据来源:国家统计局,《全国农民工监测调查报告》(2014 年、2015 年)

分析发现,随着农村流动人口受教育程度的提高,"半城市化"农民对于自我身份转变的认知也明显提高,这类接受过较高教育的"半城市化"农民总体在年龄、知识、技能以及价值观方面更易向城市靠拢,"半城市化"农民愿意留在城市发展的比例与其受教育程度呈正相关(李强 等,2009),且具有较高文化程度的"半城市化"农民总体收入和就业情况要好于受教育程度较低的"半城市化"农民,这也从经济上给予了"半城市化"农民市民化一剂强有力的定心丸。同时,文化程度较高的"半城市化"农民群体,即人力资本较高的群体往往拥有更多的社会资本。农村流动人口的社会资源大多是与亲缘关系有关,而与其他非亲缘关系之间的互动和影响微乎其微,这往往导致其生活圈以及社会资源的严重同质化,不利于他们获得更多的社会资源。按照社会资本内部运行的机理来看,社会网络中的资源流动具有明显的对等性、相互性和能动性,此时,人力资源占优势的"半城市化"农民群体,往往能凭借自身能力、自身的资源优势获得与高层或相同层次群体的话语权,进而建立社会关系网络,交换彼此的社会资源。处于人力资源劣势的"半城市化"农民,就没有能力去获得更多、品质更高的社会资源,只能维持原有的农村流动人口社会资源,而社会资源的缺失又进一步抑制其人力资本的增长,使其更加难以融入城市。

我国人口"半城市化"致使城乡居民间出现了经济收入的悬殊化、公共服务的差异化、政治权利的区别化以及心理认同度低和一定程度的城乡居民相互排斥,导致"半城市化"农民融入城市的难度加大。李克强总理曾指出，推进城镇化的核心是人的城镇化，其根本目的是解决人口"半城市化"问题[①]。忽视农村流动人口的集体利益，盲目推进人口城市化，只会加剧社会矛盾激化，不利于我国经济、政治的长远发展。加快户籍制度和土地制度改革，逐步剥离由户籍制度产生的种种社会福利差异和歧视；改革和完善土地产权制度，使其能合理合法的流转，解除农村流动人口的后顾之忧，并通过教育和职业培训提高"半城市化"人口人力资本和社会资本，提高其市民化的能力，有助于解决我国不彻底的人口"半城市化"，提高人口城市化质量。

[①] 新浪财经，李克强强调推进城镇化核心是人的城镇化. http://finance.sina.com.cn/china/20130115/205514 294798.shtml.

第四章 人口城市化质量理论及分析框架

目前，我国人口城市化从数量扩张进入以质量提升为主的发展阶段，人口城市化更加关注迁移人口如何更好地融入城市发展及如何提高其城市生活质量等方面。党的十八大报告将"城镇化质量明显提高"作为全面建成小康社会的发展目标，2012年中央经济工作会议提出了"围绕提高城镇化质量，积极引导城镇化健康发展"，人口城市化质量成为理论界和政府关注的焦点(郝华勇，2013)。然而，学界对人口城市化质量的研究至今也没有形成一个统一的理论体系和分析框架(王德利 等，2012)。

第一节 人口城市化质量相关理论

国内外关于人口城市化质量的研究尚未形成一个完整的理论体系，确切来说，国外并没有"城市化质量"和"人口城市化质量"的直接提法，但与之相关的研究理论却较为丰富，与人口城市化质量相关的理论主要有城市可持续发展理论、生态城市理论、生活质量理论等。

一、城市可持续发展理论

1981年，美国科学家哈罗德·布朗在《建设一个持续发展的社会》一书中首次对可持续发展进行了系统阐述，标志着可持续发展理论研究的开始。1984年，世界环境与发展委员会(1997)在《从一个地球到一个世界——世界环境与发展委员会的总看法》中，提出和倡导经济和社会的可持续发展。1987年，世界环境与世界发展委员会发表了《我们共同的未来》报告，提出了全球可持续发展命题，并在1992年在巴西里约热内卢召开的联合国会议上通过了《21世纪议程》，此次会议将"可持续发展"上升为全人类共同追求和奋斗的目标，提出了可持续发展的行动纲领，意味着可持续发展开始从理论研究走向实践。1995年，世界社会发展首脑会议在哥本哈根召开，把可持续发展作为重要议题写入《宣言》《行动纲领》中，提出可持续发展理论的中心是人，因为人是一切社会进程的主体和主导，且人类的各种活动必然会对生态环境产生巨大的影响。挪威前首相布伦特兰指出，可持续发展的原则与目标是"既满足当代人的需求，又不损害子孙后代满足需求能力的发展"。Solow指出，可持续发展就是在人口、资源、环境各个参数的约束下，人均财富可以实现非负增长的总目标。世界范围内人口城市化飞速发展，目前全球已有近半数人口居住在城市，城市成为人类活动与自然环境相互作用最密切的复杂系统，城市可持续发展成为可持续发展理论研究的重点，人口城市化要能够协调经济、社会、环境、资源等因素，实现生态效益与社会效益、经济效益的最优化，即可持续发展的人口城市化。

城市可持续发展理论是一个多学科交叉的理论，主要涵盖人口学、经济学、生态学、环境科学等领域。1989 年 Daly 提出了可持续发展的四个标准：人类活动造成环境影响应该小于环境的承受能力，可再生资源的利用要小于其再生速度，人类产生废弃物的能力要小于自然降解的能力，不可再生资源的利用速度要小于发现其他可替代再生资源的速度，以此 4 个标准来评价可持续发展的政策和目标(Daly et al., 1989)。Shafik 等(1992)、Grossman 等(1993, 1995)通过文献研究、数据分析等发现了环境库兹涅茨曲线，即 EKC(environmental Kuznets curve)曲线，EKC 曲线表现为经济发展同资源与环境的关系呈现出一种先相互排斥后逐渐走向相互补充与适应，即在经济发展、技术产业结构演进的进程中，环境的恶化和资源的消耗等问题先行出现急剧下降的态势，而后随着经济、技术等各方面的进步又逐渐减弱直至消失，总体呈现出一种 U 形曲线关系。比如，如今的西方发达国家的环境较 20 世纪 60~70 年代已经有了较大好转，而发展中国家还处于 EKC 的上升阶段，环境污染和资源消耗形势较为严峻。所以，从资源和环境的角度来看，城市在发展进程中，会以消费者的身份利用其生产系统来消耗可再生及不可再生资源，为其居民提供生产资料和生活服务。此外，由于科技或者政策等因素的影响，城市往往会消耗甚至是浪费大量的资源，会对城市环境造成巨大的伤害，所以从资源和环境的角度来研究城市可持续发展，其主要着力点或者说关注点就是如何解决自然资源利用以及环境污染问题，包括经济、科技、人口等之间的矛盾。许多学者在研究城市可持续发展时，都认为应该把保护非再生资源和最大限度利用可再生资源，以及循环利用资源作为城市可持续发展的基本原则（世界环境与发展委员会，1997）。Tjallingii(1995)在研究日益严重的城市污染问题时，就提出了"责任城市"(responsible city)的说法，要求包括管理者在内的城市居民不能让环境问题肆意恶化，更不能把当代的环境问题遗留给后代。

除了环境问题严重影响着城市的可持续发展，人口城市化进程中的社会问题同样也是城市可持续发展的制约因素。从社会学角度来看，城市作为现代人主要生活和居住的场所，一方面塑造了现代人的生活方式，使得人类生活质量得以提高。另一方面，在城市空间聚集的现代都市人逐渐形成了特有的心理和文化以及相对应的行为，如帕克等(1987)就认为"城市不仅是个人的集合体，不仅是各种社会设施的聚合体，也不只是各种服务部门和管理机构的简单聚集，城市，是一种心理状态，是各种礼俗和传统构成的整体，是随传统而流传的那些统一思想所构成的整体"。然而，如今剧烈的人口城市化使得城市人生活的节奏日益加快，竞争压力越发激烈，价值导向变化莫测，贫富差距日趋扩大。这些种种因素导致现代人的精神问题、心理问题等愈发严重，这也使得人口城市化发展中的社会问题更加突出。"living city"与"participating city"是 Tjallingii(1995)提出用于描述可持续城市社会特性的两个方面，所谓"living city"，就是认为应该充分发挥较为健康的、有生态潜力的城市服务，同时充分考虑城市的整体性，要使不同的环境适应城市不同居民及其不同生活方式的需要。"participating city"字面意思就是公民参与的城市，即市民、组织团体以及政府机构等所有人都应该积极参与到城市的建设发展中来，积极参与解决城市问题和制定城市决策，这充分说明优化政府管理体制、充分调动人的积极性能使市民成为自觉维护和积极建设城市的重要力量,把城市可持续发展变成一种"自下而上"的社会自觉行动,进而克服人口城市化进程出现的种种诸如无公德、无社会责任的行为和意识,最终完善城市的发展,这也就契合了 Yiftachel 所提出的城市可持续发展在社会方面应追求市民信息文化的极大交流,保持城市的稳定和公平的观点(许振亮 等,2012)。

二、生态城市理论

生态城市思想最早可追溯到中国古代的天人合一思想,我国春秋时期《管子·乘马》:"凡立国都,非于大山之下,必于广川之上,高毋近旱,而水用足,下毋近水,而沟防省。因天材,就地利,故城廓不必中规矩,道路不必中准绳",具有朴素的生态城市思想。古罗马建筑师威特鲁威(Vitruvtus)在《建筑十书》中主张从城市的环境因素来考虑城市的选址、形态和布局等,古埃及的城市选址和用地上也体现了因地制宜的思想,中世纪的意大利威尼斯的建筑思想也反映出了朴素的生态城市思想。

生态城市(ecological city)是根据生态学原理建立的社会、经济、自然协调发展,高效利用的人类聚居地,是有效地利用环境资源实现可持续发展的新生产和生活方式(黄建才,2007)。现代生态城市的概念首先来源于英国学者埃比尼泽·霍华德(2000)的"田园城市"理论,霍华德《明日的田园城市》一书认为:田园城市是一种既具有高效能和高活跃的城市生活,又兼有环境清净、风景如画的乡村景色。其田园城市理论的主要观点包括:城市增长不是通过容纳更多的人或者城市蔓延的方式,城市增长的顶点是市中心社会服务设施的最大承受极限[①];城镇和乡村之间的地域关系是均衡的,它们之间存在着一种平衡;田园城市是城乡一体的,是城市与乡村的结合体(图 4.1)。

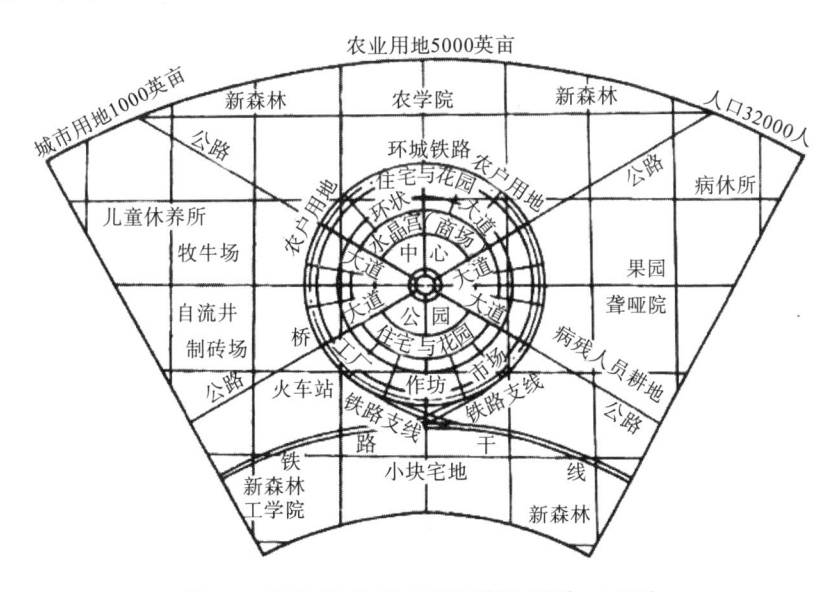

图 4.1 霍华德田园城市规划简图(郑峰,2005)

[①] 规划头条,中国的田园城市怎么建?一个县级市的新型城镇化实践. http://www.jiupaicn.com/2016/0612/157027.html.

霍华德从土地、资金、城市收支、行政管理等方面对如何建设田园城市提出了具体措施，设计并建成了田园城市——莱奇沃思(Letchworth)、韦林(Welwyn)，至今仍为英国最宜人的人居环境之一。除了英国的莱奇沃思和韦林两座田园城市，澳大利亚、美国、法国、德国和西班牙等国家都建设了田园城市。例如，澳大利亚的阿德莱德(Adelaide)有"20分钟城市"之称(图4.2)，2013年被EUI宜居城市调查评为"世界十大最宜居城市之一"，又被国际权威旅游指南 Lonely Planet 评为"2014年世界十大旅游城市之一"。李迅指出，霍华德提出的田园城市概念有三个基本理论点：一是田园城市的主体是人；二是田园城市的精髓是城乡一体；三是田园城市的本质是推动社会改革[①]。

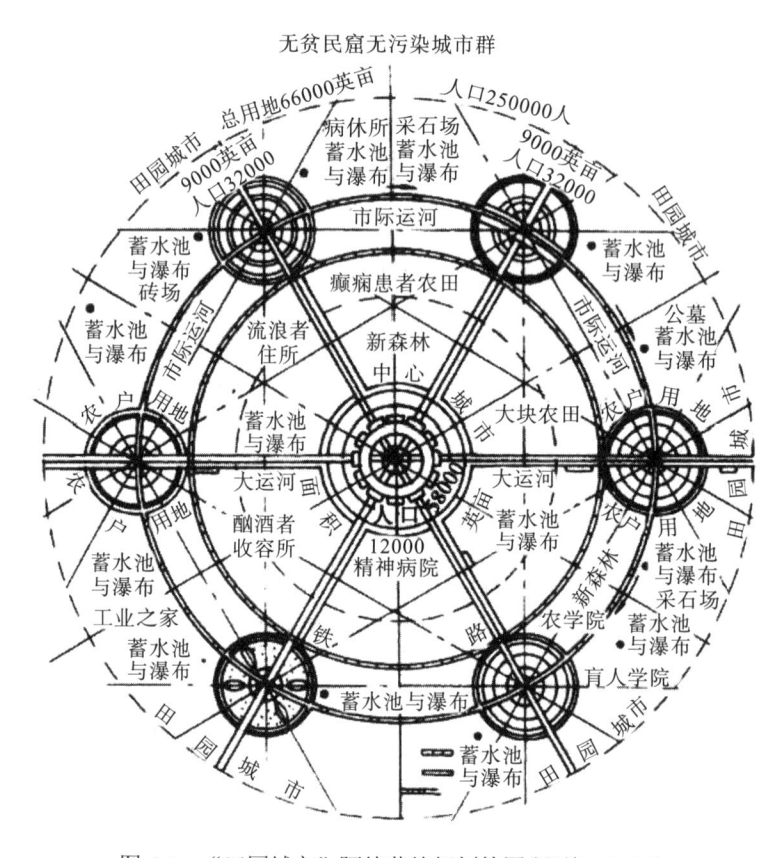

图4.2 "田园城市"阿德莱德规划简图(郑峰，2005)

19世纪人口城市化带来的环境问题引起了人们的关注，20世纪之后，随着人们对生态学研究的深入，建设生态城市的思想逐渐被人们所认可。1925年，美国芝加哥学派创始人 R.E.Park 发表的《城市》标志着城市化问题引起了生态学界的重视，带动了各国学者对城市生态问题的研究。当面对日趋严峻的生态环境问题，人们对生存环境恶化的担忧开始显现，越来越多的人渴望拥有一个更加合理、高效、环保的居住环境。20世纪70年代，罗马俱乐部的《增长的极限》以及1962年美国学者 Rachel Carson 的《寂静的春天》等都在警示人们城市化、工业化引发的生态环境问题。1971年，联合国教科文组织

---

① 规划头条，中国的田园城市怎么建？一个县级市的新型城镇化实践. http://www.jiupaicn.com/2016/0612/157027.html.

首次提出了"生态城市"的概念，制订了人与生物圈计划(man and the biosphere programme, MAB)"研究计划，推动了生态学理论与城市化理论的有机结合(许振亮 等，2012)。MAB 提出生态城市规划的 5 项原则：生态保护战略、居民生活标准、生态基础设施、文化历史保护、自然与城市融合发展(王如松，1988)。

1972 年，联合国在瑞典斯德哥尔摩召开了人类环境会议，提出了《斯德哥尔摩人类环境宣言》，呼吁世界各国开展广泛的合作，建立人类生存的理想家园，这是国际社会就人居生活环境及质量问题召开的第一次世界性会议。1975 年，美国生态学家雷吉斯特组织了"生态城市建设者组织"，并在美国举办了一系列的活动，积极传播生态城市思想，美国政府在他的影响下，也推出了一系列的政策促进生态城市建设(王飞儿，2004)。20 世纪 80 年代后，关于生态城市建设的研究迅速增多，各国学者纷纷提出生态城市建设的原则、内涵以及建设目标，把生态城市建设与城市可持续发展以及城市居民生活环境及质量联系在一起，生态城市从学术概念转化为了城市发展方向。1996 年，理查德·雷吉斯特(Richard Register)领导的城市生态组织提出了更加完整地建立生态城市的"十原则"，即从土地的开发利用、交通建设的优先权、建立多民族的混合居住区域、实现社区的花园化、提倡简单化生活、提高全民的公共生态可持续发展意识等十个方面进一步完善了生态城市理论的原则体系。此后，生态城市的思想逐步成为人口城市化进程中应对各种城市病、城市环境恶化的主要理论依据，生态城市建设也成为 21 世纪城市发展的主流方向。

20 世纪 80 年代末，国际生态城市协会成立，1990 年，第一次会议在伯克利召开，国际生态城市会议至今已在世界各地多次举行，具有广泛的国际影响。国际生态城市会议促进了生态城市理念的传播与实践，使人们认识到"人类赖以生存的社会、经济、自然是一个复合大系统的整体，必须当成一个复合生态系统来考虑"[①]。从"生态城市"概念的提出迄今，全球有许多城市正在按生态城市目标进行规划与建设，如新加坡(Singapore)、瑞典的斯德哥尔摩(Stockholm)、印度的班加罗尔(Bangalore)、巴西的库里蒂巴(Coritiba)和桑托斯(Santos)、澳大利亚的怀阿拉(Whyallla)、丹麦的哥本哈根(Copenhagen)、新西兰的怀塔克尔(Waitakere)、美国的波特兰(Portland)、加拿大的温哥华(Vancouver)等。

三、生活质量理论

亚里士多德曾说："人们来到城市是为了生活，人们居住在城市是为了生活得更好"(余宏，2009)。然而人口城市化由于片面强调经济的发展和工业化的推进，人口城市化给人们带来丰富的物质享受、便利的生活和交通设施、高效率的信息通信的同时，也给城市居民带来了人居生活环境并未随人口城市化而得到改善，反而面临环境污染、交通拥堵、房价高涨、精神压力加大、贫富差距扩大等城市居民生活品质下降和恶化问题。世界各国开始重视人口城市给市民发展可能带来的负面影响，把提高居民生活质量作为人口城市化的重要内容，以城市居民生活质量水平作为衡量人口城市化质量的重要依据。

---

① 第五届国际生态城市会议，生态城市建设的深圳宣言。

生活质量的提高是经济发展和社会进步的必然结果，随着社会的进步、经济的发展，人们对居住的环境、社会福利、收入情况等的关注度不断上升。现代生活质量研究源于福利经济学，英国剑桥学派福利经济学家 Arthur Cecil Pigou 在他的著作《福利经济学》中首次使用了"生活质量"概念，20 世纪 50 年代末，"生活质量"概念又被美国制度经济学家 John Kenneth Galbraith 提及。1963 年，美国总统肯尼迪在新年讲话中提出生活质量理论(Life Quality Theory)，此后被广为传播。20 世纪 70 年代后，人们对生活质量的研究开始增多，美国经济学家 Walt Whitman Rostow 在《政治和增长阶段》一书中建立了研究"生活质量"的理论框架，提出追求生活质量是人类社会发展必然趋势的观点(周长城 等，2009)。然而，如何合理地评价生活质量，又成为人们的新论题。长期以来，国际上都是以 GDP 或者人均 GDP 作为衡量一个国家经济社会发展水平的标尺，随着各种社会问题层出不穷，仅仅以 GDP 水平来衡量居民生活质量水平已经远远不够了，甚至问题更多。居民的生活质量包含着人与社会、人与自然之间的各种复杂关联，学者们把评价居民生活质量的指标分为两大类：主观指标和客观指标(潘祖光，1994)，其中客观指标主要是居民的生活水平、收入、生存环境、人口密度等外界条件，主观指标侧重于居民的情感、心理感受，也就是生活的幸福感和生活的满意度。欧洲国家在居民生活质量研究方面形成了以福利模式为主的指标体系，把居民生活质量指标分为生活水平(level of living)、生活条件(living conditions)、生活水准(living standard)和生活质量(quality of life)四个维度。北美学派重视用客观指标度量居民生活质量，1976 年，美国芝加哥大学坎贝尔和康弗斯建立了一个称为 Cs-Cd 的感觉测试模型，用来研究居民对生活的满意度。坎贝尔从心理学角度强调主观生活指标对于生活质量的解释，将居民生活质量定义为居民生活的幸福感，指出人们对生活的满意度能够更好地评价生活质量。之后更多的学者在研究中发现度量居民生活质量的客观经济指标、社会指标以及主观心理指标均能反映居民生活质量，三种指标各有缺陷，应相互补充。居民生活质量研究角度不同，研究内容包罗万象，评价指标多元，但其本质可以归纳为"居民对其生活及其相关方面的评价和总结"(柴文佳 等，2011)。

第二节 人口城市化质量相关研究

人口城市化质量研究逐渐成为城市化研究的重点，国内外人口城市化质量相关研究日趋丰富，主要包括人口城市化适度性研究、人口城市化包容性研究、农民市民化研究、迁移人口稳定性研究等，这些研究极大地丰富了我国人口城市化质量研究的成果。

一、人口城市化适度性研究

所谓人口城市化适度性，即人口城市化与经济发展、工业化、产业结构调整、就业结构转换等方面的适应性和协调性(周丽萍，2012)。国外学者对于这些方面的研究比较丰富，英国经济学家威廉·配第曾指出，不同产业之间收入的差距会促使劳动力向收入更高的产业转移，并指出随着经济的发展，劳动力的转移总是从第一产业向第二产业转移,再由第二产业向第三产业转移。配第-克拉克定理不仅表现在一个国家的经济社会发展过程中产业结构的不断变化,同时在世界范围内,处于不同发展阶段的国家之间也能得以验证(周丽萍,2012),可见,人口城市化对一国或一地区产业结构以及就业结构的变化都有着极大的影响。人口城市化水平不仅仅和工业的发展、就业结构的转变有关,同时也对经济发展产生反作用,经济的发展能带动人口城市化,而人口城市化水平的提高,又能促进经济的发展。

对西方发达国家而言,其工业化水平以及人口城市化水平都远远优于发展中国家,同时,他们拥有更加充裕的生产要素以及更广阔的市场,这个优势让发达国家的人口城市化能提供更多、更优质的就业岗位用于解决迁入城市的农村人口就业需求。以美国为例,有研究发现,在美国经济更发达、工业化水平更高的地区,往往能吸引更多的移民迁入,移民的迁入又促进了当地经济的发展和人口城市化水平的提高,从而达到一种双赢局面(郭欣欣,2013)。研究显示,发达国家人口城市化与经济发展、工业化协调性强,能够很好地解决人口城市化面临的就业压力。对于大部分发展中国家而言,由于经济发展水平较低、工业化水平低,再加上迁移人口受教育程度低,使移民的流动性、不稳定性较为明显。一些国家,比如菲律宾,就出现明显的农村劳动力外流现象,由于受人力资本的限制,他们往往只能在城市从事一些较为辛苦甚至存在一定风险的体力型工作(郭欣欣,2013)。一些国外学者通过对外来劳动人口就业的研究发现,许多国家的就业情况都符合"双重劳动力"市场理论。例如,对日本劳动力市场的研究发现,在一些劳动力密集型行业,如制造业、服务业等外来的劳动者居多,而金融、科技等脑力劳动的行业却很少能见到外来劳动者的身影。

2011年,我国人口城市化率突破50%,人口城市化进入了一个新的发展阶段,人口城市化质量研究应该关注人口城市化水平、速度与经济发展水平、工业化水平、产业结构和就业结构调整之间的相互适应性,高质量的人口城市化是人口城市化水平与经济发展水平、工业化水平、产业结构和就业结构调整相互适应发展、良性互动的人口城市化(周丽萍,2012)。

二、人口城市化包容性研究

人口城市化包容性不仅是城市对外来人口的接纳,给他们提供住房和工作机会,更多的体现在对外来迁移人口的社会福利、基本生活保障、教育资源的提供,以及如何让外来人口在城市找到心理归属感。社会保障制度的建立和健全能让外来人口和城市原住地居民享受相同的福利待遇、医疗保障、教育资源,能更好地提高居民的生活质量,维护社会稳定,并推动高质量的人口城市化。社会保障已经不仅仅是对社会公民的最低生活保障,它从本质上来说是国家为民众提供基本的生存和生活资源,帮助民众抵御未知的风险,克服生活中的困难(信长星,2008)。

说到社会福利和社会保障制度,不能不提到瑞典。根据瑞典的法律规定,凡是居住或者工作在瑞典的人,不论国籍,均可以享受瑞典社会保障的覆盖,其保障内容广泛,几乎涵盖了生活的每一个方面。瑞典社会保障制度的广泛性较为突出,社会成员不论年龄、性别、贡献，所享受的生存、教育、医疗、养老等各个方面的社会保障都基本相同。其次，瑞典在社会保障方面的立法较为健全，几乎所有的社会保障都是通过立法加以保障实施的。瑞典社会保障制度的健全很大程度上取决于其经济实力强大，为世界上收入最高的国家之一(蒋一鸣，2007)，很少有国家能有这样的经济实力像瑞典一样实施全民高福利的社会保障。

除了瑞典，欧洲许多国家的社会保障制度也很健全。第二次世界大战后，英国就建立了较为全面的社会保障体系，他们的社会保障制度针对的也是全体社会成员，对农村人口和城市人口并无区别，保障他们能有最基本的生存和生活条件，各类保险不仅限于个人，还可惠及家属(傅广生，2005)。西班牙的社会福利制度也较为健全，20 世纪开始，西班牙就开始推动以社会保险为中心的社会保障制度建设，随着各项与社会保障制度相关法律法规的健全，西班牙建立起了较为全面的社会保障体系，其社会保障适用范围较广，但明确区分了非缴费和缴费的社会保障体系，通过建立完善的信息化管理系统，使社会保障更加公平。西班牙还采取各种措施，推动外来移民社会保障一体化，使外来人口也能享受到平等的社会资源和社会福利(梁波，2008)。

当前，在我国人口城市化中外来人口的社会福利、社会保障问题是一个大问题，我国城乡社会保障制度差异较大，社会保障制度不均等、不公平问题较为突出，对一些特殊人群，如失地农民、"半城市化"农民的保障不到位，这些制度上的缺陷严重影响了我国人口城市化质量的提高。近年来，我国政府对农村社会保障制度建设较为重视，农村社会保障体系建设得到快速的发展，如农村医疗救助体系、农民养老保险制度等，但制度本身还不完善，覆盖面也较小，与城市社会保障相比，仍然存在很大的差距，特别是在失业保险、住房公积金方面仍处于空白状态，且与城市居民养老、医疗等方面的待遇也有很大的差别，农村地区的医疗设施、文化设施远差于城市。"半城市化"农民、失地农民群体的社会保障问题成为我国社会保障体系中一个亟待解决的问题。"半城市化"农民和失地农民大多生活在城市或城郊，他们生活、工作在城市，却得不到与城市居民同等的社会福利和保障待遇，社会保障制度的缺失使这部分人口不能够彻底地市民化，防碍了我国人口城市化质量的提高。

三、农民市民化研究

农民市民化是人口城市化的关键议题，从人口迁移以及职业转换来看，农民市民化是指农村人口向城市转移，并在城市从事非农业生产，同时其身份地位、享受的福利待遇等都随之发生改变，能够和城市居民相互融合的过程(姜作培，2002)。从个人的基本素质和心理来看，农民市民化也是农民个人的基本素质、对待生活的态度、价值观念等向城市居民靠拢的过程(郑杭生，2005)。简言之，农民市民化主要指农村劳动力向城市转移，并在城市定居最终成为城市居民的过程。纵观国外对农民市民化的研究发现，国外农民市民化研究最早能追溯到莱文斯坦的人口迁移法则以及著名的人口迁移推-拉理论，这些研究认为人口迁移是由于迁移者对自身经济改善的需求，在权衡了迁出地的推力和迁入地的拉力后，根据利益最大化原则所做出的迁移行为。新古典经济学观点则认为，人口的迁移和供求关系有关，他们认为劳动力供需不平衡以及对更高经济收入的追求导致了劳动力的迁移(朱杰，2008)。新迁移经济学理论在原来以经济因素为人口迁移的基础上，引入了社会、人口、家庭等因素对迁移的影响，把人口的迁移和社会结构、经济文化发展联系起来(姚华松 等，2008)。

从城市化和工业发展的角度来看，刘易斯的"二元结构"模型指出，经济水平处于发展初期的国家存在"二元结构"，也就是以传统的农业为主，以生产水平和效率较低的农耕经济和以高效的现代化生产方式为主，并与现代科技相结合的现代经济部门(杨薇 等，2010)。农村剩余劳动力不断向高收入、高效率的现代工业部门转移，促进了工业的发展及人口城市化。同时，工业资本的累积、工业生产的扩大化、对劳动力的需求增加将吸引更多的农村劳动力流入，直到农村剩余劳动力全部转移到工业和城市，劳动生产率总体得到提高，"二元经济"向一元经济转化，生产部门之间的生产效率、收入差距缩小甚至消除，在此过程中，农民逐步市民化，一国的工业化、城市化水平和质量也得到提高。

从农民市民化的模式看，主要有4种代表性的市民化模式。

(1) 英国强制市民化模式。英国是世界上最早工业化和城市化的国家，其农民市民化的过程也是最为直接的。18世纪中期到19世纪40年代，英国开始了"圈地运动"，对农民财产的剥夺以及强制性的农场化迫使大量的农村劳动力向城市工业部门转移。通过政府干预，大部分的小农场合并为大型的农场，生产技术也有了一定的提高，使得农业生产效率有了很大的提升。有数据表明，1851年，苏格兰和威尔士的100~500英亩以及500英亩以上的大型农场数量已经占农场总数量的78.2%，英国的小麦生产效率得到提高，几乎年年有剩余向其他国家出口(孔祥智，1994)。虽然英国的"圈地运动"具有一定的强制性，迫使大量的农民离开农村到城市谋生，但通过"圈地运动"促进了英国农业的集中，使一些大型劳动机械得以运用到农业生产中，农业生产率得到提升，促进了英国的农业现代化。同时，英国的"圈地运动"促使大量的农村劳动力向工业和城市转移，促进了工业和城市的发展，带动了英国的人口城市化和农民的市民化。

(2) 美国自由市民化模式。与英国的强制性市民化相比，美国的农民市民化过程就"温和"了许多，美国的农民市民化模式以农民自由迁移为主。1870年以前，美国还是一个以农业为主的社会，工业革命后，随着工业的发展、交通的便利，城市劳动力稀缺，吸引了农村劳动力源源不断地向城市转移。由于农业劳动力流失，迫使一些小农场向大农场合并，农业规模化经营得以实现，农业生产率得到提高，农业劳动生产率的提高使农村剩余劳动力继续增加，由于农业的收入往往低于第二和第三产业，农民不断向工业和城市转移，人口城市化和市民化进程加快。与英国的快速人口城市化不同，美国的农民自由迁移人口城市化进程时间跨度大，经历了150年(黄国清 等，2010)。

(3) 日本跳跃市民化模式。日本的农民市民化道路与英国、美国有所区别，日本耕地少、山地多、资源匮乏而人口较多，农村劳动力资源相对丰富。日本在政府的干预下，走了一条"跳跃式转移"和"农村非农化转移"相结合的人口城市化道路。第二次世界大战后，日本经济复苏，城市工商业对劳动力的需求增加，日本农村劳动力快速转移到城市，仅1955~1970年的15年间，日本的农村劳动力下降了37.5%。日本农村劳动力快速转移的主要原因在于日本工业的快速发展带来了很多的城市就业机会。其次，日本政府推行了一系列的政策法规促进农业机械化经营，释放出大量农村劳动力，并制定了促进农民土地转让的法律法规，同时推行振兴城市工商业的政策，促进农民非农化。由于日本对国民教育的重视，农村人口受教育程度不逊于城市居民，这为日本的农民市民化提供了很好的基础(张季风，2003)。因此，在发达国家中，日本农业劳动力转移的速度是最快的。通过对世界各国农民市民化不同模式的研究，考察其时代背景和实现条件，对于指导我国的农民市民化有很好的借鉴意义。

(4)中国人口"半城市化"市民化模式。周小刚、陈东有指出，人口"半城市化"下农民市民化是我国人口城市化的核心。让农业转移人口能够在城市安居乐业，更好地融入到城市生活，是我国当前人口城市化面临的首要任务。我国农民市民化的动因符合刘易斯的人口迁移推-拉理论，由于发展中国家普遍存在的"二元结构"，农村和农业的凋敝，农村人口对城市生活的向往，以及为下一代谋求更好的教育资源、生活条件等，推动了农业人口向城市转移，而农民是否迁移到城市，主要取决于农民对到城市工作的期望收入与在家务农收入的对比。在我国独特的户籍管理制度下，农民要想转化为市民，首先要经历"准市民化"这个阶段，在这个阶段的外出务工农民往往被称为"半城市化"农民或农民工，他们长期生活和工作在城市，由于受教育程度低，大部分从事辛苦的体力劳动，他们没有获得城市的户口，仍然拥有农村的土地。在"准市民化"阶段的"半城市化"农民，由于没有取得城市户口，依然不能享受和城市居民一样的社会保障、医疗和教育资源，这个阶段的农村移民，更多的是要衡量在城市所得到的预期收益与城市生活成本支出的差值是否比在家务农所得的净收入高，如果在城市务工的净收入小于在家务农的净收入，且在城市没能得到很好的社会保障，这部分人口还会选择回到农村，也就是所谓的"劳动力回流"。只有当进城务工的净收入能够远高于在家务农的期望收益，且获得与城市居民等同的社会保障时，"半城市化"农民们才有可能选择放弃农村的土地资源，选择城市户口，这样便转化成为了市民("我国农村劳动转移与农民市民化研究"课题组，2003)。随着我国农村人口向城市转移数量的持续增长，"半城市化"农民问题突出，亟待市民化，而随农村土地的增值以及城市户口含金量的下降，农民市民化的意愿也在下降，我国农民市民化或已错过了最佳时机，当务之急是抓紧出台农民市民化政策和配套措施。

四、迁移人口稳定性研究

通过对各国各地区城市化的研究发现，我国人口的城市化与其他国家的一个显著不同就在于我国人口城市化的不稳定性，既有流出的劳动力，又存在人口回流的现象(蔡昉等，2003)。有学者提出了"稳定城市化"概念，何谓"稳定城市化"，中国社会科学院檀学文从两个方面定义了稳定城市化，他认为稳定城市化包含人口迁移过程的稳定性和迁移家庭的完整性(檀学文，2012)。之前的市民化研究发现，人口城市化不仅仅是人口迁移与城市定居，还要经历一个市民化过程，从而使迁移人口能在经济、社会、思想等各方面向市民转变。在这个转变的过程中，由于迁移人口不能在城市稳定就业，工资较低，没有得到合理的社会保障等原因，可能会导致一些已经进入到城市工作和生活的外来人口回流，造成不稳定的人口城市化。从家庭角度而言，目前我国农村存在大量的留守儿童，留守儿童的产生和我国近年来大规模的人口流动有着密不可分的关系(檀学文，2012)。大多数外出打工的父母，由于国家相关政策、户籍制度的不健全等原因，没有办法把子女带在身边读书、生活，造成了农村迁移人口的家庭不完整性，这样的非家庭迁移也造成了我国人口城市化的不稳定性。稳定城市化是人口城市化的动态特征，通过考量它的各项稳定性指数，能反映出人口城市化的质量。

实践中通常采用人口学指标来衡量人口城市化的稳定性，主要从以下两个方面进行衡量(檀学文，2012)。一是迁移人口的稳定性，主要考量的指标是外出务工人员的劳动力回流率是否在一个较低且较为稳定的范围内，以及外出务工人员规模的变动情况。如果劳动力回流率较大或外出务工劳动力规模变动较大，表明人口城市化稳定性和质量较低。二是迁移家庭的完整性。通过考察家庭整体迁移(包括老人、子女)占总迁移家庭数量的比例来衡量人口城市化的稳定性，迁移家庭的完整性越高，留守儿童的数量降低，人口城市化质量就越高。

二元经济社会结构下我国人口城市化具有鲜明的人口"半城市化"特征("我国农村劳动力转移与农民市民化研究"课题组，2003；杨风，2014)，今后一段时期，我国人口城市化的重点将由快速人口城市化水平提高转向人口城市化质量提升，由关注城市数量的增加、城市地域的扩展、城市人口规模的扩大转向人口城市化的持续健康发展。

第三节 西部人口城市化质量分析框架

从构成要素看，广义的人口城市化质量包括人口的城市化质量、经济的城市化质量、社会的城市化质量和空间的城市化质量；从本质内涵看，广义的人口城市化质量包括城市自身的发展质量、城市化的推进效率和质量、城乡协调发展的程度(郭叶波，2013)。依据广义人口城市质量的构成要素和本质内涵，借鉴已有的相关理论和研究成果，构建能较为全面反映我国西部人口城市化质量的分析框架，从人口城市化质量适度性、协调性和包容性 3 个方面综合评价西部人口城市化质量，其中，人口城市化质量适度性指人口城市化与经济发展水平、工业化水平的适度性；人口城市化质量协调性指人口城市化与土地城市化、城乡统筹发展的协调性；人口城市化质量包容性指人口城市化与民生福利、社会保障的包容性(图 4.3)。

一、人口城市化与经济发展水平适度性

根据古典经济增长理论，资本和劳动等要素通过优化配置在地理空间上产生积聚效应，促进工业发展，增加了劳动的边际产出，并提高了聚集区劳动者的收入水平。农业过剩人口受到来自城市工业经济发展的吸引，源源不断地从农村向城市迁移，引致城市人口增长，城市规模扩张，从而推动了人口城市化。各国或地区人口城市化速度、水平与其人均收入水平之间存在正相关性，即国民经济增长的速度与质量无论就国家或地区

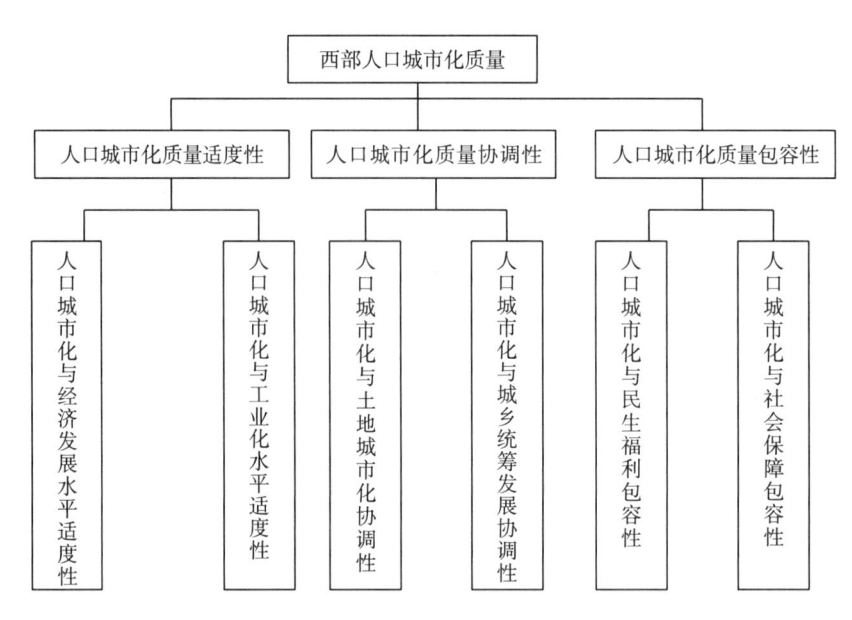

图 4.3　西部人口城市化质量分析框架

而言，都同其人口城市化发展水平和质量呈正相关关系，反之，经济发展水平与人口城市化水平偏离造成"过度城市化"或"滞后城市化"，影响人口城市化质量。霍利斯·钱纳里等（1986）在其《工业化和经济增长的比较研究》一书中通过大量统计数据分析，得出"人均国内生产总值越高，人口城市化水平也越高"的结论。霍利斯·钱纳里等（1989）在《发展的格局：1950—1970》一书中提出世界经济增长与城市化率变动模型，该模型揭示了二者之间的对应关系，即人均国内生产总值越高，工业化水平越高，城市化水平也越高（图 4.4）。

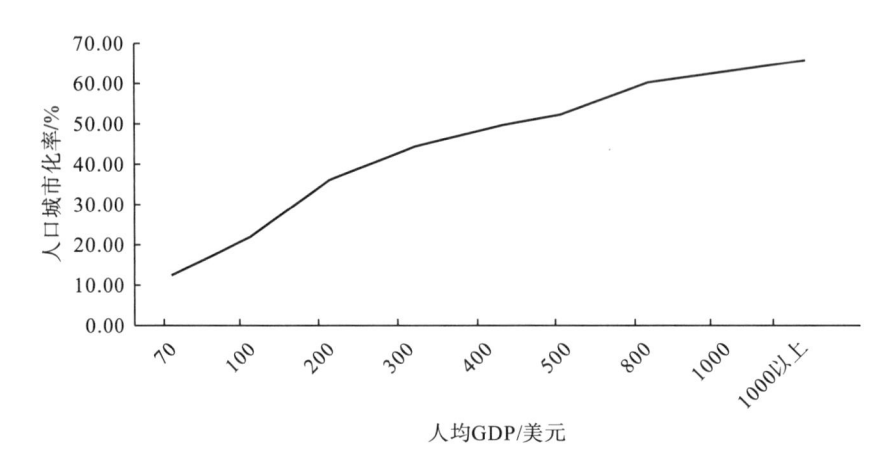

图 4.4　霍利斯·钱纳里人均 GDP 与人口城市化关系模型

哈德逊（Henderson）则利用不同国家的截面数据分析得出一国人口城市化水平与人均 GDP 之间的相关系数为 0.85（Harry，1981）。Berry（1965）选用了 95 个国家的 43 个变量，运用主成分分析法，分析结果也证明了经济增长与人口城市化之间存在正相关关系。国内著名学者裴长洪指出,生产性服务业的发展能够促进人口城市化的可持续发展(武廷方 等,2014)。叶晓东等(2015)在新古典经济学分析框架下,以索洛(Solow)模型为基础,探讨我国新型城镇化对经济增长的影响,研究发现,人口城市化通过释放农村剩余劳动力、降低居民储蓄率促进技术进步影响经济增长率、经济增长路径和经济增长的稳定性。逯进等(2014)利用耦合理论实证检验了人口迁移与经济增长之间的协调关系,发现我国各区域人口迁移与经济增长都存在稳定的正向协调演进机制,但总体看二者的耦合度并不高,区域间存在较大差异,从空间上表现出由东到西依次递减态势,同时,还发现人口迁移与经济增长之间存在一定的适度性特征:在人口城市化早期,经济起飞和增长推动人口城市化进程,为城市人口的聚集提供动力;在人口城市化中期和成熟期,人口源源不断地向城市迁移和聚集,形成巨大的城市消费群体和广阔的消费市场,人口城市化对区域经济发展起到助推作用(武廷方 等,2014)。通过测度西部人口城市化水平与经济发展水平的相关性及适度性,可以度量西部人口城市化与区域经济发展的互动性,反映西部人口城市化与经济发展适度性水平及人口城市化质量。

二、人口城市化与工业化适度性

工业化始于17世纪的英国工业革命,关于工业化的定义,主要观点如下,西蒙·库兹涅茨(1989)指出,工业化是农业活动转向非农生产活动;霍利斯·钱纳里等(1995)认为,工业化是经济重心从初级产品生产转向制造业生产的过程;《新帕尔格雷夫经济学大辞典》把工业化看作是经济结构从低级向高级发展的变动过程,大多数经济学家也持这种观点。我国学者张培刚认为,工业化是国民经济生产要素组合方式由低级向高级变革的过程(张培刚,1991);《2000年中国产业发展报告》指出,工业化是社会经济发展从农业经济过渡到工业经济,再过渡到以服务业为主的一个产业结构转换和经济发展高级化的过程。综上所述,工业化可以定义为农业占比和地位下降,工业占比和地位上升并逐步成为国民经济发展动力,使一国产业和经济结构由农业社会向工业社会转换的一个动态过程。

世界工业化进程的经验表明,人口城市化与工业化进程是一国通向现代化的必由之路,二者作为一个有机整体,螺旋式相互促进、共同发展(田雅娟,2006),1820~1950年,发达国家人口城市化与工业化的相关系数达到0.997(宋俊岭 等,2001)。伴随着工业化,农业人口向城市第二、三产业转移,人口城市化与工业化协调发展,成为社会经济发展的推动器。在最早刘易斯提出的"二元结构"模型中,假定农业的劳动边际生产率为零,劳动力的供给是无限的,城市工业的发展将吸引农村剩余劳动力向城市转移,工业化与城市化发展同步,逐步达到工业和农业、城市和乡村劳动力转移的均衡(刘易斯,1989)。工业化为人口城市化带来了产业和就业结构的转换,农村人口向城市非农产业聚集,促进了城市的兴旺。而人口城市化带来的聚集效应又促进专业化分工和企业规模的扩大,使工业化得以向纵深方向发展。已有的研究显示,人口城市化与工业化之间存在交互耦合的互动关系,工业化促进经济增长和要素在空间聚集,为城市化提供物质技术基础和各种社会条件,反过来,人口城市化的发展影响着工业化进程,人口城市化为工业化发展提供动力,工业化和城市化的双轮驱动是现代化进程的两个轮子。世界各国人口城市化与工业化发展历程显示,二者相互促进,螺旋式交互上升,当二者处于协调发展状态时,能够促进社会经济的快速、可持续发展(表4.1)。

表4.1 工业化与人口城市化一般变动模式(霍利斯·钱纳里 等,1989)

级次	1964年人均GDP /美元	1997年人均GDP /美元	非农产业占比 /%	非农就业占比 /%	人口城市化率 /%
1	70	350	47.8	28.8	12.8
2	100	500	54.8	34.2	22
3	200	1000	67.3	44.3	36.2
4	300	1500	73.4	51.1	43.9
5	400	2000	77.2	56.2	49
6	500	2500	79.8	60.5	52.7
7	800	4000	84.4	70	60.1
8	1000	5000	86.2	74.8	63.4
9	1000以上	7500	87.3	84.1	65.8

处于不同发展阶段的国家或地区,工业化与人口城市化之间的互动关系具有动态调整性。一般而言,在人口城市化率低于30%时,人口城市化处于起步阶段;在人口城市化率处于30%~70%时,人口城市化处于快速发展阶段,在这两个阶段,工业化对人口城市化的带动作用更为显著,二者呈现显著的正相关关系(工业化与城市协调化发展研究课题组,2002),工业化的推进带来劳动生产率的提高,不仅释放了大量的农村和农业剩余劳动力,还为农业人口向城市非农产业聚集创造了就业条件,此阶段工业化率一般高于人口城市化率。当人口城市化率超过70%以后,人口城市化进入成熟阶段,大部分国家的工业化进入稳定发展期,甚至会有所下降,此时,第三产业占比上升并成为经济发展和人口城市化的主要动力,此阶段人口城市化率会反过来高于工业化率,人口城市化对工业化的带动作用更为显著(周淑莲 等,2008)。

根据对世界各国人口城市化与工业化相关性的考察发现,二者之间的关系存在以下三种模式。一是同步城市化模式,指人口城市化与工业化、经济发展趋于一致的人口城市化模式,发达国家在工业化中期和加速期,工业化与人口城市化相关系数极高,工业化率与人口城市化率几乎是两条平行上升的曲线。二是过度城市化模式,指人口城市化水平明显高于工业化、经济发展水平的人口城市化模式,人口城市化速度大大超过工业化速度,人口城市化主要依靠传统农业或者第三产业来推动,甚至出现无工业化的人口城市化,如部分以农业或旅游业为主的发展中国家就存在这种人口城市化模式。三是滞后城市化模式,指人口城市化水平落后于工业化和经济发展水平的人口城市化模式,部分发展中国家政府为了避免城乡对立或"城市病"的发生,采取限制城市发展措施,抑制了人口城市化进程。经济发展史证明,人口城市化与工业化之间是互动共进的,二者之间是一种螺旋式上升、相互促进的关系。

我国在改革开放前实行计划经济体制，采取限制城市发展的措施，造成城乡隔离，农村发展滞后，工业化和人口城市化的良性互动机制没有形成。改革开放后，我国进入工业化中期阶段，劳动力迅速从农村转移到城市，极大推动了我国人口城市化的进程。20世纪90年代以来，国内学者开始对我国人口城市化与工业化的关系展开研究，大部分学者认为，与世界其他同等经济发展水平（周一星 等，1999）或者工业化水平的国家比较（顾朝林 等，2009），或者与钱纳里的世界标准模型（夏小林 等，2000；樊纲 等，2009a）比较，我国人口城市化滞后于工业化。但有部分学者不赞同这种观点，邓宇鹏（2000）、国务院发展研究中心农村人口就业和劳动力市场课题组采用非农人口占比作为衡量人口城市化指标，得出我国存在隐性人口城市化现象，实际的人口城市化率超过了世界平均水平（国家计委宏观经济研究院课题组，2000）。还有部分学者认为，我国人口城市化与工业化并未偏离，郭克莎（2001）以人均GDP、非农产业就业占比作为衡量工业化水平的指标，分析得出我国人口城市化与就业非农化基本一致，人口城市化与工业化并未偏离。不同学者所用的人口城市化和工业化统计指标和口径不同，得出的结论也有差别，使学界对我国人口城市化与工业化的适度性未能形成一致看法。已有的研究均显示，我国区域发展差异较大，东部大部分省区市工业化与人口城市化协调度较高，中西部大部分省区市的协调度都较低（刘耀彬 等，2005；张燕 等，2006）。西部人口城市化处于中期阶段，工业化对人口城市化的带动作用更为显著，西部人口城市化与工业化的适度性是反映西部人口城市化质量的一个重要影响因素和衡量指标。

三、人口城市化与土地城市化协调性

土地城市化与人口城市化是城市化的两个基本维度，我国独特的户籍制度导致城市化出现了"人地分离"，政府"重地轻人"。我国人口城市化和土地城市化的协调发展问题近年来已成为提高城市化质量研究的一个焦点，一部分学者认为我国人口城市化存在"冒进"现象，有的持相反观点，如陆大道等（2015）指出我国人口城市化存在"冒进"扩张现象，人口城市化率年均增长在1.3个百分点以上，远超西方发达国家同期水平。万广华认为存在对中国人口城市化速度太快的误解，由于各国城市化启动时点不同、资源禀赋不同、制度背景不同，不能照搬国外标准来衡量我国的人口城市化速度，我国的人口城市化处在高速发展期，预计2020年我国人口城市化率将达70%以上（武廷方 等，2014）。学者们在我国人口城市化是超前还是滞后上存在争议，但对于土地城市规模扩张太快，土地城市化快于人口城市化基本达成共识（表4.2）（魏后凯 等；2011）。2000~2010年，我国土地城市化率总体提高近一倍，土地城市化发展失控，尤以中西部地区为盛（王洋 等，2014）。根据《中国1990~2010年城市扩张卫星遥感制图》，1990~2000年，我国城市建成区面积增长了78.3%；2000~2010年，增长了85.5%，2010年，我国城市建成区面积是1990年的两倍以上，我国人口城市化和土地城市化协调性差，降低了我国的人口城市化质量。

表 4.2 我国人口城市化与土地城市化增长率(2001～2008 年)(%)(魏后凯 等，2011)

时间	城市人口年均增长率	城市建成区面积年均增长率	城市建设用地面积年均增长率
2001～2005 年	4.13	7.70	7.50
2006～2008 年	2.57	3.73	7.23
2001～2008 年	3.55	6.20	7.40

我国城市建成区面积大肆扩张，已超出城市化正常轨道，不利于城市土地资源优化配置，城市土地利用效率低下，土地资源浪费严重。数据显示，我国城市人口密度从 2000 年的 0.99 万人/平方公里下降到 2009 年的 0.89 万人/平方公里，城市建成区的使用效率呈下降趋势。中国城市规划设计研究院提出了城市空间-人口弹性系数，用于评价土地城市化与人口城市化的协调性。

$$R_{(i)}=A_{(i)}/Pop_{(i)} \tag{4-1}$$

式中，$R_{(i)}$为 i 城市在某研究期的城市空间-人口弹性系数；$A_{(i)}$为 i 城市在某研究期的城市面积年均增长率；$Pop_{(i)}$为 i 城市在某研究期的城市人口年均增长率。专家们通过对我国历年土地城市化与人口城市化的综合分析，认为我国城市空间-人口弹性系数在 1.12 左右较为合理。通过我国人口城市化增长率与土地城市化增长率的数据分析得出，我国城市空间-人口弹性系数 2001～2005 年为 5.39，2006～2008 年为 1.45，2001～2008 年为 1.75，研究结果显示以上三个时段我国土地城市化均远超人口城市化，城市用地大规模扩张造成农村耕地减少，城市土地粗放利用。2000～2010 年，我国城市扩张面积约为 18376.74 平方公里，其中耕地占用率达到了 68.7%(王雷 等，2012)。已有的研究显示，我国西部土地城市化失控更为严重，部分城市人口持续流失，而土地城市化盲目扩张，人口城市化与土地城市化矛盾更为尖锐，降低了西部人口城市化质量。

四、人口城市化与城乡统筹发展协调性

麦克·道格拉斯指出，传统人口城市化带来的城市极化效应促进了城市的繁荣，但伴随的是农村的衰落和贫困，采取城乡一体化的发展模式可以促进城乡经济协调发展。斯卡利特·爱泼斯坦和戴维·杰泽夫的研究认为，发展中国家普遍存在城乡"二元结构"，在人口城市化进程中广泛采用的"城市偏向"政策造成城市人口高度聚集，城市贫民窟广布。城乡"二元结构"是各国从传统社会走向现代社会的过渡形态，马克思和恩格斯指出，"城市和乡村之间的对立终将消失"。发达国家的人口城市化历程显示，通过人口城市化，城乡差别最终将逐步缩小以至消除。

统筹城乡是我国人口城市化的重要战略。由于传统体制的影响，我国各种城乡分割体制长期累积，制约了农业人口向城市的转移，造成城乡发展失衡，城乡差距逐渐拉大，城乡矛盾日益突出，表现为城乡工农业增加值差距的不断扩大，城乡居民收入差距的不断扩大，城乡居民消费和储蓄差距的日益扩大，阻碍了工业化、人口城市化的健康发展，表明城乡分割的人口城市化发展模式难以为继。党的十六大报告正式提出："统筹城乡经济社会发展，建设现代农业，发展农村经济，增加农民收入，是全面建设小康

社会的重大任务。"十八大进一步提出:"推进城乡一体建设的新型城镇化战略"。统筹城乡协调发展既是我国扩大内需、促进国民经济持续健康发展的重要途径,也是构建和谐社会、全面建设小康社会的必然要求。已有的研究显示,我国西部城乡差距大于东部地区,我国新型城镇化战略是城乡统筹、城乡统一、优势互补、协调发展的人口城市化道路,城乡统筹发展是解决西部人口城市化水平低的重要途径。

五、人口城市化与民生福利包容性

包容性增长是城市可持续发展的关键。包容性发展理念强调经济发展、人口城市化过程中各个层面的公平性和共享性,包容性发展强调对人的发展能力、发展机会和发展权利的保障,要求政府采取积极行动消除移民在人口城市化进程中受到的各种不合理制度性约束,倡导和保证城市移民与原住民发展机会平等和权力共享,持续改善和增进城市移民的社会保障和福利待遇,使其能够更充分地分享城市发展的结果。

居民生存发展最基本的权利是生存权。《魏玛宪法》将"让人像人一样生存"明确为国家的义务。1948年《世界人权宣言》规定公民享有获得基本社会保障的权利、劳动的权利、教育的权利和文化生活的权利。人口城市化的要义之一是居民生活水平和生活质量经由人口城市化得以提升。我国日益庞大的"半城市化"农民群体的城市融入是当前我国人口城市化面临的最严峻挑战,不仅关系到"半城市化"农民的基本权利是否得到保障,还深刻影响我国经济社会的健康稳定发展,人口城市化质量的提高成为城市可持续发展的关键。农业转移人口必须具备在城市生存和发展最基本的条件和能力,才能逐步融入城市,实现生存和生活质量的全面提升。我国宪法规定公民享有生存、居住、劳动、基本公共服务的基本权利,确保全体国民享有政府提供的基本社会保障和公共服务是社会现代化的基本要义,然而,我国人口"半城市化"将大量的农业转移人口挡在共享基本福利和社会保障的大门外,为外来人口提供基本民生福利是其市民化的基础,也是测度人口城市化质量的一个重要指标。在我国人口城市进程中,西部劳动力人口大量流失,东部大城市过度拥挤,西部中小城市人去楼空,一个重要因素除了区域经济发展不平衡,西部地区社会保障水平、福利水平低,城市户口含金量低也制约了西部人口城市化水平和质量的提升。

六、人口城市化与社会保障包容性

新公共管理运动和包容性增长理论倡导经济发展的成果为全民分享,要求基本公共服务均等化,城市发展应更具有包容性。城市管理者提供的基本公共服务是由财政投资建设,保障全体社会成员平等享用的基本教育服务、基本医疗设施、基本社会福利设施、基本市政服务设施等(张京祥 等,2012)。城市能提供的社会保障、公共服务水平越高,具备的包容能力就越强。城市管理者对公共资源与基础设施的财政支出制约着其公共服务水平、城市居民生活质量。从城市接纳的角度看,随着城市经济实力的增强,城市提供的社会保障、公共服务水平和质量呈加速提高态势。

城市所提供的社会保障体系的完善程度、公共服务的水平，如落户政策、就业机会、子女受教育机会、医疗卫生条件、保障房供给情况等对人口城市化的人口流入产生差异性影响，城市社会保障条件较好的城市人口呈现净流入，人口流入对城市的发展有积极促进作用，流入人口的增加会加速城市经济增长并促进区域经济的均衡发展(周文丽，2012)。我国当前人口"半城市化"下大量城市流动人口难以获得城市户籍身份，即使常年在城市就业，仍然很难获得最基本的生活福利和社会保障，居民获得基本社会保障是解决我国当前人口"半城市化"问题、缩小贫富差距、提高人口城市化质量的关键。我国东部地区较高的经济发展水平、就业机会、良好的医疗卫生条件以及子女受教育条件对人口的流入有明显的拉动作用，而中西部地区较低的经济发展水平和公共服务能力不利于人口流入。我国人口城市化表现为大城市人口急剧扩展，"大城市病"爆发，西部中、小城市缺乏城市竞争力，面临人口净流出，城市收缩或衰败(图 4.5)。研究显示，地方政府的民生财政支出影响着本区域公共服务水平和社会保障能力，进而加强或抑制本地人口城市化(李斌 等，2015)，这一现象符合蒂伯特提出的"用脚投票"理论，基本公共服务和社会保障的区域差距是我国区域和城乡发展不均衡、人口城市化不均衡的关键。通过分析地方政府的民生财政支出，可以比较西部与全国、西部 12 省区市社会保障的能力，反映和衡量西部人口城市化的质量。

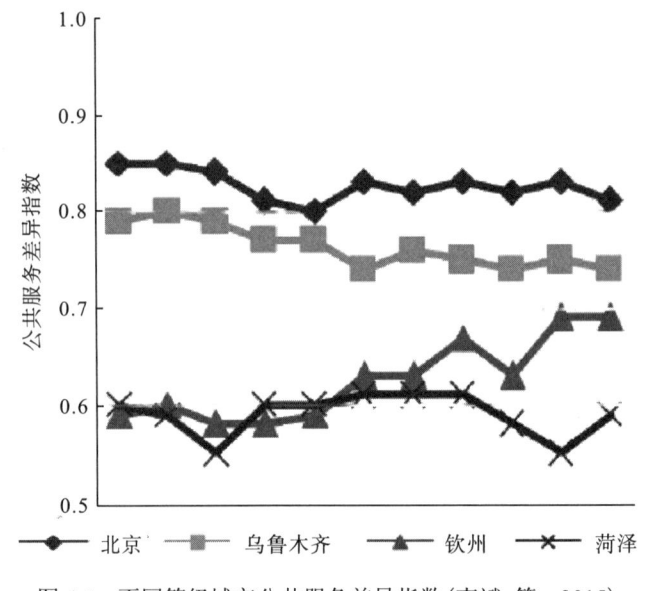

图 4.5　不同等级城市公共服务差异指数(李斌 等，2015)

我国西部人口城市化质量分析框架从以上六个方面展开。一是分析西部人口城市化与经济增长、工业化的适度性。从我国西部人口城市化发展水平看，西部地区处于高速经济增长和工业化带动人口城市化阶段，未来西部人口城市化质量的提升更多依赖于区域经济发展、新型工业化的引领。二是分析西部人地关系和城乡统筹协调发展。我国西部地区土地城市化超过人口城市化，区域差距和城乡差距较大，西部人口城市化质量的提高有赖于人口城市化和土地城市化协调性的提高，控制土地城市化的无序扩张是关键。同时，通过西部人口城市化质量提高缩小城乡差距，实现城乡统筹和协调发展。三是分析西部人口城市化与民生福利和社会保障的包容性。我国人口城市化应保障全体居民共享城市发展成果，西部人口城市化质量提高在新时期关注的重点是加大对居民基本公共服务的投入、社会保障的投入，保障全体居民的基本权益，缩小与发达地区的人口城市化差距。

第五章 西部人口城市化质量评价指标体系

对西部人口城市化质量的科学评价是客观反映西部人口城市化质量和制定提高西部人口城市化质量政策的基础。以人口城市化质量内涵及人口城市化质量相关理论为指导，综合国内外人口城市化质量评价指标研究成果及西部人口城市化实际情况，构建一套具有可操作性的西部人口城市化质量综合评价指标体系，客观评价西部人口城市化质量是一项具有挑战性的研究工作。

第一节 人口城市化质量评价指标综述

人口城市化质量的内涵极为丰富，人口城市化质量研究在城市化研究领域尚属前沿，人口城市化质量研究的理论体系、概念界定、评价体系、评价指标、评价方法等均未达成共识，构建客观、全面和动态的西部人口城市化质量评价指标体系是分析和把握西部人口城市质量现状和问题的基础。

一、国外人口城市化质量评价指标综述

国外并无人口城市化质量这一概念，有关人口城市化质量评价指标的研究主要集中于城市发展水平评价指标和城市居民生活质量评价研究中。随着社会的发展，人口城市化内涵不断丰富，人口城市化分析与评价已经不能够仅仅通过人口城市化水平指标来考量，越来越多的学者主张人口城市化现状评价应该建立复合指标，综合考虑人口城市化水平和人口城市化质量两个维度。从人口城市化质量角度看，国外人口城市化质量评价主要从两个角度展开，一个角度是用城市系统的发展质量来评价人口城市化质量，另外一个角度是用城市人口生活质量来评价人口城市化质量。从人口城市化质量评价指标选择来看，早期的人口城市化质量评价指标多为单一指标，通过人口城市化率、城市人均GDP、城市建成区面积或城市数量等指标从人口、经济或土地城市化维度来评价人口城市化水平和质量。通过建立人口城市化评价指标来评价人口城市化质量的研究可以追溯到诺瑟姆曲线。1979年，美国地理学家诺瑟姆对世界人口城市化进程进行研究，运用简单的函数曲线变化反映人口城市化发展的速度和阶段，提出了著名的诺瑟姆曲线，并通过与诺瑟姆曲线的对比评价各国人口城市化的水平和质量。之后，很多学者通过不同的经济发展指数，如国内生产总值、人均国内生产总值、国民生产总值、人均国民生产总值、三次产业结构等经济指标来间接评价人口城市化的发展状况。1960年，稻本幸男提出了评价城市发展水平的5项指标：城市规模、区位、人口增长、就业和城市经济活动（United Nations Human Habitat，2002）。20世纪70年代，英国地理学家克洛克（Cloke）建立了从人口、职业、居住及距离城市中心远近等16个指标的人口城市化质量评价体系。

联合国经济和社会事务部统计处建立了通过人均收入、非农业产值占比、人口出生率、人口死亡率、文盲率等 19 个社会经济指标来考量各国人口城市化的经济、社会以及人口变化之间的关系。1994 年,世界卫生组织提出了"健康城市"概念,从城市规划、建设到管理方面对人口城市化建设提出要求,1996 年还提出了"健康城市"的 10 条标准,从城市环境、生态系统、经济发展、居民生活环境、心理健康、生存质量等方面对人口城市化质量进行评价,并建立了可量化的"健康城市"评价指标,共 12 类 338 项(周向红,2008)。世界卫生组织提出的"健康城市"评价指标不设全球统一标准,而由各国制定符合国情的标准。1998 年"健康城市"项目办公室在前期"健康城市"评价指标基础上提出了第二套"健康城市"评价指标,将评价指标精简至 32 个(表 5.1)。

表 5.1 "健康城市"评价指标体系

项目	评价指标
健康	死亡率、死亡原因、出生体重
健康服务	城市健康教育计划、每位基层保健医生服务的居民数、每位护理人员服务的居民数、健康保险覆盖的人口百分比、免疫接种率、外语服务可用性、市议会检视健康相关问题的数量
环境指标	空气质量、水质、污水收集、生活垃圾处理、闲置工业用地、绿地、运动休闲设施、步行化、自行车路线、公共交通可达性、公共交通服务范围、生活空间
社会经济指标	失业率、贫困、托儿所的可利用性、母亲生育时的年龄、流产率、残疾人就业比例、不符合居住标准房屋内居住的人口比例、无家可归者

资料来源: WHO Regional Office for Europe. WHO Healthy Cities-Revised Baseline Healthy Cities Indicators.Center for Urban Health, March, 1998

部分学者认为可以通过评价居民生活质量来评价人口城市化的质量,如美国社会卫生组织提出的 ASHA(American social health association),ASHA=就业率×识字率×(平均寿命/70)×人均国民生产总值增长率/人口出生率×婴儿死亡率;美国海外发展委员会提出的物质生活质量指数(physical quality of life index,PQLI),PQLI=(婴儿死亡率指数+平均寿命指数+15 岁以上人口识字率)/3;欧盟建立的生活质量指标体系(quality of life,QOL)指数;联合国开发计划署提出的人类发展指数(human development index,HDI),该指数可评价居民的生活质量,进而考量人口城市化质量(潘祖光,1994)。这些评价指标被国际上大部分研究者所认可,评价指标能从各国常规年度统计数据中获得,便于国际间的横向比较研究,成为评价各国居民生活质量和人口城市化质量的主要评价指标(表 5.2)(徐秋艳,2007)。

表 5.2 国外居民生活质量评价指标

评价指数	评价指标
ASHA	就业率、识字率、平均寿命、人均国民生产总值增长率、人口出生率、婴儿死亡率
PQLI	婴儿死亡率指数、平均寿命指数、15 岁以上人口识字率
QOL	人口、家庭状况、住房条件、交通运输、休闲娱乐与文化、政治参与和社会整合、教育与职业培训、劳动力市场和工作条件、收入与消费、健康、环境、社会安定、公共治安与犯罪以及整体生活情况
HDI	预期寿命、教育获得、生活水平

说明: PQLI 的婴儿死亡率指数=(229-每千名婴儿死亡数)/2.22、平均寿命指数=(1 岁起平均寿命-38)/0.39。HDI 的预期寿命用出生时预期寿命来衡量,教育获得用成人识字率(2/3 权重)及小学、中学、大学综合入学率(1/3 权重)共同衡量,生活水平用实际人均 GDP(购买力平价)来衡量

此外，还有许多学者和研究机构认为可以借助社会发展水平指标对一国或一地区的人口城市化质量进行间接的评估(朱庆芳，2001)。目前，国际公认的社会发展水平指标主要有 1979 年联合国社会发展研究所提出的社会指标体系，包含人口、学习和教育服务、收入、分配、消费、住宅与居住环境、家庭构成、社会保障与福利、闲暇与文化、公共秩序与安全 10 个方面的内容，通过以上 10 个方面的分析，也能从社会发展水平对人口城市化质量做出评估。美国斯坦福大学的社会学教授 Alex Inkeles 提出了城市现代化评价指标，该指标主要通过人均 GDP、农业占 GDP 比例、第三产业占 GDP 比例、非农就业人口占比、城市人口占总人口比例、平均预期寿命、人口自然增长率、平均每个医生服务人口等指标对城市现代化程度进行综合评价。

国外对人口城市化质量的复合评价指标主要有城市综合发展指数(comprehensive development index，CDI)以及城市指标准则(urban index guidelines，UIG)。2002 年，联合国人居中心编制了城市综合发展指数(CDI)，该评价指数主要由城市基础设施、生产能力、废物处理、城市居民健康及教育 5 大类 12 个指标构成(United Nations Human Habitat，2002)。2004 年，提出了城市指标准则(UIG)，指标涵盖经济发展、社会发展和消除贫困、居住条件、环境治理、管制 5 项内容(United Nations Human Habitat，2004)(表 5.3)。联合国人居中心提出的人口城市化质量复合评价指标较全面，为我国人口城市化质量指标构建提供了参考和借鉴。

表 5.3　国外人口城市化质量复合评价指标体

评价指标体系	评价指标
CDI	城市基础设施、生产能力、废物处理、城市居民健康及教育
UIG	经济发展、社会发展和消除贫困、居住条件、环境治理、管制

资料来源：United Nations Human Habitat

总体来说，国外人口城市化质量评价指标建立较早，由于研究者对城市化研究的领域不同，往往从不同的视角、不同领域构建人口城市化质量评价指标。国外人口城市化质量评价指标涉及面广，具有多元化的特点，建立的城市可持续发展评价指标、健康城市评价指标、居民生活质量评价指标等为我国人口城市化质量评价指标的构建提供了很好的借鉴。

二、国内人口城市化质量评价指标综述

随着我国学界对人口城市化质量本质认识的深入以及政府"以人为本"城市化发展理念的提出，学界对我国人口城市化的研究由过去的关注人口城市化速度和规模转变为日益重视人口城市化的内涵建设，对我国人口城市化质量展开了深入的研究。王智波指出，我国的人口城市化不同于西方国家，西方国家的人口城市化是市场主导型，我国的人口城市化是政府主导型(武廷方 等，2014)。人口"半城市化"是中国特色人口城市化的首要特征，我国的人口城市化质量评价指标应该根据我国的具体国情，构建能够反映我国人口城市化特征的人口城市化质量评价指标体系。

(一)国内城市化质量评价指标

2001年,叶裕民教授较早提出了衡量我国城市化质量的指标,主张从城市的发展质量即城市现代化、城乡一体化两个方面评价城市化质量。城市现代化评价指标主要包括基础设施现代化、城市经济现代化和人的现代化三个方面;城乡一体化指标包括城乡间经济社会联系指标、城乡居民生产生活水平及方式差异指标(叶裕民,2001)。国家城调总队福建省城调队课题组(2005)从经济发展质量、生活质量、社会发展质量、基础设施质量、生态环境质量、统筹城乡和地区协调发展质量六个方面构建了我国城市化质量评价指标。李明秋等(2010)从城市自身的发展质量、城市化推进的效率、实现城乡一体化的程度3方面构建了城市化质量评价指标。2011年,中国国际城市化发展战略研究委员会、综合开发研究院(中国深圳)、北京师范大学公共治理研究所联合启动《中国城市化质量评估体系》研究,原计划历时三年完成研究工作,提出了一个统一、全面的中国城市化质量评估体系,由于对评价指标的筛选存在诸多争议,此项研究工作仍在进行中。李琪等(2012)从城市经济基础、发展潜力、宜居程度和城乡一体化4个方面建立了我国城市化质量评价指标。2013年,《中国经济周刊》联合中国社会科学院城市发展与环境研究所联合推出《中国城镇化质量报告》,从城市的发展质量、城市化推进效率、城乡协调程度等3个方面构建了一个由3项一级指标、7项二级指标、30多项三级指标构成的我国城市化质量评价指标体系,并对我国286个地级以上城市的城市化质量进行了评价[①]。卢洪靖(2013)从经济发展质量、社会发展质量、基础设施、生态质量、城乡统筹质量5个方面构建了城市化质量评估体系,并对安徽省进行了实证分析。张贡生等(2013)从工业化水平、人口城市化水平、市场化程度、社会化发展水平和可持续发展能力5个方面构建了涵盖54个指标的城市化质量评价指标体系。郭叶波(2013)提出了与李明秋等基本一致的城市化质量评价指标,从城市发展质量、城市化推进效率、城乡协调程度3个方面构建了城市化质量评价指标(表5.4)。

表5.4 我国城市化质量评价指标

时间	学者或机构	论著	评价指标
2001	叶裕民	《中国城市化质量研究》	从城市发展质量(包括城市经济现代化、基础设施现代化、人的现代化)、区域发展质量(包括城乡间经济社会联系、生产生活水平和方式城乡差异)2个方面评价
2002	上海市城市社会经济调查队课题组	《城市居民生活质量评价指标体系的构建》	从居住、收入、消费、文娱休闲、教育、健康、生活设施、生态环境和社会保障9个方面分析
2005	国家城调总队福建省城调队课题组	《建立中国城市化质量评价体系及应用研究》	从基础设施质量、经济发展质量、社会发展质量、生态环境质量、生活质量、统筹城乡和地区协调发展质量6个方面评价
2010	李明秋等	《城市化质量的内涵及其评价指标体系的构建》	从城市的发展质量、城市化推进的效率、实现城乡一体化的程度3个方面进行评价
2011	中国国际城市化发展战略研究委员会等	《中国城市化质量评估体系》	从低碳城市、和谐城市、幸福城市、感性城市4个方面构建近300项城市化质量评价指标

---

① 由《中国经济周刊》和中国社会科学院城市发展与环境研究所共同发布的《中国城镇化质量报告》。

续表

时间	学者或机构	论著	评价指标
2012	李琪等	《中国地级及以上城市的城市化质量比较研究》	从城市宜居程度、经济基础、发展潜力和城乡一体化4个方面进行评价
2013	《中国经济周刊》、中国社科院城市发展与环境研究所	《中国城镇化质量报告》	从城市化推进效率、城市发展质量、城乡协调程度3个方面进行评价
2013	卢洪靖	《我国城市化质量评估体系研究》	从基础设施、城乡统筹质量、经济发展质量、社会发展质量、生态质量5个方面进行评价
2013	张贡生等	《城市化质量评价指标体系：框架设计》	从工业化水平、市场化程度、人口城市化水平、社会化发展水平和可持续发展能力5个方面进行评价
2013	郭叶波	《城镇化质量的本质内涵与评价指标体系》	从城市发展质量、城市化推进效率、城乡协调程度3个方面构建城镇化质量评价指标

综上，叶裕民较早开始关注我国的城市化质量，并提出了评价指标体系，但评价指标选取较少，不能全面反映城市化质量现状和问题。上海市城市社会经济调查队课题组关注到了城市化质量的核心问题，从居民生活质量来评价城市化质量，但视角单一。李明秋等丰富了叶裕民的评价指标体系，增加了衡量城市化效率的指标，不足之处是单一的城市化率指标不能准确反映我国城市化水平和质量。国家城调总队福建省城调队课题组、李琪等、《中国经济周刊》等、卢洪靖、张贡生等均尝试构建较为全面的我国城市化质量评价指标体系，这些评价指标的关注点更多集中在城市系统自身发展水平、城市系统与其他系统之间的协调发展程度上，对城市化核心，即人的城市化关注不够，指标体系有所欠缺。张贡生构建的我国城市化质量评价指标体系较为全面和完善，不足之处是有许多指标无法从统计年鉴中获得，需要进行大量的田野调查，且指标难以量化。

(二)国内城市化质量评价实践

我国城市化质量评价研究推动了其在实践中的应用。韩增林等(2000)依据系统论的观点，将城市系统分为城市基础设施、城市生态、城市空间、经济、社会、行政、城市文化7个子系统，并分别建立了每个子系统的评价指标体系，对江苏省城市现代化水平进行了评价。韩增林等(2009)又从基础设施、经济发展、社会发展、居民生活、就业、生态环境、用地质量、创新能力和城乡协调程度等方面构建了城市化质量复合评价指标体系，并对我国地级及以上城市的城市化质量特征及空间差异进行了评价。2011年，国家统计局《综合发展指数(CDI)研究》课题组根据科学发展观，构建了包含经济发展、民生改善、社会进步、科技创新、生态文明、公众评价6个方面45项指标的复合评价指标体系(图5.1)，并对我国四大区域和31个省(区、市)经济社会发展水平进行了横向和纵向的评价，评价结果较好地反映了我国四大区域和31个省(区、市)的城市化质量。

徐素等(2011)从基础设施建设、经济发展、社会发展、生态保护和城乡统筹5个方面构建了我国县级城市化质量评价指标，并对长三角地区县级市城市化质量进行了评价。朱洪祥等(2011)结合山东省城市化质量监测实践，针对我国现有城市化质量评价指标体系预警功能不够突出的缺点，建立了城市化质量预警指标体系，并将预警指标与评

第五章 西部人口城市化质量评价指标体系

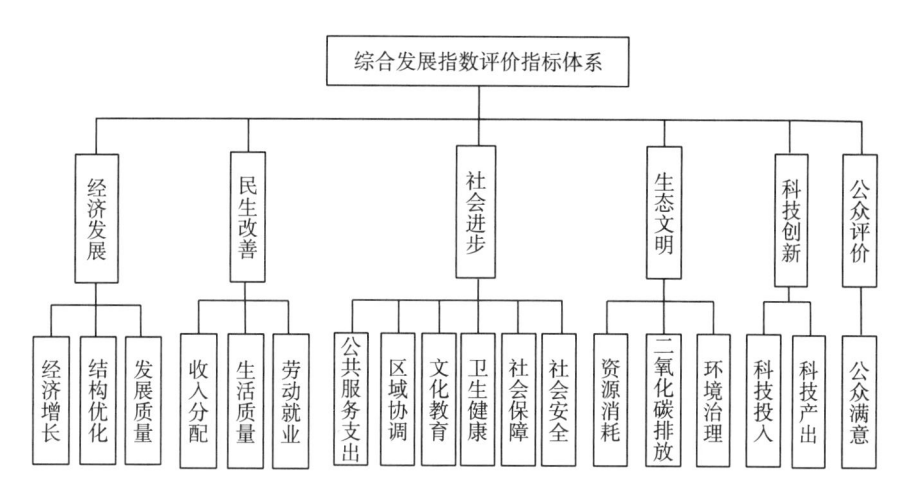

```
                    综合发展指数评价指标体系
    ┌──────┬──────┬──────┬──────┬──────┬──────┐
   经济   民生   社会   生态   科技   公众
   发展   改善   进步   文明   创新   评价
  ┌┬┬┐ ┌┬┬┐ ┌┬┬┬┬┐ ┌┬┬┐ ┌┬┐ ┌┐
  经结发 收生劳 公区文卫社社 资二环 科科 公
  济构展 入活动 共域化生会会 源氧境 技技 众
  增优质 分质就 服协教健保安 消化治 投产 满
  长化量 配量业 务调育康障全 耗碳理 入出 意
              支           排
              出           放
```

图 5.1 综合发展指数评价指标体系

价指标结合起来,构建了城市化质量评价模型。李琪等(2012)从城市经济基础、发展潜力、宜居程度和城乡一体化 4 个方面对我国 286 座地级及以上城市的城市化质量类型进行了划分及比较研究。中国社会科学院"城镇化质量评估与提升路径研究"创新项目组(2013)从城镇化效率、城市发展水平、城乡协调程度 3 个方面构建了城市化质量复合评价指标,并对我国 286 个地级及以上城市进行了评价。曹飞(2014)构建了由居民生活、基础设施、空间集约、城乡统筹、经济绩效、社会发展等 7 项指标组成的城镇化质量评价指标,并对陕西省城市化质量进行测评。雒海潮等(2015)从城镇发展水平、城乡统筹协调水平、城市化推进效率、发展潜力和协调发展等方面构建了城市化质量评价指标,并运用熵值法,对河南省城市化质量进行了评价(表 5.5)。

表 5.5 我国城市化质量评价实践

时间	学者或机构	论著	评价指标
2000	韩增林等	《江苏省城市现代化水平评价及预测》	从经济、社会、行政、城市文化、城市基础设施、城市生态、城市空间 7 个系统进行分析,并对江苏省城市现代化水平进行了评价
2009	韩增林等	《中国地级以上城市城市化质量居民特征及空间差异》	从基础设施、经济发展、社会发展、生态环境、就业、生活、用地质量、创新能力和城乡协调等方面构建了评价指标,并对我国地级以上城市城市化质量进行了评价
2011	国家统计局《综合发展指数(CDI)研究》课题组	《综合发展指数(CDI)研究》	从经济发展、民生改善、社会进步、科技创新、生态文明、公众评价 6 个方面构建了评价指标体系,对我国四大区域和 31 个省(区、市)经济社会发展水平进行了评价
2011	徐素等	《区域视角下中国县级市城市化质量评估体系研究——以长三角地区为例》	从经济发展、社会发展、基础设施建设、生态保护和城乡统筹 5 个方面构建了评价指标体系,并对长三角地区城市化质量进行了评价
2011	朱洪祥等	《基于预警指标体系的城市化质量评价——对山东省城市化质量评价体系的深化》	建立预警指标体系,并将预警指标体系与评价指标体系相结合,构建了城市化质量评价模型,对山东城市化质量进行了评价
2012	李琪等	《中国地级及以上城市不同城市化质量类型划分及比较研究》	从城市宜居程度、经济基础、发展潜力和城乡一体化 4 个方面构建了城市化质量评价指标体系,并对 286 座地级及以上城市的城市化质量进行了评价

续表

时间	学者或机构	论著	评价指标
2013	中国社会科学院《城镇化质量评估与提升路径研究》创新项目组	《城镇化质量评估与提升路径研究》	从城市发展水平、城镇化效率、城乡协调程度3个方面构建了城市化质量复合评价指标体系,并对我国286个地级及以上城市进行评价
2014	曹飞	《陕西省城镇化质量测定与提升对策研究》	从经济绩效、社会发展、居民生活、基础设施、空间集约、城乡统筹等7个方面构建了城市化质量评价指标,并对陕西省城市化质量进行了评价
2015	雒海潮等	《河南省城市化质量实证研究》	从城镇发展水平、城乡统筹协调水平、城市化推进效率、发展潜力和协调发展等5个方面构建了城市化质量评价指标,并对河南省城市化质量进行了实证分析

各地方政府也越来越关注城市化质量建设,纷纷运用学者们构建的城市化质量评价指标对地方的城市化质量进行分析和评价,并将评价结果作为对地方政府推进城市化成效的考核标准之一。广东省从城市集聚发展水平、要素流动水平、文明程度、生活服务质量、环境建设质量和城乡统筹程度6个方面,构建了城市化综合评价体系,并对广东省21个地级以上城市进行了评价和排序。湖南省从城市化的城镇化水平、经济发展、生活便利、环境优美和社会安定5个方面建立了包含5个一级指标和31个二级指标的湖南省城市化质量评价指标。山东省临沂市从城市经济发展、城市建设、居民生活、就业、社会发展和生态环境等6个方面建立了城市化质量评价指标。各地方政府因地制宜制定了符合本地区的城市质量评价指标,并在实践中指导我国城市化质量建设。

综上所述,国内学者大多根据评价指标的可获得性,围绕城市经济发展、社会进步、教育文化、生态环境、城市建设等方面采用定量指标构建我国城市化质量评价指标体系,并对我国城市化质量进行评价,形成了大量科学、系统和具有实践指导意义的研究成果(李琪 等,2012)。

(三)国内人口城市化质量评价指标

随着我国人口"半城市化"问题凸显,以及我国城市化重心从物的建设转向人的发展,我国提出了以人为本的城市化理念,部分学者在城市化质量评价指标基础上,尝试建立突出人口城市化质量的评价指标体系即人口城市化质量评价指标。我国已有的人口城市化质量评价指标依据研究者对人口城市化内涵理解的差异分成两类。一类学者从狭义的人口城市化出发,以市民化理论为指导,提出了市民化视角的人口城市化质量评价指标,如郑梓桢(2003)、檀学文(2012)等。另一类学者从广义的人口城市化出发,借鉴城市化质量评价指标,突出评价指标中人的城市化,构建了综合考量城市系统、城市系统与其他系统、迁移人口市民化的复合评价指标,采用复合评价指标评价我国人口城市化质量,如周丽萍(2012)等。

郑梓桢(2003)提出了将社会养老保险覆盖面视为衡量我国人口城市化质量的主要评价指标。檀学文(2012)从人口城市化的稳定性出发,提出通过人口转移的稳定性以及家庭的完整性指标,对人口城市化质量进行了评价。苏茜(2015)从市民化程度、基本公共服务均等化水平、要素及土地城镇化协调度3个维度构建了人口城市化质量评价指标。

王晓丽(2013)以流动人口社会融合理论为指导,建立了由市民化意愿、市民化能力、居住市民化、市民化行为、基本社会公共服务市民化 5 个维度构成的评价指标,测度出 2011 年我国的人口城市化水平为 42.28%,低于国家统计局公布的人口城市化率 8.99 个百分点,说明我国人口城市化质量较低。通过全国 31 个省(区、市)人口城市化质量横向比较得出,上海、北京、广东市民化水平最高,西藏、湖南、云南最低。影响流动人口市民化的制度因素主要是户籍制度,非制度因素包括流动人口特征、主观意愿、就业状况以及所在地经济发展水平等。由于我国各省(区、市)的发展水平不一、发展速度相差较大,没有能普遍适用于各地发展情况的评价指标。蓝庆新等(2013)构建了反映不同地区人口城市化质量的评价指标,该指标以协调关系、生存能力、发展质量和生活质量等 4 个主要衡量指标为基础,包含 24 个子评价指标,对我国东部、中部、西部以及 31 个省(区、市)进行了评价并提出了提升人口城市化质量的建议。薛德升等(2016)构建了涵盖 3 个一级指标和 7 个二级指标的人口城市化质量评价指标,利用历年《中国统计年鉴》和各省(区、市)统计年鉴数据,从就业状况、基本生活与消费、休闲与文化观念 3 个方面整体评价了我国 31 个省(区、市)的人口城市化质量。

周丽萍(2012)首次尝试系统梳理人口城市化质量理论,构建了我国人口城市化质量分析框架,运用多指标综合评价法,从人口城市化的适度性和包容性两个方面进行了评价(表 5.6),提出以医疗保险制度、养老保险、最低生活保障等社会保障为主要内容的生存能力指标,通过非农业人口比例、城市登记失业率等指标对生存能力进行考察;通过居民平均受教育年限、每万人在校大学生数、每万人医生人数等指标考察发展能力;通过人均可支配收入、居民消费水平、恩格尔系数、平均预期寿命、人均住宅建筑面积等指标考察包容性。最后综合对我国 31 个省(区、市)人口城市化质量进行时间纵向和区域横向的评估与审视,得出了我国人口城市化质量整体不高,空间上从东到西逐步下降的研究结论。

表 5.6 我国人口城市化质量评价指标

时间	学者或机构	论著	评价指标
2003	郑梓桢	《社会保险覆盖面人口基数测算与城市化质量评估》	将社会养老保险覆盖面视为衡量我国人口城市化质量的主要评价指标
2011	周丽萍	《中国人口城市化质量研究》	从适度性和包容性两个方面进行评价,适度性通过人口城市化与经济发展、工业化、产业结构和就业结构转变比较得出;包容性从居民生存能力、发展能力、生活质量 3 个方面评价
2012	檀学文	《稳定城市化——一个人口迁移角度的城市化质量概念》	从迁移人口的稳定性以及家庭完整性两个方面对人口城市化质量进行评价
2013	王晓丽	《中国人口城镇化质量研究——基于市民化角度》	从流动人口社会融合视角,建立由市民化意愿、市民化能力、居住市民化、市民化行为、基本社会公共服务市民化 5 维度的人口城市化质量评价指标
2013	蓝庆新、郑学党等	《我国人口城镇化质量发展的空间差异研究》	从协调关系、生存能力、发展质量和生活质量 4 个方面构建评价指标
2015	苏茜	《我国人口城市化质量研究》	从市民化程度、基本公共服务均等化水平、要素及土地城镇化协调度 3 个维度构建评价指标
2016	薛德升、曾献君	《中国人口城镇化质量评价及省际差异分析》	提出现代生活指数,从就业状况、基本生活与消费、休闲与文化观念 3 个方面进行评价

综上，我国人口城市化质量评价指标是人口城市化质量研究的重要组成部分，还有待完善和创新。从整体上看，我国人口城市化质量评价指标既包括城市系统自身发展质量（人口、经济、社会、空间、环境）的评价，还包括城市系统与相关系统的协调性评价、市民化程度评价。国内外构建的人口城市化质量复合评价指标体系主要涉及4个方面的评价内容。

(1) 经济发展指标。大部分研究者都把人均GDP、人均国内生产总值增长率、城市第三产业占GDP的比例或第三产业占GDP比例增长率、国内生产总值增长率、人均地方财政收入、居民年人均可支配收入、非农产值占比等指标作为城市化质量研究中经济发展水平评价指标。人均GDP作为研究城市化经济发展水平的首要评价指标，能准确反映各国家或地区宏观经济运行状况，也是衡量各国人民生活水平的一个重要指标。由于第三产业在城市化进程中的重要性不断提升，城市第三产业增加值占GDP的比例成为一个衡量经济和产业结构调整的重要指标。其次，人均地方财政收入也是反映一个城市经济发展水平的重要指标，也可以作为衡量城市发展质量的主要指标之一。

(2) 社会进步质量指标。大部分研究者采用人均住房面积、恩格尔系数、社会保障覆盖率及医疗、养老保险参保率、教育经费支出占GDP的比例、万人拥有医生数、接受高等教育的人数等指标来作为社会发展质量评价指标。恩格尔系数是食品支出总额占个人消费支出总额的比例（王少飞，2002），德国统计学家恩格尔对统计资料分析发现，一国家庭或个人收入越少，对食品的购买支出所占总支出的比例就越大。恩格尔系数可以判断，当一个城市居民的恩格尔系数越大，该城市居民的生活越贫困；反之，恩格尔系数越小，生活越富裕。城市居民的工作生活离不开住房，所以城市人均住房面积被许多研究者作为一个重要的指标而采用。居民的基本社会保障与福利是衡量社会发展现代化程度的重要指标，许多学者提出社会保障覆盖率及医疗、养老保险参保率应纳入到人口城市化质量评价体系中。此外，教育经费支出占GDP的比例、万人拥有医生数、接受高等教育的人数等指标都被不少学者提及。

(3) 市民化水平指标。市民化是人口城市化中最为重要的部分，迁移人口市民化率是评价人口城市化速度和质量的一个重要指标。同时，非农产业就业率、农村外出劳动力回流率、农村留守儿童比例等指标也是考量城市包容性和城市移民社会融入度的主要指标。

(4) 城乡统筹发展指标。城乡一体化发展是我国人口城市化的重要组成部分，也是我国人口城市化的目标之一，考察城乡发展差距，成为衡量我国人口城市化质量的一个较有特色的部分。城乡居民收入差异系数、城乡居民恩格尔系数、城市外来人口就业率以及城乡教育、文化、医疗水平的差距等是评价我国城乡统筹质量的重要指标，也是我国人口城市化质量评价指标体系中必不可少的一个组成部分。

我国人口城市化质量评价指标的研究还较匮乏，没有形成相对一致的评价指标体系，大部分评价指标主要包含4个主要方面：市民化质量评价、经济发展质量评价、社会进步质量评价、城乡统筹质量评价，根据指标的可获得性和可比性，本书评价指标选取如下（表5.7）。

表 5.7 我国人口城市化质量指标主要评价

一级指标	二级指标	三级指标
人口城市化质量	城市化速率	城市常住人口占比/% 非农产业人口占比/% 户籍人口占比/% 人口机械增长率/% 人均预期寿命/年
	市民化水平	非农人口转为城市人口的增长率/% 农村留守儿童占比/% 农村留守妇女占比/% 农村留守老人占比/% 农村空置房占比/% 农民工人均住房面积/(m²/人)
	城市包容度	人均公共财政支出/(元/人) 地方财政教育支出/亿元 地方财政生活保障和就业支出/亿元 农民工市民化率/% 农民工每年参加职业技能培训人数/人
空间城市化质量	城市发展	城市建成区面积/km² 城镇数/个 市区人口密度/(人/km²)
	城市建设	人均城市道路面积/(m²/人) 人均居住用地面积/(m²/人)
经济发展质量	总量和规模	GDP 增长率/% 人均 GDP/万元 城镇居民人均可支配收入增长率/% 人均消费性支出增长率/% 地区生产总值/亿元 地方财政收入/亿元 固定资产增加值/亿元 社会固定资产投资额/亿元
	结构优化	第二产业产值占比/% 第三产业产值占比/% 高新技术企业增加值/亿元 规模以上企业利税额/亿元
	经济效率	单位 GDP 能耗减少率/% 全员劳动生产率/(元/人) 人均实际利用外资额/亿元 年专利授权量/(件/年)
社会进步质量	生活品质	城市居民人均住房面积/m² 人均消费性支出/元 年末职工平均工资/元 人均公共体育设施用地面积/(m²/人) 互联网普及率/% 万人拥有公共车辆/(辆/万人) 每百户拥有私家汽车数量/辆 公共图书馆数/个
社会进步质量	社会保障	基本社会保障覆盖率/% 城镇登记失业率/% 外来务工人员参加社会保障率/% 失业保险覆盖率/% 职业养老保险覆盖率/% 教育经费占 GDP 比例/% R&D 经费支出占 GDP 比例/% 城乡人口平均受教育年限/(年/人) 万人刑事案件立案数/(件/万人)

续表

一级指标	二级指标	三级指标
社会进步质量	环境治理	环保投入占GDP比例/% 建成区绿化覆盖率/% 人均公园绿地面积/(m²/人) 工业废水达标排放量/(亿平方米) 环保支出占财政支出比例/% 环境污染治理投资占GDP比例/% 工业废气排放量/万吨 固体废弃物综合利用率/% 城市生活污水处理率/% 城市生活垃圾无害化处理率/% 空气质量达到二级以上天数占全年比例/%
城乡统筹质量		基尼系数 恩格尔系数 地区经济发展差异系数 城乡居民收入差距 城乡居民恩格尔系数差距

我国从理论到实践越来越重视人口城市化质量研究和建设，我国人口城市化质量复合评价指标不断丰富和发展，由于评价视角的不同，我国人口城市化质量评价至今尚无比较权威和统一的人口城市质量评价指标体系，选取的评价指标也尚未统一。当前我国人口城市化质量评价指标不仅五花八门，而且构建也越来越复杂、冗繁，具体体现在3个方面。①人口城市化质量评价指标涉及的指标多，各指标之间存在明显重叠和交叉现象。人口城市化质量评价指标体系一般包括三级指标，通常一级指标下设多个二级指标，每个二级指标下面又设数个三级指标，总指标评价达数十个，部分指标相互之间具有关联性和可替代性，存在明显重叠和交叉现象。②多数人口城市化质量评价指标通过赋权进行集合，权重选择依据研究者偏好，指标权重设计较随意，标准不统一。③人口城市化质量评价方法也越来越复杂，容易造成目的不够明确、主旨不够清楚、计算繁杂等问题，操作起来难度较大，而实际应用价值不高。

第二节　西部人口城市化质量评价指标体系构建

人口城市化是"量"的扩张与"质"的提高的有机统一。在系统认识和准确把握人口城市化质量内涵的基础上，借鉴陈明星提出的城市化问题要注重综合研究的观点，考虑人口、经济、社会、生态等多系统和多学科交叉，本书采用EViews、GIS等多种技术手段对我国西部人口城市化质量进行评价。在西部人口城市化质量评价指标体系设计过程中，主要采用纵向一体化的思路，将西部人口城市化质量评价分解为人口城市化适度性评价、协调性评价和包容性评价三个方面，每一方面根据评价内容的不同，分解出多个二级指标，每个二级指标又包括多个三级评价指标。采用纵向一体化的设计，使得评价指标体系完整，各评价指标之间具有强关联性，既有利于评价指标体系的逐层分解和具体细化，也有利于进行三个部分的有机整合，保障了西部人口城市化质量评价指标体系的完整性、综合性、系统性和层次性。

一、基本原则

西部人口城市化质量评价指标构建的基本原则坚持以人为本，树立全面、协调、可持续的科学发展观，以市民化为核心，以新型工业化为动力，以城乡统筹为基础，能全面反映西部人口城市化质量现状和问题(王际宇 等，2015)。西部人口城市化质量评价指标体系的构建遵循科学性与系统性、综合性与层次性、可比性与可操作性、动态性与静态性相结合的原则，总体上要达到各指标概念科学、直观、准确，整体能够综合反映西部人口城市化质量现状和特征。

(一)科学性与系统性相结合

对人口城市化质量概念进行界定和系统梳理，在准确把握人口城市化质量的实质和内涵基础上，构建的评价指标体系既要能够科学反映人口城市化质量的综合水平，又要体现各指标之间的相互关联，做到总体科学、合理，内部具有一定的逻辑性和层次性，从而抓住人口城市化质量评价的实质和关键。

(二)综合性与层次性相结合

人口城市化是一个综合性概念，其内部包含若干子系统，构建的评价指标体系既要能体现人口城市化综合质量水平，又要能反映各子系统的质量水平。评价指标选择应综合、合理，内部各指标之间应该是逻辑清楚、层次分明，评价指标体系采用系统分解和层次分析法(analytic hierarchy process，AHP)，将一级指标分解成二级指标，再将二级指标分解为若干三级指标，组成树状结构的评价指标体系，对人口城市化质量进行综合的评价。

(三)可比性与可操作性相结合

所设计的人口城市化质量评价指标体系应与国民经济核算体系中的相关指标含义和统计口径一致，从而具有研究数据的可获得性和可比性。有些评价指标在理论上较完备，但在实际操作过程中，资料缺乏，或者数据无法收集，评价工作难以进行，因此，所选取的评价指标数据要易于采集，信息来源可靠，便于国际和国内比较。同时，评价指标体系若设计得太烦琐，对实质性结论会造成影响，应尽可能简化，减少或去掉对评价结果影响甚微的指标。在构建指标体系时，一方面，应力求使指标全面、系统；另一方面要考虑数据的可得性和可比性，以及数据的准确性和可靠性，突出重点指标。

(四)动态性与静态性相结合

人口城市化质量是动态变化着的，静态是动态发展过程上某一时点的状态。因而，人口城市化质量评价指标体系不但要有能反映现状的静态评价指标，而且还有反映其发展过程的动态评价指标，在指标设计中，应将动态和静态指标相结合，形成的西部人口城市化质量评价指标体系既能反映人口城市化质量变化的过去，又能反映人口城市化质量的现状和未来，便于从静态和动态两方面做出综合评价。

二、指标体系

以人口城市化内涵和人口城市化质量理论为基础，依据复合评价指标体系构建方法(严俊霞 等，2013)，遵循西部人口城市化质量评价指标体系构建原则，借鉴已有的人口城市化质量评价指标(樊华 等，2006)，构建西部人口城市化质量评价指标体系。本书认为高质量的人口城市化是人口城市化水平和速度与区域经济发展、工业化水平和速度适度，与土地城市化和城乡统筹协调性好，对外来人口福利保障、公共服务包容性强。据此，西部人口城市化质量评价指标体系由人口城市化质量适度性、协调性、包容性评价指标构成，是具有层次性和系统性的复合评价指标体系，西部人口城市化质量适度性评价包括西部人口城市化速度和规模与经济发展、工业化的适度性；西部人口城市化质量协调性评价包括西部人口城市化与土地城市化、城乡统筹发展的相互协调性；西部人口城市化质量包容性评价包括西部人口城市化与民生福利、社会保障两个方面，用于测评城市对外来人口的接纳和包容程度及能力，西部人口城市化质量评价指标体系及权重设计如表 5.8 所示。

表 5.8　西部人口城市化质量评价指标体系及权重设计

一级指标	二级指标	三级指标	权重
西部人口城市化质量适度性	西部人口城市化与经济发展适度性	人均地区生产总值	0.092
		第二产业增加值	0.092
		第三产业增加值	0.092
		全社会固定资产投资额	0.092
		城镇居民人均可支配收入	0.091
		城镇居民人均消费支出	0.091
	西部人口城市化与工业化适度性	工业化率	0.092
		第三产业增加值占比	0.092
		第二、三产业增加值占比	0.092
		成本费用利润率	0.092
		第二、三产业就业占比	0.091
		单位产值能耗	0.091
西部人口城市化质量协调性	西部人口城市化与土地城市化协调性	城市人口密度	0.091
		地均生产总值	0.091
		地均城市固定资产投入	0.092
		地均公共财政收入	0.092
		建成区绿化覆盖率	0.092
		人均公园绿地面积	0.092
西部人口城市化质量协调性	西部人口城市化与城乡统筹协调度	城乡居民收入水平差距	0.179
		城乡居民消费水平差距	0.164
		城乡居民恩格尔系数差距	0.098
		城乡居民人均受教育年限差距	0.082
		城乡居民社会保障覆盖率差距	0.076
西部人口城市化质量包容性	西部人口城市化与民生福利包容性	每十万人口受高等教育人数	0.092
		15 岁及以上文盲人口数	0.092
		教育经费支出	0.092
		企业研发支出	0.092
		卫生技术人员数	0.091
		医疗卫生机构床位数	0.091

续表

一级指标	二级指标	三级指标	权重
西部人口城市化质量包容性	西部人口城市化与社会保障包容性	地方财政教育支出	0.092
		地方财政生活保障和就业支出	0.092
		农民工市民化率	0.092
		农民工每年参加职业技能培训人数	0.092
		农民工住房保障率	0.091
		农民工社会保障覆盖率	0.091

三、指标说明

一般地，由于一国或一个地区的人口城市化水平与该国或者该地区的经济、社会、环境和文化等有较强的相关性，国际上的人口城市化水平复合指标往往会考虑地区生产总值、人均 GDP、三次产业占比、劳动生产效率等经济发展指标。世界银行年度报告中，人口城市化水平包括的统计指标有：人口指标（城市化率、人口增长率、年龄结构、预期寿命等）、社会和谐指标（最贫困 20%的人口收入占国民收入的比例、儿童营养不良状况、儿童死亡率、小学教育普及状况、成人识字率）等。采用上述人口城市化水平复合指标存在数据获得性的约束，很难在世界各国广泛推广和运用。我国学者认为，人口城市化质量注重对人口城市化本质和内涵的把握，不应该以城市人口或非农人口占比作为人口城市化水平单一评价指标，而应更加注重城市居民的生存条件、生活方式和生活质量，由过去片面注重追求人口城市化速度和城市空间规模扩张转变为以提升人口的城市融入和提高城市公共服务能力为中心。可见，一个考虑充分的人口城市化质量评价指标体系应将人口城市化质量所包括的内涵给予充分的反映。

（一）西部人口城市化水平复合评价指标

世界通用的人口城市化水平测度指标为人口城市化率，即城市人口占总人口的比例，人口城市化率是度量一国范围内人口城市化水平的一个重要指标。由于我国独特的户籍制度，一部分进城务工农民无法获得城市户籍，成为半城市化农民，在统计时，他们不属于非农户籍人口，我国非农户籍人口占比明显低于实际人口城市化水平。因此，我国人口城市化水平指标未采用非农户籍人口占总人口的比例指标，而是采用国家统计局公布的常住人口城市化率，即城镇常住人口占总人口的比例指标。大部分学者认为，我国常住人口城市化率高估了我国人口城市化水平，而非农户籍人口城市化率则低估了我国人口城市化水平，我国人口城市化真实水平介于二者之间，据此，构建的西部人口城市化水平复合指标包括非农户籍人口城市化率和常住人口城市化率这两个人口城市化水平指标。

城市化的本质是人口的城镇聚集、就业的非农转变和居民的身份转换以及城市空间的扩张，其中，人口城市化和土地城市化是构成城市化最为重要的两个方面。鉴于研究数据的可获得性、可比性和科学性的要求，经过权衡比较，本书采用常住人口城市化率和非农户籍人口城市化率反映人口城市化水平，用土地城市化率反映土地城市化水平，构建了由这三个指标组成的西部人口城市化水平复合评价指标(表 5.9)。

表 5.9 西部人口城市化水平复合评价指标

二级指标	三级指标	指标说明
国际通用指标	非农户籍人口城市化率	城市化率(城市化率=城市人口/总人口)是国际通用的人口城市化水平度量指标,由于我国特殊的户籍制度,部分居住在城市的人口并未获得城市户籍,在我国与此对应的指标是非农户籍人口城市化率(非农户籍人口城市化率=非农城市户籍人口/总人口)
我国现用指标	常住人口城市化率	我国的户籍制度造成人户分离现象,大量农闲时外出务工农民未被统计进户籍人口城市化率指标中,户籍人口城市化率不能准确反映我国人口城市化水平的实际情况,国家统计局通常采用常住人口城市化率(常住人口城市化率=城镇常住人口/总人口)作为我国人口城市化水平测度指标
人口城市化空间发展水平指标	土地城市化率	城市化不仅是一个人口乡-城迁移的过程,还是一个土地用途转变的过程,研究选取土地城市化率(土地城市化率=建成区土地利用面积/区域总面积)作为西部人口城市化水平综合测度指标之一

(二)西部人口城市化质量适度性评价指标

西部人口城市化质量适度性包含两个方面:一是人口城市化速度、规模与经济发展相适度;二是人口城市化与工业化相适应。西部人口城市化速度、规模与经济发展的适度性分析,可从两方面进行:一是西部人口城市化与区域经济发展之间互动关系的动态变化;二是构建能反映西部人口城市化和经济发展的复合指标体系,并对西部人口城市化和经济发展的适度性进行评价。西部人口城市化与工业化的适度性分析,也可从两方面进行:一是西部人口城市化与工业化互动关系的动态变化;二是西部人口城市化与工业化的适度性评价。

1.西部人口城市化与经济发展适度性评价指标

国内外学者对于人口城市化与经济增长的相关性探讨可为西部人口城市化水平与经济发展水平的适度性分析提供理论基础和借鉴。在遵循层次性、系统性、可比性、可操作性评价指标筛选原则的基础上,构建西部人口城市化与经济发展适度性评价指标体系,以衡量西部人口城市化与经济发展的适度性(表 5.10)。

表 5.10 西部人口城市化与经济发展适度性评价指标体系

目标层	准则	指标层
西部人口城市化与经济发展适度性	人口城市化指标	常住人口城市化率 非农户籍人口城市化率 土地城市化率
	经济发展指标	人均地区生产总值 全社会固定资产投资额 第二产业增加值 第三产业增加值 城镇居民人均可支配收入 城镇居民人均消费支出

第五章 西部人口城市化质量评价指标体系

如前文所述，本书采用常住人口城市化率、户籍人口城市化率、土地城市化率复合指标测度西部人口城市化水平，选取人均地区生产总值、全社会固定资产投资额、第二产业增加值、第三产业增加值、城镇居民人均可支配收入、城镇居民人均消费支出这六个指标构建西部经济发展复合评价指标，指标说明如表5.11所示。

表 5.11　西部经济发展复合评价指标

二级指标	三级指标	指标说明
经济增长指标	人均地区生产总值	地区生产总值(GDP)是国际上通用的反映地区经济发展总体规模的首要指标，可以反映地区经济总体实力以及经济发展的速度，选用地区生产总值的人均水平指标既能体现经济发展以人为本，又便于进行区域间横向和纵向的比较
	全社会固定资产投资额	全社会固定资产投资额是反映固定资产投资规模、结构和发展速度的综合性指标，可以用于反映城市规模、城市基础设施建设的水平
经济结构指标	第二产业增加值	第二产业增加值可以反映产业结构发展状况，第二产业目前仍然是西部大部分地区的支柱产业，其产出占比是衡量区域产业结构现状的重要指标
	第三产业增加值	第三产业增加值是反映产业结构优化升级的主要指标，第三产业是产业结构升级的方向，其产出占比是衡量产业结构层次高低的重要指标
经济发展质量指标	城镇居民人均可支配收入	城镇居民人均可支配收入是反映区域经济发展质量的指标，选用城镇居民可支配收入的人均指标便于进行区域间横向和纵向比较
	城镇居民人均消费支出	城镇居民人均消费支出同为反映区域经济发展质量指标，选用城镇居民消费支出的人均指标便于进行区域间横向和纵向比较

2.西部人口城市化与工业化适度性评价指标

已有的研究显示，工业化与人口城市化互动发展，二者的协调性影响一国(地区)经济发展、工业化和人口城市化的发展水平和质量。针对我国西部工业化特点，参考前人工业化与人口城市化互动性的分析思路和评价指标的筛选，构建西部人口城市化与工业化适度性复合评价指标体系(表5.12)。

表 5.12　西部人口城市化与工业化适度性复合评价指标体系

目标层	准则	指标层
西部人口城市化与工业化适度性	人口城市化指标	常住人口城市化率 非农户籍人口城市化率 土地城市化率
	工业化指标	工业化率 第三产业增加值占比 第二、三产业增加值占比 第二、三产业就业占比 单位产值能耗 成本费用利润率

已有的西部人口城市化与工业化适度性研究多采用单指标进行分析，用复合指标评价我国西部人口城市化与工业化适度性的研究尚不多见，因此，有必要构建复合分析指标研究西部12省(区、市)人口城市化与工业化适度性在时间和空间上的变动情况。本书

选取工业化率，第三产业增加值占比，第二、三产业增加值占比，第二、三产业就业占比，单位产值能耗和成本费用利润率构建西部工业化复合评价指标，指标说明如表 5.13 所示。

表 5.13 西部工业化复合评价指标

二级指标	三级指标	指标说明
工业化速度指标	工业化率	工业化率是国际上通用的衡量工业化水平的核心指标，本书采用国家统计局历年公布的非农产业产值占比作为工业化水平指标
	第三产业增加值占比	第三产业增加值占比(第三产业增加值占比=第三产业增加值/地区生产总值)指标可以反映第三产业和工业化发展速度
工业结构指标	第二、三产业增加值占比	第二、三产业增加值占比是反映区域产业结构状况的重要指标
	第二、三产业就业占比	第二、三产业就业占比是反映区域就业结构的主要指标
工业发展质量指标	单位产值能耗	单位产值能耗可以反映地区工业发展对能源的依赖和对环境的破坏程度，间接反映区域产业结构的合理性和技术的进步程度
	成本费用利润率	成本费用利润率指标可以反映企业的经济效益，间接反映工业发展的质量

(三)西部人口城市化质量协调性评价指标

1.西部人口城市化与土地城市化协调性评价指标

人口城市化包括两个基本进程：一是人口从农村和农业向城市和工业的转移，表现为城市人口占比的不断上升；二是城市规模数量的不断扩大，表现为城市数量的增加和建成区规模的扩张(袁晓玲 等，2008)。人口城市化和土地城市化之间存在互进共生的关系，在对人口城市化和土地城市化协调性进行评价时，采用单一指标不能全面反映人口城市化质量和土地城市化质量的内涵，应建立复合指标进行评价。根据前人的研究成果(李子联，2013)，综合人口城市化和土地城市的内涵，遵循系统性、层次性、可比性、可操作性、动态性等评价指标筛选原则，构建西部人口城市化和土地城市化协调性评价指标体系(表 5.14)。

表 5.14 西部人口城市化与土地城市化协调性评价指标体系

目标层	准则	指标层
西部人口城市化与土地城市化协调性	人口城市化指标	常住人口城市化率 非农户籍人口城市化率 土地城市化率
	土地城市化指标	地均生产总值 城市人口密度 地均城市固定资产投入 地均公共财政收入 建成区绿化覆盖率 人均公园绿地面积

西部土地城市化评价指标的筛选有一些可供借鉴的研究成果，王丽艳(2015)认为土地城市化不仅仅指建成区面积的扩大，还应该涵盖土地投入水平的提高、土地产出的增加；陈凤桂等(2010)提出了人口城市化和土地城市化复合评价指标。本书选取地均生产总值、城市人口密度、地均城市固定资产投入、地均公共财政收入、建成区绿化覆盖率、人均公园绿地面积构建西部土地城市化复合评价指标，指标说明如表5.15所示。

表5.15 西部土地城市化复合评价指标

二级指标	三级指标	指标说明
土地利用程度	地均生产总值	地均生产总值是反映一个区域开发程度、发展水平、土地承载社会经济总量能力的综合指标
	城市人口密度	人口密度是单位面积内的人口数，可以反映城市土地的承载能力和利用程度
土地投入水平	地均城市固定资产投入	地均城市固定资产投入可以反映建设用地节约集约利用的水平
土地产出水平	地均公共财政收入	地均公共财政收入可以反映建设用地产出能力
生态环境质量	建成区绿化覆盖率 人均公园绿地面积	这两个指标均能反映城市生态环境质量

2.西部人口城市化与城乡统筹协调性评价指标

城乡统筹发展过程可以看成是城市和乡村两个系统在发展中相互配合和协调一致发展的过程，应充分考虑两个系统经济、社会、权益等方面的协调性。在构建人口城市化与城乡协调发展指标时，单一指标评价不能整体和全面地反映二者的发展水平和质量，应考虑构建西部人口城市化与城乡统筹协调性复合评价指标体系(表5.16)。

表5.16 西部人口城市化与城乡统筹协调性复合评价指标体系

目标层	准则	指标层
西部人口城市化与城乡统筹协调性	人口城市化指标	常住人口城市化率 非农户籍人口城市化率 土地城市化率
	城乡统筹指标	城乡居民收入水平差距 城乡居民消费水平差距 城乡居民恩格尔系数差距 城乡居民人均受教育年限差距 城乡居民社会保障覆盖率差距

城乡统筹发展是从根本上解决我国"三农"问题、缩小城乡差距，全面推进小康社会建设、保持我国国民经济持续健康发展的客观要求，也是我国人口城市化的重要战略任务，借鉴人类发展指数(HDI)的构成，西部城乡统筹发展复合评价指标由经济统筹、生活统筹、社会统筹三个方面的城乡居民收入水平差距、城乡居民消费水平差距、城乡居民恩格尔系数差距、城乡居民人均受教育年限差距、城乡居民社会保障覆盖率差距构成，指标说明如表5.17所示。

表 5.17 西部城乡统筹发展复合评价指标

二级指标	三级指标	指标说明
生活质量	城乡居民收入水平差距 城乡居民消费水平差距 城乡居民恩格尔系数差距	提高城乡居民收入，缩小城乡居民生活水平差距是统筹城乡发展的重要目标，城乡居民收入水平差距、恩格尔系数、城乡居民消费水平差距是衡量一国(地区)城乡差距最常用、最核心的指标
社会发展	城乡居民人均受教育年限差距	城乡居民人均受教育年限是反映人口受教育状况的重要指标，城乡居民人均受教育年限差距指标能够刻画出我国城乡人力资本差距，反映城乡教育的公平程度，也是城乡公共服务均等化的核心指标之一
	城乡居民社会保障覆盖率差距	城乡居民社会保障覆盖率是反映城乡居民社会保障覆盖水平差距的关键指标，还是考核全面小康社会建设进度的重要指标之一

(四)西部人口城市化质量包容性评价指标

人口城市化的本意是提高全民生活质量，人口城市化的目标不是单纯追求人口城市化率的增长，而是通过人口城市化使居民福利待遇得到改善，社会保障水平得到提高，生活质量得以提高，高质量的人口城市化包容性是人口城市化质量高的重要特征。

1.西部人口城市化与民生福利包容性评价指标

居民生活质量反映了人口城市化质量，人口城市化质量又会影响居民生活质量。城市能否为居民提供优质的教育、良好的医疗卫生条件和高质量的就业是流动和迁移人口重点考虑的因素，反映了城市对流动和迁移人口的吸引力以及城市的包容性，是人口城市化速度、规模、质量和发展前景的重要衡量指标(表 5.18)。

表 5.18 西部人口城市化与民生福利包容性评价指标体系

目标层	准则	指标层
西部人口城市化与民生福利包容性	人口城市化指标	常住人口城市化率 非农户籍人口城市化率 土地城市化率
	民生福利指标	教育经费支出 每十万人口受高等教育人数 15岁及以上文盲人口数 卫生技术人员数 医疗卫生机构床位数 企业研发支出

本书从教育条件、医疗卫生状况和就业质量三个方面选取教育经费支出、每十万人口受高等教育人数、15 岁及以上文盲人口数、卫生技术人员数、医疗卫生机构床位数、企业研发支出构建西部民生福利水平复合评价指标，指标说明如表 5.19 所示。

表 5.19　西部民生福利水平复合评价指标

二级指标	三级指标	指标说明
教育条件	教育经费支出	教育经费支出反映一个国家(地区)对教育事业重视的程度,关系个人获得高质量教育的可能性和发展前途
	每十万人口受高等教育人数	每十万人口受高等教育人数、15 岁及以上文盲人口数指标是反映区域教育质量的重要指标,教育与个人前途、收入等紧密相关,教育需求通常是人口迁移时考虑的一个重要因素
	15 岁及以上文盲人口数	
医疗卫生状况	卫生技术人员数	卫生技术人员数、医疗卫生机构床位数可以反映居民获得医疗卫生的质量
	医疗卫生机构床位数	
就业质量	企业研发支出	企业研发支出能说明企业长期发展的能力,能反映居民收入增长潜力和就业的质量

2.西部人口城市化与社会保障包容性评价指标

本书从反映农民工市民化的基础条件社会保障水平和能力出发,选择具有内在联系性和代表性的评价指标,从城市为农民工市民化提供社会保障水平和能力的角度评价西部人口城市化的包容性(表 5.20)。

表 5.20　西部人口城市化与社会保障包容性评价指标体系

目标层	准则	指标层
西部人口城市化与社会保障包容性	人口城市化指标	常住人口城市化率 非农户籍人口城市化率 土地城市化率
	社会保障指标	农民工市民化率 地方财政教育支出 地方财政生活保障和就业支出 农民工每年参加职业技能培训人数 农民工住房保障率 农民工社会保障覆盖率

对移民市民化的研究,国内外学者普遍倾向于将代表其生活状态的衣、食、住、行等客观指标纳入评价指标,建立了包含教育、就业、娱乐、医疗、环境质量等多方面反映居民生活质量的评价指标。本书从移民市民化角度,选取农民工市民化率、地方财政教育支出、地方财政生活保障和就业支出、农民工每年参加职业技能培训人数、农民工住房保障率、农民工社会保障覆盖率构建西部社会保障水平复合评价指标,指标说明如表 5.21 所示。

表 5.21　西部社会保障水平复合评价指标

二级指标	三级指标	指标说明
市民化现状	农民工市民化率	农民工市民化率是反映农民工市民化速度的重要指标,也是反映人口城市化质量的核心指标(杨英强,2008)

二级指标	三级指标	指标说明
市民化社会保障	地方财政教育支出 地方财政生活保障和就业支出 农民工每年参加职业技能培训人数 农民工住房保障率 农民工社会保障覆盖率	从农民工市民化的基本保障条件社保、就业、住房、培训和教育等方面综合评价西部农民工市民化水平和能力

四、数据来源及评价方法

本书采用的数据来自联合国和世界银行公开数据、国家统计局、中国经济信息网、国研网相关统计数据，各年度《中国统计年鉴》和《中国城市年鉴》、西部12个省（区、市）的统计年鉴等统计资料。

人口城市化质量评价指标体系的建立，除了评价指标体系构建和评价指标选择，对指标进行量化分析也至关重要。许多学者对人口城市化质量的评价模型进行了研究，人口城市化质量评价指标的量化分析主要通过加权法、标准值法、因子分析法、综合指数法、熵值法等数理统计分析方法建立人口城市化质量评价模型（蓝庆新 等，2013）。例如，彭秋果等（2015）利用主成分分析法，从社会经济发展、基础设施、居民生活质量、生态环境4个方面构建了城市化质量评价指标体系，对2013年川南城市群的自贡、内江、泸州、宜宾4个城市的城市化质量进行了评价，并分析了城市化质量与城市化水平的协调性。李琪等（2012）运用层次分析法、综合评价法等，对我国286座地级及以上城市2008年城市化质量进行了评价，并进行了聚类分析，将不同城市分为城市化质量良好、中等、一般及较差4种类型。赵美玲等（2015）采用层次分析法和模糊评价法对皖北6市城市化质量进行了评价。孙旭等（2015）运用熵值法，从经济发展质量、生活发展质量、公共服务质量、生态环境质量等方面构建了新型城市化质量评价指标体系，对上海市新型城市化质量进行了综合评价，并对上海市城市化质量的空间分异进行了分析。可见，我国人口城市化质量评价往往是通过构建一个综合人口城市化质量指数对人口城市化质量进行综合分析与评价。也有学者选取一定的参考值，对特定的人口城市化发展水平指标进行定量分析（李林，2007）。由于人口城市化质量研究涉及领域较多，建立的评价指标体系不统一，评价方法也具有多样化的特点。

西部人口城市化质量评价方法主要借鉴了联合国人类发展指数（HDI）的测量方法，基本思路是根据每个评价指标的上、下限阈值来计算评价指标指数，并对数据进行标准化或无量纲化处理，各指标上、下限阈值的确定主要是参考1999～2014年西部12个省（区、市）相应指标在该时段的最大值和最小值，以及我国全面建成小康社会的标准值，再通过专家打分法（德尔菲法）的赋权方法确定各级指标的权重，根据每个指标的权重合成复合评价指数，对西部总体及西部12大省（区、市）人口城市化质量的适度性、协调性和包容性进行横向和纵向的评价和分析。用此方法测算的复合评价指数不仅可以横向比较，而且纵向可比；不仅可以比较西部12个省（区、市）人口城市化质量的相对位次，还可以考察西部12个省（区、市）人口城市化质量的动态变化过程。

第六章　西部人口城市化质量适度性评价

适度性是一个相对的、动态发展变化的指标，动态地反映和衡量西部人口城市化与经济发展、工业化互动发展的相关性和适度性。较高的人口城市化与经济发展、工业化适度性反映人口城市化与经济发展、工业化实现了良性互动，表明人口城市化质量较高。

第一节　西部人口城市化与经济发展适度性

世界银行发展报告指出，城市化是中国经济增长的"发动机"，城市化和城市发展是促进中国经济增长和消除贫穷的重要途径和措施(World Bank, 1997)。著名经济学家诺瑟姆认为城市化与经济发展水平之间是一种粗略的线性关系。Henderson 则利用不同国家的截面数据计算出城市化水平与人均 GDP 之间的相关系数为 0.85(Harry, 1981)。古典经济增长理论认为，资本和劳动等要素通过优化配置，在地理空间上产生积聚效应，促进工业发展，增加劳动的边际产出，并提高聚集区劳动者的收入水平，农业过剩人口源源不断从农村向城市迁移，直到"二元结构"消除，这一迁移才最终停止。从 20 世纪 80 年代开始，我国经济在市场化改革和对外开放政策的双轮驱动下，进入起飞阶段，这一阶段经历了大约 10 年的时间(1978~1987 年)。80 年代初期推行的家庭联产承包责任制改革激发了农民生产活力和创造性，农业生产效率得到极大提高，并释放大量过剩劳动力，为乡镇企业发展创造了条件，我国经济呈现加速发展的态势，出现了以东部沿海为龙头的多个区域经济增长极，1978~1987 年的十年间，我国国民生产总值和人均国民生产总值分别提高了 3.31 倍和 3.26 倍，同时我国人口城市化率从 17.55%提高到 25.32%。20 世纪 90 年代起，我国经济持续快速增长，区域经济发展重心从点轴系统转向圈层系统，东、中、西部形成多个经济圈和城市群，成为推动我国经济增长的龙头，到 2015 年，我国国民生产总值比 1987 年增长了 55.58 倍，人口城市化水平也得到较大幅度的提高，2015 年人口城市化率达到 56.1%。根据我国人口城市化实践可以得出，我国经济从 1978 年改革开放后开始起飞，推动人口城市化率快速提高，反过来，人口城市化率的提高又成为拉动我国经济持续增长的引擎。国外经济学家诺瑟姆、钱纳里和兰帕德等的研究结论表明，经济发展和人口城市化之间具有一致性。同时，国内学者王金营(2003)、张锦宗等(2009)、施建刚等(2011)、朱孔来等(2011)、蔺雪芹等(2013)、聂华林等(2012)实证分析了我国人口城市化与经济增长之间的互动关系，结论同上，即我国经济发展和人口城市化率提高基本是一致的。由于我国经济发展具有区域不均衡性，形成了东、中、西部三个不同发展梯次和格局，西部人口城市化与经济发展是否具有同样的演进规律和特征、二者适度性的大小影响着西部的经济发展和人口城市化质量。

一、西部地区人口城市化与经济发展进程及特征

(一)西部地区人口城市化与经济发展进程

我国西部地区虽然有着丰富的矿产资源,但由于位于内陆腹地,地理位置没有东部沿海优越,交通通信系统不发达,经济发展水平滞后于东部地区,与全国平均水平有一定差距(表6.1),西部地区经济发展水平、城市化水平与全国平均水平比较如图6.1所示。

表6.1 西部地区与全国人均GDP和人口城市化水平比较(1999~2014年)

年份	人均GDP/元 全国	人均GDP/元 西部	人口城市化率/% 全国	人口城市化率/% 西部
1999	7158.50	4056.42	34.78	28.42
2000	7857.68	4390.41	36.22	29.51
2001	8621.71	4795.26	37.66	30.49
2002	9398.05	5256.66	39.09	31.79
2003	10541.97	6056.00	40.53	33.09
2004	12335.58	7312.92	41.76	34.34
2005	14185.36	8990.42	42.99	35.68
2006	16499.70	10523.42	44.34	36.73
2007	20169.46	12638.83	45.89	39.54
2008	23707.71	15333.00	46.99	38.48
2009	25607.53	17667.33	48.34	39.54
2010	30015.05	21472.83	49.95	40.89
2011	35197.97	26323.0	51.27	42.81
2012	38459.47	29661.08	52.57	44.25
2013	41907.59	32583.06	53.70	45.43
2014	46628.50	37458.32	54.77	47.36

数据来源:根据1999~2015年的《中国统计年鉴》、1999~2015年的《中国城市年鉴》、中国经济信息网、国研网相关统计数据整理

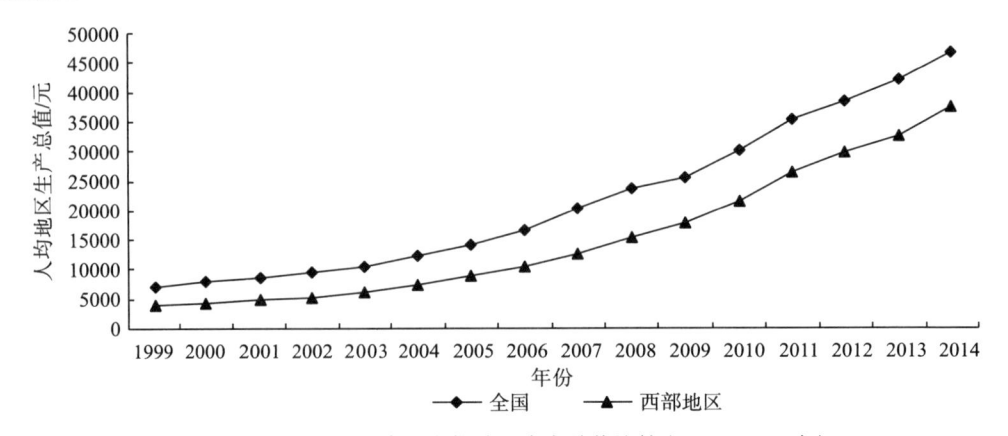

图6.1 西部地区与全国人均地区生产总值比较(1999~2014年)

数据来源:根据1999~2015年的《中国统计年鉴》、1999~2015年的《中国城市年鉴》、中国经济信息网、国研网相关统计数据整理

第六章 西部人口城市化质量适度性评价

从经济发展的演进趋势来看，1999~2014 年，人均 GDP 全国平均水平与西部地区均以较快速度上升，西部地区经济增长速度超过全国经济增长速率，西部地区经济总量的年均增长率为 16.03%。1999~2014 年，西部地区人均 GDP 从 4056.42 元增加到 37458.32 元，年均增长率为 16.08%。

从西部地区与全国平均经济发展绝对水平和相对水平的比较来看，西部地区经济发展滞后于全国平均水平，1999~2014 年，西部地区与全国平均经济发展水平绝对差距呈扩大趋势，相对差距有所缩小，2014 年相对差距缩小为 1.24 倍(图 6.2)。

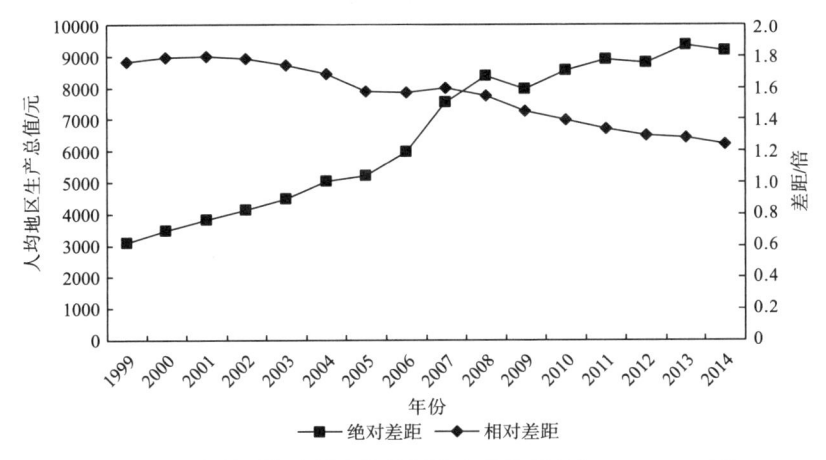

图 6.2 西部地区与全国人均地区生产总值差距(1999~2014 年)

数据来源：根据 1999~2015 年的《中国统计年鉴》、1999~2015 年的《中国城市年鉴》、中国经济信息网、国研网相关统计数据整理

从人口城市化发展水平来看，相较于全国，西部地区人口城市化进程较缓慢，人口城市化率提高幅度较小，2014 年，西部人口城市化水平较全国平均水平低 7.88 个百分点，1999~2014 年全国人口城市化率从 34.78%提高到 54.77%，年均增幅为 1.33 个百分点，西部地区人口城市化率从 28.42%提高到 47.36%，年均增幅为 1.26 个百分点，西部人口城市化水平和年均增速都低于全国平均水平(图 6.3)。

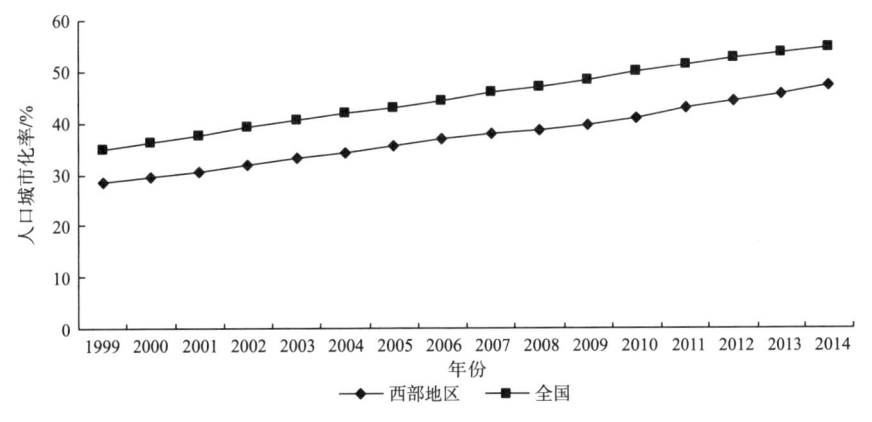

图 6.3 西部地区与全国人口城市化进程(1999~2014 年)

数据来源：根据 1999~2015 年的《中国统计年鉴》、1999~2015 年的《中国城市年鉴》、中国经济信息网、国研网相关统计数据整理

(二)西部 12 省(区、市)人口城市化与经济发展进程及特征

我国长期实施区域非均衡发展政策,形成了东、中、西部不同的经济发展梯度,西部经济发展水平和人口城市化水平均较东部滞后,西部 12 省(区、市)内部也存在明显区域差异。西部 12 省(区、市)包括内蒙古、广西、重庆、四川、贵州、云南、西藏、陕西、甘肃、青海、宁夏和新疆,用其拼音第一个字母的组合进行标识,分别用 NMG、GX、CQ、SC、GZ、YN、XZ、SX、GS、QH、NX、XJ 进行标识。用常住人口城市化率衡量人口城市化水平并以 URB 进行标识,用人均 GDP(即 PGDP)衡量经济发展水平,绘制出西部 12 省(区、市)经济发展水平演进趋势图(图 6.4)。

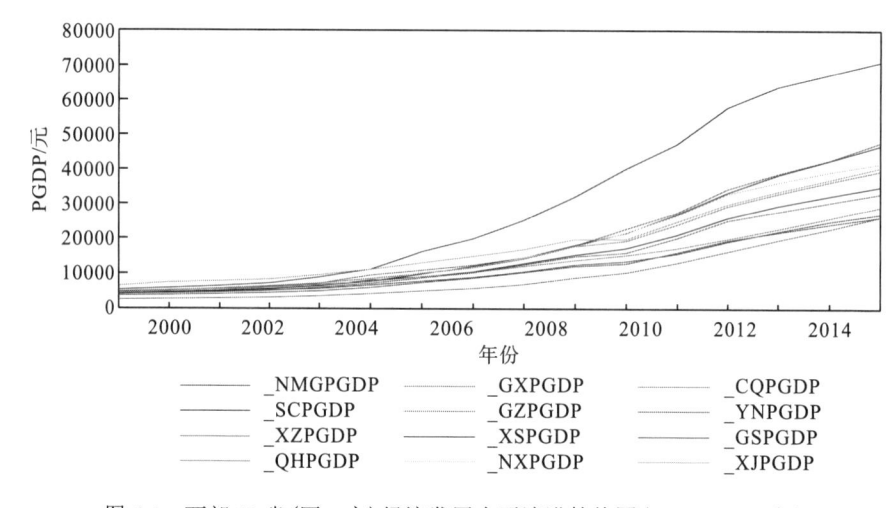

图 6.4 西部 12 省(区、市)经济发展水平演进趋势图(1999~2014 年)

数据来源:根据 1999~2015 年的《中国统计年鉴》、1999~2015 年的《中国城市年鉴》、中国经济信息网、国研网相关统计数据整理

1999~2014 年,西部 12 省(区、市)人均 GDP 均有较大幅度提高,分别增长了 13.27 倍、7.97 倍、9.91 倍、7.89 倍、10.68 倍、6.12 倍、6.86 倍、11.44 倍、7.21 倍、8.51 倍、9.35 倍、6.28 倍,年均增长速度分别为 76.74%、43.61%、55.71%、43.06%、66.75%、32.24%、42.89%、71.51%、45.04%、53.18%、58.45%、39.26%。西部 12 省(区、市)中,内蒙古、重庆、贵州、陕西经济增长较快,云南、甘肃和西藏经济增长较慢。西部 12 省(区、市)经济发展不均衡,目前形成三个不同梯次:第一梯次为经济发展水平最高的内蒙古,2014 年人均 GDP 已达到 71046 元;第二梯次经济发展水平为次高,分别为重庆、四川、陕西、青海、广西、宁夏和新疆,2014 年人均 GDP 分别为 47850 元、35128 元、46929 元、39671 元、33090 元、41834 元、40648 元,未超过 5 万元,不到内蒙古的 70%;第三梯次经济发展水平最低,为贵州、云南、西藏、甘肃,2014 年人均 GDP 分别为 26437 元、27246 元、29252 元、26433 元,未超过 3 万元,不到内蒙古的 40%。

西部 12 个省(区、市)人口城市化率提高较快,1999~2014 年,分别提高了 18.29%、18.56%、27.16%、20.84%、17.41%、19.32%、8.3%、21.04%、18.52%、16.1%、

22.1%、13.94%，人口城市化率年增长速率分别为 1.14%、1.16%、1.69%、1.31%、1.08%、1.21%、0.51%、1.31%、1.16%、1.01%、1.38%、0.87%。2014 年，全国人口城市化平均水平为 54.77%，西部地区人口城市化水平高于全国的地区是内蒙古、重庆，分别为 59.52%、59.61%；其他 10 个地区人口城市化率均低于全国平均水平，其中贵州、云南、甘肃的人口城市化水平较低，分别为 40.02%、41.73%、41.68%，西藏人口城市化水平最低，人口城市化率仅为 25.78%（图 6.5）。

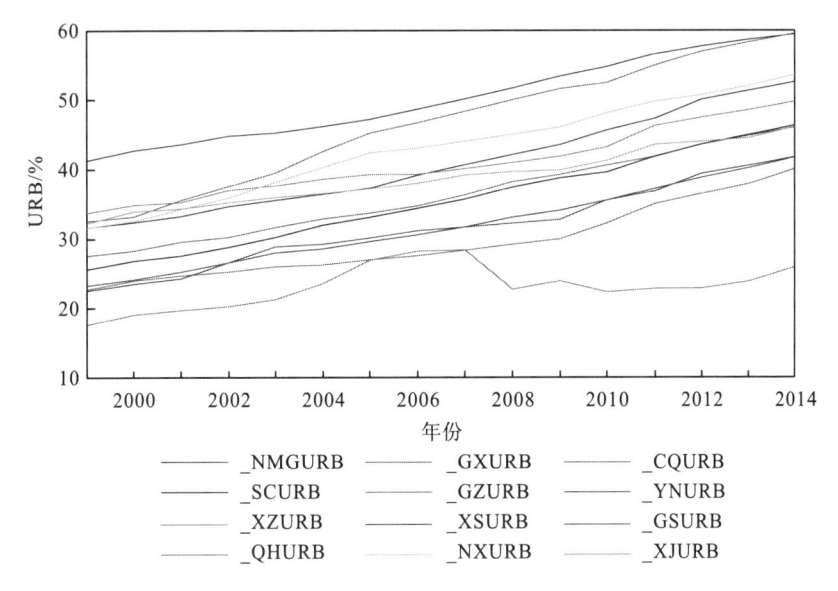

图 6.5　西部 12 省(区、市)人口城市化进程(1999～2014 年)

数据来源：根据 1999～2015 年的《中国统计年鉴》、1999～2015 年的《中国城市年鉴》、中国经济信息网、国研网相关统计数据整理

二、西部人口城市化与经济发展相关性分析

通过西部经济发展水平与人口城市化水平的演进趋势比较分析发现，西部地区人口城市化水平内部发展存在较大差距，有的地区人口城市化水平较高，有的地区人口城市化水平较低，人口城市化率最高的内蒙古与最低的西藏之间差距达到 33.83 个百分点。美国经济学家霍利斯·钱纳里(1989)、Harry(1981)和 Berry(1965)等研究表明，人口城市化进程与经济发展水平具有正相关性。国内学者武廷方等(2014)、叶晓东等(2015)、陆大道等(2015)通过实证研究表明，我国人口城市化和经济增长二者之间存在正向促进作用，下面对西部人口城市化与经济增长的相关性进行分析。

(一)相关性分析

采用相关系数来定量描述西部人口城市化与经济发展水平之间的相关性，计算公式如下：

$$\rho_{XY} = \frac{\text{COV}(X,Y)}{\sqrt{D(X)D(Y)}}, \tag{6-1}$$

式中，若$|\rho_{XY}|<0.3$，属于低度相关；$0.3<|\rho_{XY}|<0.8$，属于中度相关；$|\rho_{XY}|>0.8$，属于高度相关。从表 6.2 可知，西部 12 省(区、市)除西藏人口城市化率与人均 GDP 属于中度相关，相关系数仅为 0.4071，其他西部 11 省(区、市)人口城市化率与人均 GDP 属于高度相关，相关系数均大于 0.9。

表 6.2 西部 12 省(区、市)人口城市化率与人均 GDP 相关系数

地区	内蒙古	广西	重庆	四川	贵州	云南
相关系数(r)	0.9845	0.9749	0.9285	0.9700	0.9902	0.9678
地区	西藏	陕西	甘肃	青海	宁夏	新疆
相关系数(r)	0.4071	0.9831	0.9738	09842	0.9360	0.9805

(二)回归分析

经济发展与人口城市化水平的相互关系分析可以通过构建回归模型反应，回归分析建立在相关性分析的基础上，考虑所采用的数据既包括时间序列数据(1999~2014 年)，又包括西部 12 省(区、市)截面数据，故采用面板数据进行分析是适合的。

1.面板数据单位根检验

通过绘制西部人口城市化率与人均国内生产总值的散点图(图 6.6)可看出，二者之间存在线性相关关系，同时对数据序列进行平稳性检验，面板数据序列的平稳性检验主要是单位根检验。

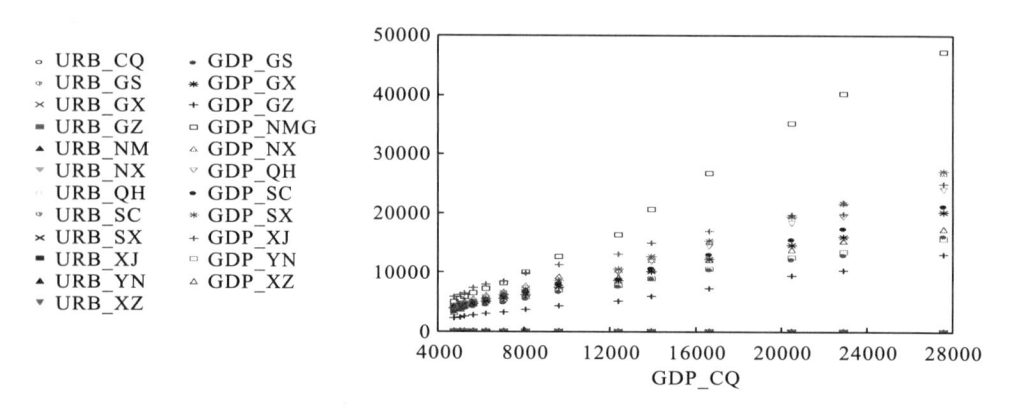

图 6.6 西部 12 省(区、市)人口城市化率与人均 GDP 散点图

检验方法在相同根下有 LLC、Breintung、Hadri 检验等，下面列出 5 种检验方法的具体检验结果(表 6.3)。根据检验结果分析，经过一阶差分后，lnURB 和 lnPGDP 在 5%显著性水平下拒绝存在单位根的假设，两变量均为一阶单整序列，为 I(1)过程，可以建立模型。

第六章 西部人口城市化质量适度性评价

表 6.3 面板单位根检验结果

检验方法	lnURB		lnPGDP	
	lnURB	$D(\ln URB)$	lnPGDP	$D(\ln PGDP)$
LLC	2.6422 (0.9959)	−5.095 (0.0000)	5.5767 (1.0000)	−6.08026 (0.0000)
Fisher-ADF	17.2311 (0.8386)	43.1216 (0.0096)	0.47193 (1.0000)	37.8803 (0.0357)
IPS	3.65213 (0.9999)	−1.5095 (0.0456)	9.70428 (1.0000)	−3.03366 (0.0012)
PP-Fisher	17.7075 (0.8170)	58.327 (0.0023)	79.7503 (1.0000)	67.0005 (0.0000)
Breintung	3.52033 (0.9998)	−1.68549 (0.0049)	6.07713 (1.0000)	−2.38271 (0.0086)

2.面板数据协整检验

采用 Johansen 检验协整关系，结果如表 6.4 所示。

表 6.4 面板协整检验结果

Hypothesized No. of CE(s)	Fisher Stat.* (from trace test)	p	Fisher Stat.* (from max-eigen test)	p
None	75.81	0.0000	76.89	0.0000
At most 1	21.22	0.6256	21.22	0.6256

从结果分析，支持两变量之间的协整关系，说明西部 12 省(区、市)人口城市化和人均 GDP 的面板数据之间可以建立协整模型。

3.面板数据模型的建立与参数估计

设立估计模型为

$$\ln \text{URB}_{it} = \alpha_{ti} + \beta_{it} \ln \text{PGDP}_{it} + \varepsilon_{it} \quad (i=1,2,\cdots,12) \tag{6-2}$$

式中，i 表示西部 12 省(区、市)，t 为 1999～2014 年，β 为弹性系数。
估计结果为

$$\ln \text{URB}_{it} = 1.712711 + \beta_i \ln \text{PGDP}_{it}$$

$$t \quad 42.0$$
$$p \quad (0.0000)$$

根据估计结果(表 6.5)可分析得出，所建的面板数据模型斜率均为正，说明西部 12 省(区、市)人口城市化和人均 GDP 正向促进作用明显。模型的斜率表示的是经济发展水平与人口城市化水平的弹性系数，其值相差较大，说明经济发展水平对城市化率拉动作用不同，其中，弹性系数较大的为四川、重庆、甘肃、陕西、新疆、宁夏、西藏，弹性系数分别为 0.2669、0.2639、0.2298、0.2081、0.1921、0.1860、0.1636，说明这些地区经济发展水平对人口城市化水平正向拉动作用相对较强；弹性系数较小的地区为贵州、内蒙古、云南、广西、青海，弹性系数分别 0.1139、0.0898、0.0889、0.0734、0.0431，说明这些地区经济发展水平对人口城市化水平正向拉动作用相对较弱。

表6.5 估计结果

地区	截面固定效应	β	t	Prob.
内蒙古	1.0593	0.0898	8.03	0.0000
广西	0.5378	0.0734	4.51	0.0000
重庆	-0.9697	0.2639	18.17	0.0000
四川	-1.0572	0.2669	16.70	0.0000
贵州	0.0691	0.1139	7.54	0.0000
云南	0.2696	0.0889	4.57	0.0000
西藏	-0.4342	0.1636	10.21	0.0000
陕西	-0.3665	0.2081	15.52	0.0000
甘肃	-0.6429	0.2298	13.76	0.0000
青海	1.2713	0.0431	2.88	0.0045
宁夏	0.0781	0.1860	12.84	0.0000
新疆	1.5554	0.1921	10.51	0.0000

通过实证分析，对西部地区经济增长对人口城市化推动作用的方向、大小、强弱有了较清楚的认识，下面通过构建的西部人口城市化质量评价指标体系进一步对西部人口城市化与经济发展适度性进行评价。

三、西部人口城市化与经济发展适度性评价

人口城市化与经济发展适度指两系统内部实现其在速度水平上的有机配合和优化程度，因此不宜采用单一指标进行分析，在遵循系统性和适用性、可比性、动态性等原则的基础上，构建西部人口城市化与经济发展适度性复合评价指标体系，对西部 12 省（区、市）人口城市化与经济发展的适度性进行评价。

（一）评价指标体系

构建复合系统协调度模型，应建立两系统的评价指标体系。在参考复合系统协调度模型相关研究文献的基础上(孙丽萍 等，2015)，首先对原始数据进行标准化处理：

$$u_{ij}(e_{ijk}) = \frac{e_{ijk} - \min(e_{ij1}, e_{ij2}, \cdots, e_{ij_m})}{\max(e_{ij1}, e_{ij2}, \cdots, e_{ijm}) - \min(e_{ij1}, e_{ij2}, \cdots, e_{ijm})} \qquad k \in [1, m] \qquad (6\text{-}3)$$

在参考相关专家意见的基础上，结合西部发展实际，采用层次分析法对各指标进行赋权（表 6.6）。根据各指标权重，采用式(6-4)可计算得到西部人口城市化和经济发展的综合指数。

$$u_{ij}(e_{ij}) = \sum_{i=1}^{n} w_i u_{ij}(e_{ijk}) \qquad 0 \leqslant w_i \leqslant 1, \sum_{i=1}^{n} w_i = 1 \qquad (6\text{-}4)$$

表 6.6　西部人口城市化与经济发展适度性复合评价指标体系

目标层	系统层	指标层
人口城市化与经济发展适度性	人口城市化指数：0.45	常住人口城市化率：0.15 非农户籍人口城市化率：0.15 土地城市化率：0.15
	经济发展指数：0.55	人均地区生产总值：0.092 第二产业增加值：0.092 第三产业增加值：0.092 全社会固定资产投资额：0.092 城镇居民人均可支配收入：0.091 城镇居民人均消费支出：0.091

(二)评价与分析

根据计算的人口城市化和经济发展综合指数，参考协调度模型的相关研究成果(黄水木，2007；顾鹏 等，2013；卢丽文 等，2014)，构建西部人口城市化与经济发展的适度性发展模型如下：

$$C_i = \sqrt{\left|\prod_{j=1}^{2} u_{ij}(e_{ij})\right|} \quad (6\text{-}5)$$

$$D = \sqrt{C \times T}, \quad (6\text{-}6)$$

式中，$T = aU_1 + bU_2$。令 $a = b = 0.5$，U_1、U_2 分别代表土地利用的效益综合指数和城市化水平综合指数。D 为人口城市化与经济发展的适度性发展指数，$D \in [0,1]$，参考李明秋等(2010)、程开明(2010)、李正等(2010)、张青杰等(2014)和桑秋等(2008)的相关研究成果，采用阈值 0.4、0.7、1 分别划分适度性为低度适度、基本适度、良好适度三个等级：若 $D \in [0,0.4]$，表明人口城市化与经济发展不能实现协调发展，两者处于低度适度状态；若 $D \in [0.4,0.7]$，表明人口城市化水平和速度与经济发展基本适度，二者之间能实现基本适度发展；若 $D \in [0.7,1]$，表明人口城市化与经济发展形成良性互动，能实现良好适度发展(李明秋 等，2010)。计算得到西部 12 省(区、市)人口城市化与经济发展的适度性指数如表 6.7 所示。

表 6.7　西部 12 省(区、市)人口城市化与经济发展适度性指数(D)(1999~2014 年)

年份	内蒙古	广西	重庆	四川	贵州	云南	西藏	陕西	甘肃	青海	宁夏	新疆
1999	0.41	0.29	0.42	0.32	0.29	0.27	0.25	0.41	0.38	0.27	0.35	0.36
2000	0.45	0.40	0.45	0.44	0.39	0.37	0.31	0.44	0.42	0.40	0.40	0.41
2001	0.48	0.45	0.49	0.46	0.43	0.41	0.35	0.48	0.46	0.47	0.42	0.44
2002	0.51	0.47	0.53	0.49	0.47	0.45	0.38	0.51	0.48	0.49	0.44	0.50
2003	0.54	0.50	0.54	0.52	0.50	0.48	0.39	0.53	0.50	0.51	0.48	0.53
2004	0.57	0.51	0.55	0.54	0.51	0.49	0.41	0.55	0.52	0.53	0.49	0.54
2005	0.63	0.53	0.63	0.56	0.52	0.51	0.43	0.56	0.53	0.54	0.51	0.56
2006	0.65	0.54	0.67	0.58	0.54	0.52	0.44	0.57	0.54	0.55	0.53	0.57

续表

年份	内蒙古	广西	重庆	四川	贵州	云南	西藏	陕西	甘肃	青海	宁夏	新疆
2007	0.70	0.55	0.71	0.59	0.55	0.53	0.46	0.58	0.55	0.56	0.54	0.58
2008	0.70	0.58	0.72	0.61	0.56	0.54	0.47	0.59	0.57	0.58	0.55	0.59
2009	0.72	0.59	0.73	0.63	0.58	0.55	0.48	0.60	0.58	0.59	0.56	0.61
2010	0.73	0.60	0.75	0.66	0.59	0.56	0.49	0.61	0.59	0.61	0.59	0.62
2011	0.74	0.61	0.76	0.69	0.61	0.57	0.51	0.62	0.60	0.62	0.62	0.63
2012	0.76	0.62	0.78	0.71	0.63	0.60	0.52	0.63	0.62	0.64	0.65	0.69
2013	0.78	0.67	0.79	0.72	0.66	0.62	0.57	0.68	0.64	0.67	0.68	0.72
2014	0.79	0.70	0.81	0.73	0.68	0.63	0.61	0.71	0.66	0.72	0.71	0.74

1.时间序列评价

从时间序列来看，1999~2014 年，西部地区人口城市化与经济发展的适度性评价指标呈逐渐上升的趋势，但适度性上升幅度较平缓。根据阈值 0.4、0.7、1 分别对西部人口城市化与经济发展适度性划分为低度适度、基本适度、良好适度三个等级进行分析，1999 年西部人口城市化与经济发展的适度性评价指数为 0.3525，处于低度适度范围；2000~2013 年，西部人口城市化与经济发展的适度性评价指数为 0.4~0.7，处于基本适度的范围；到了 2014 年，西部人口城市化与经济发展的适度性评价指数达到 0.705，显示西部人口城市化与经济发展处于良好适度范围(图 6.7)。

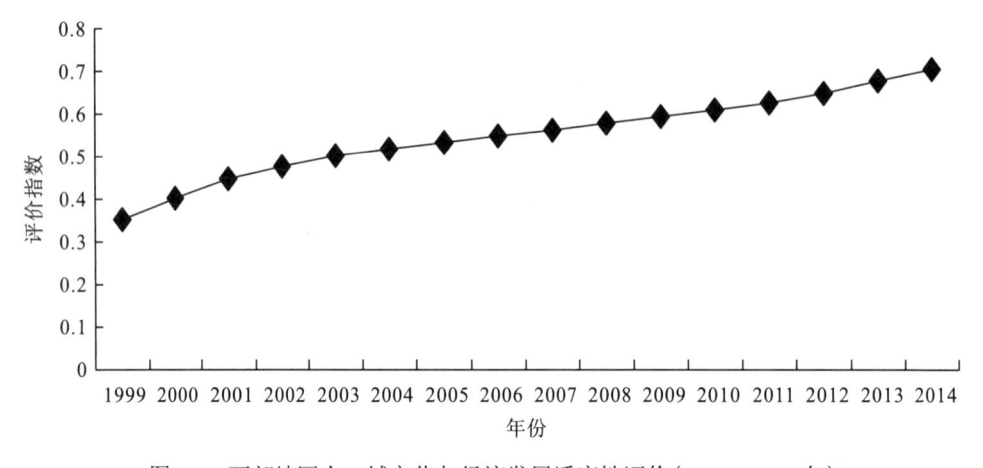

图 6.7 西部地区人口城市化与经济发展适度性评价(1999~2014 年)

2.区域分异评价

从西部 12 省(区、市)区域差异来看，西部 12 省(区、市)内部差异较大，且随着时间的推移呈现动态变化。2000 年，西部 12 省(区、市)人口城市化与经济发展的适度性评价指数大于 0.4 的地区为内蒙古、广西、重庆、四川、陕西、甘肃、青海、宁夏、新疆，处于基本适度范围；评价指数小于 0.4 的地区为云南、贵州、西藏，处于低度适度范围，西藏的适度性评价指数最低，仅为0.27。

2007年，西部12省（区、市）中内蒙古人口城市化与经济发展的适度性评价指数大于0.7，处于良好适度范围；其他西部11省（区、市）人口城市化与经济发展的适度性评价指数为0.4~0.7，处于基本适度范围，其中，人口城市化与经济发展适度性评价指数最高的地区是内蒙古，最低的地区是西藏。

2014年，西部12省（区、市）人口城市化与经济发展适度性的空间分异现象较明显，内蒙古、广西、重庆、四川、陕西、青海、宁夏、新疆等地区人口城市化与经济发展适度性评价指数均大于0.7，进入良好适度发展范围，其中重庆的适度性评价指数最高，达到0.81；贵州、云南、西藏和甘肃适度性评价指数小于0.7，属于基本适度范围。

以上分析了西部人口城市化与经济发展的演进趋势，并就西部人口城市化与经济发展状况与全国平均水平进行了横向比较，建模分析西部人口城市化与经济发展互动关系，对西部12省（区、市）的人口城市化与经济发展适度性差距进行了时间序列和区域分异评价和分析。分析结果显示，西部地区人口城市化率与人均GDP为正相关，相关系数达到0.91，表明西部地区人口城市化与经济发展相互促进作用显著。2014年，西部12省（区、市）的人口城市化与经济发展适度性提高到了良好适度或基本适度阶段，表明西部人口城市化与经济发展适度性较高。西部12省（区、市）人口城市化与经济发展适度性内部差距较大，四川、重庆、甘肃、陕西、新疆人均GDP的增长对人口城市化水平的正向拉动效应相对较明显，而内蒙古、广西、云南、青海人均GDP的增长对人口城市化水平的拉动效应较弱，表明这些地区人口城市化速度较慢。西部人口城市化与经济发展之间的关系遵循马太效应，人口城市化水平高的地区经济发展水平也高，同时人口城市化与经济发展适度性也高，这一研究结果与陈明星等（2010）的研究结论一致。

第二节　西部人口城市化与工业化适度性

工业化是工业在国民经济中的占比不断上升，工业就业人数在总就业人数中的占比不断提高的过程，是传统农业社会向现代工业社会转变的过程，在推动经济社会现代化进程中占主导地位。人口城市化表现为人口和资源在空间上的城市集聚和集中，人口城市化进程与工业化进程相得益彰：一是城市的聚集效应和日益完善的基础设施使工业生产成本下降，产生规模效应；二是城市人口增加扩大了市场需求，为工业生产提供了销售市场；三是城市功能结构的逐步完善，特别是科技文化和服务行业的发展为工业化发展创造了条件。世界人口城市化和工业化历程显示，人口城市化水平和工业化水平具有正相关关系，工业化与人口城市化同步发展。霍利斯·钱纳里（1989）的世界经济发展模型、刘易斯（1989）的"二元结构"模型给国内学者研究工业化与城市化相关性较大启示，同时陈昌兵等（2009）、王小鲁（2010）、郭克莎（2002）、邓宇鹏（2000）等通过实证分析，认为我国人口城市化和工业化之间存在正向促进机制。西部地区人口城市化与工业化之间的互动关系和适度性的强弱影响着西部经济发展和人口城市化的进程和质量。

一、西部地区人口城市化与工业化进程及特征

依据我国人口城市化与工业化实践,在我国经济起飞的 20 世纪 80 年代,工业总产值翻了一番,人口城市化率也提高了一倍;20 世纪 90 年代,我国工业化水平进一步提高,人口城市化进程加快。2015 年,我国第二产业增加值达到 274278 亿元,人口城市化率突破 50%,达到 56.1%,工业化拉动农村剩余拉动力从农业中转移出来,提高了社会整体劳动生产率,推动了人口城市化的快速发展。

(一)西部地区工业化进程

工业化水平一般可用工业化率进行定量描述,自西部大开发以来,西部人口城市化率逐步提高,但工业化率渐趋平稳。1999 年西部的工业化率为 39.67%,2000 年上升到 40.46%,2002 年下降到 38.79%,1999~2004 年这 5 年基本保持不变;2003~2011 年,工业化率从 40.8%提高到 49%,2012 后开始小幅下降,2014 年降为 46%,绘制的西部常住人口城市化率与工业化率趋势图可直观反映二者的相互关系(图 6.8)。根据世界发达国家工业化与人口城市化进程的基本经验,一般地,在经济发展起飞阶段,工业化发展的早期,工业化带动农村过剩劳动力向城市转移,工业化带动人口城市化;但当工业化进入中后期阶段,工业化率会趋于稳定,人口城市化水平的提高主要依靠第三产业的发展来推动。结合西部地区具体实际来看,西部工业化率已接近 50%,工业化率提高的空间已经不大,西部人口城市化水平的提高将主要由服务业发展来拉动。

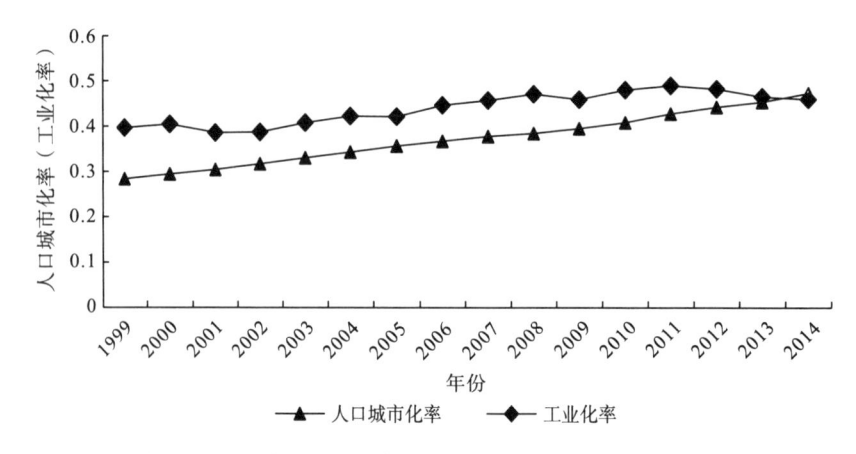

图 6.8 西部地区人口城市化与工业化进程(1999~2014 年)

数据来源:根据 1999~2015 年的《中国统计年鉴》、1999~2015 年的《中国城市年鉴》、中国经济信息网、国研网相关统计数据整理

(二)西部 12 省(区、市)人口城市化与工业化进程及特征

用 URB 代表常住人口城市化率,IND 代表工业化率,绘制西部 12 省(区、市)人口城市化与工业化发展趋势图(图 6.9),可见,西部 12 省(区、市)工业化率波动幅度不大,大体在 10%~20%波动。1999~2002 年,广西、重庆、四川、贵州的工业化率基本

保持不变，青海和新疆的工业化率有所上升，其他省份工业化率有所下降；2002~2010年，除贵州和云南工业化率基本不变，其他西部10省（区、市）工业化率稳步上升；2010年以后，由于西藏工业化水平较低，未达到40%，所以西藏的工业化率仍在上升，其他西部省份的工业化率小幅波动，基本趋于平稳。结合发达国家工业化与人口城市化进程的经验，西部地区随着工业化向中后期演进，工业化着重进行内部结构调整，有助于推动西部新型工业化进入提质阶段。西部工业化推动未来人口城市化发展的空间已经不大，西部人口城市化的快速发展主要将依靠第三产业的拉动，加快经济结构调整、大力发展第三产业将有助于西部人口城市化水平和质量的提高。

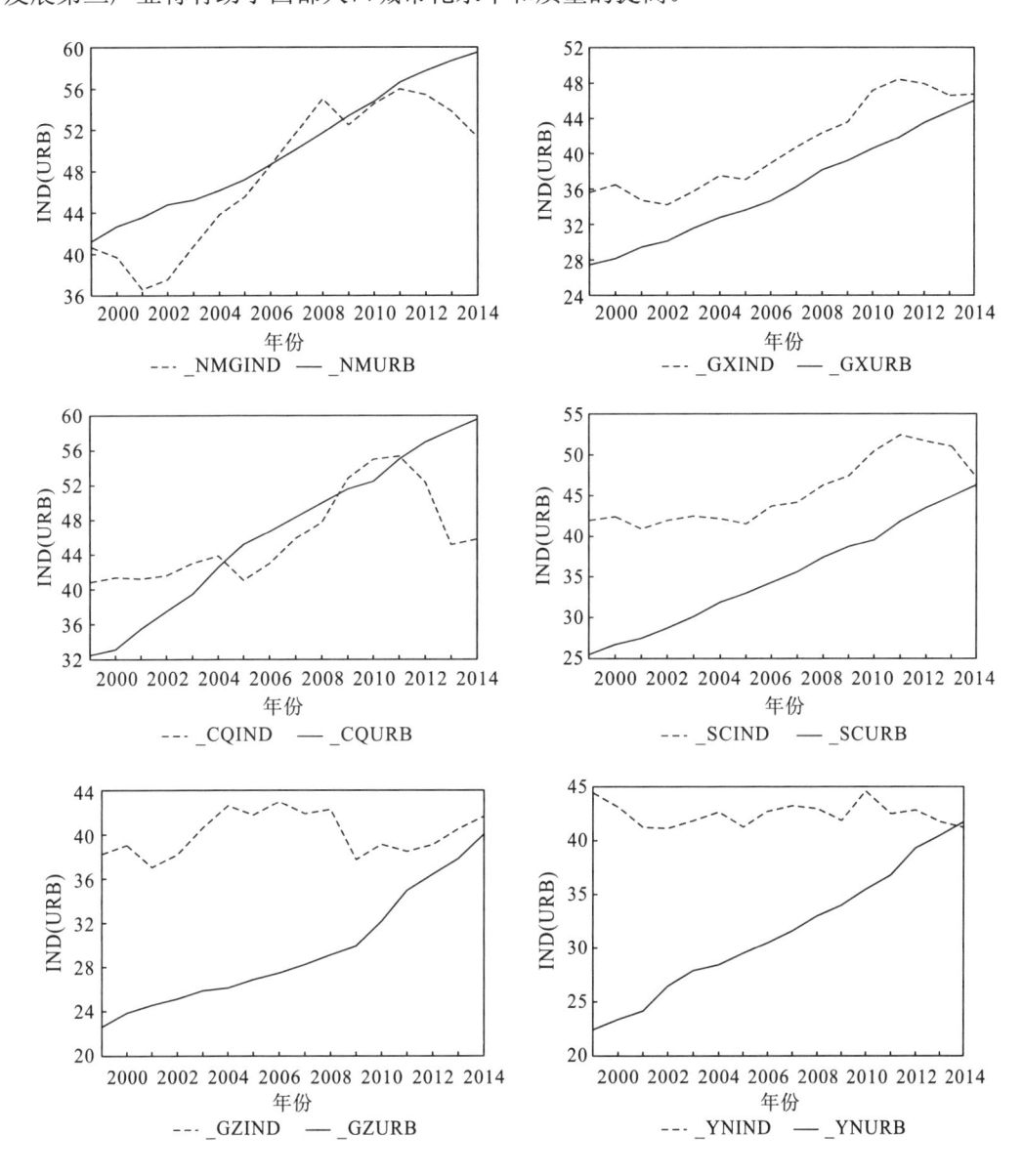

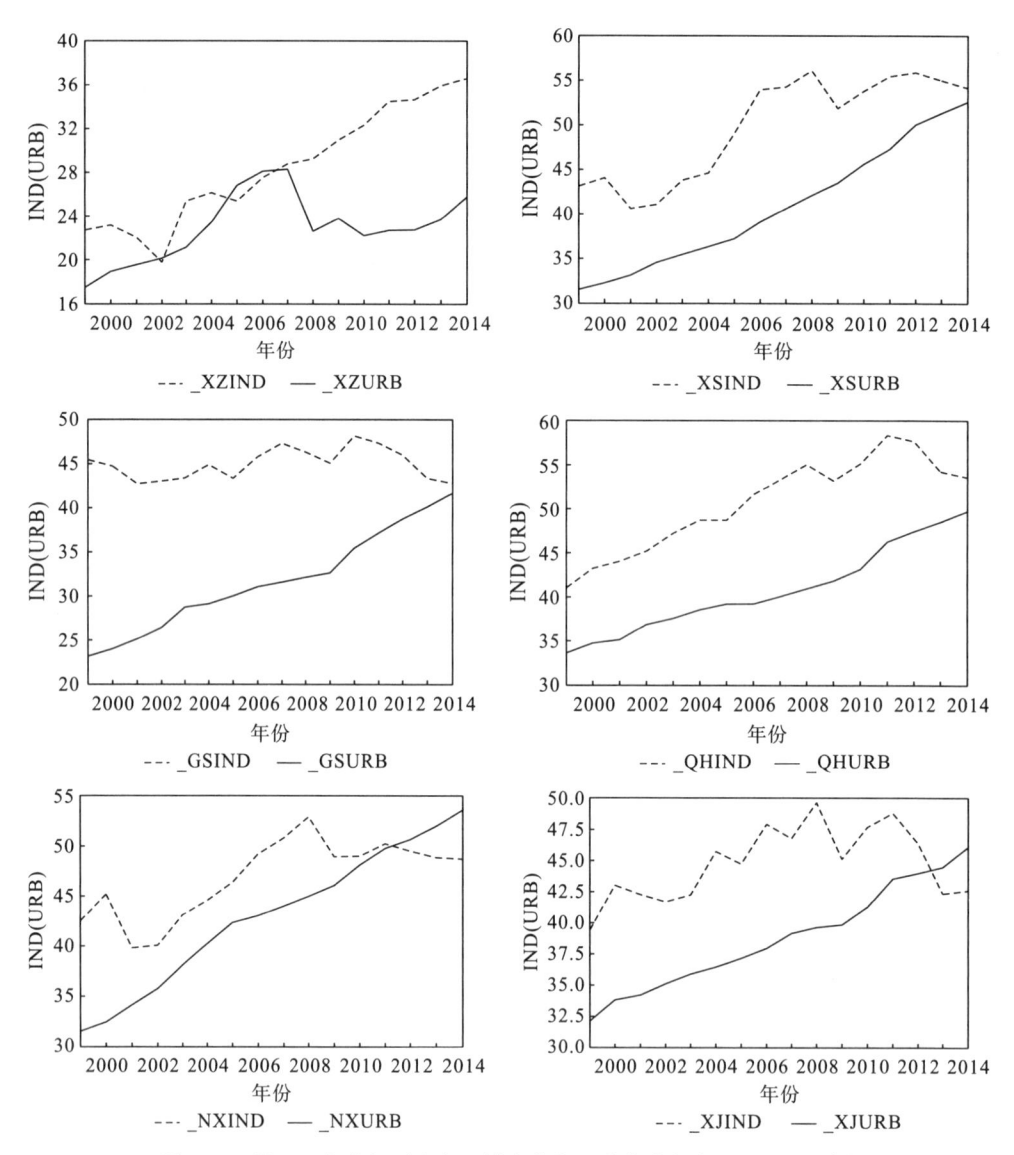

图 6.9 西部 12 省(区、市)人口城市化与工业化进程(2000～2014 年)

数据来源:根据 1999～2015 年的《中国统计年鉴》、1999～2015 年的《中国城市年鉴》、中国经济信息网、国研网相关统计数据整理

二、西部人口城市化与工业化相关性分析

钱纳里模型指出,工业化水平步入成熟阶段以后,工业化水平上升的幅度不大,此时,第三产业将获得较快发展,人口城市化进程主要靠第三产业的发展来拉动(霍利斯·钱纳里,1989)。依据西部工业化发展水平,西部工业化正在步入中后期阶段,工业化率处于小幅上升趋势,依靠工业化水平提高来推动人口城市化发展已难以奏效,反而是工业化为服务业发展集聚能量,推动服务业快速发展,服务业的快速发展将成为推动西部人口城市化的引擎。因此,在构建西部工业化与人口城市化相关性分析时,工业化

水平衡量指标采用非农产业产值占比来进行描述,从而达成理论和实践分析的一致。采用面板数据模型建模,可以较好地刻画西部 12 省(区、市)工业化与人口城市化的相关性。

(一)模型检验

用 NAI(non-agricultural industries)表示非农产业,根据面板数据单位根检验结果(表 6.8)可知,两者均为一阶单整,I(1)过程可以建立协整方程。

表 6.8　面板单位根检验结果

检验方法	NAI	Δ(NAI)	URB	Δ(URB)
LLC	-0.9312 (0.1759)	-11.1630 (0.0000)	4.5537 (1.0000)	-7.4948 (0.0000)
Fisher-ADF	19.5501 (0.7218)	94.2924 (0.0001)	3.1763 (1.0000)	74.7316 (0.0000)
IPS	0.3515 (0.6374)	-7.4175 (0.0000)	7.8236 (1.0000)	-5.66701 (0.0000)

(二)模型建立

非农产业产值占比与人口城市化率的估计模型为

$$\ln \text{URB}_{it} = \alpha_{ti} + \beta_{it} \ln \text{NAI}_{it} + \varepsilon_{it} \tag{6-7}$$

式中,i 表示西部 12 个不同省(区、市),t 表示年份,为 1999~2014。

考虑西部地区涉及 12 个不同省(区、市),建立变系数固定效应模型,估计结果如下:

$$\ln \text{URB}_{it} = -65.6053 + \beta_i \ln \text{NAI}_{it}$$

$$t \quad\quad -12.7237$$

$$p \quad\quad (0.0000)$$

表 6.9　模型估计结果

地区	截距	β	t	prob.
内蒙古	65.2117	0.6106	6.82	0.0000
广西	-0.4104	1.3048	7.48	0.0000
重庆	-72.1494	2.1136	11.08	0.0000
四川	-39.2775	1.7106	7.56	0.0000
贵州	39.0638	0.6951	5.72	0.0000
云南	-33.5683	1.6198	6.88	0.0000
西藏	66.8488	0.2691	2.63	0.0091
陕西	13.6366	1.0794	7.3	0.0000

续表

地区	截距	β	t	prob.
甘肃	12.308	1.0279	5.56	0.0000
青海	-68.9205	1.9826	5.58	0.0000
宁夏	44.3148	0.7554	7.17	0.0000
新疆	-24.0575	1.6225	5.23	0.0000

采用变系数面板数据模型揭示西部人口城市化和工业化之间的相互变动关系，该模型为双对数模型，系数项表示的是弹性系数，表明非农产业产值比重每上升一个百分点，拉动人口城市化率上升 β 个百分点(表 6.9)。从模型估计结果看，拟合系数 $R^2=0.9081$，大于 0.9，模型的拟合程度较高，同时，F 为 72.1，其概率小于其显著性水平 0.05，系数项 t 的概率均小于检验显著性水平 0.05，说明模型通过 F 检验和 t 检验。根据模型估计结果分析，弹性系数较大的地区为重庆、青海、四川、新疆、云南、广西、陕西、甘肃，其弹性系数均大于 1，按照从大到小排序，分别为 2.1136、1.9826、1.7106、1.6225、1.6198、1.3048、1.0794、1.0279；弹性系数较小的地区为宁夏、贵州、内蒙古、西藏，弹性系数依次为 0.7554、0.6951、0.6106 和 0.2691，弹性系数最大的为重庆，高达 2.1136，弹性系数最小的为西藏，仅为 0.2691，重庆约为西藏的 8 倍。

三、西部人口城市化与工业化适度性评价

(一)评价指标体系

工业化与人口城市化能否互相适应是人口城市化与工业化能否互动协调发展的反映。国内有部分学者利用钱纳里标准对我国人口城市化与工业化适度性进行研究，得出一些有价值的结论，对我国人口城市化与工业化发展实践具有指导作用。随着研究方法的多样性，钱纳里标准采用的单一指标衡量方法已不能反映纷繁复杂的现实情况，且由于不同的学者采用不同的统计方法，钱纳里标准在使用中存在时间、汇率换算和通胀等因素的影响，得出的结论各不相同，采用复合指标对人口城市化和工业化适度性进行科学评价成为应时之需。为消除建模时原始数据不同量纲对建模的影响，需要对西部人口城市化和工业化指标其进行标准化处理，具体公式为

$$u_{ij} = (x_{ijk} - \bar{x}_{ijk})/\sigma_{ijk} \tag{6-8}$$

式中，i 表示西部 12 省(区、市)，j 表示各省区市人口城市化和工业化的衡量指标，k 为指标的个数，$k \in [1,m]$，x 为各指标值，$\bar{x}$ 为指标值均值，σ 为指标的标准差，结合西部人口城市化和工业化发展实际及相关专家建议，采用层次分析法进行赋权(表 6.10)，可得出西部人口城市化和工业化适度性综合指数，计算公式如下：

$$u_{ij} = \sum_{j=1}^{2}\sum_{k=1}^{m} w_k u_{ij} \qquad 0 \leqslant w_k \leqslant 1, \sum_{k=1}^{m} w_k = 1 \tag{6-9}$$

表 6.10　西部人口城市化与工业化适度性评价指标体系

目标层	准则	指标层
人口城市化与工业化适度性	人口城市化指数　0.45	常住人口城市化率：0.15 非农户籍人口城市化率：0.15 土地城市化率：0.15
	工业化指数　0.55	工业化率：0.092 第三产业增加值占比：0.092 第二、三产业增加值占比：0.092 成本费用利润率：0.092 第二、三产业就业占比：0.091 单位产值能耗：0.091

(二)评价与分析

在参考王珊珊等(2015)、方娜等(2014)、孟庆松等(2000)、郝华勇(2012)的研究成果的基础上，构建西部人口城市化与工业化适度性评价模型，具体公式如下：

$$D_i = \sqrt{\prod_{j=1}^{2} u_{ij}} \qquad (6\text{-}10)$$

利用式(6-9)～式(6-11)计算得到西部人口城市化与工业化适度性评价指数(表 6.11)。

表 6.11　西部 12 省(区、市)人口城市化与工业化适度性评价指数(1999～2014 年)

年份	内蒙古	广西	重庆	四川	贵州	云南	西藏	陕西	甘肃	青海	宁夏	新疆
1999	0.28	0.22	0.25	0.20	0.13	0.15	0.09	0.19	0.13	0.14	0.04	0.08
2000	0.30	0.23	0.31	0.27	0.17	0.18	0.12	0.21	0.18	0.16	0.10	0.13
2001	0.38	0.30	0.33	0.28	0.25	0.21	0.13	0.23	0.19	0.21	0.12	0.16
2002	0.43	0.24	0.37	0.32	0.24	0.22	0.14	0.24	0.20	0.23	0.16	0.18
2003	0.45	0.29	0.39	0.34	0.30	0.23	0.19	0.27	0.21	0.25	0.18	0.21
2004	0.46	0.31	0.42	0.37	0.32	0.27	0.24	0.29	0.26	0.27	0.26	0.31
2005	0.50	0.41	0.46	0.38	0.33	0.21	0.25	0.34	0.29	0.28	0.27	0.38
2006	0.52	0.49	0.54	0.47	0.34	0.33	0.27	0.48	0.33	0.32	0.29	0.40
2007	0.54	0.52	0.62	0.58	0.35	0.36	0.28	0.49	0.37	0.36	0.32	0.56
2008	0.57	0.53	0.63	0.61	0.44	0.39	0.29	0.53	0.40	0.37	0.35	0.60
2009	0.59	0.58	0.64	0.63	0.45	0.42	0.31	0.54	0.42	0.39	0.36	0.61
2010	0.62	0.61	0.65	0.64	0.48	0.43	0.33	0.56	0.43	0.41	0.37	0.62
2011	0.65	0.64	0.67	0.67	0.49	0.45	0.35	0.58	0.45	0.42	0.39	0.63
2012	0.69	0.65	0.68	0.68	0.51	0.47	0.37	0.61	0.47	0.47	0.41	0.67
2013	0.71	0.66	0.69	0.71	0.52	0.49	0.42	0.62	0.48	0.49	0.43	0.71
2014	0.73	0.67	0.72	0.74	0.53	0.52	0.44	0.64	0.51	0.53	0.48	0.72

1.时间序列评价

根据孟庆松等(2000)、方娜等(2014)、郝华勇(2012)的研究成果,采用阈值 0.4、0.7、1 将适度性评价指数分别划分为低度适度、基本适度、良好适度 3 个等级进行分析与评价。从时间序列的演进来看,1999~2005 年,西部地区人口城市化与工业化适度性评价指数为 $D\in[0,0.4)$,说明西部人口城市化与工业化处于低度适度发展范围,原因是西部人口城市化综合指数和工业化综合指数均较低,因而相互的适度性程度也较低;2006 年后,西部人口城市化与工业化适度评价指数 D 为 0.4~0.7,显示西部人口城市化与工业化能实现基本适度发展,此阶段,西部人口城市化与工业化评价指数有较大幅度的提高,适度性上升;总体上看,随着时间的推移,西部人口城市化与工业化沿着渐进改善的有效路径逐渐实现有序适度发展,从实践来看,自 2010 年后,我国推行新型工业化和新型城镇化战略,工业化内部"去产能、调结构",工业化质量提高,人口城市化也更加注重质量和内涵建设,二者之间形成良性循环,适度性提高(图 6.10)。

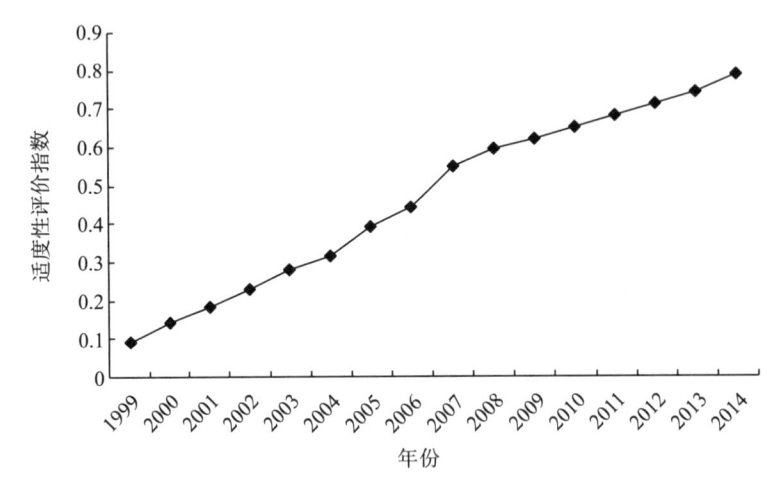

图 6.10 西部地区人口城市化与工业化适度性评价指数(1999~2014 年)

2.区域分异评价

从西部 12 省(区、市)人口城市化和工业化适度性空间分异看,随着时间的推移,人口城市化和工业化适度性呈现动态演化,下面选取 2000 年、2007 年和 2014 年三个不同的时点来分析西部 12 省(区、市)人口城市化和工业化适度性区域分异和演变。

2000 年,西部 12 省(区、市)人口城市化和工业化适度性评价指数 $D\in[0,0.4)$,表明人口城市化和工业化适度性处于低度适度发展范围。究其原因,是西部工业化和人口城市化的综合发展指数较低,此时西部地区处于工业化发展的早期阶段,工业化水平低,人口城市化水平也较低,二者之间的相互带动能力不足,适度性程度也较低。2000 年后,随着我国西部大开发政策的实施,西部工业化进程加快,创造了更多的就业岗位,农村大量剩余劳动力从农村转移出来,推动了西部人口城市化发展,此阶段表现为工业化带动人口城市化发展。

2007 年，西部工业化与人口城市化适度性具有明显的空间分异，重庆、新疆、四川、内蒙古、陕西、广西 6 个地区的人口城市化与工业化适度性发展指数为 $D\in[0.4,0.7)$，属于基本适度范围，说明这些地区人口城市化与工业化的适度性有较大提高；而剩余的 6 个西部地区人口城市化与工业化适度性发展指数为 $D\in[0,0.4)$，属于低度适度范围，说明这些地区人口城市化与工业化发展水平仍较低，1999~2007 年，这些地区工业化进程相对较缓慢，人口城市化率提高幅度较小，工业化水平低和人口城市化水平综合指数较小，工业化与人口城市化相互促进作用不足，适度性偏低。

2014 年，内蒙古、重庆、四川、新疆等 4 个地区人口城市化与工业化适度发展评价指数 D 大于 0.7，$D\in[0.7,1)$，进入良好协调发展阶段；而剩余的 7 个地区地协调发展指数 D 小于 0.7，$D\in[0.4,0.7)$，协调发展的程度较低，处于良好适度发展阶段。2007~2014 年，重庆、四川、新疆和内蒙古人口城市化和工业化由良好适度发展演变为良好协调发展，从实践来看，这 4 个地区在这 8 年中，工业化和城市化进程较快，导致工业化和城市化综合水平指数较大，其协调发展指数较高，因而，其协调发展程度相对较高，而其他 8 个地区工业化和城市化进程较缓慢，其协调发展程度相对较低。

第七章 西部人口城市化质量协调性评价

西部人口城市化质量协调性表现为两个方面：一是人口城市化与土地城市化能否保持协调发展；二是人口城市化与城乡统筹能否协调发展。我国西部人口城市化取得巨大成就，但在快速人口城市化过程中，存在土地城市化"冒进"现象，这有悖于我国人多地少的国情，降低了西部人口城市化质量。学界普遍认为，人口城市化与土地城市化的协调发展是人口城市化质量高的一个显著特征（尹宏玲 等，2013）。城乡统筹发展要求树立城乡、工农一体化的人口城市化发展思路，有助于缩小城市和农村之间的差距。

第一节 西部人口城市化与土地城市化协调性

21世纪以来，随着我国人口城市化进入快速发展阶段，人口城市化进程加快，城市数量和规模不断增长，人口城市化与土地城市化的水平和规模均有提高，但二者的发展出现分化。2003~2014年，我国人口城市化率从40.53%提高到54.77%，上升了14.24个百分点，目前已有将近7.5亿人生活在城市，同期我国建成区面积从28308平方公里增加到49773平方公里，增加了21465平方公里。据相关专家分析，我国人口城市化率年均增长速率为1.3个百分点（陆大道 等，2015），而建成区面积年均增长速率为14.65个百分点，城市建成区面积扩张速度远高于人口城市化速度。实践中，一些省份存在土地城市化"冒进"现象，引发学者们诸多分析与讨论，尹宏玲等（2013）、张志强等（2015）、陈伟等（2014）、王雪霁等（2014）等实证分析显示，我国人口城市化滞后于土地城市化，二者之间发展失调。谭术魁等（2013）、范进等（2012）、杨丽霞等（2013）、王喆等（2014）、李裕瑞等（2014）、王丽艳等（2014）从不同的视角分析了我国人口城市化与土地城市化失调现状及成因，对如何实现人口城市化与土地城市化良性互动和协调发展提出了对策和建议。已有的研究显示，西部相较于东部人口城市化发展滞后，而土地城市化"冒进"程度更为严重，土地城市化"冒进"降低了西部人口城市化质量的协调性。

一、西部地区人口城市化与土地城市化进程及特征

（一）西部地区人口城市化与土地城市化进程

衡量土地城市化的规模和水平一般采用建成区面积这一指标。根据1999~2014年西部人口城市化和土地城市化统计数据，绘制西部人口城市化和土地城市化进程图（图7.1），可以看出，西部人口城市化率稳步提高，土地城市化增速超过人口城市化增速。1999~2014年，西部人口城市化率从28.24%提高到46.89%，年均增长1.24个百分

点；同期，西部建成区面积从 4688.22 平方公里扩大到 11119.29 平方公里，建成区面积年均增幅为 8.57 个百分点，建成区面积扩张的速度是人口城市化增长率的 6.97 倍，显示出自西部大开发以来，西部地区土地城市化规模的扩张速度明显快于人口城市化水平提高速度。

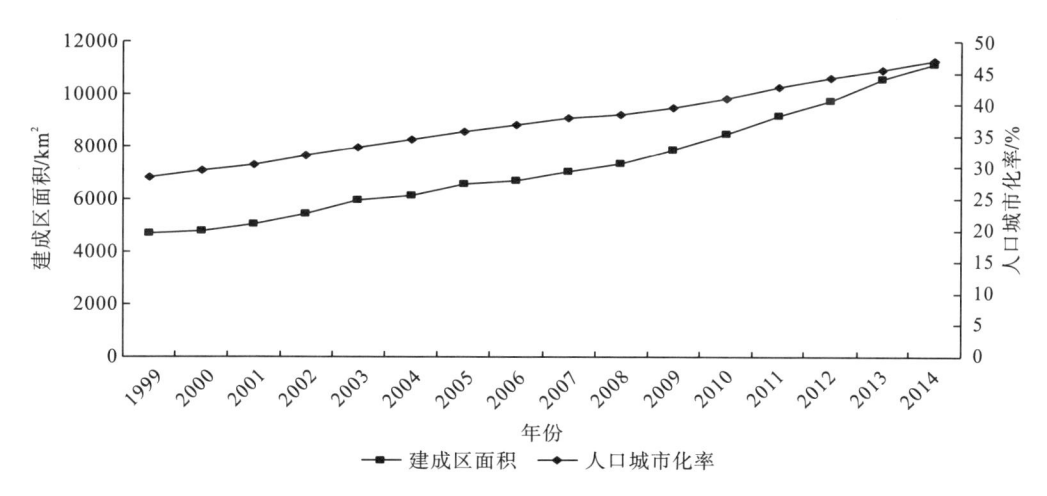

图 7.1 西部地区人口城市化与土地城市化进程(1999~2014 年)

数据来源：根据 1999~2015 年的《中国统计年鉴》、1999~2015 年的《中国城市年鉴》、中国经济信息网、国研网相关统计数据整理

(二)西部 12 省(区、市)人口城市化与土地城市化进程及特征

依据统计数据，绘制 1999~2014 年西部 12 省(区、市)人口城市化与土地城市化进程图(图 7.2)。从图 7.2 可见，西部 12 省(区、市)中土地城市化规模较大的地区为内蒙古、广西、四川、重庆、新疆，2014 年分别达到 1185 平方公里、1193 平方公里、1231 平方公里、2217 平方公里、1118 平方公里，建成区面积已超过 1000 平方公里；土地城市化规模较小的地区为贵州、云南、西藏、陕西、甘肃、青海、宁夏，2014 年分别为 724 平方公里、977 平方公里、126 平方公里、968 平方公里、779 平方公里、166 平方公里、441 平方公里，建成区面积小于 1000 平方公里。西部 12 省(区、市)中土地城市化扩张速度较快的地区为重庆、云南、宁夏，1999~2014 年土地城市化扩张速率超过 10 个百分点，分别达到 19.17%、12.9%、16.41%；四川、贵州、新疆、广西、内蒙古、陕西、甘肃、西藏、青海的土地城市化扩张速度相对较慢，年均扩张速率分别为 9.63%、8.24%、7.79%、6.34%、6.91%、6.61%、5.53%、4.52%、4.96%。1999~2014 年，西部 12 省(区、市)中内蒙古、广西、重庆、四川、贵州、云南、西藏、陕西、甘肃、青海、宁夏、新疆的人口城市化年增长速率分别为 1.14%、1.16%、1.69%、1.31%、1.08%、1.21%、0.51%、1.31%、1.16%、1.01%、1.38%、0.87%。从统计数据看，西部 12 省(区、市)的土地城市化扩张速度均明显快于人口城市化速度，西部一些省份热衷于"造城运动"，造新城或者卫星城，城市规模不断扩大，土地利用率下降，土地城市化存在"冒进"现象。

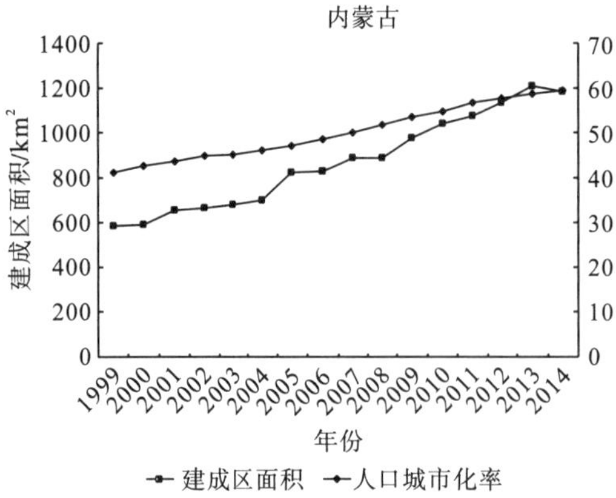
内蒙古
建成区面积/km²
人口城市化率/%
年份
建成区面积
人口城市化率

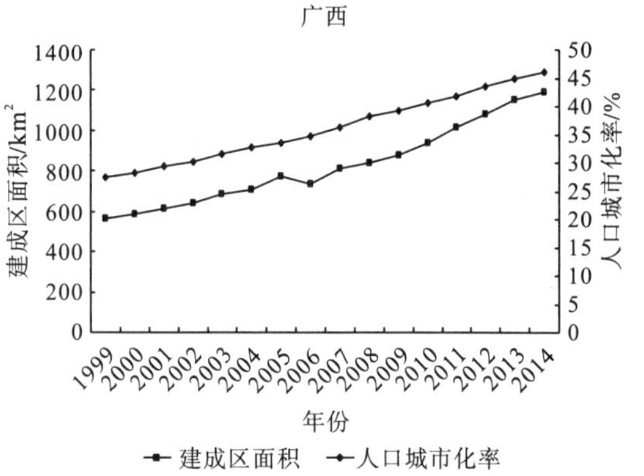
广西
建成区面积/km²
人口城市化率/%
年份
建成区面积
人口城市化率

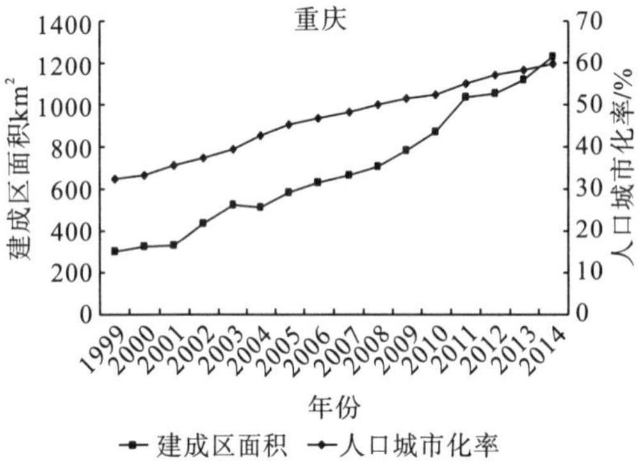
重庆
建成区面积km²
人口城市化率/%
年份
建成区面积
人口城市化率

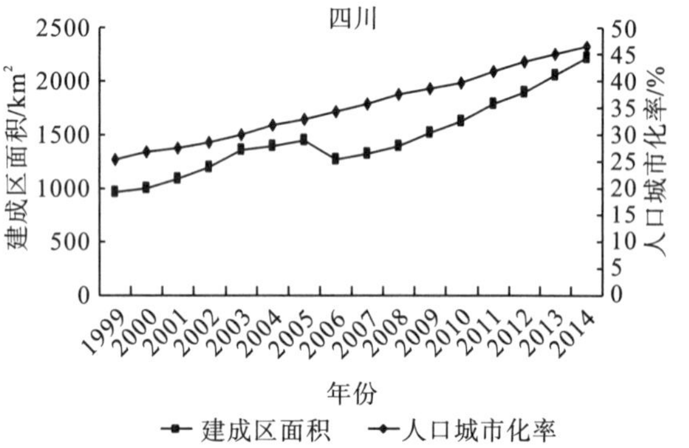
四川
建成区面积/km²
人口城市化率/%
年份
建成区面积
人口城市化率

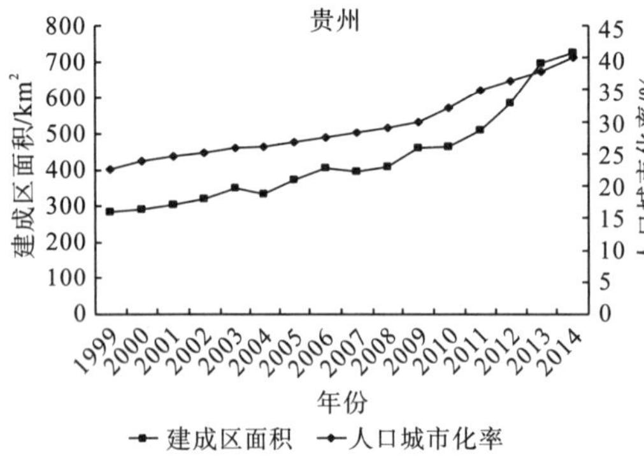
贵州
建成区面积/km²
人口城市化率/%
年份
建成区面积
人口城市化率

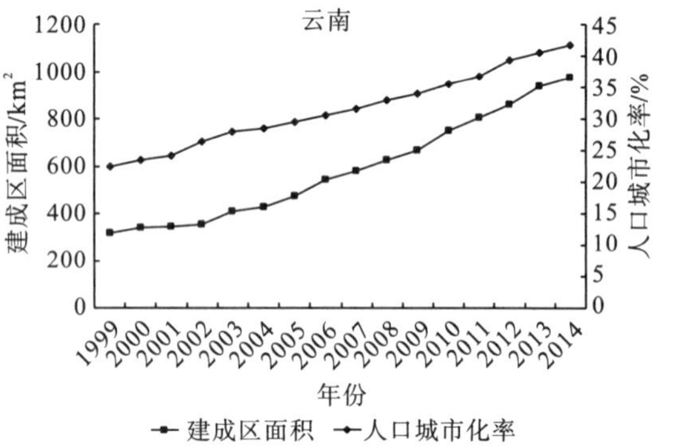
云南
建成区面积/km²
人口城市化率/%
年份
建成区面积
人口城市化率

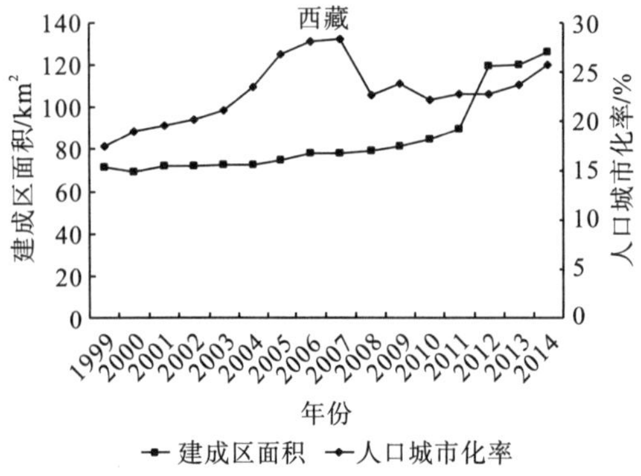
西藏
建成区面积/km²
人口城市化率/%
年份
建成区面积
人口城市化率

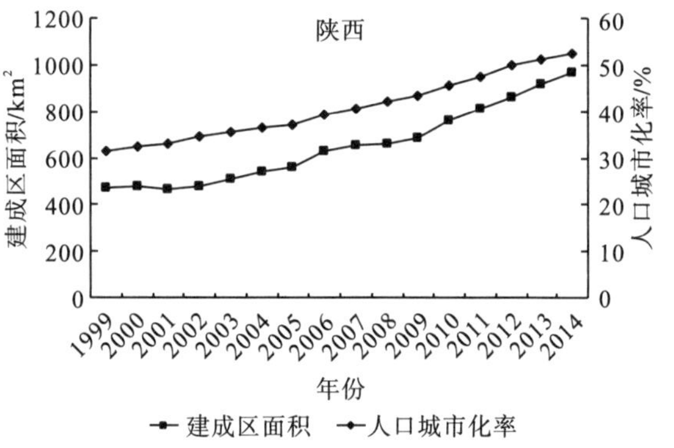
陕西
建成区面积/km²
人口城市化率/%
年份
建成区面积
人口城市化率

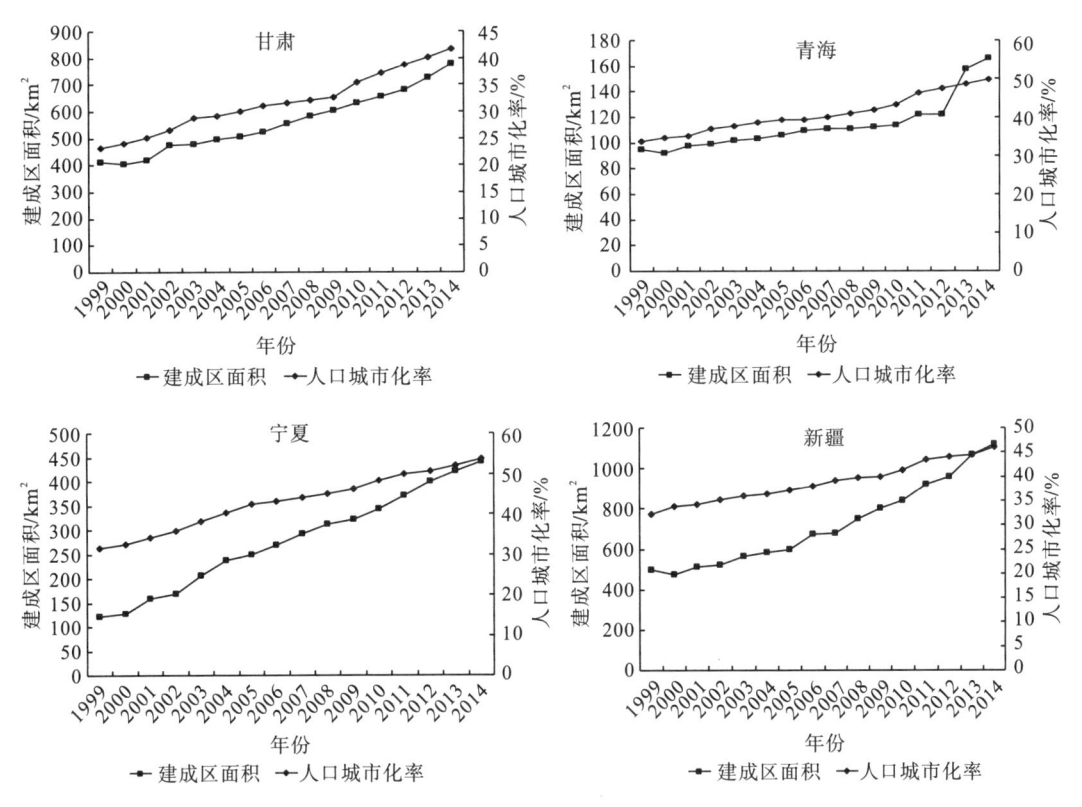

图 7.2　西部 12 省(区、市)人口城市化与土地城市化进程(1999～2014 年)

数据来源：根据 1999～2015 年的《中国统计年鉴》、1999～2015 年的《中国城市年鉴》、中国经济信息网、国研网相关统计数据整理

二、西部人口城市化与土地城市化相关性

土地城市化与人口城市化是城市化的两个基本构成，从城市化进程实践看，人口城市化和土地城市化存在相互依存和相互制约的关系。西部地区城市建成区面积大肆扩张，土地城市化"冒进"现象已超出正常轨道，不利于城市土地资源优化配置，土地资源浪费严重，人口城市化与土地城市化矛盾突出，阻碍了西部人口城市化质量提升。

(一)模型建立

一般地，衡量土地城市化的规模和水平采用建成区面积这一指标，城市发展需要相适应的土地，一定城市人口规模要求与之相适应的建成区面积，西部人口城市化与土地城市化关系模型如下：

$$z_i = A p_i^{\beta} \tag{7-1}$$

式中，p、z 分别代表城市人口、建成区面积，i 代表西部 12 省(区、市)，两边用人口总数 P 去除，则有

$$\frac{z_i}{P_i} = A \left(\frac{p_i}{P_i}\right)^{\beta} \tag{7-2}$$

令 $X_i = \dfrac{p_i}{P_i}$，$Y_i = \dfrac{z_i}{P_i}$，X 和 Y 分别代表人均建成区面积和人口城市化率，代入式 (7-2)，使其动态化，在其两边取对数，可将模型转变为

$$\ln Y_{it} = \alpha_{it} + \beta_{it} \ln X_{it} + \mu_{it} \tag{7-3}$$

人均增长率公式为

$$\frac{\mathrm{d}\ln y(t)}{\mathrm{d}t} = \alpha_t + \beta_t \frac{\mathrm{d}\ln k(t)}{\mathrm{d}t} \tag{7-4}$$

式中，β 代表土地规模弹性系数[①]，国际上一般认为土地规模弹性系数为1.12较合理。西部12个省(区、市)人口城市化与土地城市化协调性采用面板数据模型进行分析比较合适，能揭示西部12省(区、市)人口城市化与土地城市化的相互关系。

(二)模型检验

1.散点图

建立面板数据模型之前，绘制西部12省(区、市)人口城市化率(X)和人均建成区面积(Y)的散点图(图7.3)，可以初步判断两变量存在相关性，单位根检验人口城市化率和人均建成区面积两个变量序列，均为非平稳序列，经过一阶差分后，两变量序列均为I(1)过程，两变量序列为同阶单整系列，可以建立模型。

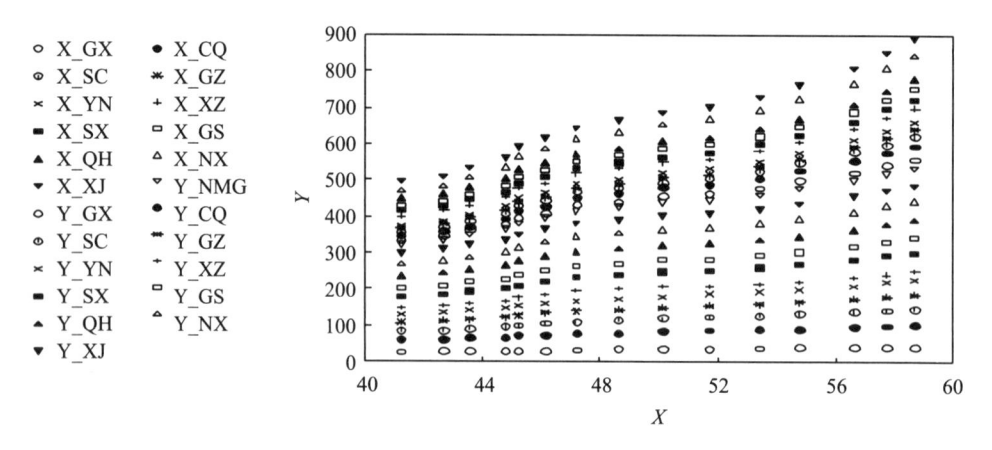

图7.3 西部地区人口城市化率和人均建成区面积散点图

2.面板模型的协整检验

在单位根检验的基础上，进行面板模型的协整检验。

Pedroni检验结果如表7.1所示。

[①] 土地规模弹性系数 = $\dfrac{\text{土地城市化增长率}}{\text{人口城市化增长率}}$。

第七章 西部人口城市化质量协调性评价

表 7.1 面板协整检验结果

变量			面板协整检验结果			
被解释变量 Y 组间	解释变量 X	组内统计量	Panel v-stat 2.48**	Panel ρ-stat −2.08**	Panel PP-stat −3.89***	Panel ADF-stat −2.05**
		组间统计量		Group ρ-stat −0.87	Group PP-stat −5.21***	Group ADF-stat −2.55**

根据组内统计量和组间统计量检验结果进行综合分析,可以建立西部人口城市化与土地城市化两变量的协整关系模型。

3. 面板数据模型参数估计

由面板数据模型(表 7.2)可以分析西部总体人口城市化与土地城市化协调性,也可以分析西部 12 省(区、市)人口城市化与土地城市化协调性的区域分异情况,采用变截距面板数据模型,估计结果为

$$\ln Y_{it} = -2.244 + D_i + 1.482 \ln X_{it} \tag{7-5}$$

$$S.E. \quad (0.126) \quad (0.035)$$

$$t \quad (-17.76) \quad (41.88)$$

式中,$t_{0.05(180)} = 1.98$,D_i 为虚变量,$D_i = \begin{cases} 1, & \text{属于第} i \text{个个体时} \\ 0, & \text{其他} \end{cases}$。

表 7.2 西部 12 省(区、市)区面板数据模型

地区	内蒙古	广西	重庆	四川	贵州	云南	西藏	陕西	甘肃	青海	宁夏	新疆
截距	0.01	−0.19	−0.34	−0.16	−3.32	−0.35	0.99	−0.39	0.20	−0.22	0.44	0.34

从模型检验来看,$R^2 = 0.9776$,说明西部人口城市化与土地城市化模型拟合效果好,截距和系数的估计值均通过 t 检验,t 检验绝对值分别为 17.76 和 41.88,大于标准值 1.98,通过 t 检验。根据面板模型的估计结果,求得西部土地规模弹性系数为 1.48,与国际公认的合理值 1.12 相比,大于国际公认值,西部地区存在土地城市化超前现象。随着西部人口城市化的内涵发展,土地集约节约利用能力需进一步增强,缩小土地规模弹性系数,使之趋于合理范围。为进一步分析西部 12 省(区、市)土地规模弹性系数差异,估计变系数固定效应面板模型,估计结果如表 7.3 所示。

表 7.3 变系数固定效应模型

模型	S.E.	t	prob.
$\ln y = -2.19 + 1.89 \ln x\_\text{NMG}$	0.08	22.48	0.0000
$\ln y = -2.19 + 1.26 \ln x\_\text{GX}$	0.07	17.15	0.0000
$\ln y = -2.19 + 2.16 \ln x\_\text{CQ}$	0.09	22.98	0.0000
$\ln y = -2.19 + 1.25 \ln x\_\text{SC}$	0.12	10.18	0.0000

续表

模型	S.E.	t	prob.
$\ln y = -2.19 + 1.64\ln x\_GZ$	0.09	17.24	0.0000
$\ln y = -2.19 + 1.78\ln y\_YN$	0.08	21.57	0.0000
$\ln y = -2.19 + 0.11\ln x\_XZ$	0.24	0.44	0.6606
$\ln y = -2.19 + 1.34\ln x\_SX$	0.05	24.34	0.0000
$\ln y = -2.19 + 1.05\ln x\_GS$	0.06	20.93	0.0000
$\ln y = -2.19 + 0.75\ln x\_QH$	0.12	5.92	0.0000
$\ln y = -2.19 + 2.14\ln x\_NX$	0.06	33.22	0.0000
$\ln y = -2.19 + 1.96\ln x\_XJ$	0.12	16.37	0.0000

从估计结果来看，$R^2=0.9913$，表明西部人口城市化与土地城市化协调性模型的拟合效果较好，$F=779.55$，其概率 $P=0.00$。西部12省(区、市)中，西藏人口城市化与土地城市化协调性参数 β 未通过 t 检验，其 t 为 0.6606，其余西部 11 省(区、市)均通过 t 检验。分析原因，1999~2014 年，西藏人口城市化率从 17.48%提高到 25.78%，16 年间仅提高了 8.3 个百分点，年均上升 0.42 个百分点，远低于全国和西部平均水平；从同期人均建成区面积(平方米/人)来看，西藏人均建成区面积从 27.39 平方米/人提高到 38.67 平方米/人，从时间序列来看，西藏人口城市化率和人均建成区面积两变量之间线性关系不显著。从其余西部 11 省(区、市)来看，土地规模弹性系数最高的地区是重庆和宁夏，分别为 2.16 和 2.14，为国际标准值的近 2 倍，说明 1999~2014 年，重庆和宁夏两地的城市用地规模扩张较快，土地城市化严重超前于人口城市化；其次是新疆、内蒙古、云南、贵州，土地规模弹性系数分别为 1.96、1.89、1.78、1.64，说明土地城市化超前于人口城市化；四川、陕西接近合理值，说明土地城市化与人口城市化基本协调；甘肃和青海土地规模弹性系数为 1.05、0.75，略低于标准值 1.12，说明两地相较于较快的人口城市化进程，土地城市化略显滞后。西部 12 省(区、市)土地规模弹性系数差异较大，重庆、宁夏、新疆等省份土地城市化超前发展问题较为严重。

三、西部人口城市化与土地城市化协调性评价

（一）评价指标体系

前文利用土地规模弹性系数分析了西部 12 省(区、市)人口城市化与土地城市化之间的相互关系，下面对西部人口城市化与土地城市化协调性进行评价。采用单一指标对西部人口城市化与土地城市化协调性的评价已难以全面、系统和综合地反映真实情况，因此，通过建立复合评价指标体系对西部人口城市化和土地城市化协调发展状况进行综合评价(李秋颖 等，2015)，人口城市化指标体系保持不变，土地城市化复合评价指数构建主要考虑土地投入水平和产出水平(李子联，2013)，包括六项评价指标，西部人口城市化与土地城市化协调性评价指标体系构建如表 7.4 所示。

表7.4 西部人口城市化与土地城市化协调性评价指标体系

目标层	准则	指标层
人口城市化与土地城市化协调性	人口城市化指数：0.45	常住人口城市化率：0.15 非农户籍人口城市化率：0.15 土地城市化率：0.15
	土地城市化指数：0.55	城市人口密度：0.091 地均生产总值：0.091 地均城市固定资产投入：0.092 地均公共财政收入：0.092 建成区绿化覆盖率：0.092 人均公园绿地面积：0.092

因评价指标体系中各变量指标的量纲不同，对其进行标准化处理，在参考复合系统协调度模型的基础上(孙丽萍 等，2015)，构建西部人口城市化与土地城市化协调度模型：

$$u_{ij}'(e_{ij}) = \sum_{i=1}^{n} \lambda_i u_{ij}(e_{ijk}) \qquad \lambda_i \geq 0, \sum_{i=1}^{n} \lambda_i = 1 \qquad (7\text{-}6)$$

根据相关研究文献和专家建议(张旺 等，2013)，对各评价指标进行赋权，并利用公式计算得出西部人口城市化与土地城市化协调度综合指数。

借鉴学者王云霞等(2015)、刘娟等(2012)的耦合协调度模型，第 i 地区人口城市化与土地城市化协调度计算公式为

$$C_i = \sqrt{\prod_{j=1}^{2} u_{ij}'(e_{ij})} \qquad (7\text{-}7)$$

$$D = \sqrt{C \times T} \qquad (7\text{-}8)$$

式中，$T=aU_1+bU_2$，令 $a=b=0.5$。

根据式(7-7)和式(7-8)，计算得到西部地区人口城市化与土地城市化协调发展指数，参考郭施宏等(2014)、陈凤桂等(2010)、刘法威等(2014)前期研究成果，并保持前后分析的一致性，协调度 $D \in [0,1]$，采用阈值0.4和0.7将协调度划分为三个阶段，如果协调度 D 为 0~0.4，属于低度协调发展阶段，表明人口城市化与土地城市化均处于较低水平，在低水平上实现耦合协调发展；若协调度 D 为 0.4~0.7，二者属于基本适度，表明人口城市化与土地城市化交互促进，能有效推动复合系统有序向前发展；若协调度 D 为 0.7~1，二者属于良好适度，说明人口城市化与土地城市化的发展水平较高，二者在高水平上实现良性互动、协调发展，人口城市质量协调性较高。

(二)评价与分析

1.时间序列评价

将标准化处理后的数据代入式(7-6)，计算得到西部人口城市化水平综合指数和土地城市化水平综合指数。通过式(7-7)和式(7-8)计算，得到西部人口城市化与土地城市化耦合度和协调度(表 7.5)，进而绘制西部人口城市化与土地城市化协调度趋势图(图 7.4)。

表 7.5　西部人口城市化与土地城市化耦合度及协调度(1999~2014 年)

年份	人口城市化综合指数	土地城市化综合指数	耦合度(C)	协调度(D)
1999	0.1471	0.1123	0.2328	0.1727
2000	0.1435	0.1284	0.2472	0.1831
2001	0.1713	0.1477	0.2701	0.2072
2002	0.1231	0.1734	0.2609	0.1962
2003	0.1515	0.2166	0.2911	0.2308
2004	0.1674	0.2486	0.3081	0.2523
2005	0.1856	0.2757	0.3251	0.2731
2006	0.2114	0.3434	0.3547	0.313
2007	0.2364	0.371	0.3738	0.3363
2008	0.253	0.4015	0.3876	0.3554
2009	0.2762	0.4298	0.4029	0.3764
2010	0.3027	0.4607	0.4191	0.3999
2011	0.3416	0.5044	0.4421	0.4315
2012	0.3653	0.5528	0.4602	0.4587
2013	0.3964	0.5845	0.4769	0.4828
2014	0.4325	0.6306	0.5124	0.5298

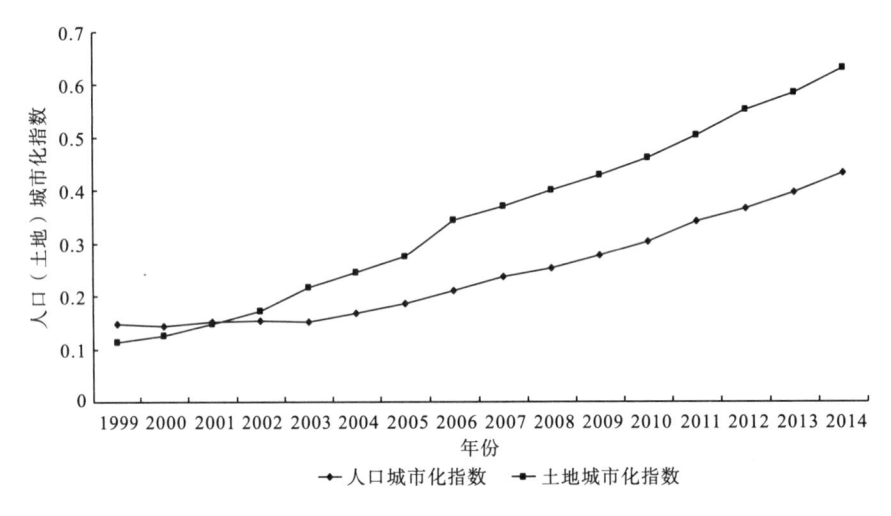

图 7.4　西部地区人口城市化与土地城市化协调度趋势图(1999~2014 年)

根据西部人口城市化与土地城市化综合指数时间序列变化分析，2001 年以前，西部人口城市化指数高于土地城市化指数，说明人口城市化速度快于土地城市化速度；2002 年以后，西部土地城市化扩张速度超过人口城市化速度，表现为随着时间的推移，西部土地城市化超前于人口城市化渐趋明显，2002 年西部人口城市化综合指数与土地城市化综合指数之间的差距为 0.05，2007 年增至 0.13，2014 年进一步增加为 0.19。

根据时间序列分析，1999~2010 年，$D\in[0,0.4)$，表明西部人口城市化与土地城市化处于低度协调范围；2010~2014 年，从协调度看，$C\in[0.4,0.7)$，$D\in[0.4,0.7)$，表明西部人口城市化与土地城市化处于基本协调发展阶段，两者之间基本能相互促进。总体上看，西部人口城市化和土地城市化协调发展程度较低，2014 年西部人口城市化与土地城市化协调发展指数为 0.5298，表明处于低度协调发展阶段，二者之间未能实现良性互动和协调发展，土地城市化超前发展是造成西部人口城市化与土地城市化协调度低的主要原因，导致西部人口城市化质量下降(图 7.5)。

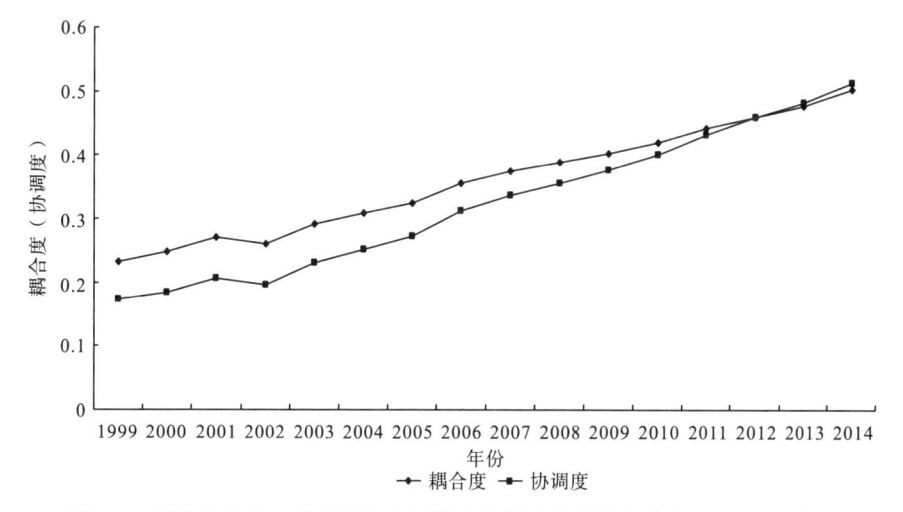

图 7.5 西部地区人口城市化与土地城市化耦合度和协调度(1999~2014 年)

2.区域分异评价

西部 12 省(区、市)人口城市化与土地城市化的耦合度和协调度有空间分异性，且随时间的推移呈现一定幅度的波动。从空间分异看，西部人口城市化与土地城市化协调发展水平差异明显(表 7.6)。

表 7.6 西部 12 省(区、市)人口城市化与土地城市化耦合度(C)与协调度(D)

年份	类目	内蒙古	广西	重庆	四川	贵州	云南	西藏	陕西	甘肃	青海	宁夏	新疆
2000	C	0.281	0.266	0.230	0.141	0.212	0.222	0.226	0.272	0.202	0.228	0.225	0.267
	D	0.221	0.216	0.166	0.220	0.141	0.171	0.217	0.208	0.134	0.174	0.152	0.198
2007	C	0.436	0.414	0.410	0.518	0.318	0.368	0.281	0.447	0.371	0.318	0.364	0.410
	D	0.408	0.381	0.386	0.419	0.276	0.361	0.134	0.454	0.313	0.272	0.315	0.385
2014	C	0.548	0.529	0.519	0.743	0.438	0.477	0.329	0.544	0.454	0.357	0.450	0.482
	D	0.575	0.525	0.555	0.626	0.427	0.475	0.170	0.597	0.447	0.344	0.433	0.482

2000 年，西部 12 省(区、市)人口城市化水平和土地城市化水平均较低下，因而其耦合协调度均较低，$C\in[0,0.4)$，$D\in[0,0.4)$，表明西部 12 省(区、市)人口城市化与土地城市化均处于低度耦合协调发展阶段。

2007年，内蒙古、四川、陕西人口城市化与土地城市化耦合度和协调度超过0.4，表明人口城市化和土地城市化耦合度处于基本协调阶段；重庆、贵州、云南、西藏、甘肃、青海、广西、新疆、宁夏人口城市化与土地城市化两者耦合度和协调度均小于0.4，表明人口城市化与土地城市化还处于低度协调发展阶段。

2014年，西藏和青海两地区人口城市化与土地城市化耦合度和协调度小于0.4，表明人口城市化与土地城市化处于低度耦合和协调发展阶段；其余西部10省(区、市)人口城市化与土地城市化的耦合度和协调度分别为 $C \in [0.4, 0.7)$，$D \in [0.4, 0.7)$，表明进入人口城市化与土地城市化基本耦合和协调发展阶段，人口城市化质量协调性逐步提高。

第二节 西部人口城市化与城乡统筹发展协调性

我国城乡居民收入差距从改革开放以来呈现逐渐增大的趋势，根据统计数据，以相对数进行衡量，1978年我国城镇居民人均可支配收入为343元，农民人均纯收入为133元，城乡居民收入相对差距为2.58倍，城乡居民收入差距小。经过改革开放，我国城乡居民收入差距有所提高，但幅度较小，到2000年，我国农民人均纯收入为2253元，城镇居民人均可支配收入为6280元，我国城乡居民收入差距扩大到2.79倍。2000年以后，我国城乡居民收入差距增长的幅度加快，表明差距在扩大，2009年我国农民人均纯收入为5153元，城镇居民人均可支配收入为17174元，我国城乡居民收入差距扩至3.33倍。我国城乡居民收入差距的持续扩大，引起政府和学者的极大关注，从20世纪90年代开始展开了激烈的讨论，争论的焦点为：我国工业化和人口城市化进程使得农村人口不断向城市迁移，人口城市化效应是缩小还是扩大了我国城乡差距。一部分学者认为人口城市化有助于缩小城乡差距，如陆铭等(2004)、王健康等(2015)、杨志海等(2013)认为人口城市化进程对城乡差距的缩小有直接或间接影响；而另一部分学者则持相反观点，认为人口城市化扩大了城乡差距，如朱宝树(2006)、郭军华(2009)、刘维奇等(2013)、肖尧(2013)等通过实证分析指出人口城市化加剧了我国的城乡居民收入差距；也有一部分学者认为，人口城市化对城乡差距无显著影响，如杨振宁(2008)、李宾 等(2013)、丁志国等(2011)等。许芳(2015)指出我国人口城市化对城乡收入差距具有力量相反的两方面作用，其净效应取决于人口城市化进程中不同政策路径选择所决定的城市化各维度，即产业、人口、土地、社会4个维度的发展水平和协调程度。

考虑我国实际情况，流动人口中的富裕农民通过身份转变而成为城镇居民，而那些滞留在农村的绝大部分人为贫困人口，因自身原因或者劳动市场发育水平低，致使其不能进城务工，农业边际产出递减规律导致农民收入水平低下，城乡居民的收入差距必然扩大。不同阶段和不同地区的人口城市化对区域差距影响的效应不一样，西部人口城市化是推动城乡差距扩大还是缩小，需进行实证分析和检验。

一、西部地区人口城市化与城乡居民收入差距特征

城乡居民收入差距是反映城乡统筹发展程度的核心指标，本书采用西部城乡居民收

入差距指标来反映西部城乡统筹水平。自西部大开发以来，1999～2014 年，西部地区城镇居民和农村居民的收入水平分别从 5284 元和 1604 元增至 23853 元和 8134 元，分别增长了 4.51 倍和 5.07 倍，城乡居民收入均有大幅度的提高。从时间趋势来看，2005 年前，西部地区农民收入增长速度赶不上城镇居民，但 2005 年后，城镇居民收入增长速度低于农民收入增长速度，主要原因是 2000 年后国家重视"三农"问题，一些支农和惠农政策逐步出台，在 2005 年后产生较好成效。从绝对收入差距看，1999 年，西部城乡居民绝对收入差距为 3680 元，2009 年，西部城乡居民绝对收入差距超过 1 万元，到 2014 年，西部城乡居民绝对收入差距达到 16000 元左右。从收入相对差距看，西部城乡居民相对收入差距已经超过 3 倍，从时序上先增大后缩小。

从绝对收入差距来看，西部城乡居民绝对收入差距与人口城市化水平提高趋势一致；从相对收入差距来看，西部城乡居民相对收入差距呈现先增大后逐渐缩小的倒 U 形特征(图 7.6)。

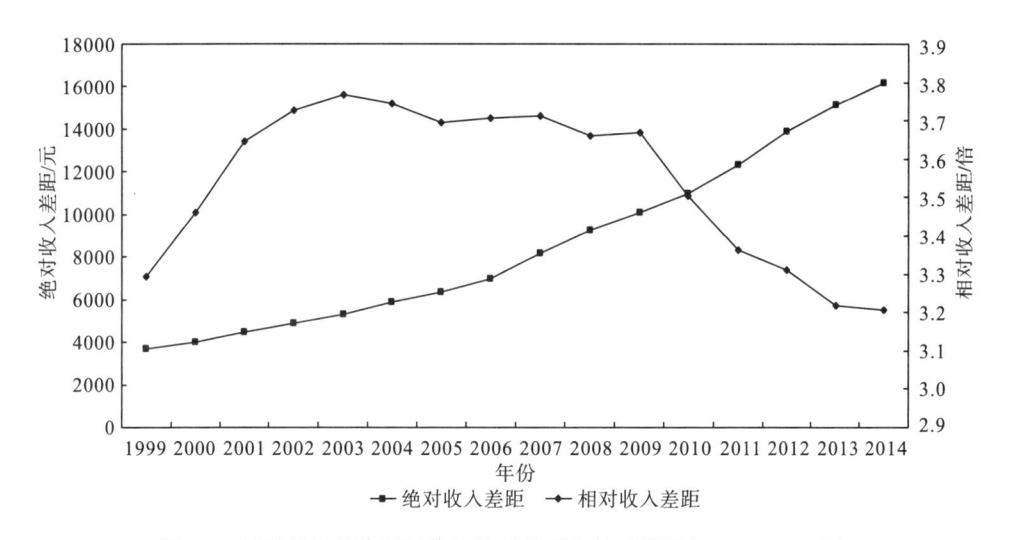

图 7.6 西部地区城乡居民收入绝对差距和相对差距(1999～2014 年)

二、西部人口城市化与城乡居民收入差距相关性

(一)模型建立

参考相关学者的研究成果(李宾 等，2013)，一般采用城乡居民收入比来衡量收入差距，用 ID 表示，解释变量为人口城市化水平，选取人口城市化率这一指标，用 URB 表示，分析时间段为 1999～2014 年，采用面板数据建模(图 7.7)。

建立如下模型：

$$\ln ID_{it} = \alpha_1 + \beta_1 \ln URB_{ti} + \mu_{it} \tag{7-9}$$

从单位根结果(表 7.7)可知，原系列为非平稳序列，但经过一阶差分后变平稳，因此，ln*ID*、lnURB 均为一阶单整序列，即为 I(1)过程，可以建立协整模型。

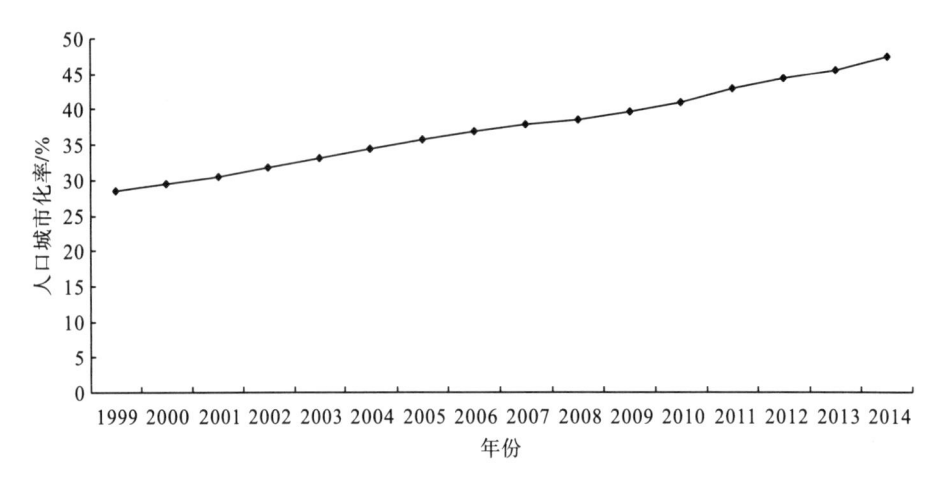

图 7.7 西部地区人口城市化进程(1999～2014 年)

数据来源：根据《中国统计年鉴》统计数据整理

表 7.7 面板数据的单位根检验

变量序列	ADF 检验	p	LLC 检验	p	结论
lnID	23.47	0.49	-0.61	0.27	不平稳
D(lnID)	68.25	0.00	-8.32	0.00	平稳
lnURB	13.07	0.96	-1.34	0.09	不平稳
D(lnURB)	74.24	0.00	-6.75	0.00	平稳

(二)面板数据协整检验

根据 Pedroni 检验结果(表 7.8)，综合组内统计量和组间统计量的检验结果，认为 lnID、lnURB 两变量之间存在长期的均衡关系，能够建立面板数据模型。

表 7.8 协整检验

变量序列		协整检验结果			
lnID lnURB	组内统计量 p	Panel v-stat -0.80 0.28	Panel ρ-stat 2.53 0.01	Panel PP-stat -3.47 0.00	Panel ADF-stat 1.21 0.19
	组间统计量 p		Group ρ-stat 3.91 0.00	Group PP-stat -8.46 0.00	Group ADF-stat -0.83 0.28

(三)面板模型回归估计结果

变截距面板数据的固定效应模型估计结果如下：

$$\ln ID = 2.2647 - 0.2879 \ln URB$$

$$S.E. \quad (0.05) \quad (-5.38)$$

$$t \quad (0.19) \quad (11.90)$$

从检验结果看，模型截距项的系数为负，说明西部地区人口城市化对缩小城乡居民收入差距有显著作用，且弹性系数为 0.2879，表明西部人口城市化率每提高一个百分点，城乡居民收入差距可缩小 0.2879 个百分点。根据前面分析，学者关于人口城市化效应对城乡居民收入差距影响存在争论，郭军华(2009)、刘维奇等(2013)、肖尧(2013)等认为人口城市化进程加剧了我国城乡居民收入差距，显然，在经济发展不同阶段或者不同的地区应存在差异，作为西部地区来说，推进人口城市化进程有利于缩小城乡差距，促进城乡协调发展，提高西部人口城市化质量。下面，进一步建立变系数的面板数据模型，分析西部 12 省(区、市)人口城市化对城乡居民收入差距的影响，变系数面板数据模型参数估计结果如表 7.9 所示。

表 7.9 西部 12 省(区、市)人口城市化与城乡居民收入差距变系数面板数据模型

省区	解释变量	系数	S.E.	T 统计量	p
内蒙古	lnURB	-0.06	0.18	-1.52	0.12
广西	lnURB	-0.02	0.04	-0.46	0.62
重庆	lnURB	-0.03	0.45	-0.72	0.48
四川	lnURB	-0.18	0.04	-3.98	0.00
贵州	lnURB	0.01	0.05	0.3	0.76
云南	lnURB	0.02	0.11	1.06	0.28
西藏	lnURB	0.27	0.04	0.26	0.78
陕西	lnURB	-0.03	0.7	0.07	0.94
甘肃	lnURB	-0.09	0.05	-0.66	0.51
青海	lnURB	-0.02	0.3	-4.11	0.00
宁夏	lnURB	-0.05	0.81	-3.69	0.00
新疆	lnURB	-0.05	0.67	-1.95	0.05

注：$R^2 = 0.9002$；$\bar{R}^2 = 0.8934$；$F=146.7297$；$DW=1.9182$；$N \times T=360$

根据估计结果，$R^2 = 0.9002$，说明模型的拟合程度较高，$F=146.7297$，模型总体线性关系显著，$DW=1.9182$，模型不存在自相关性，变系数的面板数据模型揭示西部 12 省(区、市)人口城市化对城乡收入差距的影响效应结论如下：西部 12 省(区、市)中，四川、甘肃、内蒙古、宁夏、新疆、广西、重庆、陕西、青海估计面板数据模型系数项为负，说明这些地区人口城市化对城乡居民收入差距缩小有正面效应，作用力为人口城市化率每提高一个百分点，分别导致四川、甘肃、内蒙古、宁夏、新疆、广西、重庆、陕西、青海的城乡居民相对收入差距缩小 0.18、0.09、0.06、0.05、0.05、0.02、0.03、0.03、0.02 个百分点；贵州、云南、西藏三地估计模型系数项为正，说明这些地区人口城市化对城乡居民收入差距扩大有正面促进效应，其作用大小为，人口城市化率每提高一个百分点，贵州、云南、西藏城乡居民收入差距分别扩大 0.01、0.02、0.27 个百分点。从总体上看，西部人口城市化有助于缩小城乡居民收入差距，但从西部内部分异来看，西部 12 省(区、市)人口城市化对城乡居民收入差距影响作用力和效应不同，说明人口城市化不会必然带来城乡居民收入差距的缩小，西部人口城市化水平、经济发展水平

较高的地区人口城市化有助于缩小城乡差距，西部人口城市化水平、经济发展水平较低的地区则相反。

三、西部人口城市化与城乡统筹发展协调性评价

（一）评价指标体系

随着我国城乡居民收入差距的扩大，政府高度重视人口城市化进程中城乡统筹协调发展，并提出具体措施如取消农业税，建立农村低保、医保和农村上学儿童的营养餐制度等，使西部地区城乡居民收入相对差距在2010年后呈现逐步下降的趋势。统筹城乡协调发展问题，相关研究文献较多，大都是进行定量研究，其中，董雅等（2012）、王富喜等（2009）、孙久文（2013）、徐昆鹏等（2010）均定量分析了我国人口城市化与城乡统筹发展，认为城乡统筹发展有助于缩小城乡居民收入差距，提高人口城市化质量。在遵循科学、系统和全面性原则下，保持本书前后分析的一致性，构建西部人口城市化与城乡统筹协调发展复合评价指标体系，对西部人口城市化与城乡统筹发展协调性进行定量分析（表7.10）。

表 7.10　西部人口城市化与城乡统筹发展协调性评价指标体系

目标层	准则	指标层
人口城市化与城乡统筹协调度	人口城市化指数：0.401	常住人口城市化率：0.142 非农户籍人口城市化率：0.133 土地城市化率：0.126
	城乡统筹发展指数：0.599	城乡居民收入水平差距：0.179 城乡居民消费水平差距：0.164 城乡居民恩格尔系数差距：0.098 城乡居民人均受教育年限差距：0.082 城乡居民社会保障覆盖率差距：0.076

本书在参考孙丽萍等（2015）、魏杰等（2015）、吴殿廷等（2007）的复合系统协调度模型基础上，对西部城乡统筹发展指标原始数据进行标准化处理，借鉴李勤等（2009）、王娟（2011）等的研究方法，利用熵值法计算权重，熵值法的计算公式及过程如下。

(1) 利用标准化后的数据构建原始评价矩阵：

$$\boldsymbol{R} = (r_{ij})_{m \times k} \tag{7-10}$$

(2) 计算第 k 个指标的熵值：

$$e_i = -\sum_{i=1}^{m} p_{ij} \cdot \ln p_{ij} / \ln m \qquad p_{ij} = r_{ij} \Big/ \sum_{i=1}^{m} r_{ij}, \tag{7-11}$$

计算第 i 个指标的熵权：

$$W_i = (1 - e_i) \Big/ \sum_{i=1}^{n} (1 - e_i) \tag{7-12}$$

(3) 根据权重，计算复合系统的综合指数：

$$u_{ij}(e_{ij}) = \sum_{i=1}^{n} w_i u_{ij}(e_{ijk}) \qquad 0 \leqslant w_i \leqslant 1, \sum_{i=1}^{n} w_i = 1 \tag{7-13}$$

(二)模型建立

参考顾鹏等(2013)、黄水木(2007)等的相关研究成果,建立耦合度公式为

$$C_i = \sqrt{\left|\prod_{j=1}^{2} u_{ij}(e_{ij})\right|} \tag{7-14}$$

协调度模型计算公式如下:

$$D = \sqrt{C \times T}, \tag{7-15}$$

式中,$T = aU_1 + bU_2$,令 $a = b = 0.5$,耦合度 $C \in [0,1]$,协调度 $D \in [0,1]$,将两系统协调发展类型根据阈值 0.4、0.7、1 分别划分为低度协调、基本协调、良好协调发展三个类别,由于西部人口城市化与城乡统筹发展协调性指数较低,进一步将三个类别细分为 10 种类型:第一大类低度协调分为四种类型:$D \in [0, 0.1)$,极度失调衰退;$D \in [0.1, 0.2)$,严重失调衰退;$D \in [0.2, 0.3)$,中度失调衰退;$D \in [0.3, 0.4)$,轻度失调衰退;第二大类基本协调细分为三种类型:$D \in [0.4, 0.5)$,濒临失调衰退;$D \in [0.5, 0.6)$,勉强协调;$D \in [0.6, 0.7)$,初级协调;第三大类良好协调发展细分为三种类型:$D \in [0.7, 0.8)$,低级良好协调;$D \in [0.8, 0.9)$,中级良好协调;$D \in [0.9, 1]$,高级良好协调。

(三)评价与分析

利用式(7-11)~式(7-15),计算得出西部 12 省(区、市)2000~2014 年人口城市化与城乡统筹发展协调性评价指数。从时间趋势来看,2000 年西部人口城市化与城乡统筹发展协调性指数为 0.17,2004 年增至 0.23,2008 年提高到 0.36,2014 年进一步达到 0.59,呈现上升趋势,说明西部人口城市化与城乡统筹发展协调度逐渐提高(表 7.11)。

表 7.11 西部 12 省(区、市)人口城市化与城乡统筹协调度(D)(2000~2014 年)

年份	内蒙古	广西	重庆	四川	贵州	云南	西藏	陕西	甘肃	青海	宁夏	新疆	总体
2000	0.21	0.20	0.16	0.22	0.14	0.17	0.21	0.20	0.13	0.17	0.15	0.18	0.17
2001	0.24	0.23	0.19	0.26	0.16	0.19	0.27	0.23	0.15	0.19	0.17	0.22	0.21
2002	0.31	0.30	0.25	0.19	0.22	0.25	0.23	0.28	0.23	0.25	0.21	0.29	0.23
2003	0.29	0.23	0.24	0.32	0.18	0.2	0.09	0.26	0.15	0.21	0.18	0.23	0.24
2004	0.21	0.27	0.25	0.34	0.18	0.21	0.09	0.27	0.26	0.22	0.19	0.24	0.23
2005	0.31	0.29	0.28	0.37	0.20	0.23	0.11	0.31	0.30	0.24	0.21	0.26	0.27
2006	0.34	0.33	0.32	0.34	0.24	0.29	0.19	0.39	0.32	0.24	0.27	0.35	0.32
2007	0.38	0.35	0.34	0.38	0.26	0.32	0.16	0.42	0.31	0.27	0.31	0.37	0.34
2008	0.4	0.38	0.36	0.41	0.26	0.36	0.14	0.44	0.33	0.27	0.32	0.38	0.36
2009	0.44	0.34	0.41	0.46	0.29	0.37	0.15	0.47	0.33	0.28	0.35	0.39	0.40
2010	0.47	0.40	0.44	0.51	0.31	0.4	0.13	0.50	0.34	0.29	0.37	0.42	0.43

续表

年份	内蒙古	广西	重庆	四川	贵州	云南	西藏	陕西	甘肃	青海	宁夏	新疆	总体
2011	0.51	0.42	0.51	0.58	0.34	0.42	0.18	0.54	0.37	0.31	0.39	0.44	0.45
2012	0.54	0.45	0.53	0.62	0.37	0.47	0.18	0.57	0.42	0.33	0.41	0.46	0.47
2013	0.57	0.47	0.55	0.62	0.42	0.51	0.27	0.59	0.44	0.34	0.43	0.48	0.52
2014	0.64	0.52	0.63	0.71	0.49	0.57	0.34	0.63	0.48	0.45	0.47	0.54	0.59

西部人口城市化与城乡统筹发展协调性空间分异现象明显，2000~2003 年，西部 12 省(区、市)人口城市化与城乡统筹发展协调性指数较低，且地区间差别不大；2004~2008 年，西部 12 省(区、市)人口城市化与城乡统筹发展协调性空间差异凸显，内蒙古、重庆、四川、新疆 4 省(区、市)人口城市化与城乡统筹发展协调性指数与其他西部地区拉开差距；2009~2014 年，内蒙古、重庆、四川、新疆 4 省(区、市)人口城市化与城乡统筹发展协调性指数明显高于西部其他地区，人口城市化质量协调性高于其他地区。

1.时间序列评价

从时间序列来看，根据阈值 0.4、0.7、1 分别划分为低度协调、基本协调、良好协调发展三大类别，进一步细分为 10 个小类别，可以得到，1999~2008 年，西部人口城市化与城乡统筹的协调度 $D \in [0, 0.4]$，处于低度协调发展阶段，进一步细分为三小类。1999~2000 年，$D \in [0.1, 0.2]$，处于严重失调衰退阶段；2001~2005 年，$D \in [0.2, 0.3]$，属于中度失调衰退阶段；2006~2009 年，$D \in [0.3, 0.4]$，属于轻度失调衰退阶段。2009~2014 年，$D \in [0.4, 0.7]$，处于基本协调发展阶段，其中，2009~2012 年，$D \in [0.4, 0.5]$，处于濒临失调衰退阶段；2013~2014 年，$D \in [0.5, 0.6]$，处于勉强协调阶段，总体上，西部人口城市化与城乡统筹协调度低，未能实现二者的协调发展，导致西部人口城市化质量协调性下降，不利于西部人口城市化质量的提高(图 7.8)。

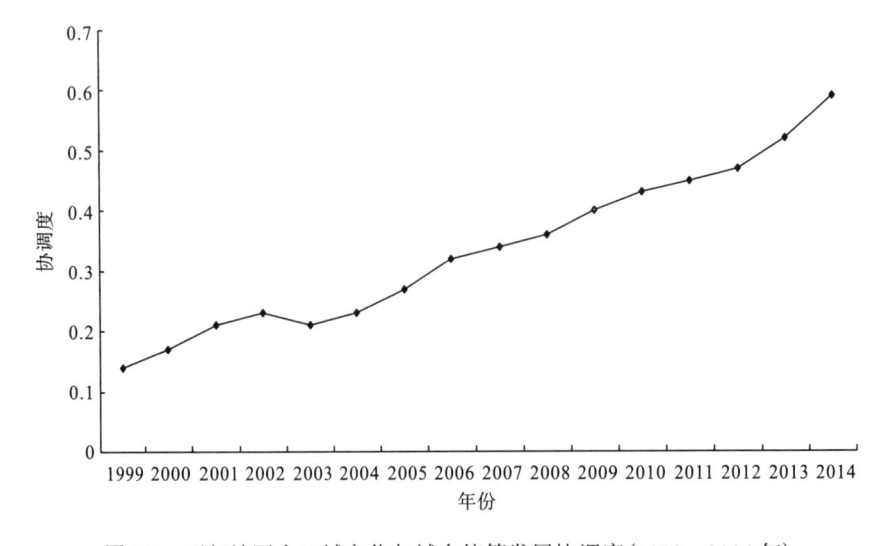

图 7.8 西部地区人口城市化与城乡统筹发展协调度(1999~2014 年)

2.区域分异评价

从西部 12 省(区、市)人口城市化与城乡统筹发展协调度来看,随时间变化区域差异逐渐扩大。以 2000 年、2007 年和 2014 年为例,分别进行分析:2000 年,内蒙古、广西、四川、西藏、陕西 $D \in [0.2, 0.3)$,处于中度失调衰退阶段;其他西部 7 个地区 $D \in [0.1, 0.2)$,处于严重失调衰退阶段。

2007 年,西藏 $D \in [0.1, 0.2)$,处于严重失调衰退阶段;贵州和青海 $D \in [0.2, 0.3)$,处于中度失调衰退阶段;陕西处于基本协调阶段;其他西部 8 个地区 $D \in [0.3, 0.4)$,处于轻度失调衰退阶段。

2014 年,内蒙古、重庆、陕西 3 个地区 $D \in [0.6, 0.7)$,处于基本协调阶段;云南、广西、新疆 3 个地区 $D \in [0.5, 0.6)$,处于低度协调阶段;而青海、宁夏、甘肃和贵州 4 个地区 $D \in [0.4, 0.5)$,处于濒临失调衰退阶段;西藏地区 $D \in [0.3, 0.4)$,处于轻度失调衰退阶段。根据西部 12 省(区、市)人口城市化与城乡统筹发展协调度区域分异结果可知,西部 12 省(区、市)城乡差别依然较大,人口城市化与城乡统筹协调发展区域分异显著,部分人口城市化水平和经济发展水平滞后的地区城乡差距持续扩大,阻碍了西部人口城市化质量的提高。

第八章 西部人口城市化质量包容性评价

2000年,联合国人居署首次提出了包容性城市这一概念,包容性城市概念强调城市发展惠及不同主体,强调不同主体权利的同质均等性,重视城市发展公平与效率的内在统一。关于城市化的包容性发展,目前学界处于探索阶段,研究文献相对较少,没有形成一个清晰、系统的逻辑分析框架(张卫国 等,2015),其中,王晓丽(2013)基于市民化角度,分析了我国乡-城流动人口的市民化水平及影响因素;谭涛等(2012)通过构建包容性评价指标体系,实证分析了无锡、扬州、盐城的城市包容性状况;刘蓉等(2011)基于SPSIR分析框架,提出了城市包容性增长机制;李叶妍(2016)探讨了人口流动、产业结构调整与城市包容度关系;刘耀彬等(2015)通过构建驱动-压力-状态-响应(DPSR)框架,分析了我国东、中、西和东北四个区域新型城镇化包容性发展的影响因素。在前人研究成果的基础上,本书提出西部人口城市化质量包容性评价包括两个维度,即西部人口城市化与民生福利包容性和西部人口城市化与社会保障包容性,前者关注城市为居民共享人口城市化成果并提供基本公共服务的能力,后者关注城市消除歧视、防止移民成为不稳定群体而提供社会保障所采取的行动及能力。

第一节 西部人口城市化与民生福利包容性

民生福利水平反映出城市居民生活的质量,与城市居民的幸福指数息息相关。人口城市化的要义之一是使居民生活水平和生活质量经由人口城市化得以提升。我国《宪法》规定要确保全体国民享有政府提供的基本福利和公共服务,全民共享改革发展成果是改革发展和人口城市化的目标和归宿。城市为外来人口提供基本的民生福利是其市民化的基础,也是高质量人口城市化的一个衡量指标。

一、西部地区人口城市化与民生福利演变

民生福利水平目前没有一个统一的定论(李惠茹 等,2014),考虑到个人和城市的可持续发展离不开智力支持,与居民的受教育程度息息相关,同时,中国人历来重视教育,移民迁移的一个重要考虑因素是子女接受高质量教育的可获得性,本书采用受高等教育的学生人数作为衡量民生福利水平的核心指标。

(一)西部地区民生福利进程

根据数据的可获得性和相关研究资料,衡量民生福利采用受高等教育人数这一核心指标,绘制西部人口城市化率和受高等教育人数演变图(图8.1)。可以看出,西部人口城市化率和受高等教育人数演进趋势一致,1999～2014年,西部人口城市化率从28.24%提

高到 46.89%，同期受高等教育人数从 386.84 万人提高到 1123.72 万人，西部人口城市化率年均增长 1.24 个百分点，受高等教育人数年均增幅达到 11.93 个百分点，可见，西部居民普遍受教育程度低，西部大开发后国家重视对西部的教育投入，西部受高等教育人数增速远远超过人口城市化增长速度，教育水平的提高为西部人口城市化提供了智力支持，也为西部居民未来生存发展能力的提高提供了保障。

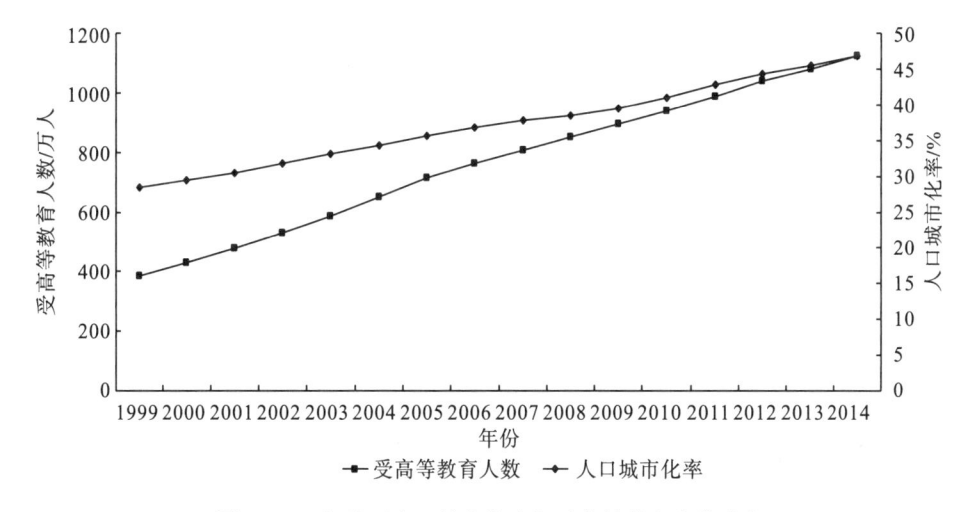

图 8.1　西部地区人口城市化率与受高等教育人数演变

数据来源：根据 1999~2015 年的《中国统计年鉴》、1999~2015 年的《中国城市年鉴》、中国经济信息网、国研网相关统计数据整理

(二)西部 12 省(区、市)人口城市化与受高等教育人数变化

从西部 12 省(区、市)人口城市化率与受高等教育人数的变化图来看(图 8.2)，西部受高等教育人数随时序递增，1999 年，西部 12 省(区、市)受高等教育人数规模分别为内蒙古 4.97 万人、广西 9.03 万人、重庆 9.66 万人、四川 18.03 万人、贵州 5.65 万人、云南 7.39 万人、西藏 0.4 万人、陕西 17.94 万人、甘肃 6.26 万人、青海 0.93 万人、宁夏 1.31 万人、新疆 5.41 万人，受高等教育人数较多的地区为四川和陕西，受高等教育人数较少的地区为西藏、青海、宁夏。2014 年，西部 12 省(区、市)受高等教育人数规模分别为内蒙古 40.64 万人、广西 70.19 万人、重庆 69.16 万人、四川 132.83 万人、贵州 46.04 万人、云南 57.7 万人、西藏 3.35 万人、陕西 109.96 人、甘肃 45.23 万人、青海 5.29 万人、宁夏 11.14 万人、新疆 15.34 万人，受高等教育人数规模超过 100 万人的地区为四川和陕西，受高等教育人数规模未超过 20 万人的地区为西藏、青海和宁夏，2014 年，西藏、青海和宁夏三个地区高等教育人数规模分别为 3.35 万人、5.29 万人和 11.14 万人，处于极低水平。1999~2014 年，西部 12 省(区、市)受高等教育人数增长速度超过 30%，远远高于同期人口城市化率增长速度。受高等教育人数规模的快速扩张为西部人口城市化提供了高素质劳动力，是推进人口城市质量提高的有力保障。本书分别绘制的西部 12 省(区、市)人口城市化率与受高等教育人数变化图，可直观地比较西部 12 省(区、市)人口城市化与受高等教育人数变动情况(图 8.2)。

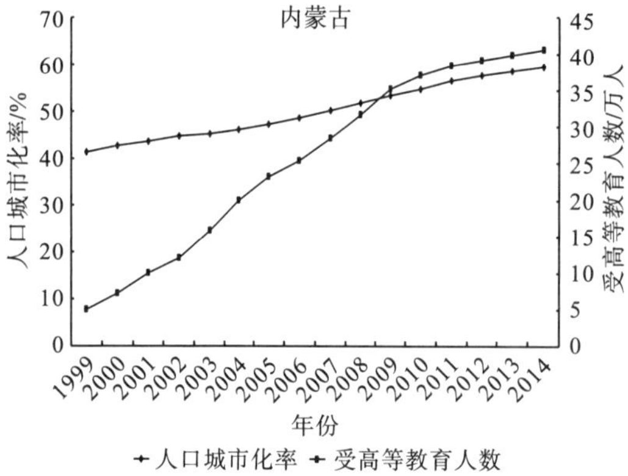
内蒙古
人口城市化率/%
受高等教育人数/万人
年份
人口城市化率 受高等教育人数

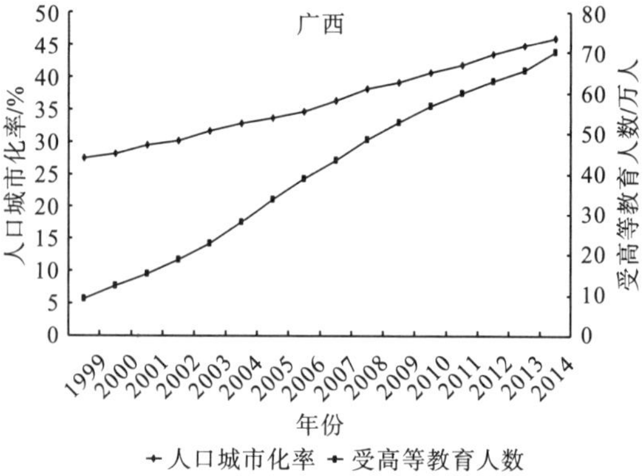
广西
人口城市化率/%
受高等教育人数/万人
年份
人口城市化率 受高等教育人数

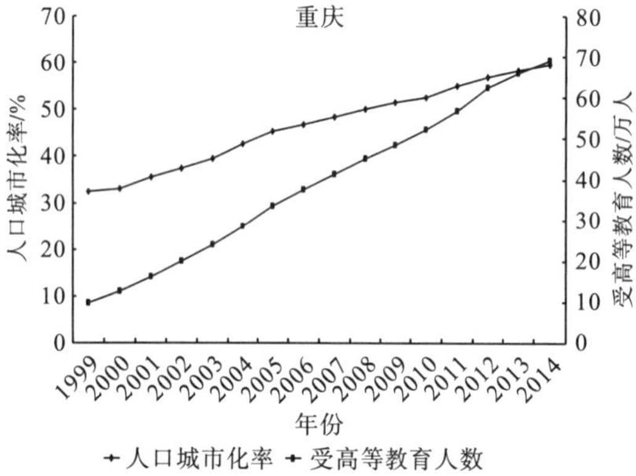
重庆
人口城市化率/%
受高等教育人数/万人
年份
人口城市化率 受高等教育人数

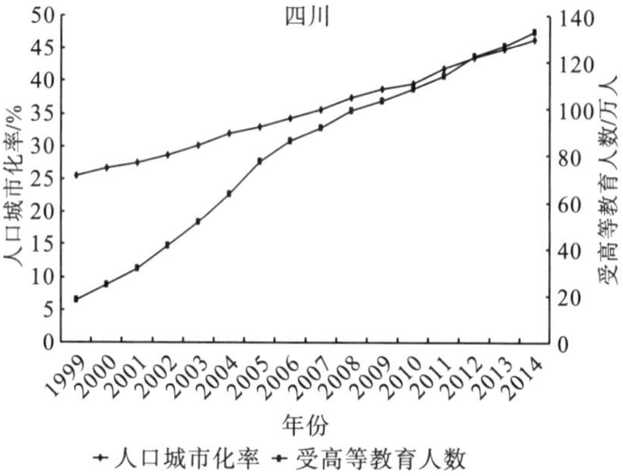
四川
人口城市化率/%
受高等教育人数/万人
年份
人口城市化率 受高等教育人数

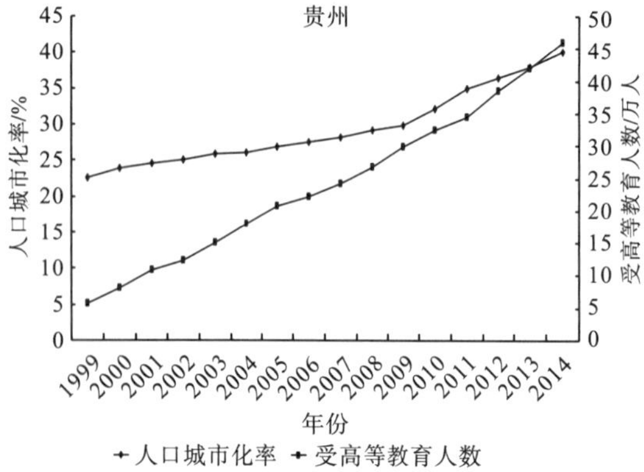
贵州
人口城市化率/%
受高等教育人数/万人
年份
人口城市化率 受高等教育人数

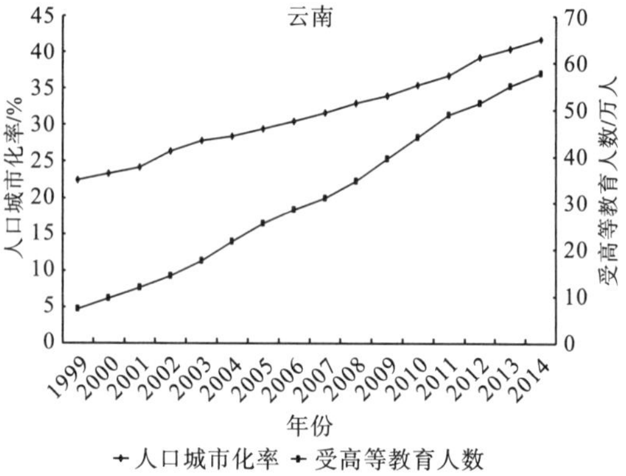
云南
人口城市化率/%
受高等教育人数/万人
年份
人口城市化率 受高等教育人数

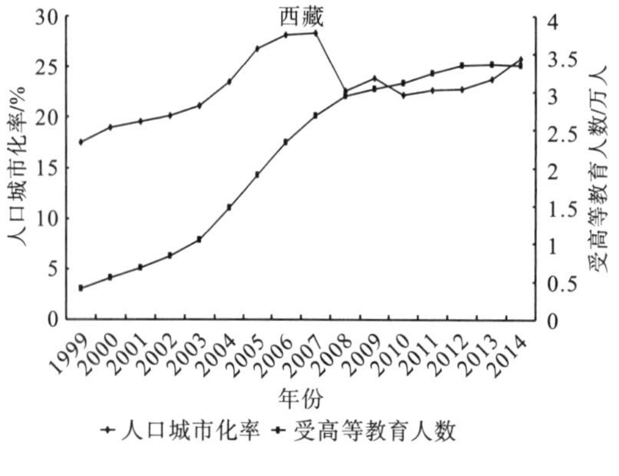
西藏
人口城市化率/%
受高等教育人数/万人
年份
人口城市化率 受高等教育人数

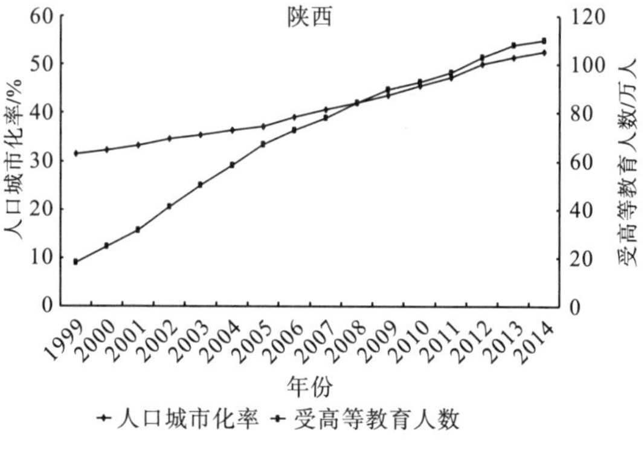
陕西
人口城市化率/%
受高等教育人数/万人
年份
人口城市化率 受高等教育人数

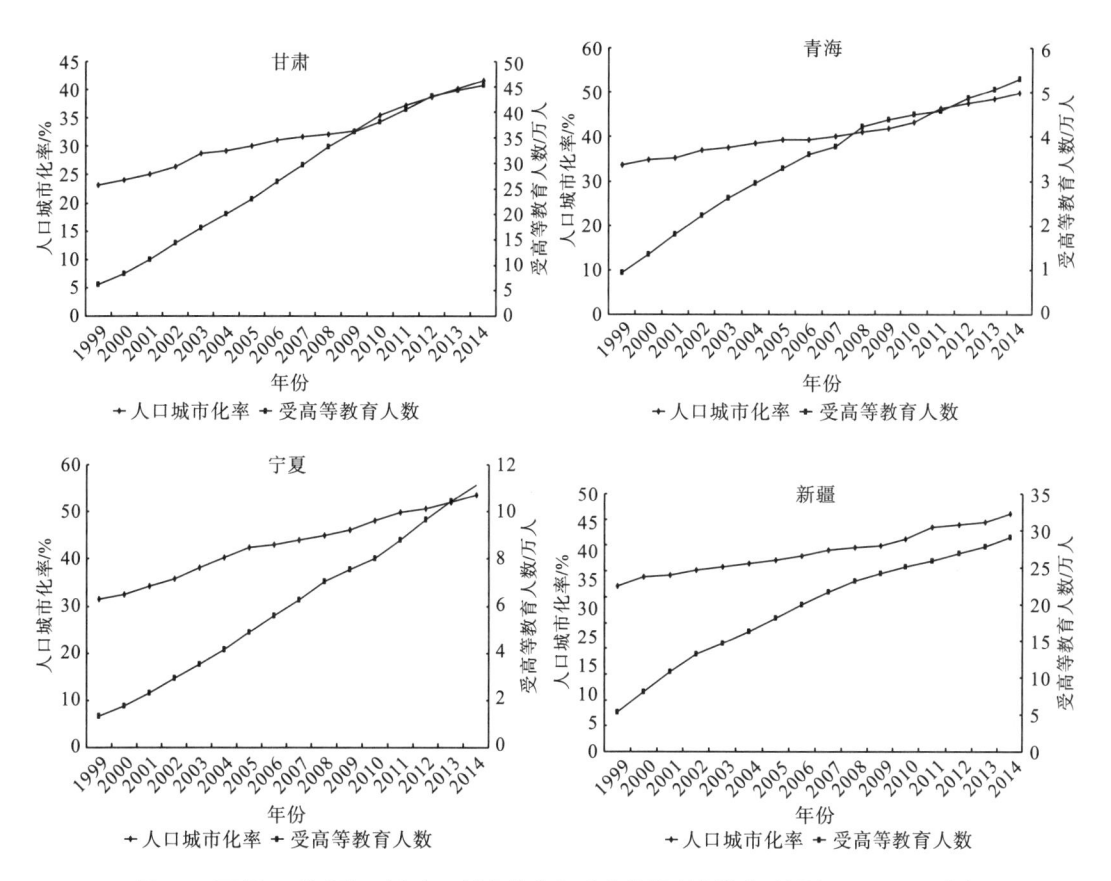

图 8.2 西部 12 省（区、市）人口城市化率与受高等教育人数变动图（1999~2014 年）

数据来源：根据 1999~2015 年的《中国统计年鉴》、1999~2015 年的《中国城市年鉴》、中国经济信息网、国研网相关统计数据整理

二、西部人口城市化与受高等教育人数变化相关性

从西部人口城市化进程来看，西部受高等教育人数年均增幅达到 30%以上，为西部人口城市化快速、高质量推进提供了智力支持，同时为居民生存发展能力提高提供了保障，下面分析西部人口城市化与民生福利相互作用的关系。

民生福利水平采用受高等教育人数 EDU 来衡量，建立面板数据模型：

$$\ln \text{URB}_{it} = \alpha_{ti} + \beta_{it} \ln \text{EDU}_{it} + \varepsilon_{it} \tag{8-1}$$

西部 12 个省（区、市）用 i 表示，t 表示估计的时间范围，1999~2014 年，人口城市化与受高等教育人数变系数的面板数据模型的估计结果为

$$\ln \text{URB}_{it} = 25.2753 + \beta_i \ln \text{EDU}_{it}$$

$$t \quad\quad 103.36$$

$$p \quad\quad (0.0000)$$

从模型估计结果（表 8.1）看，$R^2 = 0.9804$，表明西部人口城市化与受高等教育人数拟合系数较高，$F=366.96$，通过检验，β 系数项的 t 值检验显著，模型拟合效果较好。从结果看，西藏、青海、宁夏的弹性系数分别为 1.68、3.45 和 2.22，均大于 1，其弹性

系数较大，说明这三个地区受高等教育人数的快速提高能为人口城市化发展提供较强的智力支持，同时，这三个地区居民受教育程度整体较低，人口规模较小，居民受教育程度提高较快，对人口城市化的推动力强；广西、四川、云南的弹性系数较小，弹性系数分别为 0.29、0.17、0.36，表明受高等教育人数提高速度相对还不够快。

表 8.1 变系数面板数据模型估计结果

地区	截面固定效应	β	t	prob.
内蒙古	12.82	0.47	16.32	0.0000
广西	-0.91	0.29	16.6	0.0000
重庆	3.17	0.46	24.72	0.0000
四川	-3.99	0.17	18.2	0.0000
贵州	-6.02	0.42	14.29	0.0000
云南	-4.92	0.36	16.63	0.0000
西藏	-5.92	1.68	5.27	0.0000
陕西	-0.14	0.22	18.47	0.0000
甘肃	-4.92	0.42	15.29	0.0000
青海	3.58	3.45	12.97	0.0000
宁夏	4.45	2.22	19.23	0.0000
新疆	2.79	0.55	11.13	0.0000

三、西部人口城市化与民生福利包容性评价

按照常住人口统计标准，我国 2013 年人口城市化率为 53.7%，包括了 2.69 亿的农民工群体，若不包含这 2.69 亿农民工群体，我国人口城市化率仅为 36%（张明斗，2015）。我国每年还有大量的农民从农村转移出来，"农民工市民化"问题是提高人口城市化质量绕不开的难题，解决好"农民工市民化"问题，让进城务工的农民能"住得下、融得进、可发展"。"住得下"即要让农民工在城市有房住，而不是长期住流动的"工棚"；"容得进"即要让农民工能融入城市市民的生活，并有一定话语权，能享受与城市居民等同的公共服务；"可发展"即对农民工要进行持续的职业培训，不断提高农民工的职业素质和再就业能力，而不是在城市以"打零工、打短工"维持生活。"农民工市民化"的过程是衡量人口城市化包容性的重要方面，亦是城市化质量建设的核心内容，若这个问题不能得到妥善解决，势必会引发诸多社会矛盾和问题，难以推动高质量的人口城市化，要让经济发展和人口城市化的成果惠及全体居民（李惠茹 等，2014），进而实现民生福利的最大化。

(一) 评价指标体系

建模分析显示，西部人口城市化与受高等教育人数之间存在正相关关系，一方面，西部地区需要大量的高素质人才参与城市化建设，成为高等教育规模扩张的动力源；另

一方面，我国高等教育水平的不断提高，提高了西部地区的人力资本，为经济持续发展和高质量城市建设提供了支持，进一步可提高西部城市居民的生存发展能力。人才培养和人口素质的提高为人口城市化的质量建设提供动力，是人口城市化包容性得以提高的一个重要保障(刘耀彬 等，2016)。为保持前后分析的一致性，本书采用复合评价指标体系对西部人口城市化与民生福利包容性进行综合评价(刘耀彬 等，2015)，人口城市化水平复合评价指标保持不变，民生福利水平指标体系的构建包括居民受教育水平和质量、研发支出以及居民的医疗卫生服务水平等方面，构建西部人口城市化与民生福利包容性复合评价指标体系(表8.2)。

表8.2　西部人口城市化与民生福利包容性复合评价指标体系

目标层	准则	指标层
人口城市化与居民福利包容性	人口城市化指数：0.45	常住人口城市化率：0.15 非农户籍人口城市化率：0.15 土地城市化率：0.15
	居民福利指数：0.55	每十万人口受高等教育人数：0.092 15岁及以上文盲人口数：0.092 教育经费支出：0.092 企业研发支出：0.092 卫生技术人员数：0.091 医疗卫生机构床位数：0.091

(二)评价与分析

因各变量指标的量纲不同，故对其进行标准化处理，在参考复合系统协调度模型的基础上(孙丽萍 等，2015)，构建西部人口城市化与民生福利包容性评价模型：

$$u_{ij}'(e_{ij}) = \sum_{i=1}^{n} \lambda_i u_{ij}(e_{ijk}) \qquad \lambda_i \geqslant 0, \sum_{i=1}^{n} \lambda_i = 1 \tag{8-2}$$

借鉴王云霞等(2015)、刘娟等(2012)的研究成果，建立包容性评价模型：

$$C_i = \sqrt{\prod_{j=1}^{2} u_{ij}'(e_{ij})} \tag{8-3}$$

$$D = \sqrt{C \times T} \tag{8-4}$$

式中，$T = aU_1 + bU_2$，令 $a = b = 0.5$。D 为人口城市化与民生福利包容性指数，协调度 $C \in [0,1]$，根据郭施宏等(2014)、陈凤桂等(2010)、刘法威等(2014)的相关研究成果，并保持前后分析的一致性，依据西部人口城市化与民生福利系统包容性评价指数 D 计算包容性指数，并将包容性指数的阈值划分为三个发展阶段：D 为 0~0.4，属于低度包容阶段，说明人口城市化与民生福利的水平均较低，二者处在低水平上包容发展；若 D 为 0.4~0.7，二者属于基本包容阶段，说明人口城市化水平与民生福利能交互促进，向前发展；若 D 为 0.7~1，处于良好包容发展阶段，说明人口城市化与民生福利水平较高，二者之间能实现良性互动、协调发展，人口城市质量包容性较高(表8.3)。

表 8.3　西部 12 省(区、市)人口城市化与民生福利包容性评价指数(D)(1999～2014 年)

年份	内蒙古	广西	重庆	四川	贵州	云南	西藏	陕西	甘肃	青海	宁夏	新疆	总体
1999	0.11	0.11	0.12	0.08	0.06	0.08	0.01	0.14	0.06	0.03	0.04	0.12	0.07
2000	0.13	0.13	0.13	0.13	0.07	0.10	0.02	0.15	0.07	0.04	0.04	0.13	0.09
2001	0.15	0.15	0.16	0.16	0.09	0.11	0.03	0.19	0.09	0.05	0.06	0.16	0.11
2002	0.17	0.17	0.18	0.18	0.10	0.14	0.04	0.24	0.11	0.07	0.09	0.20	0.13
2003	0.18	0.18	0.21	0.21	0.11	0.16	0.05	0.25	0.13	0.07	0.08	0.19	0.15
2004	0.21	0.2	0.25	0.24	0.13	0.18	0.06	0.25	0.14	0.09	0.09	0.22	0.17
2005	0.22	0.22	0.28	0.27	0.15	0.20	0.07	0.28	0.16	0.09	0.11	0.22	0.19
2006	0.25	0.25	0.36	0.31	0.16	0.22	0.09	0.17	0.11	0.12	0.23	0.20
2007	0.29	0.29	0.42	0.40	0.19	0.26	0.10	0.33	0.20	0.12	0.16	0.26	0.24
2008	0.35	0.35	0.43	0.41	0.23	0.30	0.12	0.40	0.24	0.15	0.17	0.30	0.28
2009	0.38	0.38	0.44	0.46	0.25	0.37	0.15	0.45	0.27	0.18	0.19	0.33	0.31
2010	0.47	0.44	0.49	0.54	0.31	0.40	0.13	0.50	0.31	0.21	0.22	0.38	0.36
2011	0.51	0.50	0.57	0.58	0.19	0.42	0.18	0.59	0.37	0.27	0.26	0.44	0.41
2012	0.54	0.55	0.63	0.65	0.42	0.53	0.18	0.65	0.42	0.28	0.28	0.46	0.46
2013	0.60	0.61	0.68	0.73	0.49	0.60	0.27	0.72	0.44	0.34	0.33	0.53	0.51
2014	0.72	0.65	0.74	0.81	0.52	0.65	0.33	0.76	0.52	0.42	0.47	0.61	0.57

1.时间序列评价

从时间序列来看，西部人口城市化与民生福利包容性评价指数逐步上升，但具有一定阶段性。依据研究确定的包容性阈值为 0.4、0.7、1，分别划分为低度包容、基本包容和良好包容三个发展阶段。研究表明，2006 年以前，西部地区人口城市化与民生福利包容性评价指数 $D \in [0, 0.4)$，说明西部地区民生福利水平较低，人口城市化与民生福利处在低水平包容发展阶段。2007 年起，西部人口城市化与民生福利包容性评价指数 $D \in [0.4, 0.7)$，处于基本包容发展阶段，二者之间基本能交互促进发展。

由于民生福利水平较低，至 2014 年，西部人口城市化与民生福利的包容性评价指数达到 0.57，小于阈值 0.7，根据评价标准，西部人口城市化与民生福利包容性还未能实现良好包容发展(图 8.3)。

2.区域分异评价

从区域分异分析看，西部 12 省(区、市)人口城市化与民生福利包容性评价指数具有区域分异性，且随时间呈动态变化。依据研究确定的阈值为 0.4、0.7、1，分别划分为低度包容、基本包容和良好包容三个发展阶段，将西部 12 省(区、市)人口城市化与民生福利包容性评价指数按时序演进过程分成 2000 年、2007 年和 2014 年三个不同时点进行分析。

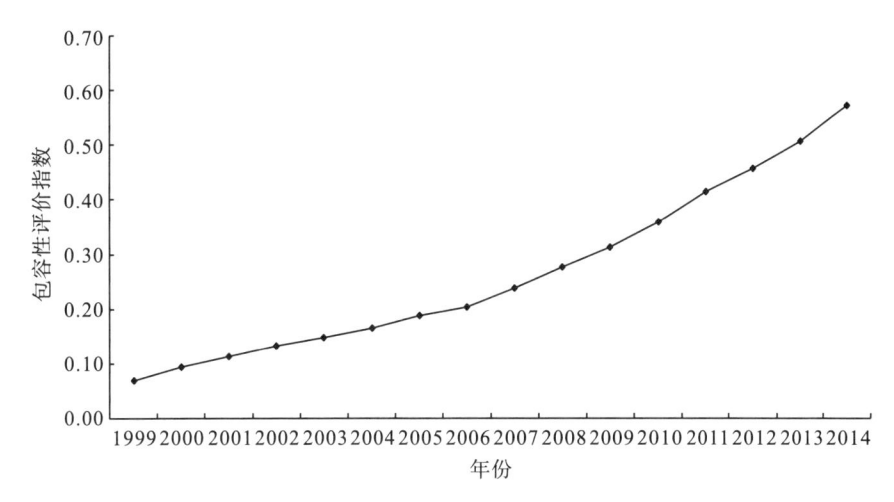

图 8.3　西部地区人口城市化与民生福利包容性评价指数(1999～2014 年)

2000 年，西部人口城市化与民生福利包容性评价指数较小，从总体上看，西部地区 $D\in[0,0.4)$，处于低水平包容发展阶段，主要原因是由于西部地区经济发展水平低，民生福利水平低，人口城市化水平低，因此西部人口城市化与民生福利包容性差，西部人口城市化质量低。其中，包容性评价指数大于 0.1 的地区为陕西、内蒙古、广西、重庆、四川和新疆；包容性评价指数较小的为云南、西藏、青海、甘肃、宁夏、贵州，包容性评价指数低的地区民生福利水平低，人口城市化水平低，导致人口城市化与民生福利包容性低。

2007 年，西部 12 省(区、市)人口城市化与民生福利包容性有一定提高，但呈现出区域差异性。其中，重庆和四川两地区的包容性评价指数增至 0.42 和 0.40，$D\in[0.4,0.7)$，处于基本包容发展阶段；其他西部 10 个地区民生福利水平较低，$D\in[0,0.4)$，人口城市化与民生福利处于低度包容发展阶段，人口城市化水平的提高并未带来民生福利的同步改善和提高。

2014 年，西部 12 省(区、市)人口城市化与民生福利包容性指数分化更加显著。其中，内蒙古、重庆、四川、陕西 4 个地区 $D>0.7$，处于良好包容和协调发展阶段；云南、贵州、甘肃、青海、宁夏、新疆、广西 $D\in[0.4,0.7)$，这些地区处于基本包容发展阶段；西藏人口城市化水平、民生福利水平最低，导致人口城市化与民生福利包容性评价指数低，仅为 0.33，尚处于低度包容发展阶段。

第二节　西部人口城市化与社会保障包容性

包容性人口城市化的主旨在于通过人口城市化不断提高居民生活质量，共享人口城市化发展成果。城市包容性的核心是人与城市的相互认同，社会保障制度的建立和健全，能更好地提高城市外来人口和原住居民的生活质量。社会保障关乎社会公平，惠及长远，社会保障水平和覆盖面不仅反映出城市的发展实力，还反映出城市的包容性。

一、西部地区人口城市化与社会保障进程

有学者认为,我国人口城市化成败的关键在于解决好社会保障问题。社会保障制度是现代社会的"安全阀""减震器",是一种普惠制的公共政策。为居民提供基本社会保障是政府的一项重要社会职能,我国用于社会保障的财政支出跟不上经济发展、人口城市化速度,也远不及行政管理费用高。大批的农民工成为"候鸟",不能在城市落脚生根,主要因为他们没有享受到平等的社会保障,使他们无法切断与农村土地的联系,造成"离乡不离土"的局面。西部地区社会保障支出总量不足、支出水平低、覆盖面较小、支出不合理问题逐步发展成为影响西部人口城市化质量的重要因素之一。

(一)西部地区社会保障特征

根据数据可获得性和相关研究资料,分析采用地方财政一般预算支出这一指标来衡量社会保障水平和能力。依据相关统计数据,绘制1999~2014年西部人口城市化率和地方财政一般预算支出趋势图(图8.4),从分析变化趋势可知,随着西部人口城市化进程,政府用于社会保障的财政支出总体为上升趋势,增长的幅度较大,年递增速率为20%以上。

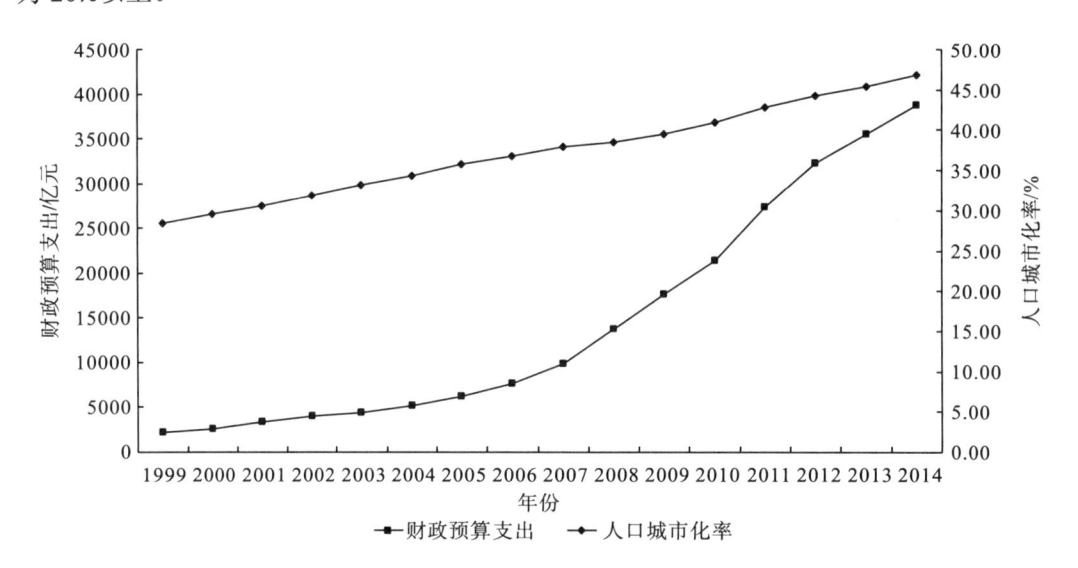

图8.4 西部地区人口城市化率与地方财政预算支出变化(1999~2014年)

数据来源:根据1999~2015年的《中国统计年鉴》、1999~2015年的《中国城市年鉴》、中国经济信息网、国研网相关统计数据整理

从时间序列来看,西部地方财政一般预算支出具有一定波动性,不同时间阶段的增速不一样。1999~2005年,西部地区地方财政一般预算支出增长速率相对较慢,地方财政一般预算支出从1999年的2166.38亿元增加到2005年的5133.09亿元,增长了2.47倍,平均年增长速率为22.82%。2006~2014年,西部地区地方财政一般预算支出步入快车道,增长较快,年平均增长速率高达52.05%,增速为原来的两倍,地方财政一般预算

支出从 2006 年的 7626.83 亿元提高到 2014 年的 38796.72 亿元。2014 年西部地区地方财政一般预算支出为 2006 年的 5.08 倍，为 1999 年的 17.91 倍。

(二)西部 12 省(区、市)人口城市化与地方财政一般预算支出演变

根据统计数据，绘制 1999～2014 年西部 12 省(区、市)人口城市化率与地方财政一般预算支出变化图(图 8.5)，从西部 12 省(区、市)区域分异来看，西部 12 省(区、市)地方财政预算支出增幅较大，增速超过人口城市化率增速，年均翻一番。1999 年，西部 12 省(区、市)地方财政预算支出规模较大的地区为广西、四川和云南，分别达到 224.98 亿元、363.5 亿元和 378.05 亿元，地方财政预算支出规模较小的地区为西藏、青海和宁夏，不足 100 亿元，分别为 53.25 亿元、55.72 亿元和 49.53 亿元。2014 年，西部 12 省(区、市)的四川、内蒙古、广西、重庆、贵州、云南、西藏、陕西、甘肃、青海、宁夏和新疆的地方财政预算支出分别达到 6796.61 亿元、3879.98 亿元、3479.79 亿元、3304.39 亿元、3542.8 亿元、4437.98 亿元、1185.51 亿元、3962.5 亿元、2541.49 亿元、1347.43 亿元、1000.45 亿元、3317.79 亿元，年均增长率分别为 115.12%、90.42%、131.21%、106.11%、123.45%、67.12%、132.89%、113.67%、101.22%、144.89%、119.89%、118.45%，地方财政预算支出增长最快的地区为重庆、西藏、青海，增长较慢的为云南。

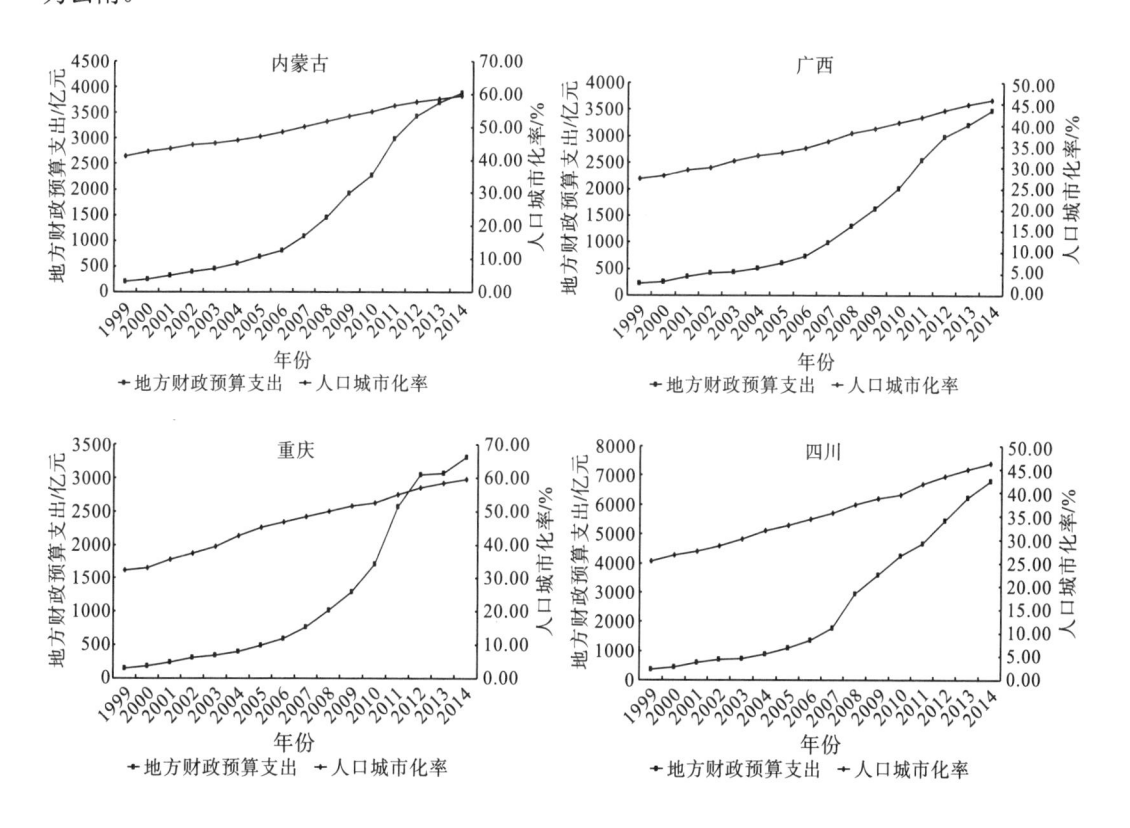

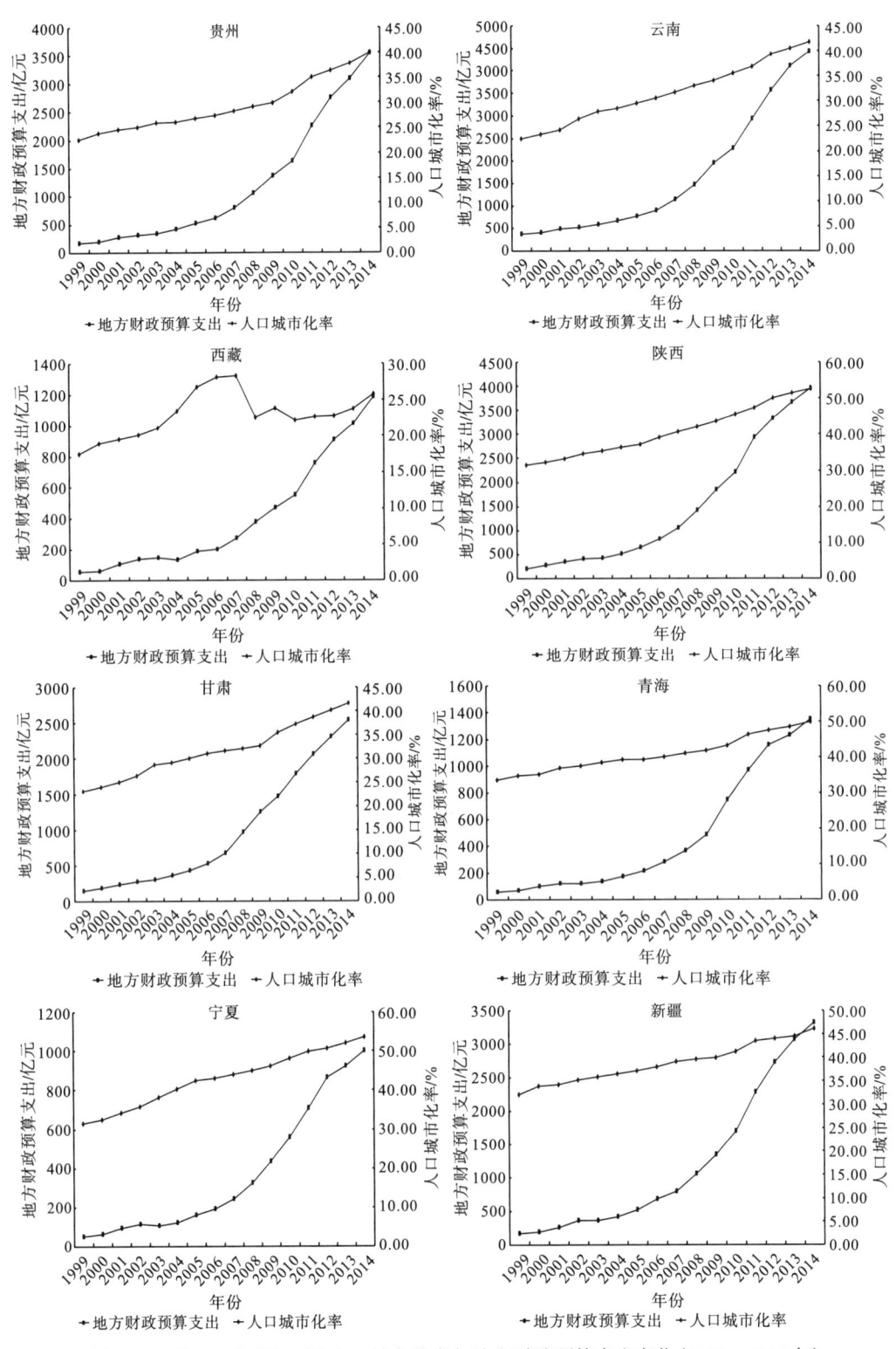

图 8.5 西部 12 省(区、市)人口城市化率与地方财政预算支出变化(1999~2014 年)

数据来源:根据 1999~2015 年的《中国统计年鉴》、1999~2015 年的《中国城市年鉴》、中国经济信息网、国研网相关统计数据整理

二、西部人口城市化与社会保障相关性

随着我国整体经济实力的增强，在人口城市化进程中，西部地区的社会保障水平提高较快，西部地方财政预算支出年均增幅达到 105.67%。国家在西部开发过程中，投入大量财力支持西部建设，带动了西部地方财政预算支出的增加和社会保障水平的提高，下面分析西部地区人口城市化与社会保障水平的互动关系，从而揭示二者间的相互关系。

参阅闫威等(2009)、曾红颖(2012)的研究，社会保障水平用地方财政一般预算支出 FIN 来衡量，建立面板数据模型：

$$\ln \text{URB}_{it} = \alpha_{ti} + \beta_{it} \ln \text{FIN}_{it} + \varepsilon_{it} \tag{8-5}$$

式中，i 为西部 12 省(区、市)，t 表示估计的时间范围，建模时间统一为 1999~2014 年。

变系数固定效应模型估计结果为

$$\ln \text{URB}_{it} = 31.06 + \beta_i \ln \text{FIN}_{it}$$

$$t \qquad 128.89$$

$$p \qquad (0.0000)$$

表 8.4　变系数面板数据模型估计结果

地区	截面固定效应	β	t	prob.
内蒙古	12.27	0.0045	10.51	0.0000
广西	-1.88	0.0051	10.42	0.0000
重庆	3.17	0.0071	14.45	0.0000
四川	-3.99	0.0029	11.55	0.0000
贵州	-6.02	0.0047	9.38	0.0000
云南	-4.92	0.0041	10.27	0.0000
西藏	-5.92	0.0026	1.69	0.0920
陕西	-0.14	0.0052	12.15	0.0000
甘肃	-4.92	0.0066	9.47	0.0000
青海	3.58	0.0105	8.62	0.0000
宁夏	4.45	0.0192	11.41	0.0000
新疆	2.79	0.0037	7.15	0.0000

从模型结果看，$R^2 = 0.9534$，模型的拟合优度高，$F=149.49$，通过 F 检验，β 系数项的 t 值检验效果显著，通过检验，西部地区人口城市化与社会保障水平模型拟合效果好。从结果看，模型的系数项均为正，说明西部人口城市化水平与社会保障水平具有正相关关系，二者具有相互促进机制。总体上，西部 12 省(区、市)人口城市化与社会保障支出的弹性系数较小，说明地方财政预算支出对人口城市化拉动效应较弱，西部 12 省(区、市)人口城市化与社会保障支出弹性系数依次为 0.0045、0.0051、0.0071、

0.0029、0.0047、0.0041、0.0026、0.0052、0.0066、0.0105、0.0192、0.0037，弹性系数较大的地区为宁夏、青海，达到 0.0192 和 0.0105，四川、西藏的弹性系数较小，分别为 0.0029 和 0.0026。

三、西部人口城市化与社会保障水平包容性评价

从相关研究看，人口城市化与社会保障关系研究主要采用定量分析，张鹏(2016)从政治经济学研究角度对我国社会保障实现模型进行了考察；王哲野等(2015)通过构建民生质量评估体系，对东北地级市的居民民生生活质量进行了测度和分析；赖金良(2012)研究发现我国政府对城市社会保障的财政投入份额偏低；张晓琳等(2014)运用 DEA 分析方法对包括中国在内的 60 个国家社会保障支出效率进行了比较，分析指出我国社会保障的支出效率处于世界中上水平。

(一)评价指标体系

实践表明，人口城市化的规模扩张和城市人口的急剧膨胀要求地方财政预算支出增加，以满足城市全体居民保障水平的提高。我国大量农民工未彻底实现市民化，处于"半市民化"状态，提高乡-城流动人口的保障水平，让农民工在就业、住房、子女教育、医疗、养老等基本社会保障方面逐步享有与城市居民的同等待遇，是未来一段时期西部人口城市化质量建设的重点。王晓丽(2013)的研究结果表明，我国乡-城流动人口市民化的综合水平较低，2013 年为 0.47，社会保障制度不健全，大量农民工游离在社会保障覆盖范围以外，是造成我国人口"半城市化"的根本原因，此外，迁移者教育程度、性别、职业等均影响市民化水平。参考刘耀彬等(2015，2016)的相关研究成果，在保持前后分析一致性的基础上，建立复合指标体系对西部人口城市化与居民社会保障水平进行综合评价，社会保障水平指标由地方一般财政预算支出在教育、就业、生活保障等方面的预算支出和农民工职业培训、住房保障和社会保险等方面构成，构建西部人口城市化与居民社会保障水平包容性复合评价指标体系如表 8.5 所示。

表 8.5 西部人口城市化与居民社会保障水平包容性复合评价指标体系

目标层	准则	指标层
人口城市化与社会保障包容性	人口城市化指数：0.45	常住人口城市化率：0.15 非农户籍人口城市化率：0.15 土地城市化率：0.15
	社会保障指数：0.55	地方财政教育支出：0.092 地方财政生活保障和就业支出：0.092 农民工市民化率：0.092 农民工每年参加职业技能培训人数：0.092 农民工住房保障率：0.091 农民工社会保障覆盖率：0.091

(二)评价与分析

因衡量指标的量纲不同,需要对其进行标准化处理,在参考复合系统协调度模型的基础上(孙丽萍 等,2015),构建西部人口城市化与居民社会保障包容性模型:

$$u_{ij}'(e_{ij}) = \sum_{i=1}^{n} \lambda_i u_{ij}(e_{ijk}) \qquad \lambda_i \geq 0, \sum_{i=1}^{n} \lambda_i = 1 \qquad (8\text{-}6)$$

根据前文研究并借鉴王云霞等(2015)、刘娟等(2012)的相关成果,建立西部人口城市化与居民社会保障包容性模型:

$$C_i = \sqrt{\prod_{j=1}^{2} u_{ij}'(e_{ij})} \qquad (8\text{-}7)$$

$$D = \sqrt{C \times T} \qquad (8\text{-}8)$$

式中,$T = aU_1 + bU_2$,令 $a = b = 0.5$。D 为人口城市化与居民保障水平的包容性指数,$D \in [0,1]$,根据郭施宏等(2014)、陈凤桂等(2010)、刘法威等(2014)的相关研究成果,并保持前后分析的一致,两系统包容性评价指数采用阈值 0.4 和 0.7 划分为三个阶段:如果包容性评价指数为 0~0.4,属于低度包容,表明人口城市化与社会保障均处于较低水平,包容性低;包容性评价指数为 0.4~0.7,二者处于基本包容阶段,表明人口城市化水平与社会保障水平能交互促进;包容性评价指数为 0.7~1,二者属于良好包容,说明人口城市化水平和社会保障水平较高,二者之间能实现良性包容和协调发展(表 8.6)。

表 8.6 西部 12 省(区、市)人口城市化与社会保障包容性评价指数(D)(1999~2014 年)

年份	内蒙古	广西	重庆	四川	贵州	云南	西藏	陕西	甘肃	青海	宁夏	新疆	总体
1999	0.11	0.08	0.07	0.09	0.05	0.08	0.01	0.09	0.04	0.02	0.04	0.12	0.06
2000	0.13	0.09	0.09	0.11	0.06	0.10	0.02	0.11	0.07	0.04	0.04	0.13	0.07
2001	0.16	0.11	0.11	0.14	0.07	0.11	0.03	0.13	0.09	0.05	0.06	0.16	0.09
2002	0.18	0.13	0.15	0.16	0.08	0.14	0.04	0.15	0.11	0.07	0.09	0.20	0.11
2003	0.20	0.14	0.17	0.17	0.09	0.16	0.05	0.18	0.13	0.07	0.08	0.19	0.12
2004	0.23	0.16	0.21	0.21	0.11	0.18	0.06	0.20	0.14	0.08	0.09	0.22	0.14
2005	0.26	0.18	0.24	0.24	0.12	0.20	0.07	0.24	0.16	0.09	0.11	0.22	0.16
2006	0.29	0.20	0.28	0.28	0.14	0.22	0.09	0.29	0.17	0.11	0.12	0.24	0.20
2007	0.34	0.25	0.33	0.33	0.17	0.24	0.12	0.40	0.18	0.15	0.17	0.25	0.22
2008	0.41	0.30	0.39	0.45	0.2	0.29	0.14	0.42	0.22	0.19	0.22	0.26	0.27
2009	0.49	0.35	0.44	0.51	0.25	0.37	0.15	0.46	0.25	0.18	0.20	0.28	0.31
2010	0.54	0.40	0.58	0.57	0.90	0.40	0.13	0.50	0.31	0.21	0.22	0.29	0.36
2011	0.64	0.46	0.61	0.63	0.37	0.42	0.18	0.55	0.35	0.27	0.26	0.30	0.43
2012	0.69	0.52	0.65	0.70	0.42	0.47	0.19	0.61	0.39	0.3	0.31	0.31	0.48
2013	0.73	0.55	0.66	0.73	0.47	0.53	0.23	0.66	0.42	0.36	0.33	0.33	0.52
2014	0.75	0.59	0.70	0.83	0.52	0.57	0.29	0.70	0.46	0.38	0.35	0.35	0.55

1.时间序列评价

从时间序列来看，西部人口城市化与社会保障包容性评价指数逐步提高，但随时序波动。根据已确定的阈值 0.4、0.7、1，将其划分为低度包容、基本包容和良好包容三个阶段，从计算结果分析可知，2010 年以前，西部 12 省(区、市)人口城市化与社会保障包容性评价指数 $D \in [0, 0.4)$，说明西部 12 省(区、市)人口城市化水平、社会保障水平较低，人口城市化与社会保障处在低水平包容发展阶段。2011~2014 年，西部地区人口城市化与社会保障包容性评价指数 $D \in [0.4, 0.7)$，处于基本包容发展阶段，二者之间能交互促进、基本包容发展，总体来看，西部社会保障水平较低。2014 年，西部地区人口城市化与社会保障水平的包容性评价指数仅为 0.55，小于阈值 0.7，根据评价标准，说明西部地区人口城市化与社会保障包容度偏低，还未能达到良好包容和协调发展阶段(图 8.6)。

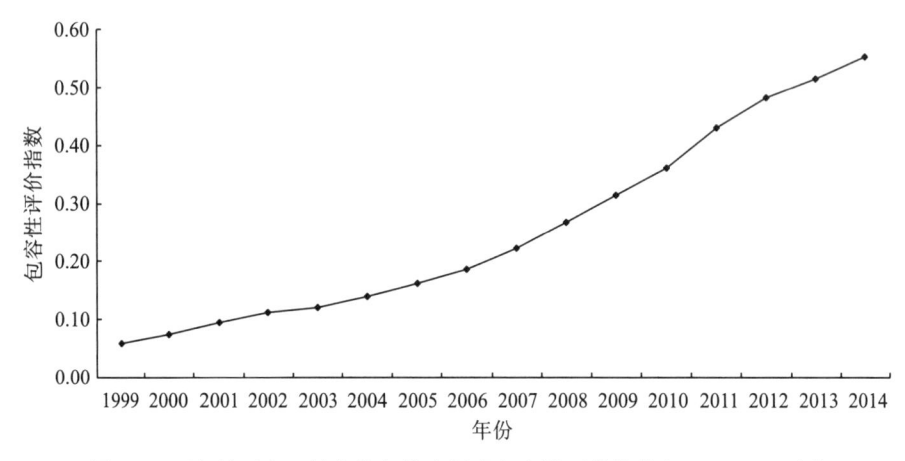

图 8.6 西部地区人口城市化与社会保障包容性评价指数(1999~2014 年)

2.区域分异评价

从西部 12 省(区、市)内部分异进行分析，西部 12 省(区、市)人口城市化与社会保障包容性评价指数具有区域分异性，且随时间呈动态变化。根据前文确定的阈值 0.4、0.7、1，分别划分为低度包容、基本包容和良好包容三个不同阶段，选取 2000 年、2007 年、2014 年 3 个不同时点对西部 12 省(区、市)人口城市化与社会保障包容性进行分析评价。

2000 年，西部 12 省(区、市)包容性评价指数 $D \in [0, 0.4)$，内部差距小，均处于低度包容发展阶段，包容性评价指数小的地区为西藏、甘肃、宁夏，包容性评价指数较大的地区为内蒙古、新疆、四川、陕西、广西、重庆、贵州、云南、青海。总体而言，2000 年，西部 12 省(区、市)社会保障水平还较低，西部 12 省(区、市)人口城市化与社会保障均处在低度包容发展阶段。

2007 年，西部 12 省(区、市)人口城市化与社会保障包容性评价指数具有一定空间分异性。其中，陕西的人口城市化与社会保障包容性评价指数达到 0.40，$D \in [0.4, 0.7)$，处于基本包容发展阶段，其余西部 11 个地区社会保障水平较低，$D \in [0,0.4)$，处于低度包容发展阶段。

2014 年，西部 12 省(区、市)人口城市化与社会保障包容性评价指数空间分异更趋明显。其中，内蒙古、重庆、四川、陕西四个地区的人口城市化与社会保障包容性评价指数分别为 0.75、0.70、0.83、0.70，包容性评价指数 $D \in [0.7,1]$，大于阈值 0.7，处于良好包容发展阶段；而广西、贵州、云南、甘肃、青海、宁夏、新疆等 7 个地区处于基本包容发展阶段；西藏人口城市化与社会保障包容性评价指数为 0.29，包容性评价指数 $D \in [0,0.4)$，尚处于低度包容发展阶段。

第九章　西部人口城市化质量综合审视

推进西部人口城市化是西部大开发战略的重要组成部分，当前，我国西部人口城市化进入了由规模和数量扩张到质量和内涵提升转换的下半场，如何客观评价和判断西部人口城市化质量现状与问题，发挥人口城市化积极效应，消除或减少消极影响，促进西部人口城市化质量提高，经济社会转型发展，亟待系统分析和研究。

第一节　西部人口城市化质量分指标评价

一、西部人口城市化质量适度性分析

西部人口城市化率与人均 GDP 呈正相关，相关系数达到 0.91，西部人口城市化率与非农产业产值比值拟合系数 $R^2 = 0.9081$，表明西部人口城市化与经济发展、工业化水平相互促进作用显著。1999 年西部地区适度性整体处于低度适度或基本适度阶段；到 2014 年，西部地区适度性提高到了基本适度或良好适度阶段，2014 年西部地区人口城市化与经济发展适度性指数达到 0.71，西部地区人口城市化与工业化适度性指数达到 0.60，西部地区人口城市化质量适度性达到 0.65，处于基本适度阶段，显示西部人口城市化质量适度性提高显著。到 2014 年，西部 12 省(区、市)各区域的人口城市化质量适度性均得到显著改善，大部分地区适度性达到基本适度和良好适度发展阶段(图 9.1)。

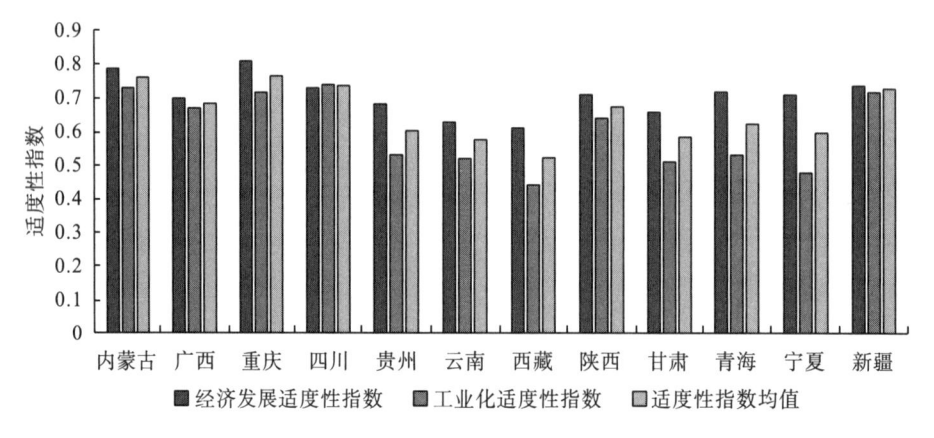

图 9.1　2014 年西部 12 省(区、市)人口城市化质量适度性指数

对 2014 年西部 12 省(区、市)人口城市化质量适度性空间分异进行分析显示，重庆、内蒙古、四川、新疆人口城市化质量适度性高，西藏、甘肃、云南、宁夏人口城市化质量适度性偏低，显示在经济发展水平、工业化水平高的区域，经济发展、工业化与

人口城市化形成良性互动，人口城市化质量适度性高(表9.1)。

表9.1　2014年西部12省(区、市)人口城市化质量适度性比较

区域	经济发展适度性指数	排名	工业化适度性指数	排名	适度性综合指数	适度性排名
内蒙古	0.79	2	0.73	2	0.76	2
广西	0.70	8	0.67	5	0.685	5
重庆	0.81	1	0.72	3	0.765	1
四川	0.73	4	0.74	1	0.735	3
贵州	0.68	9	0.53	7	0.605	8
云南	0.63	11	0.52	9	0.575	10
西藏	0.61	12	0.44	12	0.525	12
陕西	0.71	6	0.64	6	0.675	6
甘肃	0.66	10	0.51	10	0.585	11
青海	0.72	5	0.53	7	0.625	7
宁夏	0.71	6	0.48	11	0.595	9
新疆	0.74	3	0.72	3	0.73	4

(一)西部人口城市化与经济发展适度性分析

从经济发展核心评价指标——人均地区生产总值(人均 GDP)发展水平来看，西部地区人均 GDP 滞后于全国平均水平。从绝对差距来看，1999～2014 年，西部地区人均 GDP 与全国平均水平的绝对差距从 3102.08 元增加到 9170.18 元，绝对差距仍在扩大；从相对差距来看，1999～2004 年，西部地区人均 GDP 与全国平均水平相对差距为 1.68 倍左右，2005 年后人均 GDP 相对差距缩小，到 2014 年人均 GDP 相对差距缩小到 1.24 倍，西部地区人均 GDP 相对差距随时间推移逐步缩小。研究显示，1999～2014 年，西部地区经济增长速度超过全国经济增长速度的平均水平，西部地区人均 GDP 与全国平均水平相对差距逐步缩小。此外，西部地区经济增长速度超过人口城市化速度，西部地区经济快速增长带动了西部地区人口城市化水平和质量的提高。

从时间序列来看，1999～2014 年，西部地区人口城市化与经济发展适度性呈快速上升的趋势。1999 年，西部地区人口城市化与经济发展适度性指数为 0.3525，处于低度适度阶段；2000～2013 年，西部地区人口城市化与经济发展适度性指数为 0.4～0.7，处于基本适度阶段；2014 年，西部地区人口城市化与经济发展适度性指数为 0.705，显示西部地区人口城市化与经济发展适度性整体处于良好协调阶段，二者相互促进作用显著。

从区域分异来看，2014 年，西部 12 省(区、市)的内蒙古、广西、重庆、四川、陕西、青海、宁夏和新疆人口城市化与经济发展适度性指数超过 0.7，达到良好适度发展阶段，其余西部 4 省(区)贵州、云南、西藏和甘肃达到基本适度阶段。西部 12 省(区、市)人口城市化与经济发展适度性指数最大值为重庆 0.81，最小值为西藏 0.61，适度性区域分异不显著(图 9.2)。

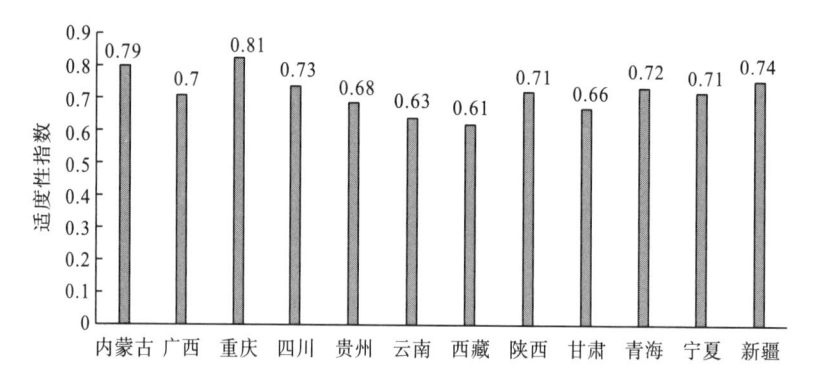

图 9.2　2014 年西部 12 省（区、市）人口城市化与经济发展适度性指数

（二）西部人口城市化与工业化适度性分析

从工业化水平核心评价指标——非农产业产值占比来看，1999～2011 年，西部地区工业化率缓慢提升，2012 年，西部地区除了西藏，其余地区工业化率达到或接近 55%后开始下降，表明 2012 年后西部各区域工业化走向成熟阶段，人口城市化水平的提高将逐步由工业化带动转为主要依靠第三产业的带动。

从时间序列来看，西部人口城市化与工业化适度性指数呈上升的趋势，1999～2006 年，西部人口城市化与工业化适度性评价指数小于 0.4，西部人口城市化与工业化水平较低，处于低度适度发展阶段；2007～2012 年，西部人口城市化与工业化适度性指数为 0.4～0.7，西部人口城市化与工业化进入基本适度发展阶段；2013 年后，西部人口城市化与工业化适度性指数超过 0.7，表明西部人口城市化与工业化实现良好、适度和有序发展。

从区域分异来看，2014 年，西部 12 省（区、市）的内蒙古、重庆、四川、新疆 4 个地区人口城市化与工业化适度性指数大于 0.7，进入良好适度发展阶段，人口城市化与工业化的适度性较高；广西、贵州、云南、西藏、陕西、甘肃、宁夏、青海等西部其余 7 个地区人口城市化与工业化适度性指数为 0.4～0.7，处于基本适度发展阶段。西部 12 省（区、市）人口城市化与工业化适度性指数最大值为四川 0.74，最小值为西藏 0.44，西部

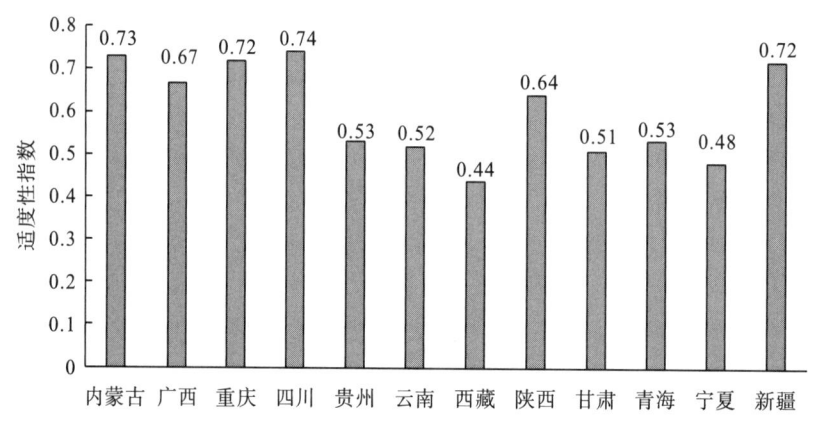

图 9.3　2014 年西部 12 省（区、市）人口城市化与工业化适度性指数

12省(区、市)人口城市化与工业化适度性区域差距不显著(图 9.3)。西部 12 省(区、市)人口城市化与工业化相关性分析显示,工业化与人口城市化相互促进作用显著,工业化、人口城市化水平高的地区二者的适度性更好,有利于人口城市化质量的提高。

二、西部人口城市化质量协调性分析

西部地区人口城市化对缩小城乡收入差距有显著正向作用,弹性系数为 0.2879,其中,四川省作为全国城乡统筹试点省份,城乡统筹协调性指标显著改善,达到良好协调发展,说明四川省城乡统筹试点取得了良好成效,提高了四川省的人口城市化质量(表 9.2)。1999~2014 年,西部建成区面积扩张速率是人口城市化速率的 6.97 倍,西部土地城市化超前人口城市化,土地城市化发展粗放,人地关系失衡,人口城市化与土地城市化协调性低,制约了西部人口城市化质量的提高。整体看,2014 年西部 12 省(区、市)的西藏和青海人口城市化质量协调性尚处于低度协调阶段,其余省份处于基本协调阶段。

表 9.2 西部 12 省(区、市)人口城市化质量协调性评价

区域	2000 年协调性评价	2007 年协调性评价	2014 年协调性评价
内蒙古	低度协调+低度协调	基本协调+低度协调	基本协调+基本协调
广西	低度协调+低度协调	低度协调+低度协调	基本协调+基本协调
重庆	低度协调+低度协调	低度协调+低度协调	基本协调+基本协调
四川	低度协调+低度协调	基本协调+低度协调	基本协调+良好协调
贵州	低度协调+低度协调	低度协调+低度协调	基本协调+基本协调
云南	低度协调+低度协调	低度协调+低度协调	基本协调+基本协调
西藏	低度协调+低度协调	低度协调+低度协调	低度协调+低度协调
陕西	低度协调+低度协调	基本协调+基本协调	基本协调+基本协调
甘肃	低度协调+低度协调	低度协调+低度协调	基本协调+基本协调
青海	低度协调+低度协调	低度协调+低度协调	基本协调+基本协调
宁夏	低度协调+低度协调	低度协调+低度协调	基本协调+基本协调
新疆	低度协调+低度协调	低度协调+低度协调	基本协调+基本协调

2014 年,四川省城乡统筹试点取得成效,人口城市化质量协调性位居西部 12 省(区、市)之首,其次是陕西、内蒙古和重庆。西部建成区面积扩张速率是人口城市化速率的 6.97 倍,西部土地城市化超前人口城市化,拉低了西部人口城市化质量协调性。西部 12 省(区、市)人口城市化质量协调性空间分异显著,西藏和青海人口城市化质量协调性仍然较低,协调性指数小于 0.4,处于低度协调发展阶段,其余西部 10 省(区、市)人口城市化质量协调性指数处于基本协调阶段(图 9.4)。

从 2014 年发展状况看,四川为西部 12 省(区、市)人口城市化质量协调性提升速度最快、人口城市化质量协调性最好的地区,其次是内蒙古、重庆和陕西,西藏为西部 12 省(区、市)人口城市化质量协调度提升速度最慢、人口城市化质量协调性发展水平最低的地区,其次是青海和宁夏(表 9.3)。

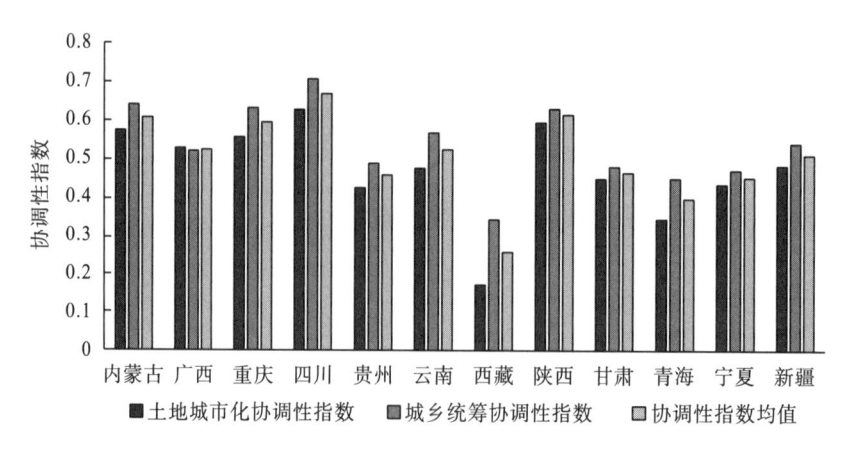

图 9.4 2014 年西部 12 省(区、市)人口城市化质量协调性

表 9.3 2014 年西部 12 省(区、市)人口城市化质量协调性指数及排名

区域	土地城市化协调性指数	排名	城乡统筹协调性指数	排名	协调性综合指数	排名
内蒙古	0.575	3	0.64	2	0.6075	3
广西	0.525	5	0.52	7	0.5225	5
重庆	0.555	4	0.63	3	0.5925	4
四川	0.626	1	0.71	1	0.668	1
贵州	0.427	10	0.49	8	0.4585	9
云南	0.475	7	0.57	5	0.5225	5
西藏	0.170	12	0.34	12	0.255	12
陕西	0.597	2	0.63	3	0.6135	2
甘肃	0.447	8	0.48	9	0.4635	8
青海	0.344	11	0.45	11	0.397	11
宁夏	0.433	9	0.47	10	0.4515	10
新疆	0.482	6	0.54	6	0.511	7

(一)西部人口城市化与土地城市化协调性分析

从土地城市化核心评价指标——建成区面积增长率来看,西部地区土地城市化扩张速度快于人口城市化速度,1999~2014 年,西部人口城市化率年均增速为 1.23 个百分点,土地建成区面积年均增速为 8.57 个百分点,西部土地城市化年均增速是人口城市化年均增速的 6.97 倍(图 9.5)。数据分析显示,西部地区土地规模弹性系数为 1.48,大于国际标准合理值 1.12,显示西部土地城市化超前人口城市化,城市盲目扩张,土地资源浪费严重,人口城市化与土地城市化协调性较低。

从时间序列来看,西部总体上人口城市化与土地城市化协调发展水平较低,尤其是重庆、宁夏土地城市化超常规发展,土地城市化速度分别是人口城市化速度的 11.34 倍和 9.35 倍,人口城市化与土地城市化协调度低。西部地区地广人稀,耕地资源不足,生态环境脆弱,土地城市化的过度扩展不仅带来土地资源的浪费,还降低了西部人口城市化质量。

第九章 西部人口城市化质量综合审视

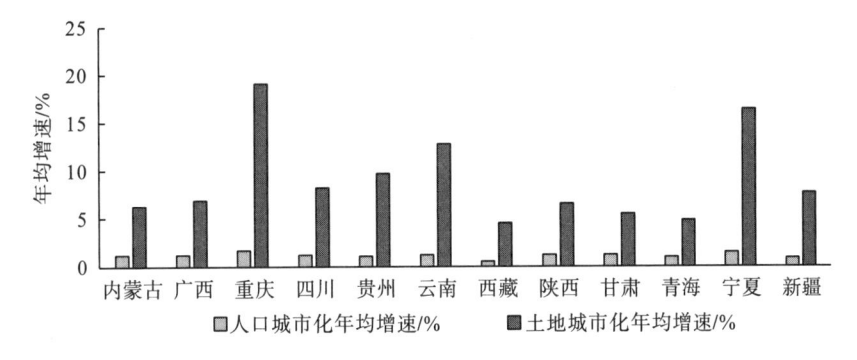

图 9.5 西部 12 省(区、市)人口城市化与土地城市化年均增速(1999~2014 年)

从区域分异来看，重庆和宁夏土地规模弹性系数分别高达 2.16 和 2.14，为国际标准值的近 2 倍，说明在 1999~2014 年的 16 年间，重庆和宁夏用地规模扩张过快；新疆、内蒙古、云南、贵州，土地规模弹性系数分别为 1.96、1.89、1.78、1.64，高于国际标准值，土地城市化超前；四川、陕西、甘肃和青海土地规模弹性系数接近合理值。2014 年，西部 12 省(区、市)除西藏和青海人口城市化和土地城市化协调性指数小于 0.4，人口城市化和土地城市化处于低度协调阶段，其余西部 10 省(区、市)人口城市化与土地城市化协调度为 0.4~0.7，处于人口城市化与土地城市化基本协调发展阶段(图 9.6)。

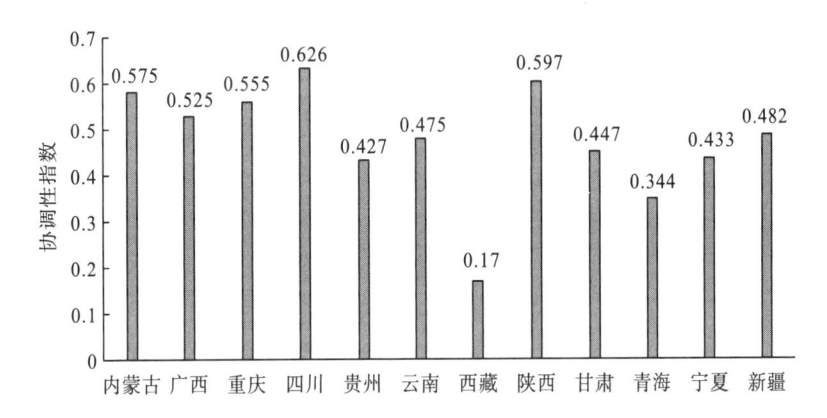

图 9.6 2014 年西部 12 省(区、市)人口城市化与土地城市化协调性指数

(二)西部人口城市化与城乡统筹协调性分析

从城乡统筹核心评价指标——城乡居民收入差距来看，1999~2014 年，西部总体上随着人口城市化率提高，西部城乡居民收入绝对差距扩大，城乡居民收入相对差距则呈现先增大后逐渐缩小的倒 U 形特征。1999~2004 年，西部城乡居民收入相对差距从 3.29 倍增至 3.74 倍；2005~2014 年，西部城乡居民收入相对差距由 3.7 倍逐步缩小至 2.93 倍。可见，西部人口城市化对缩小城乡居民收入差距有显著正向作用，推进西部人口城市化有助于缩小城乡居民收入差距，提高西部人口城市化水平和质量。

从时间序列来看，2000 年，西部城乡统筹发展协调性指数为 0.18，2004 年增至

0.29，2008 年提高到 0.41，2014 年达到 0.57，呈现上升趋势，城乡统筹发展水平逐渐提高，西部人口城市化与城乡统筹协调性达到基本协调阶段，西部城乡统筹发展取得一定成效。

从区域分异来看，西部城乡统筹发展协调性空间分异逐步扩大，1999~2003 年，西部 12 省(区、市)人口城市化与城乡统筹协调性指数整体较低，地区间差距不大；2004~2008 年，西部 12 省(区、市)人口城市化与城乡统筹协调性指数空间分异凸显，内蒙古、重庆、四川、新疆人口城市化与城乡统筹协调性指数提高迅速，与西部其他地区拉开差距；2009~2014 年，内蒙古、重庆、四川、陕西人口城市化与城乡统筹协调性指数显著高于西部其他地区，尤其是四川省作为全国城乡统筹试点省份，人口城市化与城乡统筹协调性指数率先进入良好协调发展阶段(图 9.7)。

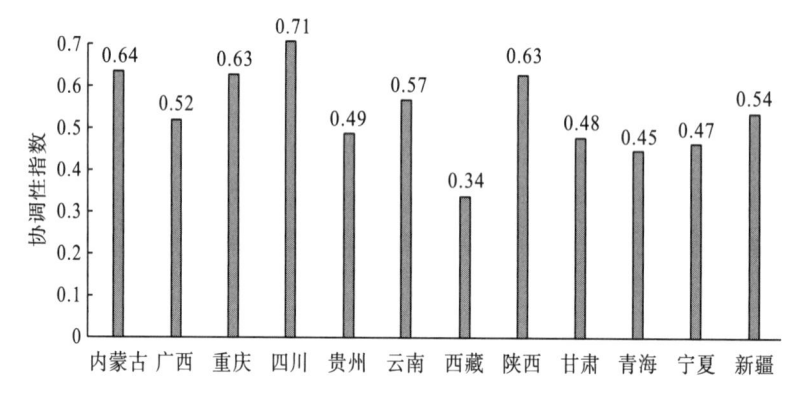

图 9.7　2014 年西部 12 省(区、市)人口城市化与城乡统筹协调性指数

三、西部人口城市化质量包容性评价

西部人口城市化质量包容性提高缓慢，2014 年，西部人口城市化质量包容性综合指数为 0.57，处于基本包容发展阶段。西部人口城市化与社会保障包容性指标偏低，包容性指数为 0.54，为西部人口城市化质量评价 6 个指标中评价指数最低的指标。西部人口城市化质量包容性低，拉低了西部人口城市化质量，成为西部人口城市化质量提高和改善的短板(表 9.4)。

表 9.4　2014 年西部 12 省(区、市)人口城市化质量包容性评价

区域	2000 年包容性	2007 年包容性	2014 年包容性
内蒙古	低度包容+低度包容	低度包容+低度包容	良好包容+良好包容
广西	低度包容+低度包容	低度包容+低度包容	基本包容+基本包容
重庆	低度包容+低度包容	基本包容+基本包容	良好包容+良好包容
四川	低度包容+低度包容	基本包容+基本包容	良好包容+良好包容
贵州	低度包容+低度包容	低度包容+低度包容	基本包容+基本包容
云南	低度包容+低度包容	低度包容+低度包容	基本包容+基本包容
西藏	低度包容+低度包容	低度包容+低度包容	低度包容+低度包容

续表

区域	2000年包容性	2007年包容性	2014年包容性
陕西	低度包容+低度包容	低度包容+基本包容	良好包容+良好包容
甘肃	低度包容+低度包容	低度包容+低度包容	基本包容+基本包容
青海	低度包容+低度包容	低度包容+低度包容	基本包容+低度包容
宁夏	低度包容+低度包容	低度包容+低度包容	基本包容+低度包容
新疆	低度包容+低度包容	低度包容+低度包容	基本包容+低度包容

2014 年，内蒙古、重庆、四川和陕西人口城市化质量包容性综合评价指数超过 0.7，达到良好包容发展阶段；西藏人口城市化质量包容性综合指数小于 0.4，尚处于低度包容阶段；西部 12 省(区、市)其余地区人口城市化质量包容性综合指数为 0.4~0.7，处于基本包容发展阶段(图 9.8)。

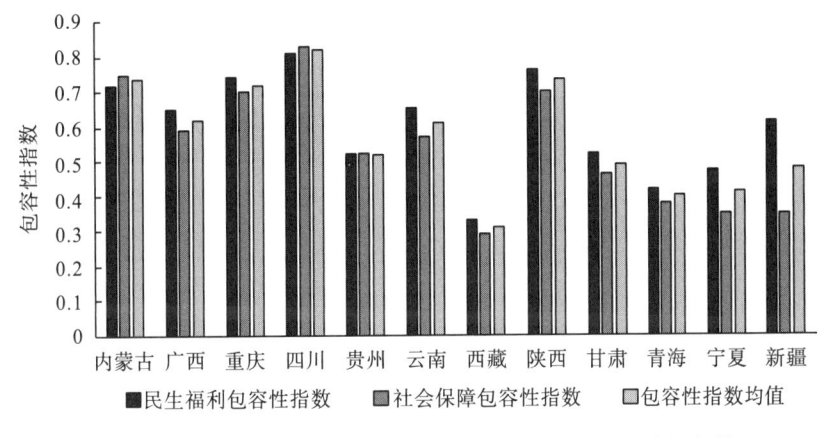

图 9.8 2014 年西部 12 省(区、市)人口城市化质量包容性指数

2014 年，西部 12 省(区、市)人口城市化质量包容性区域分异显著，西部人口城市化质量包容性指数区域差距较大，人口城市化质量包容性最好的四川、内蒙古、陕西和重庆已经达到良好包容发展阶段，而西部其余贫困地区人口城市化与社会保障包容性指标提升缓慢，西藏、青海、宁夏、新疆的人口城市化与社会保障包容性评价指数仍低于 0.4，尚处于低度包容发展阶段(表 9.5)。

表 9.5 2014 年西部 12 省(区、市)人口城市化质量包容性指数及排名

区域	民生福利包容性指数	排名	社会保障包容性指数	排名	包容性综合指数	排名
内蒙古	0.72	4	0.75	2	0.735	2
广西	0.65	5	0.59	5	0.62	5
重庆	0.74	3	0.70	3	0.72	4
四川	0.81	1	0.83	1	0.82	1
贵州	0.52	8	0.52	7	0.52	7
云南	0.65	5	0.57	6	0.61	6

续表

区域	民生福利包容性指数	排名	社会保障包容性指数	排名	包容性综合指数	排名
西藏	0.33	12	0.29	12	0.31	12
陕西	0.76	2	0.70	3	0.73	3
甘肃	0.52	8	0.46	8	0.49	8
青海	0.42	11	0.38	9	0.40	11
宁夏	0.47	10	0.35	10	0.41	10
新疆	0.61	7	0.35	10	0.48	9
均值	0.60	—	0.54	—	0.57	—

(一)西部人口城市化与民生福利包容性分析

从民生福利核心评价指标——受高等教育人数来看，1999~2014 年，西部人口城市化率从 28.24%提高到 46.89%，人口城市化率年均增幅为 1.24 个百分点，同期万人受高等教育人数年均增幅为 11.93 个百分点，西部地区万人受高等教育人数增速数倍于人口城市化率增速，反映我国义务教育的实施对于提高西部人口受教育程度效果显著，意义重大。

从时间序列来看，2006 年以前，西部地区人口城市化与民生福利包容性指数小于 0.4，处于低度包容阶段；2007 年后，西部人口城市化与民生福利包容性指数为 0.4~0.7，处于基本包容发展阶段；2014 年，西部人口城市化与民生福利包容性指数达到 0.57，仍处于基本包容阶段，可见，西部民生福利水平提高缓慢，制约了西部人口城市质量包容性的提高。

从区域分异来看，西部 12 省(区、市)人口城市化与民生福利包容性区域分异显著。2014 年，内蒙古、重庆、四川、陕西人口城市化与民生福利包容性指数大于阈值 0.7，这些区域实现了人口城市化与民生福利良好包容和协调发展，广西、贵州、云南、甘肃、青海、宁夏、新疆处于基本包容发展阶段，西藏人口城市化与民生福利包容性指数仅为 0.33，尚处于低度包容发展阶段(图 9.9)。

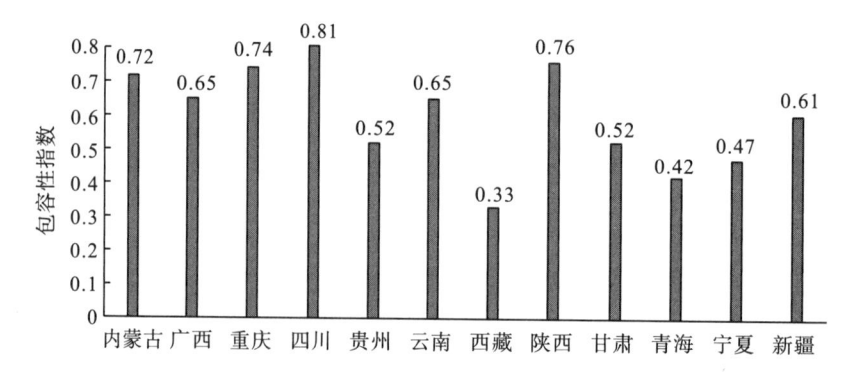

图 9.9 2014 年西部 12 省(区、市)人口城市化与民生福利包容性指数

(二)西部人口城市化与社会保障包容性分析

从社会保障核心评价指标——地方财政一般预算支出来看,西部地区地方财政一般预算支出增长的幅度较大,年均增速超过 20%。1999~2005 年,西部地方财政一般预算支出年均增速为 22.82%;随着国家财政转移支付的增加以及西部区域经济的快速增长,西部地方财政一般预算支出增长较快,2006~2014 年,西部地方财政一般预算支出年增速高达 52.05%,说明自西部大开发以来,国家对西部区域经济发展、财政转移支持力度较大,中央及西部地方政府均加大了社会保障性支出,西部社会保障覆盖面和范围不断扩大。

从时间序列来看,2010 年以前,西部人口城市化与民生福利包容性指数小于 0.4,处于低度包容发展阶段;2011~2014 年,西部人口城市化与社会保障包容性指数为 0.4~0.7,西部人口城市化与社会保障包容性提高缓慢;2014 年仍处于基本包容发展阶段。

从区域分异来看,2014 年,内蒙古、重庆、四川、陕西人口城市化与社会保障包容性指数大于阈值 0.7,这些区域实现了人口城市化与社会保障良好包容发展,广西、贵州、云南、甘肃处于基本包容发展阶段,西藏、青海、宁夏、新疆的人口城市化与社会保障包容性指数低于 0.4,尚处于低度包容发展阶段(图 9.10)。

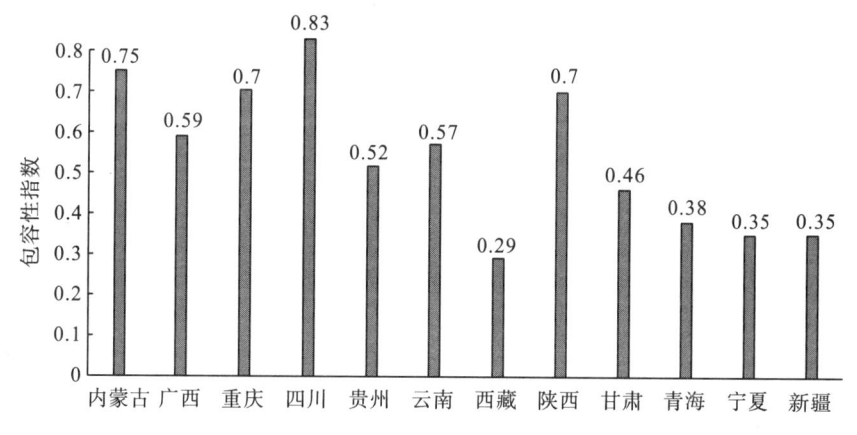

图 9.10 2014 年西部 12 省(区、市)人口城市化与社会保障包容性指数

第二节 西部人口城市化质量区域分异评价

西部地域辽阔、资源丰富,由于历史和自然的原因,西部 12 省(区、市)之间人口城市化水平和质量发展差距较大,且差距仍然在持续扩大,分析和把握西部 12 省(区、市)人口城市化质量阶段性问题和瓶颈,可为西部各区域人口城市化质量政策的制定提供分析基础。

一、西部人口城市化质量区域分异分析

西部 12 省(区、市)人口城市化质量随时序呈动态变化趋势,空间格局逐渐分化,区域差异渐趋明显,2000 年、2007 年和 2014 年西部 12 省(区、市)人口城市化质量适度性、协调性和包容性指标综合评价结果如表 9.6 所示。

表 9.6　2000 年、2007 年和 2014 年西部 12 省(区、市)人口城市化质量综合评价

区域	2000 年	2007 年	2014 年
内蒙古	基本适度+低度适度+低度协调+低度协调+低度包容+低度包容	良好适度+基本适度+基本协调+低度协调+低度包容+低度包容	良好适度+良好适度+基本协调+基本协调+良好包容+良好包容
广西	基本适度+低度适度+低度协调+低度协调+低度包容+低度包容	基本适度+基本适度+基本协调+低度协调+低度包容+低度包容	良好适度+基本适度+基本协调+基本协调+基本包容+基本包容
重庆	基本适度+低度适度+低度协调+低度协调+低度包容+低度包容	良好适度+基本适度+基本协调+低度协调+低度包容+低度包容	良好适度+良好适度+基本协调+基本协调+良好包容+良好包容
四川	基本适度+低度适度+低度协调+低度协调+低度包容+低度包容	基本适度+基本适度+基本协调+低度协调+低度包容+低度包容	良好适度+良好适度+基本协调+良好协调+良好包容+良好包容
贵州	低度适度+低度适度+低度协调+低度协调+低度包容+低度包容	基本适度+基本适度+低度协调+低度协调+低度包容+低度包容	基本适度+基本适度+基本协调+基本协调+基本包容+基本包容
云南	低度适度+低度适度+低度协调+低度协调+低度包容+低度包容	基本适度+基本适度+低度协调+低度协调+低度包容+低度包容	基本适度+基本适度+基本协调+基本协调+基本包容+基本包容
西藏	低度适度+低度适度+低度协调+低度协调+低度包容+低度包容	基本适度+基本适度+低度协调+低度协调+低度包容+低度包容	基本适度+基本适度+低度协调+低度协调+低度包容+低度包容
陕西	基本适度+低度适度+低度协调+低度协调+低度包容+低度包容	基本适度+基本适度+基本协调+基本协调+低度包容+基本包容	良好适度+良好适度+基本协调+基本协调+基本包容+良好包容
甘肃	基本适度+低度适度+低度协调+低度协调+低度包容+低度包容	基本适度+低度适度+低度协调+低度协调+低度包容+低度包容	基本适度+基本适度+基本协调+基本协调+基本包容+基本包容
青海	基本适度+低度适度+低度协调+低度协调+低度包容+低度包容	基本适度+基本适度+低度协调+低度协调+低度包容+低度包容	良好适度+基本适度+基本协调+基本协调+基本包容+低度包容
宁夏	基本适度+低度适度+低度协调+低度协调+低度包容+低度包容	基本适度+低度适度+低度协调+低度协调+低度包容+低度包容	良好适度+基本适度+基本协调+基本协调+基本包容+低度包容
新疆	基本适度+低度适度+低度协调+低度协调+低度包容+低度包容	基本适度+基本适度+低度协调+低度协调+低度包容+低度包容	良好适度+良好适度+基本协调+基本协调+基本包容+低度包容

2000 年,在西部 12 省(区、市)人口城市化质量评价的 6 项指标中,除人口城市化与经济发展适度性评价指标有 9 省达到基本协调,其余 5 项人口城市化质量评价指标均处于低度适度、低度协调和低度包容发展阶段,数据显示,2000 年西部 12 省(区、市)人口城市化水平和质量起点低,区域差距不明显(表 9.7)。2000 年,从西部 12 省(区、市)人口城市化质量综合排名来看,排名先后顺序为内蒙古、四川、重庆、陕西、广西、新疆、云南、甘肃、青海、贵州、西藏和宁夏。

表 9.7 2000 年西部 12 省(区、市)人口城市化质量综合评价指数及排名

区域	适度性指数	协调性指数	包容性指数	综合指数	排名
内蒙古	0.375	0.216	0.13	0.24	1
广西	0.315	0.208	0.11	0.211	5
重庆	0.38	0.163	0.11	0.218	3
四川	0.355	0.22	0.12	0.232	2
贵州	0.28	0.14	0.065	0.162	10
云南	0.275	0.17	0.10	0.182	7
西藏	0.215	0.214	0.02	0.15	11
陕西	0.325	0.204	0.123	0.217	4
甘肃	0.30	0.132	0.07	0.167	8
青海	0.28	0.172	0.04	0.164	9
宁夏	0.25	0.151	0.04	0.147	12
新疆	0.27	0.189	0.13	0.196	6

2007 年，西部 12 省(区、市)人口城市化质量评价的 6 项指标出现分化，陕西、内蒙古、重庆、四川的人口城市化质量适度性和协调性得到显著改善，贵州、云南、西藏、甘肃、青海和宁夏 6 省除了人口城市化与经济发展适度性指标得到改善外，其余几个指标无显著提高，仍处于较低水平(表 9.8)。2007 年，西部 12 省(区、市)人口城市化质量综合排名先后顺序为重庆、陕西、内蒙古、四川、新疆、广西、云南、甘肃、宁夏、贵州、青海和西藏，可见，2000~2007 年，陕西、宁夏人口城市化质量提升速度较快。

表 9.8 2007 年西部 12 省(区、市)人口城市化质量综合评价指数及排名

区域	适度性指数	协调性指数	包容性指数	综合指数	排名
内蒙古	0.62	0.394	0.315	0.443	3
广西	0.535	0.334	0.27	0.38	6
重庆	0.665	0.363	0.375	0.468	1
四川	0.585	0.34	0.365	0.43	4
贵州	0.45	0.268	0.18	0.3	10
云南	0.445	0.341	0.25	0.345	7
西藏	0.37	0.147	0.11	0.209	12
陕西	0.535	0.437	0.365	0.446	2
甘肃	0.46	0.312	0.19	0.321	8
青海	0.46	0.271	0.135	0.289	11
宁夏	0.43	0.313	0.165	0.303	9
新疆	0.57	0.378	0.255	0.401	5

2014年，西部12省(区、市)人口城市化质量评价的6项指标分化显著，四川、内蒙古、重庆、陕西人口城市化质量得到显著改善，多项人口城市化质量评价指标达到良好发展阶段，无评价指标处于低度发展阶段，与人口城市化质量最低的西藏差距扩大，西藏除了适度性指标得到改善外，处于基本适度发展阶段，其余协调性和包容性指标仍处于低度发展阶段，西部12省(区、市)人口城市化质量空间分异持续扩大(表9.9)。2014年，西部12省(区、市)人口城市化质量综合排名先后顺序为四川、内蒙古、重庆、陕西、广西、新疆、云南、贵州、甘肃、宁夏、青海和西藏。可见，2000~2007年间，四川、内蒙古、贵州人口城市化质量提升速度较快，重庆和陕西略有下降。

表9.9 2014年西部12省(区、市)人口城市化质量综合评价指数及排名

区域	适度性指数	协调性指数	包容性指数	综合指数	排名
内蒙古	0.76	0.6075	0.735	0.701	2
广西	0.685	0.5225	0.62	0.609	5
重庆	0.765	0.5925	0.72	0.693	3
四川	0.735	0.668	0.82	0.741	1
贵州	0.605	0.4585	0.52	0.528	8
云南	0.575	0.5225	0.61	0.569	7
西藏	0.525	0.255	0.31	0.363	12
陕西	0.675	0.6135	0.73	0.673	4
甘肃	0.585	0.4635	0.49	0.513	9
青海	0.625	0.397	0.40	0.474	11
宁夏	0.595	0.4515	0.41	0.486	10
新疆	0.73	0.511	0.48	0.574	6

从构成西部人口城市化质量评价的6项指标看，2000年、2007年到2014年，西部12省(区、市)人口城市化质量的适度性、协调性、包容性均有不同程度的提高，其中发展基础最好、提升速度也最快的是人口城市化与经济发展适度性指标，其次是人口城市化与工业化适度性指标，提升最为缓慢的是人口城市化与土地城市化协调性指标和人口城市化与社会保障包容性指标。

二、西部12省(区、市)人口城市化质量分析

2014年，西部12省(区、市)人口城市化质量综合排名由高到低依次是四川、内蒙古、重庆、陕西、广西、新疆、云南、贵州、甘肃、宁夏、青海和西藏，从西部人口城市化质量适度性、协调性、包容性三个方面的6项评价指标对西部12省(区、市)人口城市化质量进行分析和评价，评价结果如图9.11所示。

根据西部12省(区、市)人口城市化质量适度性、协调性、包容性评价指数显示，人口城市化质量适度性、协调性、包容性评价指数发展均衡的省份人口城市化质量较高，

第九章 西部人口城市化质量综合审视

如四川和内蒙古；而人口城市化质量适度性、协调性、包容性评价指数发展不均衡，指标差距大的省份人口城市化质量较低，如西藏和青海。

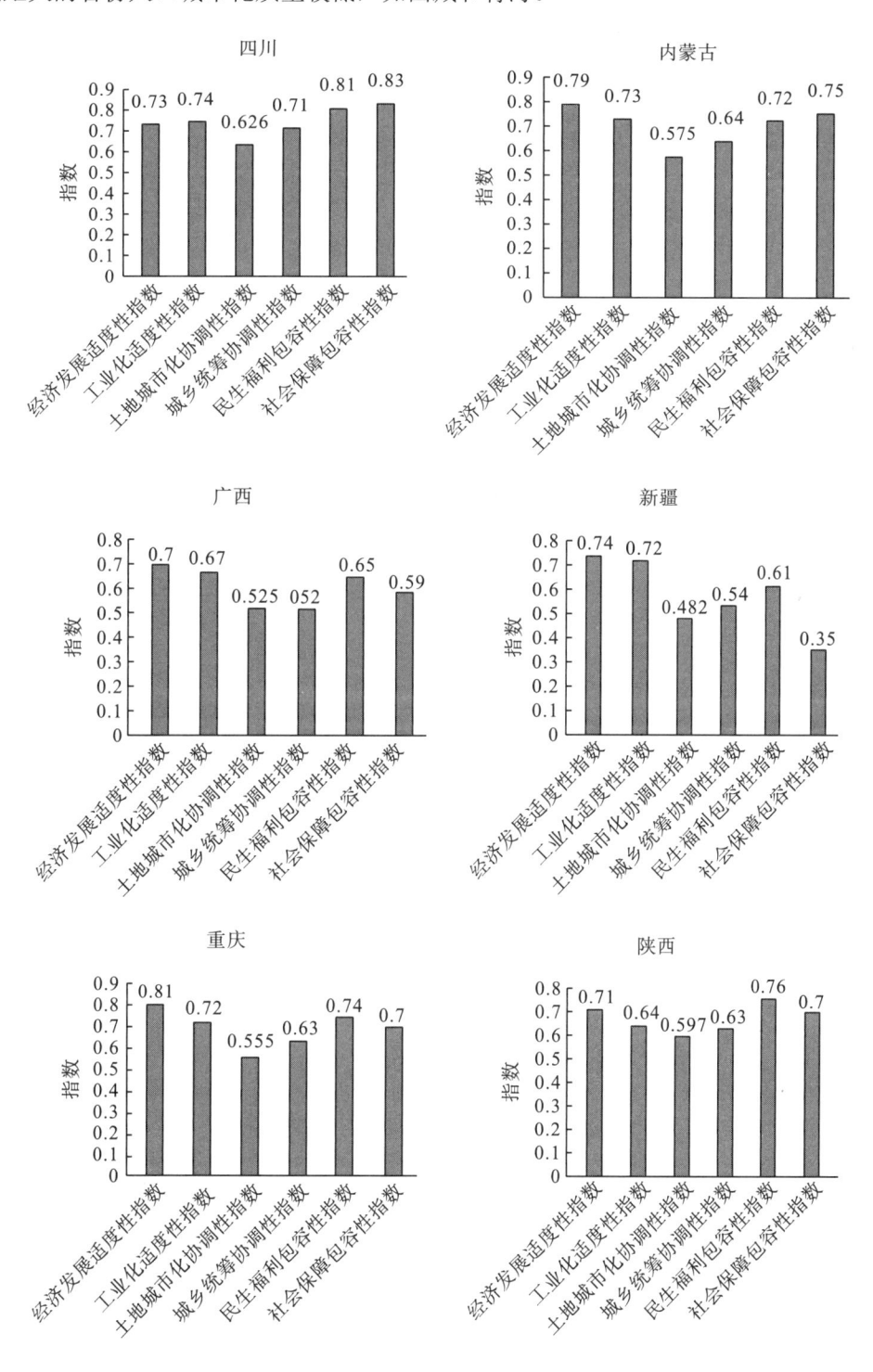

四川

指标	指数
经济发展适度性指数	0.73
工业化适度性指数	0.74
土地城市化协调性指数	0.626
城乡统筹协调性指数	0.71
民生福利包容性指数	0.81
社会保障包容性指数	0.83

内蒙古

指标	指数
经济发展适度性指数	0.79
工业化适度性指数	0.73
土地城市化协调性指数	0.575
城乡统筹协调性指数	0.64
民生福利包容性指数	0.72
社会保障包容性指数	0.75

广西

指标	指数
经济发展适度性指数	0.7
工业化适度性指数	0.67
土地城市化协调性指数	0.525
城乡统筹协调性指数	052
民生福利包容性指数	0.65
社会保障包容性指数	0.59

新疆

指标	指数
经济发展适度性指数	0.74
工业化适度性指数	0.72
土地城市化协调性指数	0.482
城乡统筹协调性指数	0.54
民生福利包容性指数	0.61
社会保障包容性指数	0.35

重庆

指标	指数
经济发展适度性指数	0.81
工业化适度性指数	0.72
土地城市化协调性指数	0.555
城乡统筹协调性指数	0.63
民生福利包容性指数	0.74
社会保障包容性指数	0.7

陕西

指标	指数
经济发展适度性指数	0.71
工业化适度性指数	0.64
土地城市化协调性指数	0.597
城乡统筹协调性指数	0.63
民生福利包容性指数	0.76
社会保障包容性指数	0.7

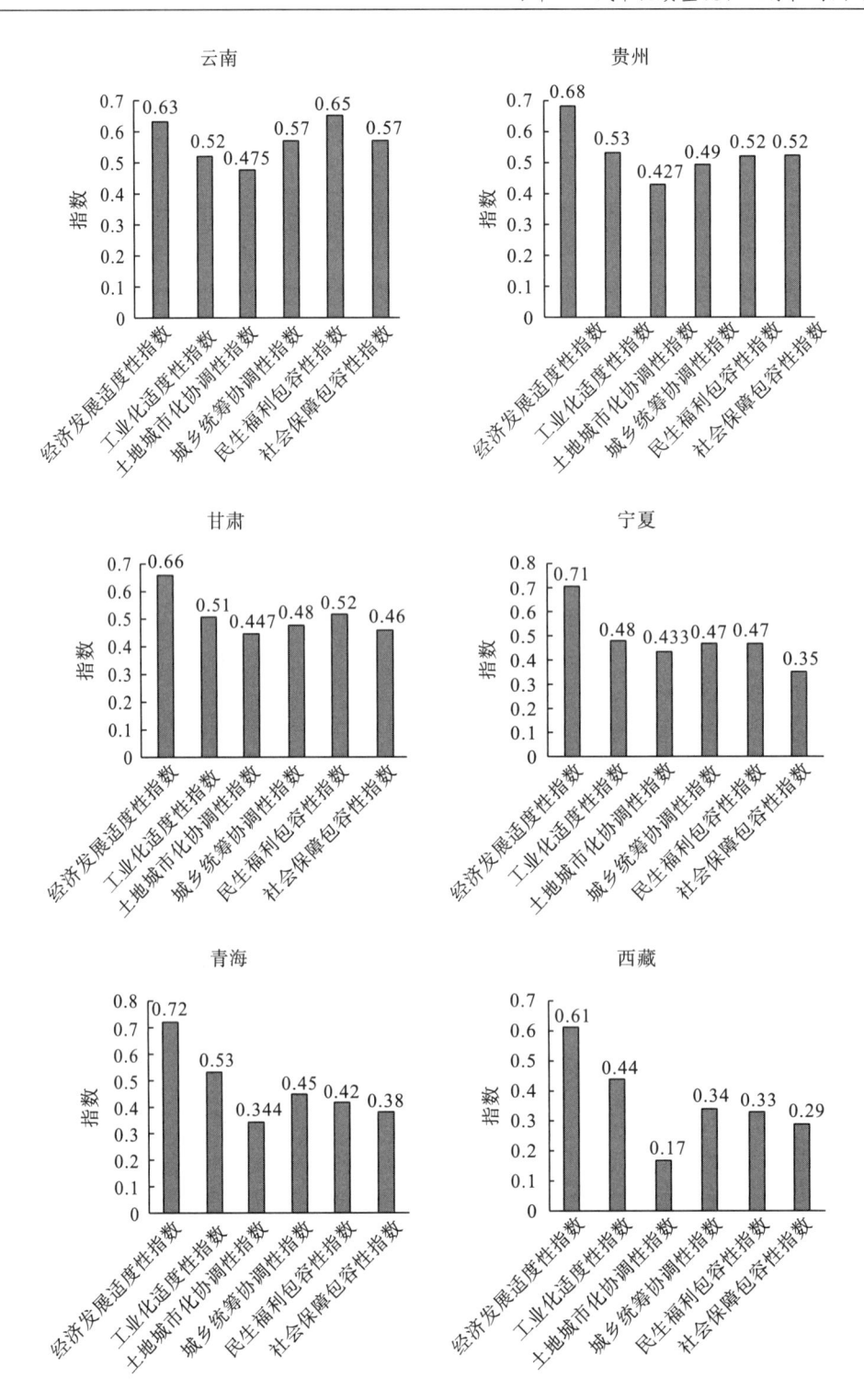

图 9.11　2014 年西部 12 省(区、市)人口城市化质量评价指数

对比 2000 年、2007 年和 2014 年西部 12 省(区、市)人口城市化质量排名可见，四川省和内蒙古人口城市化质量提升速度较快，目前为西部 12 省(区、市)中人口城市化质

量最高的省份,而近年来重庆市和陕西省人口城市化质量提升相对缓慢,被四川省和内蒙古赶超。西藏长期居于西部 12 省(区、市)人口城市化质量排名的最后一位,人口城市化质量低,提升缓慢(表 9.10)。

表 9.10　西部 12 省(区、市)人口城市化质量排名

区域	2000 年排名	2007 年排名	2014 年排名
内蒙古	1	3	2
广西	5	6	5
重庆	3	1	3
四川	2	4	1
贵州	10	10	8
云南	7	7	7
西藏	11	12	12
陕西	4	2	4
甘肃	8	8	9
青海	9	11	11
宁夏	12	9	10
新疆	6	5	6

第三节　西部人口城市化质量总体评价

总体来看,西部地区人口城市化水平和质量起点低,提高缓慢,目前整体发展水平和质量不高,1999 年西部地区人口城市化质量适度性、协同性、包容性指数分别为 0.26、0.17 和 0.06,到 2014 年西部地区人口城市化质量适度性、协同性、包容性指数分别提高到 0.75、0.56 和 0.56。1999~2014 年,西部地区人口城市化质量适度性、协调性、包容性均有不同程度的提高,其中西部地区人口城市化质量适度性提高速度最快,包容性提高最为缓慢,协调性居中,西部地区人口城市化质量的适度性指数从 1999 年的 0.26 提高到 2014 年的 0.75,从低度适度阶段进入良好适度发展阶段;协调性指数从 1999 年的 0.17 提高到 2014 年的 0.56,从低度协调阶段进入基本协调发展阶段;包容性指数从 1999 年的 0.06 提高到 2014 年的 0.56,从低度包容阶段进入基本包容发展阶段(图 9.12)。

从构成西部人口城市化质量的 6 项指标看,发展基础最好,提升速度也最快的是人口城市化与工业化适度性指标,该评价指标从 1999 年的 0.18 提高到 2014 年的 0.77;其次是人口城市化与经济发展适度性指标,该指标从 1999 年的 0.34 提高到 2014 年的 0.73;提升最为缓慢的是人口城市化与土地城市化协调性指标,该指标从 1999 年的 0.17

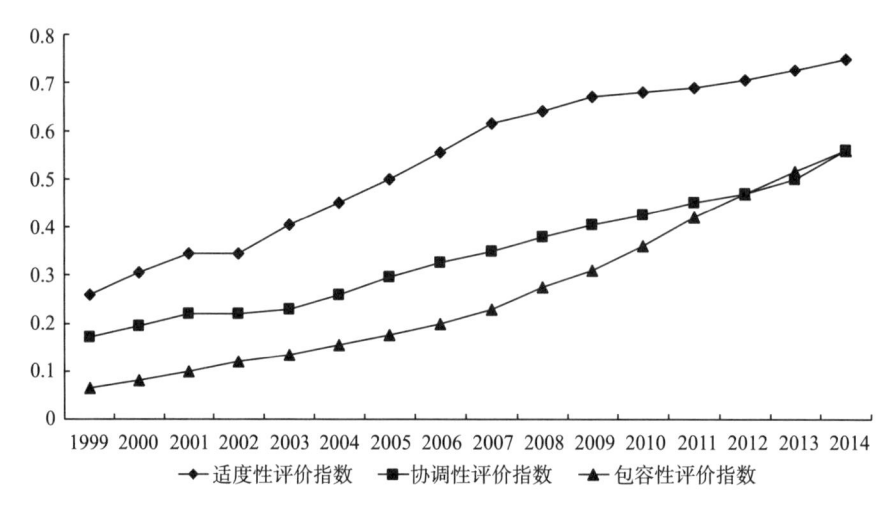

图 9.12　西部人口城市化质量适度性、协调性和包容性评价指数(1999-2014)

提高到 2014 年的 0.53；其次是人口城市化与社会保障包容性指标，该指数从 1999 年的 0.06 仅提高到 2014 年的 0.55（表 9.11）。可见，西部地区土地城市化超前，破坏了人口城市化与土地城市化的协调性，以及西部社会保障能力不足，不能为移民提供更好的生存和发展条件，是导致西部人口城市化质量偏低的主要原因。

表 9.11　西部人口城市化质量评价指数变化(1999~2014 年)

年份	适度性指数 经济发展适度性指数	适度性指数 工业化适度性指数	协调性指数 土地城市化协调性指数	协调性指数 城乡统筹协调性指数	包容性指数 民生福利包容性指数	包容性指数 社会保障包容性指数
1999	0.34	0.18	0.17	0.17	0.07	0.06
2000	0.40	0.21	0.18	0.21	0.09	0.07
2001	0.44	0.25	0.21	0.23	0.11	0.09
2002	0.46	0.23	0.20	0.24	0.13	0.11
2003	0.49	0.32	0.23	0.27	0.15	0.12
2004	0.53	0.37	0.25	0.27	0.17	0.14
2005	0.56	0.44	0.27	0.32	0.19	0.16
2006	0.59	0.52	0.31	0.34	0.20	0.20
2007	0.63	0.60	0.34	0.36	0.24	0.22
2008	0.65	0.63	0.36	0.40	0.28	0.27
2009	0.67	0.67	0.38	0.43	0.31	0.31
2010	0.68	0.68	0.40	0.45	0.36	0.36
2011	0.69	0.69	0.43	0.47	0.41	0.43
2012	0.70	0.71	0.46	0.48	0.46	0.48
2013	0.72	0.73	0.48	0.52	0.51	0.52
2014	0.73	0.77	0.53	0.59	0.57	0.55

第九章 西部人口城市化质量综合审视

上述分析与众多学者的研究结果一致，我国西部地区人口城市化进程具有"重物轻人"的特征，具体表现为：随着西部人口城市化进程的推进，经济发展、工业化水平得到显著提高，土地城市化超前发展，而与民生高度相关的居民福利、社会保障未得到显著改善，西部地区人口城市化质量建设各项指标发展不均衡，"重物轻人"特征显著(图9.13)。

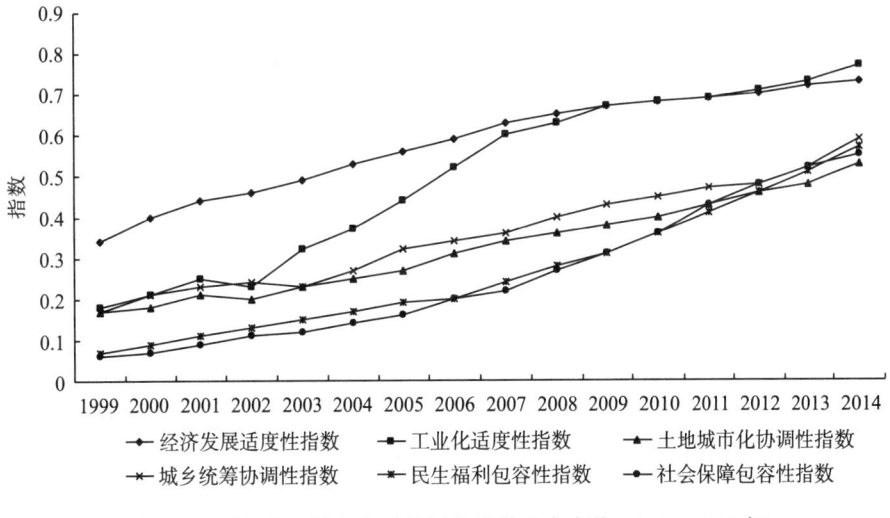

图 9.13 西部人口城市化质量评价指数动态变化(1999～2014 年)

统计数据和研究显示，我国西部地区经济、社会、文化等发展水平落后于全国平均水平，已有的魏后凯等(2013)、王德利(2010)、周丽萍(2011)、蓝庆新等(2013)、苏茜(2015)等的研究结果显示，西部地区人口城市化质量低于全国平均水平。依据构建的西部人口城市化质量评价指标体系，对1999～2014 年西部人口城市化质量构成的 3 个方面 6 项指标分别进行评价，得出西部人口城市化质量适度性指数、协调性指数、包容性指数和西部人口城市化质量综合评价指数(表 9.12)。

表 9.12　西部人口城市化质量综合评价指数(1999～2014 年)

年份	适度性指数	协调性指数	包容性指数	综合指数
1999	0.26	0.17	0.06	0.17
2000	0.31	0.19	0.08	0.19
2001	0.34	0.20	0.10	0.22
2002	0.41	0.22	0.12	0.23
2003	0.45	0.23	0.14	0.26
2004	0.50	0.26	0.16	0.29
2005	0.56	0.29	0.20	0.32
2006	0.62	0.33	0.23	0.36
2007	0.64	0.35	0.28	0.40
2008	0.67	0.38	0.31	0.43

续表

年份	适度性指数	协调性指数	包容性指数	综合指数
2009	0.68	0.41	0.36	0.46
2010	0.69	0.43	0.42	0.49
2011	0.71	0.45	0.47	0.52
2012	0.72	0.47	0.52	0.54
2013	0.73	0.50	0.54	0.58
2014	0.75	0.56	0.56	0.62

对西部人口城市化水平及质量提高和改善情况进行分析，分析显示，1999~2014年，西部人口城市化水平从28.42%提高到46.89%，同期西部人口城市化质量综合评价指数从0.17提高到0.62，西部人口城市化质量提升速度超过西部人口城市化水平提高速度，西部人口城市化水平提高缓慢(图9.14)。

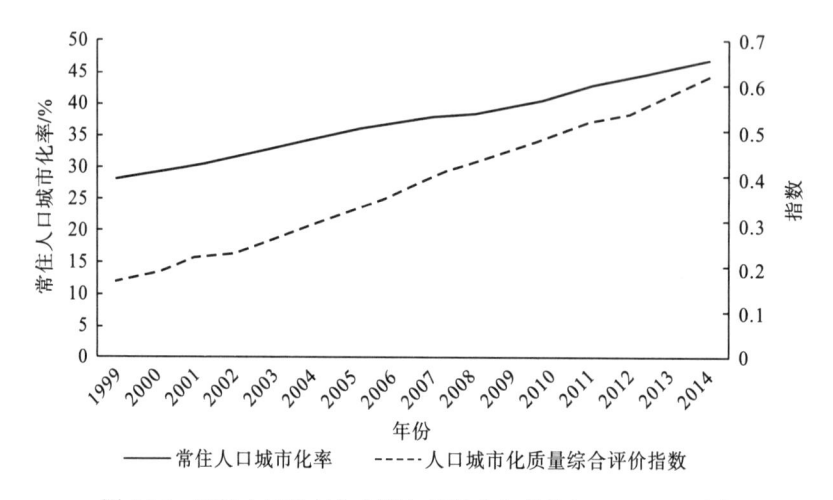

图9.14 西部人口城市化水平与质量动态变化(1999~2014年)

绘制西部人口城市化质量综合评价指数时间系列变化图，1999~2001年，西部人口城市化质量综合评价指数提高相对较缓慢，从0.17提高到0.22；2002~2014年，西部人口城市化质量综合评价指数提高得相对较快，从0.23提高到0.62，西部人口城市化质量随时间推移取得显著改善，2014年西部人口城市化质量综合评价指数为0.62，仍未达到良好发展阶段(图9.15)。

总体来看，1999~2014年，西部人口城市化水平和人口城市化质量整体得到提高，但西部人口城市化水平与质量提升速度缓慢，西部人口城市化水平低于全国平均水平，差距进一步扩大。西部人口城市化水平提高速度慢于西部人口城市化质量提升速度，2014年西部人口城市化质量尚未达到良好发展阶段，西部地区人口城市化质量区域内部差距持续扩大。

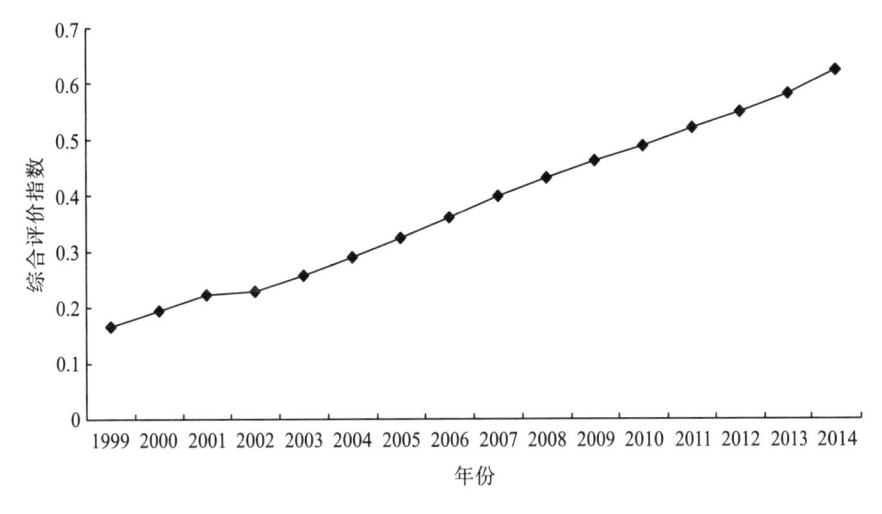

图 9.15 西部人口城市化质量综合评价指数动态变化（1999～2014 年）

第四节 西部人口城市化质量问题

1999～2014 年，由于西部人口城市化水平和质量起点低，西部人口城市化水平和质量提升缓慢，与全国差距继续扩大，西部人口城市化质量建设非均衡发展，区域差距也不断扩大。

一、西部人口城市化进程滞后

西部人口城市化水平滞后于全国平均水平，滞后于工业化水平，且市民化进程缓慢，与全国差距持续扩大。

（一）人口城市化滞后于全国平均水平

2014 年，全国人口城市化率为 54.77%，西部为 46.89%，西部人口城市化水平落后全国平均水平 7.88 个百分点。1999～2014 年，西部人口城市化水平从 28.42%提高到 46.89%，提高了 18.47 个百分点，年均增速为 1.23 个百分点；同期，全国人口城市化率从 30.89%提高到 54.77%，提高了 23.88 个百分点，年均增速为 1.59 个百分点，西部人口城市化水平低且年均增速低于全国平均水平，城市化进程缓慢。1999～2006 年，西部人口城市化水平落后全国平均水平 7.1 个百分点；2006～2014 年，西部人口城市化水平落后全国平均水平 8.35 个百分点，可见，西部人口城市化水平不仅低于全国平均水平，而且与全国的差距进一步扩大(图 9.16)。

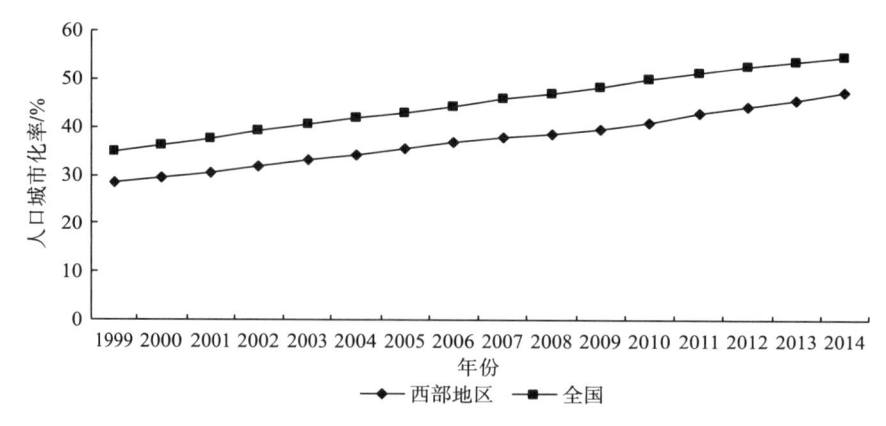

图 9.16　西部地区与全国人口城市化水平比较(1999~2014 年)

(二) 人口城市化滞后于工业化

1999~2014 年，西部人口城市化水平从 28.42%提高到 46.89%，西部人口城市化进程处于加速发展期。1999 年西部工业化率为 39.67%，上升到 2011 年的 49%后开始小幅下降，2014 年降为 46%，显示西部工业化进程进入中后期发展阶段，经济发展的动力由第二产业转换为第三产业。1999~2014 年的大多数年份，西部人口城市化率低于工业化率，西部人口城市化水平滞后阻碍了工业化水平(图 9.17)。

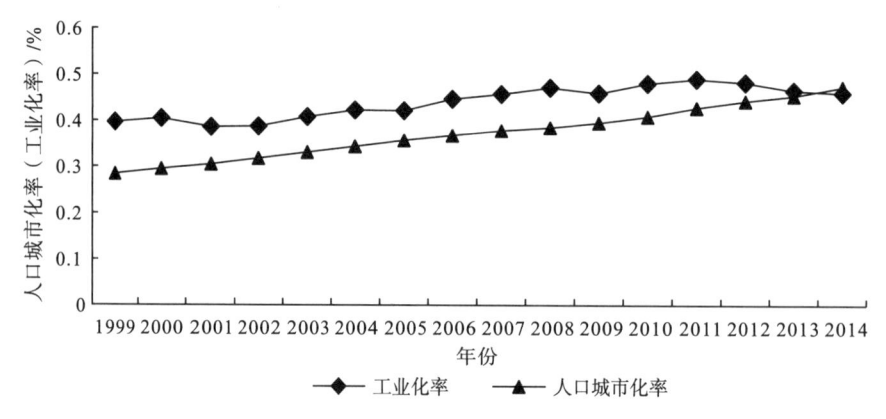

图 9.17　西部人口城市化率与工业化率变化趋势(1999~2014 年)

从国际比较看，2010 年，西部人口城市化率为 40.48%，工业化率为 42.19%，人口城市化率与工业化率比值为 0.959，与国际水平相比，不仅远远落后于主要发达国家水平，还落后于金砖国家和我国平均水平。2014 年，西部人口城市化率为 46.89%，工业化率为 46%，人口城市化率与工业化率的比值提高到 1.02，两者之间的差距有逐步缩小的趋势，但人口城市化率与工业化率的比值仍低于主要发达国家、金砖国家和我国平均水平(图 9.18)，可见，西部人口城市化水平显著落后于工业化水平。我国户籍制度对人口乡-城流动的限制、西部地区资本密集型重工业占比过大而第三产业发展滞后、城市规模小且功能不健全等是导致西部城市化对非农就业劳动力吸纳能力不足，造成西部人口城市化水平滞后于工业化水平的主要原因(陈斌开 等，2013)。西部工业化与人口城市化协调发展被打破，西部人口城市化进程滞后将导致城乡就业压力增大、农村居民收入水平下降，对缩小城乡居民收入差距、区域发展差距存在持续的负面影响。

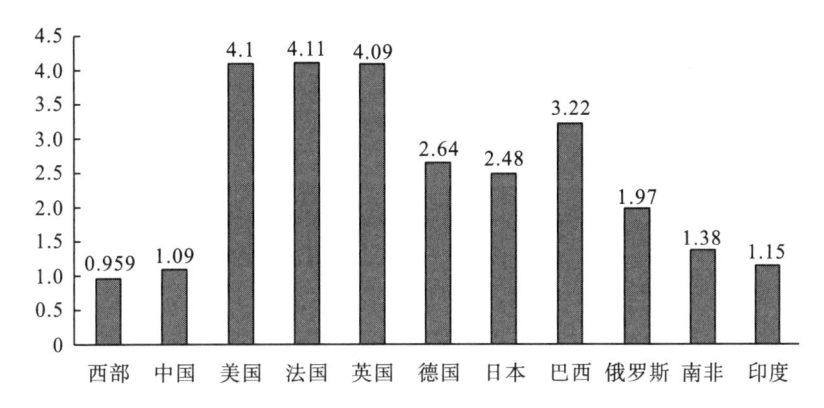

图9.18　2010年中国西部地区与世界主要国家人口城市化率与工业化率比值的比较

数据来源：世界银行、国家统计局

(三)市民化进程滞后

非农户籍人口城市化率反映的是获得城镇居民户口、从事非农产业活动的人口占总人口比例，该指标也被称为市民化率，是衡量农村人口转变为城市人口的核心评价指标[①]。由于我国特殊户籍制度的影响，我国人口城市化表现为"不彻底的人口城市化""人口半城市化"或"虚城市化"，部分进城务工农村人口无法获得城镇户口，使得我国市民化率低于常住人口城市化率，大量流动人口无法在城市稳定就业和生活，人口城市化稳定性低。2014年，西部地区非农户籍人口城市化水平为32.75%，低于西部常住人口城市化水平46.89%，二者相差14.14个百分点，西部地区市民化率低于人口城市化率。2014年，西部12省(区、市)中非农户籍人口城市化水平与常住人口城市化水平差距最大的是重庆，二者相差25个百分点(图9.19)[②]。农民工遭遇到国家制度和政策的整体歧视、在城市的地位得不到认同，不利于缩小贫富差距和区域差距，不利于城乡统筹协调发展，是当前我国城市发展的不安定因素之一，也是西部人口城市化质量低的主要成因(陈丰，2007)。

二、土地城市化超前发展

西部土地城市化扩张速度快于人口城市化速度，1999～2014年，西部人口城市化率从28.24%提高到46.89%，人口城市化率年均增幅为1.24个百分点。同期，西部建成区面积从4688.22平方公里提高到11119.29平方公里，建成区面积年均增幅为8.57个百分点，建成区面积增速是人口城市化率增速的6.97倍(图9.20)。西部土地城市化速度远超人口城市化速度。

---

① 市民化率(户籍非农人口城市化率)=城市户籍非农人口/总人口；常住人口城市化率=城镇常住人口/总人口。
② 数据来源：根据1999～2015年的《中国统计年鉴》、1999～2015年的《中国城市年鉴》、中国经济信息网、国研网相关统计数据整理。

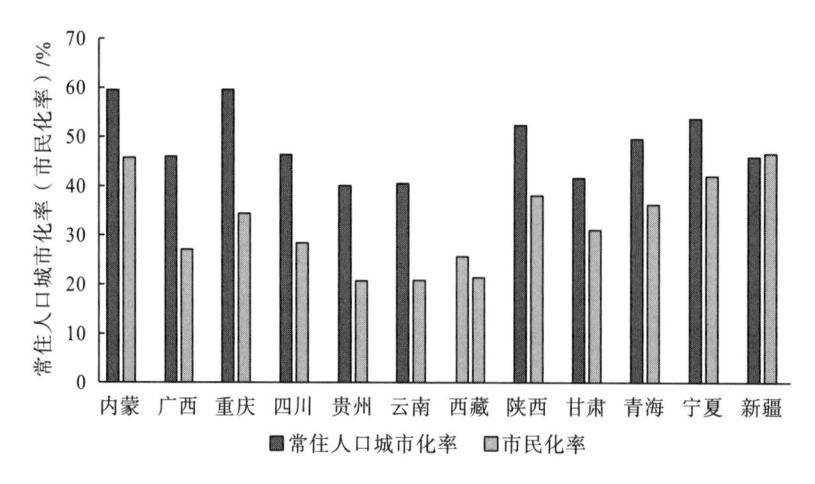

图 9.19　2014 年西部 12 省(区、市)常住人口城市化率与市民化率

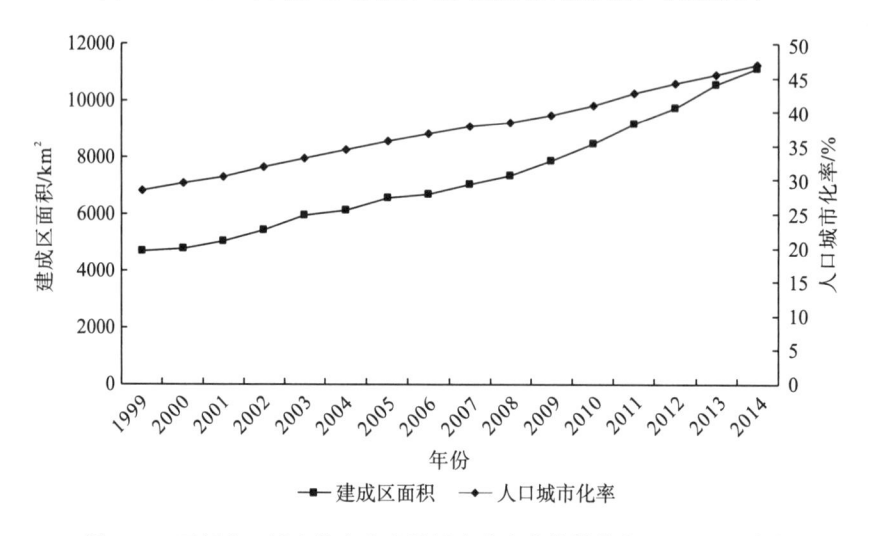

图 9.20　西部人口城市化率和土地城市化率变化趋势(1999~2014 年)

数据来源：根据 1999~2015 年的《中国统计年鉴》、1999~2015 年的《中国城市年鉴》、中国经济信息网、国研网相关统计数据整理

2014 年西部土地规模弹性系数(城市建设用地增长率/人口城市化增长率)为 1.48，大于国际标准合理值 1.12。西部 12 省(区、市)的重庆、宁夏土地城市化极大地超前于人口城市化，土地规模弹性系数分别高达 2.16 和 2.14，为国际标准值的近 2 倍，人口城市化进程人地发展失衡。城市建设用地增长速度过快是造成西部人口城市化进程人地失衡的主要原因，带来的问题主要有三个方面：一是耕地后备资源不足，西部城市建设用地的盲目扩张造成滥占耕地、乱设开发区，耕地后备资源严重不足，可开垦的耕地不足，危及国家的粮食安全；二是失地农民权益受到侵犯，西部农村人口的减少慢于农村耕地的减少，势必进一步加剧解决"三农"问题的难度；三是土地资源浪费严重，国家统计局《中国城市统计年鉴 2011》公布的中国不同规模城市平均人口规模数据，特大城市、大城市、中等城市化和小城市分别为 608.3 万人/km²、159.4 万人/km²、71 万人/km²、36 万人/km²，与 2014 年西部 12 省(区、市)城市人均建成区面积比较发现，西部 12 省(区、

市)城市人口密度低,人均建成区面积大,城市土地资源开发过度,部分城市呈现"摊大饼式"的外延扩张,城市人口密度下降,人口聚集效益低下,城市第三产业发展滞后(表 9.13)。

表 9.13　2014 年西部 12 省(区、市)城市人均建成区面积和城市人口密度

	内蒙古	广西	重庆	四川	贵州	云南	西藏	陕西	甘肃	青海	宁夏	新疆
人均建成区面积/(km²/万人)	47.36	25.13	38.26	26.79	20.07	20.34	38.67	25.21	29.03	27.62	64.82	48.36
人口密度/(人/km²)	1291	1684	1972	3068	2393	2853	1857	5474	3682	2604	1295	4280

数据来源:国家统计局统计数据整理

根据国家发展和改革委员会城市和小城镇改革发展中心 2015 年公布的"中国城市过去五年年均扩城率排行榜(2014 年)"数据显示,我国年均扩城率榜单中位居前十位的城市西部有 4 个,分别是内蒙古通辽、四川达州、宁夏吴忠和四川泸州。依据环球网公布的中国大陆城市"鬼城"指数排行榜(2015),上榜的前十五名城市中有 12 个城市分布在西部地区(表 9.14)。

表 9.14　2015 年中国大陆城市"鬼城"指数排行榜前十五名

排名	城市	鬼城指数/(万人/km²)	所属省份
1	二连浩特	0.2692	内蒙古
2	阿拉尔	0.2726	新疆
3	北屯	0.2825	新疆
4	阿勒泰	0.2906	新疆
5	张掖	0.2983	甘肃
6	绥芬河	0.3232	黑龙江
7	钦州	0.3524	广西
8	嘉峪关	0.3591	甘肃
9	玉门	0.3594	甘肃
10	日喀则	0.3843	西藏
11	格尔木	0.3933	青海
12	瑞丽	0.4004	云南
13	吐鲁番	0.4172	新疆
14	密山	0.4214	黑龙江
15	威海	0.4231	山东

资料来源:环球网,2015 年中国 50 大"鬼城"排行榜出炉 县级城市成主流. http://china.huanqiu.com/article/2015-11/8006492_2.html

中国社会科学院城市发展与环境研究所发布《房地产蓝皮书：中国房地产发展报告（2016）》指出，近年来西部三、四线城市土地城市化超前，房地产发展速度脱离基本面，过于激进的土地出让速度使得西部三、四线城市面临巨大的房地产库存压力和金融风险。

三、人口城市化质量建设"重物轻人"

与众多学者的研究结果一致，西部人口城市化进程具有"重物轻人""化地不化人"的特征，表现为西部人口城市化带动了经济发展水平、工业化水平和土地城市化水平的显著提高，而与人口城市化质量内涵建设相关的市民化、城乡统筹发展、居民福利和社会保障建设发展滞后，西部人口城市化硬件建设明显优于软件建设。依据西部人口城市化质量综合评价指数，对西部12省（区、市）人口城市化质量进行类别细分，可分为五种类型区，人口城市化质量综合评价指数大于0.7，人口城市化质量处于良好发展阶段的一类区，包括四川省和内蒙古；人口城市化质量综合评价指数为0.7~0.6，人口城市化质量处于中等偏上发展阶段的二类区，包括重庆市、陕西省和广西；人口城市化质量综合评价指数为0.6~0.5，人口城市化质量处于中等发展阶段的三类区，包括云南省、贵州省、甘肃省和新疆；人口城市化质量综合评价指数为0.5~0.4，人口城市化质量处于中等偏下的四类区，包括宁夏回族自治区和青海省；人口城市化质量综合评价指数小于0.4，人口城市化质量处于低度发展阶段的五类区，为西藏（图9.21）。

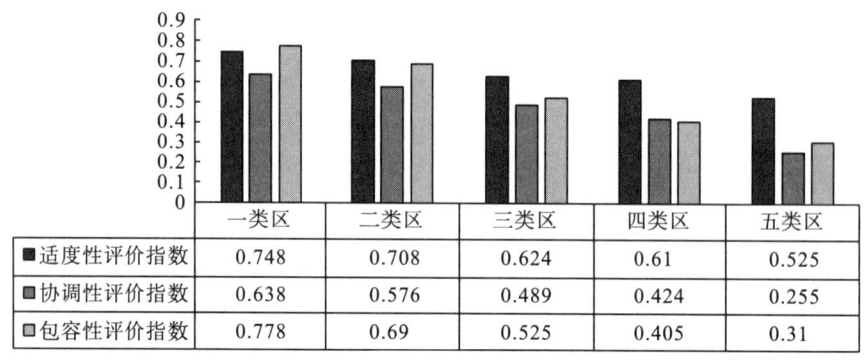

	一类区	二类区	三类区	四类区	五类区
适度性评价指数	0.748	0.708	0.624	0.61	0.525
协调性评价指数	0.638	0.576	0.489	0.424	0.255
包容性评价指数	0.778	0.69	0.525	0.405	0.31

图9.21 西部人口城市化质量五种类型区

分析发现，西部人口城市化质量高的一类区、二类区构成人口城市化质量的6个评价指标整体协调发展，西部人口城市化质量的6个方面发展较为均衡；而人口城市化质量较低的四类区、五类区人口城市化质量建设的6个方面协调发展性较差，其中人口城市化与经济发展适度性、人口城市化与工业化适度性指标发展较好，接近一类区、二类区，而人口城市化与土地城市化协调性、人口城市化与城乡统筹发展协调性、人口城市化与居民福利包容性、人口城市化与社会保障包容性指标发展滞后，尤其是涉及人口城市化质量内涵建设的包容性评价指标与一类区、二类区差别扩大，人口城市化质量建设不均衡，处于"重量轻质"的较低人口城市化质量发展阶段。西部"重物轻人"的人口城市化模式使得西部地区城市缺乏竞争力，精锐劳动力流向东部发达大城市，造成很多家庭处于离散破碎状态，构成了一个规模庞大的"留守儿童""留守妇女"和"留守老人"特殊群体，农业发展基础堪忧，区域经济增长乏力，不利于西部人口就地城市化。

四、人口城市化质量区域差距扩大

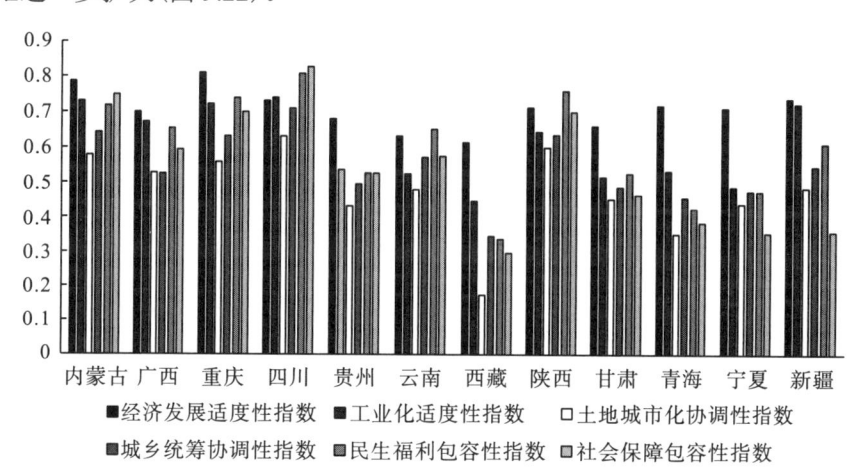

2014 年，西部 12 省(区、市)人口城市化质量提升速度最快、人口城市化质量最好的为四川和内蒙古，人口城市化质量综合评价指数分别达到 0.741、0.701，处于人口城市化质量良好发展阶段；其次是重庆(0.693)、陕西(0.673)、广西(0.609)、新疆(0.574)、云南(0.569)、贵州(0.528)、甘肃(0.513)、宁夏(0.486)和青海(0.474)，处于中等人口城市化质量阶段；西藏人口城市化质量综合评价指数为 0.363，是西部 12 省(区、市)人口城市化质量提升速度最慢、人口城市化质量最低的地区。西部 12 省(区、市)人口城市化质量发展水平最高的四川与人口城市化质量发展水平最低的西藏的人口城市化质量综合评价指数相差一倍以上。同时，2014 年，西部 12 省(区、市)人口城市化质量评价的 6 项指标分化显著，四川、内蒙古、重庆、陕西人口城市化质量得到显著改善，多项指标达到良好发展阶段，与人口城市化质量较低的西藏、青海、宁夏差距扩大，尤其是西藏协调性和包容性指标仍处于低度发展阶段，西部 12 省(区、市)人口城市化质量区域差距进一步扩大(图 9.22)。

图 9.22 2014 年西部 12 省(区、市)人口城市化质量评价指数

研究显示，西部大开发以来，西部人口城市化快速推进，人口城市化率由 1999 年的 28.42%提高到 2014 年的 46.89%。然而，西部在快速人口城市化进程中，面临人口城市化滞后、土地城市化超前、人口城市化质量建设"重物轻人"以及人口城市化质量区域差距扩大等问题。新时期，我国进入"以人为本"的新型城镇化战略期，西部人口城市化由偏重数量规模增长向注重质量内涵提升转变，将更加注重人口城市化质量的内涵建设。

第十章　西部人口城市化推进及质量提升对策

西部人口城市化水平滞后于经济发展、工业化和土地城市化水平，土地城市化超前，城乡差距持续扩大，民生福利和社会保障性投入不足，精锐劳动力大量流失，人口城市化质量整体不高。高质量的人口城市化是人口城市化与经济发展、工业化良性互动、适度性好，与土地城市化、城乡统筹协调发展，与民生福利和社会保障包容性强，以人为本的城市化。西部是未来我国人口城市化的重点，明智的政策和有效的措施可以使西部人口城市化的积极效应超过负面效应。

一、扫清市民化障碍

农业转移人口市民化关系国计民生，将引导中国从"农村中国"走向"城市中国"。扫清市民化障碍，必须打破我国沿袭下来的城乡二元体制障碍，形成人口有序流动迁徙长效机制。我国现阶段的体制因素、政策因素是制约人口城市化和市民化的主要因素，体制和政策障碍极大地妨碍了人口的有序流动和市民化，降低了人口城市化质量。从制度层面看，我国现行户籍制度和土地制度在一定程度上固化了城乡"二元结构"，当务之急是进行制度改革和政策创新，扫清市民化的制度和政策障碍，通过户籍制度改革打破人口流动限制，通过土地制度改革解开土地对流动人口的束缚，通过社会保障制度改革为顺利推进户籍制度改革和土地制度改革保驾护航。

（一）户籍制度改革

我国人口城市化以政府主导、市场机制缺失为基本特征，以城乡二元经济、户籍、土地和社会保障制度为最主要的经济和制度基础，由此导致我国的人口城市化与土地城市化、就业城市化、社会城市化的相互割裂，形成了我国扭曲的人口"半城市化"特征（周其仁，2013）。1958年出台的《中华人民共和国户口登记条例》确立了城乡分割的户籍管理制度，限制城乡间人口的自由流动，并将享受城市社会保障和福利的人口限制为城镇户口居民。改革开放后，人口流动的管制逐步放开，但户籍与社会保障和福利分配挂钩的制度依然存在，由此出现了中国特色的"人地分离""人户分离"的人口"半城市化"（夏峰，2015）。我国人口城市化进程出现了农民离农不离地的人口"半城市化"现象，属于不彻底的人口城市化，人口城市化稳定性下降。数以亿计的"半城市化"人口无法分享人口城市化的红利，带来了一系列经济社会问题，也是造成人口城市化质量低的根源。我国人口"半城市化"的典型代表为农民工，他们工作在城市，生活基础在农村；家庭劳动力在城市，老人和未成年孩子在农村；工作生活在城市，医疗养老在农村，他们是城乡迁移的"候鸟"。

户籍制度被认为是阻碍农民工市民化，导致我国人口城市化率和市民化率低的主要

第十章　西部人口城市化推进及质量提升对策

原因，户籍制度改革是拆除城乡壁垒、扫清市民化障碍的首要问题。2001年，国务院颁布《关于推进小城镇户籍管理制度改革意见》，开始放开小城镇落户。2013年《中共中央关于全面深化改革若干重大问题的决定》提出了循序渐进的差异化户籍改革政策，即针对不同规模等级城市的落户意见提出了"全面放开建制镇和小城市落户限制，有序放开中等城市落户限制，合理确定大城市落户条件，严格控制特大城市人口规模"。2014年7月30日，《国务院关于进一步推进户籍制度改革的意见》正式发布，提出了"推进市民化、取消城乡户口差别、建设统一的城乡土地市场、公共服务向常住人口全覆盖"等明确的户籍制度改革目标。渐进式户籍制度改革路线图分为4个阶段。

第一阶段打破户籍壁垒，取消农业户口和非农业户口区分，全国统一登记为居民户口。国务院通过了《居住证暂行条例》，2016年1月1日，我国正式取消暂住证制度，全面实施居住证制度。当前，除了西藏，全国已有30个省（区、市）出台文件，宣布取消农业户口和非农业户口的区分，统一登记为居民户口，打破了几十年来我国城乡分割的户籍壁垒。

第二阶段实施差别化落户政策，促进人口有序流动。国务院印发了《关于进一步推进户籍制度改革的意见》，调整户口迁移政策，提出了"全面放开建制镇和小城市落户限制，有序开放中等城市落户限制，合理确定大城市落户条件，严格控制特大城市人口规模"的因地制宜差别化落户政策，有序引导人口流向。然而差别化落户政策在实际操作中演变为设置门槛，向资本、人才倾斜的移民政策。该政策不利于人口的自由流动和城市的持续发展，会拉大区域发展差距，落户依据应是居住在该城市的时间以及社保缴纳情况，差别化落户政策应只是短期权宜之计。

第三阶段逐步剥离户籍特权，缩小户籍福利区域差距。差别化落户政策能否达到预期效果，关键在于附着在户口上的户籍福利改革能否取得突破。大多数学者的观点都赞成户籍福利改革的目标是消除户籍福利城乡、区域差距，建立一元化的福利制度。但学者们对户籍福利改革路径存在分歧，部分学者主张一揽子剥离，如陆益龙（2008）认为我国城乡人口自由流动早已放开，因此，放开户籍制度对人口流动影响不大，剥离户籍福利并不会带来社会震荡或大城市的人口膨胀。部分学者主张渐进剥离，如傅勇（2005）、贺振华（2003）、余佳等（2010）认为户籍对社会公共产品享用者具有甄选功能，有其合理性，"全盘剥离"户籍福利的条件还不成熟，应逐步淡化户籍与社会公共产品分配之间的联系。部分学者主张先剥离"权"，逐步扩大"益"，最终实现居民权益平等，如邬凤英[1]、章淑平[2]主张剥离户籍福利要分清"权"和"益"，"权"通常属于"特权"，应该予以剥离，而"益"属于民众分享改革发展的成果，应该保留，并逐步扩大到非户籍人口。依据我国现实经济基础和社会条件，可考虑优先在全国统一剥离附着在户籍上的特权，并逐步缩小区域和城市户籍福利差距。

第四阶段户籍平等，自由迁移。在宪法中恢复公民居住自由和迁徙自由条款，赋予居民更多平等、公平的迁移权利。全面取消渐进式户籍改革设置的各种"门槛"和"围

---

[1] 邬凤英：剥离户籍福利要分清权和益，大众网-齐鲁晚报，2009年6月3日。
[2] 章淑平："全盘剥离"户籍福利很可能得不偿失，海峡都市报（福州），http://news.163.com/09/0603/17/5ATA9Q2E000120 GR.html，2009年6月3日。

墙"，彻底消除二元户籍制度和附着在户籍上的各种不平等权益和区域差异，运用现代电子技术和生物技术实现身份信息全国联网、户口动态管理、人口自由迁移。

我国户籍改革在实际操作中进展缓慢甚至陷入困境，由于我国区域发展差距大，市民化门槛最高的东部发达地区大城市具有竞争优势，对西部流动人口吸引力最大，而门槛较低的西部中小城镇对流动人口吸引力微弱，落户主体意愿与落户地点、政策之间极为不匹配。一方面，东部特大城市面临"大城市病"，为了控制人口流入，实施落户积分制，对低教育和低收入者设置了入城落户门槛，只吸收高素质人才，有落户意愿的西部大量流动人口，尤其是弱势流动人口被拒之门外，认为拉动了区域发展差距。另一方面，西部中小城镇的户籍含金量不高，部分已具备落户条件的流动人口选择把户口留在农村，进城落户意愿不高，西部人口城市化水平滞后。根据2001~2013年人口统计，我国东部人口年均增长率为1.11%，而西部人口年均增长率仅为0.24%，西部地区的人口增长又主要集中在经济相对发达的几个省会城市和大城市[①]。众多学者的研究显示，在我国东西部存在显著经济社会发展差距的背景下，即使推行严格的有序落户政策也很难从根本上改变流动人口向经济发达（朱江丽 等，2016）、人口稠密的东部大城市和中心城市聚集这一趋势（邓可斌 等，2010），循序渐进的差异化户籍改革政策恐难达到预期目标。

户籍改革的意义绝非名义上的统一户口。户籍制度改革取消了农业户口和非农业户口区分，但并没有解除依傍在城镇户口上的各种福利分配。给城镇户口而非城镇居民对等的权利和福利保障，城镇户口就是一张空头支票，这样的户籍制度改革仅仅是实行了城乡居民名义上的户籍平等。户籍改革需要进一步将附着在城镇户口上的居民就业、社保、住房、教育的平等权利和机会赋予全体人口，通过剥离户籍福利，让流动人口在居住地享受均等化的基本公共服务，共享改革发展成果。缩小区域基本公共服务差距，才能促进人口有序市民化，缩小经济上的区域差距很难在短期内实现，可优先考虑在全国范围内提供均等化的公共服务，缩小发达地区与西部欠发达地区的公共服务差距，改变流动人口向东部发达地区大城市聚集趋势，缓解东部地区"大城市病"，引导流动人口到西部中小城市落户，提高西部人口城市化水平和质量。

户籍制度的改革不仅仅是农民身份和户口的改变，没有相关配套政策和措施的保障，户籍制度改革可能陷入困境。因此，我国的户籍制度改革是一个漫长的过程，需要在国家层面、区域层面和地方层面整体联动，逐步推进，以户籍制度改革为杠杆，打破我国的二元体制和结构，剥离差别化的户籍福利，推动基本公共服务均等化，带动城市和区域的均衡发展、城乡居民福利的增长。通过渐进式户改及相关配套改革，改变人口流向，促进更多流动人口到西部落户，提高西部人口城市化水平，加快市民化进程，提高西部人口城市化质量。

（二）土地制度改革

西部人口城市化突出问题为土地城市化超前，带来了城市土地的盲目扩展、低效开发利用以及农村土地的荒弃、农业的凋零双重问题。西部人口城市化出现"土地超前、

---

① 根据2002~2014年的《中国统计年鉴》和《中国城市统计年鉴》整理得出。

人口滞后""化地不化人"的根源在于我国城乡二元土地制度。在我国目前的土地制度下，城市化进程演变成土地国有化进程，也就是城市吃掉农村的进程(刘守英，2014b)。二元土地制度下地方政府控制着土地市场，可以通过扩张城市用地来获取级差地租收益，促进区域和城市经济发展，同时，通过严格控制城市人口规模，减少享有城市公共物品人数，以满足自身利益的最大化，割裂了人口城市化进程中"人""地"之间的联系，带来了"土地超前、人口滞后"的人口城市化格局。"土地财政""化地不化人"丧失了人口城市化的真正意义，扩大了城乡和区域差距。土地制度改革是破解人口城市化"人地失衡""半城市化"问题的关键环节，土地制度改革路线图分为三个阶段。

第一阶段建立城乡统一的建设用地市场。在人口城市化加速发展期，城市的扩张导致大量耕地被征用，在现有的土地制度下，农民只能占有和使用土地，农民的宅基地也不能买卖和抵押，农村土地无法在土地一级市场上交易，只能通过政府征收转为国有才能完成。土地是一种稀缺资源，供给缺乏弹性，被政府垄断后，土地拍卖成了地方政府的重要收入来源，地方政府征地积极性空前高涨，造成了大量农民失去赖以生存的土地，农地大量被占用，官民矛盾激化。中共十八届三中全会决定提出：建立城乡统一的建设用地市场，指明了我国土地制度改革的方向是允许集体经营性建设用地进入市场(刘守英，2014c)。建立城乡统一的建设用地市场，首要任务是重新修订和安排我国现行关于建设用地使用权的相关法律法规，允许集体建设用地有偿流转使用权。其次是打破政府对土地市场的垄断，构建规范、完整、城乡统一的土地所有权和使用权交易市场，允许集体建设用地使用权直接入市，允许农村集体经营性建设用地租赁、入股、出让。再次是坚持城乡用地同权同价，统一农村集体经营性建设用地与国有建设用地市场交易平台，赋予农民宅基地更完整的权能，确保城乡用地同等的权益(姜大明，2013)。有学者和地方政府提出了以农民土地和宅基地换城市户口和社保的改革思路，以此来解决市民化压力，需要看到，我国的农村土地承包制度既承载了农民的福利，又具有农民的社会保障职能，是农民的就业保障、生活保障和伤病、养老保险的可靠性依托(于立，2010)。在没有给农民建立起完善的保障体系之前，土地是"农民社会保障的载体"和农民赖以生存的经济基础，"人地解绑"土地制度改革需要尊重民意，并需要有相关配套政策的保障。

第二阶段加快农村"人地解绑"土地制度改革。有专家指出，当前农民的土地承包经营权、宅基地使用权、集体收益分配权"三权"如何主动退出缺乏制度安排，农村资产的财产性价值无法实现，导致大量农业转移人口宁可土地撂荒、农房空置，也不愿从农村迁出户口。在现有的土地制度下，伴随着人口城市化带来的大量农村劳动力外流，农村宅基地浪费和大量闲置，农村和农业日渐凋敝。要提高农民进城落户的意愿，推进人的城镇化，关键要盘活农村土地资产，让农民和土地"解绑"，自由流动和迁居城镇，提高农民进城落户的意愿和能力。实施农村"人地解绑"改革，让农民通过合法渠道把其在农村的承包地、宅基地、山地、林地等资产变成现金或现金流，为农村迁出人口提供原始资本，让农民带着资本进入城市，成为其在城市生活、购房、创业等方面的重要资金来源，既改善了进城落户农民的生活质量，还有助于促进农地规模化经营，解决农村和农业的日渐凋敝，同步实现人口城市化质量的提高与农村农业的现代化，拉动内需，推动西部产业结构调整和经济转型发展。

第三阶段推进城市"人地挂钩"土地制度改革。我国人口城市化的市场机制缺失，政府控制了土地市场与人口流动，在区域间竞争作用力下，人口城市化进程中实现地方利益最大化的理性选择是"重土地、轻人口""重建设、轻服务"。在现有的"重地轻人"的偏好下，地方政府宁愿在高安置补偿成本的情况下市民化本地城郊农民以谋取用地空间，也不愿意支付较低的成本来市民化外来务工人员。提高人口城市化质量，改善西部人口城市化与土地城市化发展失调，控制土地城市化的无序扩展，在土地制度改革中引入"人地挂钩"的调控思路(张耀宇 等，2016)，通过"人地挂钩"政策使城市用地扩张与人口市民化所需成本建立起联系，矫正地方政府的土地城市化偏好，促进人口城市化与土地城市化协调发展，提高西部人口城市化质量。一方面，建设用地指标与人口落户挂钩。政府本身并不创造资金，我国地方政府城市建设的资金主要来源于对农地转化为城市建设用地的收益。因此，可以考虑将各地市民化指标与建设用地指标挂钩，在实际操作中，应遵循这一土地制度改革思路，细化和完善人口落户指标与建设用地指标之间的挂钩机制，将人口落户引入到土地调控之中，制定捆绑政策，在人口城市化与土地城市化之间搭建桥梁，提高人口城市化质量。另一方面，地租收益分配与市民化指标挂钩。城市地租收益分配调节不仅仅要保障失地农民权益，同时还要考虑新迁入人口的公共服务保障问题，为了突破现行的社会福利制度地方化带来的封闭性，可以考虑通过建立全国性基金的方式收取各地方一定比例的土地出让纯收益，专项用于向该地区的外来务工人口提供各项公共物品，以及对其中符合条件并自愿申请成为市民的流动人口提供财政扶持，帮助解决其在城市安家落户的部分成本支出。通过政策调控转变地方政府"重地轻人"的行为偏好，使其为外来务工者提供基本公共服务，让外来务工者能够以公共物品的方式来分享城市发展中的级差地租收益，从而解决城市土地资源开发、地租收益分配中的"人地脱钩"问题，恢复城市化进程"人口"与"土地"间的紧密联系，化解人口"半城市化"问题，提高人口城市化质量。西部人口城市化的重点不是遍地开花的"造城"、修大马路、盖高楼大厦、建大广场，而是应该将更多的财政资金用于改善民生，增强对流动人口的吸引力，走以人为本的人口城市化道路，提高人口城市化水平和质量。

(三)社会保障制度改革

我国户籍制度与社会保障制度之间具有复杂关联，实践证明，单一推进户籍制度改革或社会保障制度改革，都难以取得实质性效果。取消户籍二元结构只是改了"面子"，取消社会保障"二元"结构才能触及到消除二元结构的核心，才能在实践中推进户籍制度改革、土地制度改革，取得我国新型城镇化预期成果。社会保障是增进国民福利、促进社会公平的重要保障，我国用于社会保障(包括社会保险)的财政支出占中央财政支出比例很小，仅占12%，低于发达国家30%~50%的比例(郭小聪 等，2013)。我国尚未形成全国统一的社会保障制度，社会保障制度由区域、城乡分割到一体化是未来的发展趋势。我国现在社保分省统筹是社保制度不完善的地方，社会保障支出逐年增长，加上有历史欠账,一些地区,尤其是西部贫困地区出现了资金缺口,社保资金的分省统筹应变成全国统筹。我国的人口"半城市化"使得中西部的大量年轻劳动力将青壮年时期奉献给发达地区,却将养老、医疗等问题留在欠发达的出生地,西部地区财力弱,社会保障需求高,社会保障地区分割格局,造成西部贫困地区社会保障资金入不敷出,拉开了我国区域发展差距,富的地区越富,穷的地区越穷,流动人口向少数几个发达地区的特大城市和大城市聚集,区域平衡发展无望,有序推进市民化达不到预期目标。此外,我国已进入"加速老龄化阶段",养老压力增大,传统的家庭养老方式逐渐弱化,养老保险的需求越来越大,社保资金需要不断得到补充。社保资金一个重要来源是国有股本直接划转到社会保障基金或者把国有资产的收益上缴给社会保障基金,这也需要由中央政府在全国范围内进行统筹安排。鉴于我国大部分地区较低的经济社会发展水平,有限的财力面对庞大的农村转移人口,我国社会保障制度改革可采取分阶段推进策略。

首先,完善最低生活保障制度,扩大救助范围。最低生活保障制度是体现社会公平的底线,当前我国基本形成了以城镇居民的最低生活保障制度为主,农村居民的"五保"供养、医疗救助、灾害救助、临时救助为辅的保障制度,二元户籍制度取消后,最低生活保障制度应相应调整,建立覆盖全体居民的最低生活保障制度,并强化预算约束,增加政府支出。

其次,优先推进失业保险和医疗保险全覆盖。我国的基本社会保险包括养老保险、医疗保险、工伤保险、失业保险和生育保险五大险种,失业保险和医疗保险是保障人民群众有尊严地活着的基础条件,且所需投入资金不多,政府能够承担。养老保险、工伤保险和生育保险则坚持"低水平、广覆盖"的原则,建立费用分担机制,进行试点改革,然后逐步推广。

再次,扩大社会保障覆盖面,逐步惠及全体公民。为全体公民提供高质量的社会福利,是社会发展进步的标志,也是国家义不容辞的责任。在我国目前的经济发展水平和条件下,应有选择地优先对农民工、留守儿童、老人和妇女、残疾人等弱势群体提供"特殊福利",随经济发展逐步扩大社保覆盖面,提高福利水平,惠及全体公民。

社会保障实际上是对社会资源的再分配过程,通过对社会资源的再分配,实现"效用最大化",从而使社会资源实现相对公平的再分配(徐瑞仙,2009)。我国现行社会保障制度具有二元结构特点,社会保障制度体现的并非互济性,没有起到保护社会弱势群体的作用,体现在参加社保的对象主要是正式编制人员或有能力缴纳社会保险金的群体,而并非社会弱势群体,大量的农村人口和贫困流动人口被排斥在外,不能享有与城镇居民相同的社会保障。经济欠发达西部地区地方财力非常有限,而需要得到救助的人口占比高于发达地区,因此,最低社会保障应由中央统一承担,统一到民政部门,建立统一高效的救助管理机构,统筹安排资金,逐步实现全覆盖。由于我国各地经济发展水平和生活水平存在较大差距,制定最低生活保障标准可因地制宜,划定一个统一标准,如各地最低生活保障标准达到当地居民人均实际收入的30%左右(2013年为20%),覆盖范围达到区域常住总人口的10%~15%(2013年为7%左右)(王本兵,2011)。西部农村社会保障体系很不健全,部分贫困地区农民除了土地再没有其他的社会保障,外出非农就业又不稳定，离农人口缺乏安全感，土地承担着农民失业保险和社会保障的功能，造成了农民对土地的依赖和依附。推进西部地区人口城市化和市民化，应完善西部农村社会保障体系，让农民享有基本社会保障，减轻农民对农村土地资源的依赖，摆脱对土地的依附，解决农民的后顾之忧，才能加快土地流转和市民化进程，提高西部人口城市化水平和质量。

二、推进市民化进程

区域发展不平衡和基本公共服务区域差距大造成我国大量农业转移人口涌向东部经济发达地区，东部大城市化蔓延，"城市病"爆发，而广大经济欠发达的西部地区人去楼空，人口城市化水平和质量低，经济增长乏力，区域发展不平衡问题加剧。我国"十三五"规划时期要有序引导农业转移人口向中西部中小城市落户，提高西部中小城市和小城镇的"人气"，关键在于改革财税制度，推进公共资源配置均等化，提高西部居民生活的便利程度和优质公共服务的可获得性，缩小区域发展差距，引导西部流动人口就地城市化。

(一)基本公共服务均等化改革

单纯的户籍改革政策在实践中效果不佳，根源在于西部中小城镇经济发展水平、公共服务水平、户籍含金量与东部发达地区特大城市、大城市差距较大，对流动人口落户缺乏足够吸引力。邹一南(2014)指出，我国人口城市化面临不同区域、等级城市发展水平失衡，城市内部户籍与非户籍人口分享城市福利失衡的双重失衡，导致我国户籍制度改革进展缓慢甚至陷入困境。因此，推动户籍制度改革、流动人口有序市民化，需要在全国范围内提供均等化的基本公共服务(郭小聪 等，2013)。在中国的财政分权模式下，经济增长导向的政府竞争以 GDP 增长为主要考核标准的地方官员考核体系，造成基本公共服务总量供给不足，地区间不均等。众多的研究结果显示，我国西部地区基本公共服务均等化水平低于东部地区(李振海 等，2010)；省份内不同地区间的基本公共服务供给也有较大差距(南锐 等，2010)；城乡间基本公共服务均等化水平差异最显著；农村居民基本公共服务水平低于城市居民；城市外来人口基本公共服务水平又远低于本地居民(李文军 等，2012)(表 10.1)。安体富等(2012)对我国省际基本公共服务均等化水平分析表明，2000~2010 年，我国各省间的基本公共服务均等化差距并没有缩小。

表 10.1　外来人口与本地居民享受基本公共服务情况对比

基本公共服务项目		本地居民	外来人口
教育	义务教育	完全享受	部分享受，覆盖率较低
	高考	享受	不可享受
就业服务	公共就业服务	享受	部分享受
	职业技能培训补贴	享受	不可享受
	创业培训补贴	享受	不可享受

续表

基本公共服务项目		本地居民	外来人口
医疗卫生	基本公共卫生	享受	享受
	重大公共卫生	享受	不可享受
	城镇职工医疗保险	享受	部分享受
	城乡居民医疗保险	享受	不可享受
社会保障	城乡低保	享受	不可享受
	城镇职工养老保险	享受	部分享受
	城乡居民养老保险	享受	不可享受
	灵活就业人员社会保险	享受	不可享受
	工伤保险	享受	部分享受
	失业保险	享受	不可享受
保障住房	经济适用房、廉租房	享受	不可享受
	公租房	享受	少量享受

资料来源：李铁，2013. 城镇化是一次全面深刻的社会变革[M]. 北京：中国发展出版社.

我国公共服务资源按行政级别配置，容易导致公共福利按照城市行政等级逐级减少，公共资源分配不公平，公共资源按照等级制分配最多的是省级，然后是副省级、地级、市、县级市、小城镇，行政级别高的城市可以利用行政权利获得辖区内更多的财政资源和使用权利。2012年，我国县和县级市、地级市市辖区、省会城市市辖区、直辖市市辖区的人均一般预算内财政收入比为 1∶3.2∶5.0∶9.4，人均财政支出比为 1∶1.9∶2.7∶4.6[①]，差距较大，强化了我国区域发展差距的扩大和城镇空间格局的失衡。据统计，我国最好的 40 所大学中，28 所在 6 个最大的城市，仅北京和上海就有 18 所；大城市集中了我国 80%的优质医疗资源，80%的优质医疗资源又集中在大医院。区域发展不平衡，不同规模、不同等级城市之间的公共资源配置不均衡，使得大量农民工即使无法获得城市户籍人口的公共福利，也争相涌向发达地区大城市，而不愿意在中西部小城镇落户。

政府公共服务资源的配置应与行政级别脱钩，公共福利、资源配置重点向中西部中小城市和小城镇倾斜，越是欠发达、规模小的城市，公共服务越是应该由中央和省级财政来补贴，实现公共资源配置均等化，使居住在最落后地区的人们也可以享受基本公共福利设施。避免大城市过度扩张和拥挤，不在于户籍制度的限制，"城市病"的解决关键不在于控制城市的规模，而在于要有与城市人口规模相匹配的基础设施和公共服务，当基础设施和市政服务跟不上人口城市化的脚步时，就会导致城市无序扩张、贫民窟、污染和交通拥堵等问题。城市化决策者面临的主要任务将是向高速人口流入和增长的城市群、特大城市提供足够的基础设施和公共服务。通过公共资源配置均等化，缩小不同区域、城市间教育、医疗、社保、保障性住房等基本公共服务的不均衡，形成我国东、中、西部不同区域、不同等级和规模城市协调发展新格局；通过基本公共服务均等化政

---

① 根据《中国城市统计年鉴 2013》统计数据计算。

策，让市场青睐的东部发达大城市和机遇不佳的西部中小城市生活的人们生活水平差距缩小，才能吸引农业转移人口真正愿意到西部中小城镇落户，促进人口均衡分布，化解西部房地产库存，促进流动人口有序市民化，提高西部人口城市化水平和质量。

（二）财税制度改革

我国区域发展不协调问题相当严重，西部地区经济增长速度长期落后东部地区，在市场经济条件下，区域发展差距不会自动缩小，反而会越拉越大。世界各国经验表明，区域经济协调发展需要政府积极干预。我国现行的财政转移支付制度是以户籍人口为基础，在1994年分税制基础上建立起来的。财政分权后，在中国式"反向标尺竞争"（傅勇 等，2007）的影响下，地方政府投资基础设施建设热情高涨，一是投资基础设施建设能在短期内取得显现政绩，利于地方官员获得职位的升迁；二是地方官员可以通过基础设施建设寻租，获得巨大的个人利益；三是科教文卫投资短期经济效益不明显，且人口的流动会带来"甲地投资乙地受益"现象，投入方收益受损，缺乏投资动力，造成各地方政府重视本地方城市硬件建设，轻视居民人力资本和公共服务投资，出现"重地轻人"现象（Li et al.，2005），人口城市化"化地不化人"，人口城市化质量低。

此外，我国财政转移支付制度不合理。我国财政转移支付制度中税收返还占比为40%左右，专项补助约占转移支付的30%，一般性转移支付约占转移支付的30%，税收返还由于基数问题，发达地区返还多，欠发达地区返还少，扩大了区域差距；专项补助缺乏严格的制度约束，且要求配套资金比例，欠发达地区往往无力提供配套资金，获得的专项补助项目和资金少，扩大了区域差距；一般性转移支付以实现公共服务均等化为主旨而实行的一种财政资金转移制度，有利于均衡地区间财力差距，但由于其规模过小，无力缩小我国区域间公共服务差距，对平衡区域发展作用十分有限。中央政府应站在全局的角度，以常住人口为基础，扩大转移支付比例，采取抽肥补瘦的财税金融措施来缩小区域差距，加大对西部地区的财政转移支付力度，促进社会公正，促进区域平衡发展，促进人口有序流动与合理分布，有利于西部人口城市化水平和质量的提高。

一是出台《财政转移支付法》。现行的中央转移支付制度由于各级政府的职责和事权尚未明确划分，缺乏明确的核算办法，难以确定标准的收支概念，随意性很大，此外，转移支付资金使用缺乏有效监督，致使"跑步前进"现象屡禁不止。《财政转移支付法》有助于规范政府间的财政关系、责权划分，并以法律形式固定下来，理清中央和地方的职责和事权，规范财政转移支付，建立财政转移支付与市民化人口挂钩机制，以解决流动人口迁入地与迁出地公共服务保障不匹配的问题，推动城镇社保、医疗、教育、文化等基本公共服务均等化和全覆盖，促进人口有序流动与合理分布。

二是完善转移支付制度。首先，提高一般性转移支付占比，加大对西部贫困地区的一般性转移支付规模，确保一般性转移支付能够基本满足各地方基本公共服务均等化需求。其次，确定合理的转移支付占比，按照"一级政府、一级事权、一级财权"的原则，合理划分各级财政供给流动人口提供基本公共服务的责任和范围，依据"费随事走"的原则，进行合理的财政转移支付，相应的费用分摊机制也一同建立。再次，转移支付"随人而动"，以常住人口为依据，采取与国际接轨的常住人口"标准人"分配，下拨一般性转移支付资金，并确保流动人口社保关系转移接续顺畅运行（甘行琼 等，2015）。长期来看，为每个居民建立账户，中央政府统筹全国财力，积极探索教育、医疗、社保等领域中央政府直接补助到人的转移支付方式更为合理。

三是推进分税制改革。税制改革的原则是调高补低，促进社会公平，区域协调发展。首先，建立地方政府公共服务供给与流动人口税收之间的对应关系，完善房地产税、财产税和个人所得税，将其作为地方税种，使地方税收与户籍人口关联，激励地方政府吸纳流动人口为本地户籍人口。其次，优化税制设计，中央政府向地方政府让利，提高地方政府税收分成，保障地方政府尤其是西部贫困地区地方政府为流动人口市民化提供基本公共服务支出的能力。

三、提升市民化能力

人口城市化是一个非常漫长的过程，它不仅包括农民就业、空间和身份向城市居民的转变，还包括农民的市民化。对于外来人口而言，能享受与城市居民同等的社会福利、社会保障是远远不够的，农民要真正转变为市民，不仅要具备在城市生存的基本技能，还应努力提升自身的能力，适应城市发展的要求，从而提升自己的生活质量。迁入人口自身能力的提升，在社会竞争中尤为重要，半城市化农民或者失地农民受教育程度往往较低，没有受过专业的技能培训，这就导致他们在工作中只能从事一般性的体力劳动，随时存在失业的风险，工作的不稳定性导致他们成为城市居民的不稳定性。同时，由于法律意识淡薄，进城务工时容易受到不良雇主的欺骗，无法保障自身的权益。城市应该具有更好的包容性，以包容的心态和行动，帮助半城市化农民提高城市就业的稳定性，政府和社会应当承担起对他们进行职业培训与社会帮扶的职责，增强他们在城市就业的竞争力和适应性，使他们成为合格市民。

西部人口城市化进程滞后客观上受制于制度障碍，主观上受制于农民自身市民化能力不足。半城市化农民由于人力资本差距，使其城市融合的程度和积极性呈现明显的差异，总体来讲，有着较高人力资本和社会资本的半城市化农民更倾向于留在大城市中，通过人口城市化，以期实现自我价值和提高生活品质。对于市民化处于劣势的部分西部半城市化农民而言，其内在动力以及外在资本均较为匮乏，对人口城市化持有非积极态度，融入城市难度加大。市民化能力是指农民跨越市民化门槛（即市民化成本）的能力，以及农民适应城市工作和生活的能力。农民没有足够的人力资本在城市获得稳定就业，有能力在城市生活，就不可避免地陷入贫民化。王德文等运用全国25省农村外出务工劳动力教育程度和非农收入数据，估算出我国农村教育回报率约为5.3%~6.8%。曹子坚等计算得出，2006年西北4省教育回报率仅为1.1%~3.9%，低于全国农村平均水平。栾江（2014）在甘肃和陕西两个西部省份的农村劳动力调查显示，大部分外出务工人员没有接受完九年义务教育，学历在初中及以下的人员占总劳动力的78%。长期以来，我国教育资源分配和使用不均衡，西部的教育经费投入低于全国平均水平，农村的教育经费投入总量不及城市的一半。西部农村教育资源匮乏，基础教育薄弱，职业教育滞后，远远满足不了农村劳动力就业转移需求。研究显示，受教育水平和综合素质较高的迁移人口，更容易获得理想的非农就业机会，在减小贫富差距、促进流动人口市民化等方面有显著作用。西部贫困地区人口最有理由迁移，却最不具备迁移的能力。贫困人口通过教育，获得并提升自身的就业技能和生存能力，通过空间、职业、身份的转换，提高收入水平和生活质量。

(1) 在全国范围内推行"义务教育券"。我国九年义务教育是按户籍管辖的，农民工子女依户籍留在西部农村就读被迫成为留守儿童，或进城后只能在农民工子弟学校就学，很难享受高质量的正规教育。提供高质量的基础教育是政府必须承担的责任和义务，在西部现有的教育资源条件下，在人口城市化浪潮下，应改革基础教育投入和管理方式，将义务教育纳入公共财政保障范围，在全国统一推出"义务教育券"，国家的义务教育经费投入进入"义务教育券"，"义务教育券"随受教育儿童流动，国家依据"义务教育券"下拨相应的教育经费到各地方学校，解决异地教育经费转拨问题、留守儿童受教育问题，保障西部农民工子女平等接受义务教育的权利，提高人口素质和人口城市化质量。

(2) 将中等职业教育纳入义务教育体系。我国劳动力供需失衡，普通高等教育人才过剩，就业困难，而技能型人才匮乏，"技工荒"正成为我国产业结构转型、经济发展新"瓶颈"。中等职业教育肩负培养职业技能型人才的职能，输出初、中级技术人员及技术工人。德国、英国等国家都有发达的职业教育，满足社会对技能型人才的需求，而我国长期以来职业教育是整个教育体系的短板，国家投入不足，学生素质低，就业歧视使得我国职业教育被边缘化。要从制度上清除对中职校生的歧视，增加中等职业教育投入力度。逐步推进中等职业教育免费，先从涉农专业、农村学生和家庭困难学生做起，初中毕业生可自愿选择普高或职高，免费接受职业教育，参加不同期限的职业培训，取得职业资格证书，增强就业和择业能力。可根据市场需要，将市场急需的养老护理、全科医生、社工、护工等专业纳入免费职业教育体系，同时，加快推进普通二本院校向职业教育的转型，提供更多高素质技能型人才，解决劳动力供需失衡问题。

(3) 加强农民工职业培训。劳动技能是就业的基础，农民工缺乏劳动技能培训，素质低，人力资本不足，就业竞争力弱，就业稳定性低。西部外出务工人员普遍受教育程度低，提供继续教育和培训的机会和服务，有利于提高农民工职业技能和发展能力。将农民工职业培训和市民教育预算支出纳入城镇教育经费预算，在全国统一实施"职业培训教育券"，采取订单培训、定向培训、普通劳动技能培训和公民基本素质培训相结合，依据"职业培训教育券"下拨相应的培训经费到培训企业、教育机构或学校。通过职业培训使他们学会使用一些现代化的机械，能够更好地适应城市务工的需求，提高农村人口生存发展能力和综合素质，更好地融入城市生产和生活，共享人口城市化红利。

根据人力资本理论，教育投入具有正外部性 (保罗·撒缪尔森 等，2007)。劳动者接受教育后，不仅提高了自身的人力资本和收入水平，还会带来整个家庭收益、全社会生产率的提高，但在我国教育成本的分摊和教育收益存在不对称匹配 (邓子基，2007)。张旭昆等 (2010) 比较了我国东、中、西部教育投入对各自地方人力资本形成作用的差异，分析发现，西部地方政府的大量教育经费投入虽然提高了人力资本，但并未对当地的经济发展发挥显著作用，根源在于西部教育投入提高了人力资本，但这些具有较高人力资本的人口大量流入东部发达地区，为东部地区创造了财富，西部蒙受了巨大损失。因此，中央政府应加大对西部地区的教育投入，降低西部地方政府教育经费投入负担占比，同时，统筹区域和城乡平衡发展，提供足够的激励机制，留住西部当地培育的人才，促进西部区域经济发展，提高西部人口城市化水平和质量。对于西部地区而言，相较于修大马路、盖高楼而言，建设学校、医院等软性基础设施，培育、维持更优良的劳动力队伍，更有助于提高西部人口城市化水平和质量。

四、优化城镇空间布局

关于我国人口城市化道路，主要有三种政策主张：新农村建设的就地人口城市化，小城镇建设的就近人口城市化(朱选功，2000)，大城市集群发展的异地人口城市化(黄亚生 等，2013)。新农村建设和小城镇建设就地或就近人口城市化的逻辑是基于我国人口众多，区域发展不平衡，不加调节或控制的人口自由流动会导致人口过多聚集到大城市，造成农村的凋敝和"大城市病"的产生。大城市集群发展异地人口城市化政策主张的基础，一是人口向大城市聚集是世界各国人口城市化的规律；二是人口的聚集能够带来规模报酬递增的效益(肖金成，2009)；三是人口向大城市聚集能够减少对土地资源的浪费，更符合我国人多地少国情。区域发展不平衡是世界性难题，试图通过政府干预或者财政补贴来解决收效甚微。实践是检验真理的标准，尽管我国各级政府一直采取各种措施，试图控制大城市发展，走均衡人口城市化道路，然而城市化有其自身发展规律，从世界人口城市化发展规律看，在人口城市化进程早期和中期，注定会有一些大城市崛起，一些小城市和乡村衰败，进入人口城市化成熟期后，人口城市化开始走向均衡发展。

人口的迁移不是依靠政府的命令、管制或者补贴来控制的，而是个体依据自身利益综合考虑做出的理性选择，政府是无法代为决定的。苏联早期为了开发西伯利亚和远东地区，进行了大量的基础设施投入和建设，并实施大规模的移民政策。日本 20 世纪 90 年代初试图控制人口向东京聚集，缓解东京的人口压力，最终却带来东京乃至整个日本经济的下滑，这些逆经济发展和人口城市化规律的行为带来的是社会财富的巨大浪费。城市等级越高，其势能越大，汇聚能量和向周围扩散的能力越强，在城市化早期和中期，城市汇聚和吸引能量的作用更强。2014 年联合国经济和社会事务部研究指出，预计到 2030 年，中国特大城市将增加 1 个，大城市将增加 6 个以上[①]。《中国城镇化发展模式研究报告》指出：未来 10~20 年，中国将诞生至少 20 个 2000 万人口的二线城市。根据中国社会科学院的《中国新型城镇化道路的选择》报告显示，中国过去城市人口占比增加主要在大城市，小城市人口占比一直在下降。分析显示，2001~2013 年，西部城市体系结构从"金字塔"转变为"钥匙"型(图 10.1)，大城市数量和人口在增长，中小城市数量和人口在萎缩，西部人口城市化契合了世界人口城市化规律和众多研究机构和学者的判断(孙丽萍 等，2015)。

---

① Department of Economic and Social Affairs of United Nations，World Urbanization Prospects，United Nations，2014.

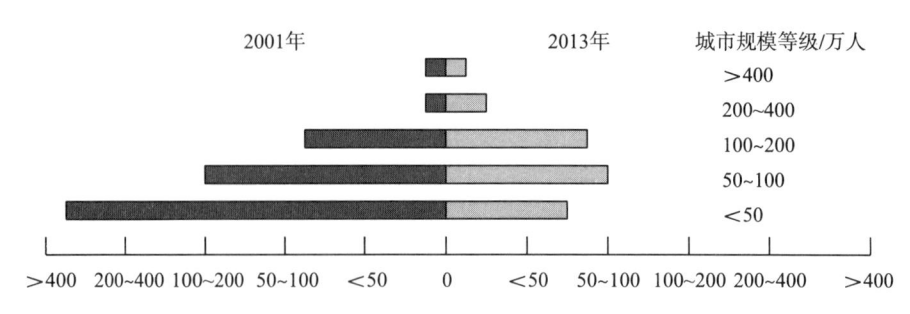

图10.1 2001年和2013年西部不同等级规模城市变化

资料来源：根据《中国城市统计年鉴》(2002年、2014年)整理

西部大部分地区人口城市化水平处于人口城市化早期或中期，人口向边际收益率更高的大城市聚集是客观规律作用的结果。经济学人集团(The Economist Intelligence Unit)的研究指出：尽管政府部门试图将人口分流至中小城市和中西部城市集群地带，而不是引导至东部沿海拥挤的超大城市，不过城市的"出身"并不平等，它们在人们心目中的地位也不尽相同。无论官方的意愿如何，流动人口都将向机遇更多、薪资水平更高的地区流动，地方政府的城市化目标很有可能无法实现，经济学人集团预测中国东北和西部地区的人口前景不甚乐观，对其设定过高人口城市化目标提出了质疑[①]。遵循人口城市化规律，顺应我国人口流动趋势，调整和优化西部城镇空间布局已非常紧迫。

中央城市工作会议提出，"在中西部地区培育发展一批城市群、区域性中心城市，促进边疆中心城市、口岸城市联动发展"。在西部未来的人口城市化进程中，应着力打造1个国家级城市群(成渝城市群)、3个区域性城市群(关中城市群、北部湾城市群和天山北坡城市群)、5个地区性城市群(呼包鄂榆城市群、宁夏沿黄城市群、兰西城市群、滇中城市群和黔中城市群)，这些城市群是西部地区经济的增长极、产业的聚集地、人口城市化的主要空间载体(表10.2)。

表10.2 西部9个城市群范围及功能定位

城市群	等级	范围	功能定位
成渝城市群	国家级城市群	重庆、成都、德阳、绵阳、泸州、自贡、内江、南充、眉山、遂宁、乐山、宜宾、广安、雅安、资阳	国家城乡统筹综合配套改革试验区、高新技术产业、现代服务业和先进制造业基地；区域金融中心、商贸物流中心和综合交通枢纽；西南科技创新基地
关中城市群	区域性城市群	西安、咸阳、宝鸡、渭南、铜川、商洛、杨凌示范区	国家历史文化基地、高新技术产业和先进制造业基地；西部重要的经济中心、商贸中心和综合交通枢纽；西北科技创新基地
北部湾城市群	区域性城市群	南宁、北海、钦州、崇左、防城港、玉林	中国-东盟自由贸易区的桥头堡和对外开放的重要门户；区域性的商贸物流基地和信息交流中心
天山北坡城市群	区域性城市群	乌鲁木齐、石河子、克拉玛依、昌吉、五家渠、阜康、奎屯	我国面向中亚五国的重要门户和陆路通枢纽；全国重要的资源国际通道；西北国际商贸中心、物流中心、纺织业基地和石油化工基地
呼包鄂榆城市群	地区性城市群	呼和浩特、鄂尔多斯、包头、榆林	我国重要的能源、煤化工和稀土产业基地，农畜产品加工基地；北方地区冶金和装备制造业基地

[①] 经济学人集团，中国的城市之梦与地区现实，http://www.economistgroup.com/what_we_do/our_brands/the_economist_brand_family/economist_intelligence_unit.html.

续表

城市群	等级	范围	功能定位
宁夏沿黄城市群	地区性城市群	银川、吴忠、中卫、石嘴山	我国面向伊斯兰国家的重要门户、清真食品用品生产基地、新材料基地和特色农产品加工基地；区域商贸物流中心
兰西城市群	地区性城市群	兰州、西宁、白银、定西、临夏、海东	我国循环经济示范区、新能源和特色农产品加工产业基地；西北商贸物流中心和交通枢纽、新材料和生物医药基地
滇中城市群	地区性城市群	昆明、曲靖、玉溪、楚雄	我国连接东南亚、南亚国家的交通枢纽、旅游、文化和商贸物流基地；区域性化工、冶金、生物产业、资源精深加工基地
黔中城市群	地区性城市群	贵阳、遵义、都匀、安顺、凯里	我国能源原材料和航天航空装备制造业基地、烟草工业基地、旅游和绿色食品基地、区域性商贸物流中心

资料来源：根据《国家新型城镇化规划(2014—2020)》、《国家主体功能区规划(2011—2020)》和《中国城市群发展报告》整理。

西部9大城市群中除了天山北坡城市群、关中城市群和呼包鄂榆城市群人口城市化水平高于全国平均水平外，其余各城市群人口城市化水平还有较大的上升空间(表10.3)。

表10.3 2013年西部城市群人均GDP、人口城市化率和工业化率(张慧，2015)

城市群	人均GDP/元	人口城市化率/%	工业化率/%
成渝城市群	31897.41	49.32	52.88
关中城市群	32109.81	85.26	50.12
北部湾城市群	25635.81	40.16	42.24
天山北坡城市群	95287.00	86.98	54.79
呼包鄂榆城市群	124546.56	70.77	56.74
宁夏沿黄城市群	42276.73	54.47	54.84
兰西城市群	30967.14	57.57	48.60
滇中城市群	23749.19	42.70	43.00
黔中城市群	38792.00	52.67	50.73
西部		45.98	—
全国	43320.1	53.73	—

张慧，2015. 西部重要城市群新型城镇化发展水平评价研究[D]. 兰州：兰州大学.

当前，西部人口城市化应摒弃传统均衡发展思路，采取"以城市群为龙头，充分发挥大城市优势，有重点地发展特色小城镇，严格控制中小城镇盲目扩张"的发展思路，顺应大城市集群发展规律和趋势，而不是搞优惠政策去鼓励面临衰退小城镇的发展，抑制西部中小城镇土地城市化的盲目扩展。传统均衡发展思路下人为控制西部特大城市、大城市规模可能会适得其反，事实上，均衡发展更多指向人的均衡发展，尤其是人的权益和公共服务上的均衡发展。在新均衡发展思路下，政府政策可以通过公共服务均等化、社会保障全覆盖等加速不同区域居民基本生活标准的趋同，使居住在最落后地区的人们也可以享受基本的公共福利设施和均等的公共服务。

五、走紧凑型人口城市化道路

周其仁指出,我国下一程的人口城市化要从"扩、扩、扩"变成内源型、紧凑型,人口城市化的质量不仅是从尺度上看,更要从密度上看。城市的吸引力不在于城市土地的规模,而主要取决于城市人口聚集产生的聚集效应。人口的聚集带来道路、桥梁、供水、供暖、供电和通信等基础设施以及教育、医疗、养老、娱乐等公共服务的节约和高效利用,同时,通过成本分摊,还降低了居民的使用成本,获得规模报酬递增的效益。人口城市化带来的聚集效应将加速聚集区城市的经济发展、产业结构的转型以及人口城市化质量的提升,并通过扩散效应带动周边区域的发展。中国指数研究院《人口博弈将如何重塑中国城市发展格局?》指出,发达省份的人口城市化进入成熟阶段,经历了经济与人口向省会聚集到发散的历程,形成多核心发展模式;中等及欠发达省份的省会城市人口城市化处于快速发展期,省会城市、大城市仍处于发展壮大进程中,人口、资源集中度仍在不断提高。随着我国户籍制度和土地制度改革,居民迁移更加自由,人口将进一步向发达地区特大城市和大城市集中,东部地区是我国人口净流入的主要区域,而中西部省份成为人口净输出地。从西部地区的人口净流动情况看,2013年,西部12省(区、市)中有6个地区(贵州、重庆、广西、四川、陕西、甘肃)人口净流出,其中贵州的人口净流出最明显,人口流动比率为-17.58%,重庆次之,人口流动比率为-11.16%(图10.2)。

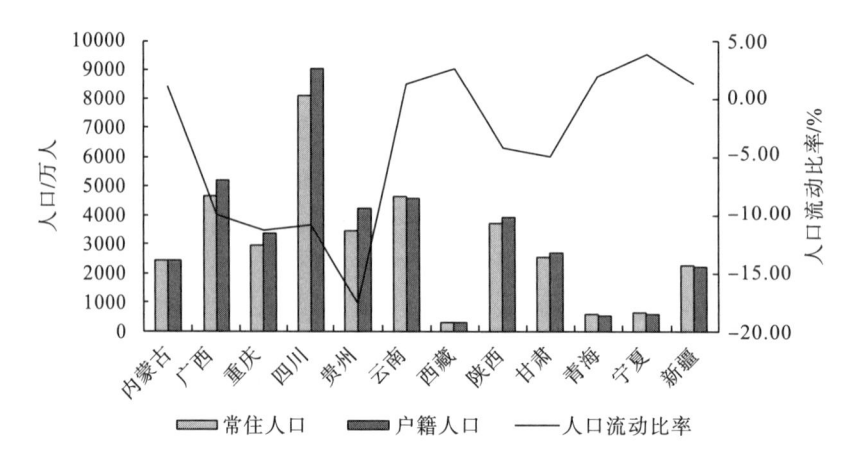

图 10.2 2013 年西部 12 省(区、市)人口流动情况

资料来源:国家统计局,财富证券

说明:人口流动比率=(常住人口数量-户籍人口数量)/户籍人口数量

西部人口城市化质量低的一个重要原因是土地城市化超前发展,人口城市化与土地城市化不协调,城市建成区面积盲目扩张,城市土地资源浪费严重,农村出现"四大皆空":产业空、年轻人空、住房空和村干部空。有学者认为,我国目前东部地区的"大城市病"和西部小城镇的"鬼城"纯属人为,是由于城市化战略失误、规划失误、产业失误、管理失误造成的(丛旭文,2013)。建立有序的空间开发秩序可以弥补市场造成的

缺陷，避免西部人口城市化的盲目性，土地城市化超前导致的"鬼城"林立以及农村出现"空心村""农村病"。西部人口城市化质量低的另一个重要原因是盲目摊饼圈地和粗放建设，而城市基础建设和功能缺失严重，催生出一些无人问津的住宅项目乃至"鬼城"，面临的麻烦和困难最多。西部地区三四线小城市的"鬼城"不断出现，造成了土地资源的浪费和基础设施的超标投入，是当前西部人口城市化和土地城市化非均衡发展的极端表现形式(杨东峰 等，2015)。西部部分面临人口流失的小城镇和乡村的凋敝和衰败将不可避免，西部农村的大部分新建房屋终将被遗弃，然而，一些注定要衰败的小城镇和村庄在政府主导下"过度城市化"，今天造成征地、拆迁等官民冲突，明天将留下巨额的基础设施建设和土地资源开发浪费及金融呆坏账。

整体来看，西部地区人口城市化进程处于资源、人口向省会城市和以省会城市为核心的城市群聚集阶段，其他城市发展相对弱势，人口流出大于人口流入。西部地区大部分省份省会城市 GDP 规模仍处于省内最高，集中了省内的各种优势资源，对迁移流动人口吸引力强，虹吸效应显著，扩散能力不足(表 10.4)。人聚才能带来财聚、产业兴和城市的发展，在当前发展阶段，充分利用西部省会城市、城市群的虹吸效应汇集人口和资源，才能有效疏散东部大城市人口压力，并形成西部地区经济增长轴，带动其他中小城市的发展。

表 10.4 2015 年西部 10 省(区)GDP 排名前三位的城市

区域	GDP 排名前三位的城市	全省人均 GDP/万元
内蒙古	鄂尔多斯、包头、呼和浩特	>7
广西	南宁、柳州、桂林	3~4
四川	成都、绵阳、德阳	3~4
贵州	贵阳、遵义、毕节	<3
云南	昆明、曲靖、玉溪	<3
陕西	西安、榆林、咸阳	4~5
甘肃	兰州、庆阳、天水	<3
青海	西宁、海西州、海东	4~5
宁夏	银川、石嘴山、吴忠	4~5
新疆	乌鲁木齐、克拉玛依	4~5

资料来源：国家统计局，各城市统计局

西部地区大部分省份城市首位度高，仅有一到两座孤立分布的大城市，中等城市数量少，小城市和镇分布分散且由于人口流失面临衰退。2000~2013 年，西部地区超大城市、特大城市分别由 2 个增加到 3 个和 5 个，大城市数量基本保持不变，中、小城市分别减少 16 个和 47 个，超大城市、特大城市、大城市占比上升，中小城镇发展缓慢，甚至萎缩(孙丽萍 等，2015)(表 10.5)。

表 10.5 2013 年西部不同等级规模城市数量及分布

城市等级	人口规模/万人	城市数量/个	城市占比/%	内蒙古	广西	重庆	四川	贵州	云南	西藏	陕西	甘肃	青海	宁夏	新疆
超大城市	>400	3	3.4	0	0	1	1	0	0	0	1	0	0	0	0
特大城市	200-400	5	5.6	0	1	0	0	1	1	0	0	1	0	0	1
大城市	100-200	27	30.7	3	6	0	11	1	0	0	2	2	1	1	0
中等城市	50-100	31	35.3	3	4	0	6	2	3	0	6	3	1	4	0
小城市	<50	22	25	3	3	0	0	2	1	1	1	6	1	0	1
总计		88	100	9	14	1	18	6	8	1	10	12	2	5	2

资料来源：根据 2014 年《中国城市统计年鉴》整理

长期以来，我国对大"城市病"的恐惧超过了对小城镇低效城市化的关注，当前对"城市病"的研究不再以人为控制城市规模为途径，而是采用"疏通"的办法，强调市场规律在解决"城市病"中的重要作用。城市人口规模和拥挤、污染、犯罪率的上升并不是简单和直接的正相关关系。戈兰·坦纳菲尔德和佩尔·卢詹克认为"城市治理（governance）到位，今天在发展中国家看到的'城市病'都可以得到解决"。当前，西部人口城市化面临的首要问题是，由于西部人口城市化水平低、规模小、缺乏产业支撑，人口聚集效应不足，对流动人口吸引力和吸纳能力不足，对周边的带动能力弱，人口大量流失，人口城市化水平和质量低。未来较长一段时间，西部人口仍将继续流入经济发展水平较高地区的特大城市和大城市，西部人口城市化应以聚集发展为主线，提高城市群聚集辐射能力为首要任务。

西部的自然环境不适合大规模巨型城市连绵区式的开发方式，西部人口、产业和资源受自然环境因素的影响呈现"大集中、小分散"空间分布，西部地区适宜采取"大集中、小分散"人口城市化方针，引导人口向资源环境承载力较好的城市群地区集聚，走集中型、紧凑型人口城市化道路，提高人口密度和城市聚集效应，建设节约型城镇。同时，集中布局、合理规划城市边界，避免"摊大饼"式地粗放扩张。西部已有一批经济发展水平和人口城市化水平较高的省（区、市），比如重庆、四川、陕西、内蒙古等，同时存在一些不适宜人居的荒漠以及发展滞后、地广人稀的少数民族部落聚居地，前者是西部经济发展和人口城市化的火车头，后者是生态保护的重点区域，客观上也无产业支撑，无法提供居民满意的基础设施和公共服务，缺乏成为人口集聚中心的能力，这些区域不适宜效仿东部沿海依赖土地、投资的城镇化模式，盲目投资，大搞城市建设，尤其是房地产投资和基础设施建设，应当走"精明的收缩"道路[①]，引导资源和人口聚集到少数交通便利、基础设施与公共服务较好的小城镇以实现"精明增长"（王沣 等，2014）。综上，西部地区应因地制宜重点发展城市群、城市带，通过人口聚集产生规模经济效

---

① 网易新闻，城市规划学者共议规划改革：从"必须增长"到"精明收缩"，http://money.163.com/16/1129/11/C71O46670 02580S6.html。

益，农村和小城镇则回归青山绿水的宜居环境，走特色小城镇发展道路，依托西部独特的自然景观和人文环境，培育一批生态宜居小城市、山水园林小城镇。

提高西部人口城市化质量的重点在于"半城市化"农民市民化，没有中央层面统一的顶层设计、统筹规划、权益调整，从源头进行制度变革和政策创新，改革束缚半城市化农民市民化的户籍制度、土地制度、财税制度、社会保障制度、公共服务制度，注重区域平衡发展，完善保障和改善民生，市民化进程难以取得实质性的突破。提高西部人口城市化质量还需加大西部民生福利和社会保障投入，促进公共服务均等化，引导流动人口有序城市化，重视人力资本投入，提升流动人口市民化能力。西部人口城市化应顺应人口流动规律，优化城镇空间布局，发挥城市群和中心城市聚集效应，走集中、节约型人口城市化道路，引导人口向资源环境承载力较好的城市群或特色小城镇集聚，提高人口密度和城市聚集效应，促进西部人口城市化水平和质量的提升。

参 考 文 献

阿·弗·斯捷潘年科, 1988. 发达社会主义条件下的城市[M]. 上海: 上海社会科学院出版社.

埃比尼泽·霍华德, 2000. 明日的田园城市[M]. 北京: 商务印书馆.

安虎森, 皮亚彬, 2013. 半城市化与人口城市化研究[J]. 经济与管理评论, (3):5-10.

安体富, 任强, 2012. 中国省际基本公共服务均等化水平的变化趋势: 2000 年至 2010 年[J]. 财政监督, (15): 22-25.

巴顿, 1990. 城市经济学——理论与政策[M]. 北京: 中国社会科学出版社.

巴曙松, 杨现领, 2013. 城市化大转角的金融视角[M]. 厦门: 厦门大学出版社.

保罗·撒缪尔森, 威廉·诺德豪斯, 2007. 经济学[M]. 北京: 人民邮电出版社.

布莱恩·贝里, 1976. 城市化与逆城市化[M]. 伦敦: 伦敦出版社.

蔡昉, 都阳, 王美艳, 2003. 劳动力流动的政治经济学[M]. 上海: 上海人民出版社, 上海三联书店.

蔡昉, 2001. 劳动力迁移的两个过程及其制度障碍[J]. 社会学研究, (4): 44-51.

蔡新会, 2004. 中国城市化过程中的乡村劳动力迁移研究——一个人力资本投资视角[D]. 上海: 复旦大学.

曹飞, 2014. 陕西省城镇化质量测定与提升对策研究[J]. 武汉科技大学学报(社会科学版), 16(3).

柴文佳, 王立会, 2011. 城市化质量文献综述[J]. 现代交际, (3): 49.

陈阿江, 1997. 农村劳动力外出就业与形成中的农村劳动力市场[J]. 社会学研究, (1): 35-43.

陈斌开, 林毅夫, 2013. 发展战略、城市化与中国城乡收入差距[J]. 中国社会科学, (4): 81-102.

陈昌兵, 张平, 刘霞辉, 等, 2009. 城市化、产业效率与经济增长[J]. 经济研究, (10): 4-21.

陈丰, 2007. 从"虚城市化"到市民化: 农民工城市化的现实路径[J]. 社会科学, (2).

陈凤桂, 张虹鸥, 吴旗韬, 等, 2010. 我国人口城镇化与土地城镇化协调发展研究[J]人文地理, (5): 59-64.

陈凯荣, 2013. 加速城市化过程中的政府作用研究[D]. 北京: 中国社会科学院.

陈明, 2012. 中国城镇化发展质量研究评述[J]. 规划师, (7): 6-11.

陈明星, 2015. 城市化领域的研究进展和科学问题[J]. 地理研究, 4: 18-34.

陈明星, 陆大道, 刘慧, 2010. 中国城市化与经济发展水平关系的省际格局[J]. 地理学报, (12).

陈伟, 王喆, 杜德瑞, 2014. 中国城市化的"两个滞后"与农地转用的长期压力[J]. 江西财经大学学报, (1): 51-60.

陈希, 周小康, 2009. 关于国际人口迁移相关研究的综述[J]. 湖北经济学院学报, (10): 18-19, 31.

陈秀山, 张可云, 2003. 区域经济理论[M]. 北京: 商务印书馆.

陈甬军, 2002. 中国城市化实证分析与研究[M]. 厦门: 厦门大学出版社.

陈治中, 2002. 论城市化与经济增长[D]. 成都: 西南财经大学.

程开明, 2010. 中国城市化与经济增长的协调度研究[J]. 商业经济与管理, (9).

程名望, 2007. 中国农村劳动力转移: 机理、动因与障碍——一个理论框架与实证分析[D]. 上海: 上海交通大学.

丛旭文, 中国失地农民社会保障问题研究[D]. 长春: 吉林大学.

代艳丽, 傅华丽, 王有香, 2006. 我国农民工社会保障立法现状分析[J]. 南华大学学报, 7(5): 54-57.

戴炳源, 万安培, 1998. 乔根森的二元经济理论[J]. 经济体制改革, (S2): 23-26.

戴为民, 2007. 国内外城市化问题研究综述[J]. 特区经济, 5: 267-269.

参考文献

邓可斌, 丁菊红, 2010. 户籍管制、经济增长与地区差距[J]. 制度经济学研究, (1): 44-67.

邓宇鹏, 2000. 论中国的隐性超城市化[J]. 东莞理工学院学报, (1): 61-67.

第五届国际生态城市会议, 2002. 生态城市建设的深圳宣言[J]. 规划师, (9).

丁志国, 赵宣凯, 赵晶, 2011. 直接影响与空间溢出效应: 我国城市化进程对城乡收入差距的影响路径识别[J]. 数量经济技术经济研究, (9): 119-131.

董雅, 张郢娴, 2012. 过度城市化与城乡协调互动发展[J]. 求索, (7): 55-57.

樊纲, 王小鲁, 2009a. 中国市场化指数[M]. 北京: 经济科学出版社.

樊纲, 余晖, 2009b. 长江和珠江三角洲城市化质量研究[M]. 北京: 中国经济出版社.

樊华, 陶学禹, 2006. 复合系统协调度模型及其应用[J]. 中国矿业大学学报, (4): 93-98.

范进, 赵定涛, 2012. 土地城市化与人口城市化协调性测定及其影响因素[J]. 经济学家, (5): 63-69.

方娜, 王其和, 2014. 湖北省人口城市化与工业化协调发展实证研究[J]. 湖北工业大学学报, (6): 20-24.

傅广生, 2005. 从英美社会保障制度特点看英美文化的差异[J]. 广西社会科学, (9): 183-186.

傅勇, 2005. 户籍改革宜渐进有序——与主张全面取消者商榷[J]. 经济学家, 4(4): 61-65.

甘行琼, 刘大帅, 胡朋飞, 2015. 流动人口公共服务供给中的地方政府财政激励实证研究[J]. 财贸经济, 36(10): 87-101.

高佩义, 1991. 中外城市化比较研究[M]. 天津: 南开大学出版社.

高强, 董启锦, 2006. 巴西农村城市化的进程、特点和经验及其启示[J]. 世界农业, (4): 36-38.

工业化与城市化协调发展研究课题组, 2002. 工业化与城市化关系的经济学分析[J]. 中国社会科学, (2): 44-45.

共青团中央维护青少年权益部维权处课题组, 2012. 新生代农民工精神文化生活实证研究[J]. 预防青少年犯罪研究, (9): 6-13.

顾朝林, 等, 1999. 经济全球化与中国城市发展——跨世纪中国城市发展战略研究[M]. 北京: 商务印书馆.

顾朝林, 等, 2009. 中国城市化——格局、过程、机理[M]. 北京: 科学出版社.

顾鹏, 杜建国, 金帅, 2013. 江苏省城乡协调发展的实证研究: 2002—2011[J]. 华东经济管理, (12): 36-39.

郭军华, 2009. 中国城市化对城乡收入差距的影响——基于东、中、西部面板数据的实证研究[J]. 经济问题探索, (12): 5-11.

郭克莎, 2001. 城市化与工业化关系之我见[N]. 光明日报, [2001-08-21].

郭克莎, 2002. 工业化与城市化的经济学分析[J]. 中国社会科学, (2): 44-45.

郭施宏, 王富喜, 高明, 2014. 山东半岛人口城市化与土地城市化时空耦合协调关系研究[J]. 经济地理, 34(3): 72-78.

郭小聪, 代凯, 2013. 国内近五年基本公共服务均等化研究: 综述与评估[J]. 中国人民大学学报, (1): 151-160.

郭欣欣, 2013. 国外迁移人口就业与收入研究综述[J]. 吕梁教育学院学报, (2): 39-41.

郭星华, 李飞, 2009. 漂泊与寻根: 农民工社会认同的二重性[J]. 人口研究, (6): 76-86.

郭叶波, 2013. 城镇化质量的本质内涵与评价指标体系[J]. 学习与实践, (3): 13-20.

国家城调总队福建省城调队课题组, 2005. 建立中国城市化质量评价指标体系及应用研究[J]. 统计研究, 7: 15-19.

国家计委宏观经济研究院课题组, 2000. 关于"十五"时期实施城市化战略的几个问题[J]. 宏观经济管理, (4): 4-7.

韩增林, 黄春晓, 吴俊莲, 2000. 江苏省城市现代化水平评价及预测[J]. 城市规划汇刊, (6): 34-39.

韩增林, 刘天宝, 2009. 中国地级以上城市城市化质量特征及空间差异[J]. 地理研究, 28(6): 1508-1515.

郝华勇, 2012. 我国人口城市化与工业化协调发展空间分异与对策[J]. 广东行政学院学报, 24(2).

郝华勇, 2013. 城镇化质量研究述评与展望[J]. 江淮论坛, (5): 20-25.

何为, 黄贤金, 2012. 半城市化: 我国城市化进程中的两类异化现象研究[J]. 城市规划学刊, (2): 24-32.

何志扬, 2009. 城市化道路国际比较研究[D]. 武汉: 武汉大学.

贺雪峰, 2014. 城市化的中国道路[M]. 北京: 东方出版社.

贺振华, 2003. 户籍制度改革: 一个合作博弈框架内的分析[J]. 人口与经济, (3): 8-12.

赫茨勒, 1963. 世界人口的危机[M]. 北京: 商务印书馆.

胡存智, 2014. 土地城镇化与人口城镇化[J]. 城市化, (1-2).

黄国清, 李华, 2010. 国外农民市民化的典型模式和经验[J]. 南方农村, (3): 26-28.

黄建才, 2007. 关于生态城市理论的自然辩证法思考[J]. 内蒙古农业大学学报(社会科学版), (2): 39-41.

黄锟, 2011. 城乡二元制度对农民工市民化影响的实证分析[J]. 中国人口·资源与环境, (3): 80-85.

黄水木, 2007. 沿海发达地区城乡协调发展的评价模型与实证研究——以福建省泉州市为例[J]. 福建农林大学学报(哲学社会科学版), (4): 53-56.

黄亚生, 李华芳, 2013. 真实的中国: 中国模式与城市化变革的反思[M]. 北京: 中信出版社.

霍利斯·钱纳里, 1995. 工业化和经济增长的比较研究[M]. 上海: 上海三联出版社.

霍利斯·钱纳里, 等, 1986. 工业化和经济增长的比较研究[M]. 上海: 上海三联书店.

霍利斯·钱纳里, 莫尔赛斯·赛尔昆, 1989. 发展的格局: 1950—1970[M]. 北京: 中国财政经济出版社.

冀福俊, 2016. 中国独特城镇化进程的制度原因解读[J]. 经济体制改革, (1): 28-32.

姜大明, 2013. 建立城乡统一的建设用地市场[J]. 国土资源, (12): 6-9.

姜作培, 2002. 从战略高度认识农民市民化[J]. 现代经济探讨, (11): 12-13.

蒋一鸣, 2007. "高工资、高税收、高福利"下的瑞典社会保障体系[J]. 天津社会保险, (6): 43-45.

柯兰君, 李汉林, 2001. 都市里的村民——中国大城市的流动人口[M]. 北京: 中国编译出版社.

孔凡文, 2006. 中国城镇化发展速度与质量问题研究[M]. 沈阳: 东北大学出版社.

孔凡文, 徐世卫, Wen K F, 等, 2005. 论城镇化速度与质量协调发展[J]. 城市问题, 5: 58-61.

孔祥智, 1994. 英国在工业化、城市化进程中是怎样处理工农关系的[J]. 前线, (4): 17-19.

赖金良, 2012. 作为社会基础设施的社会保障体系建设[J]. 浙江社会科学, (5): 66-73, 157-158.

蓝庆新, 郑学党, 韩雨来, 2013. 我国人口城镇化质量发展的空间差异研究[J]. 社会科学, (9): 52-63.

劳匹斯·亚历山大, 2005. 巴西的教育体制[J]. 河北师范大学学报, 7(2): 63-64.

雷定安, 刘笑平, 1998. 托达罗的人口思想及其现实意义[J]. 西北人口, (4): 1-3.

李宾, 马九杰, 2013. 城镇化能够推动城乡统筹发展吗——基于1999~2010年数据的分析[J]. 中国农村观察, (2): 67-76.

李斌, 李拓, 朱业, 2015. 公共服务均等化、民生财政支出与城市化——基于中国286个城市面板数据的动态空间计量检验[J]. 中国软科学, (6): 84-95.

李晨阳, 祝湘辉, 2013. 缅甸: 2012—2013年回顾与展望[J]. 东南亚纵横, (3): 29-37.

李辉, 2003. 中国人口城市化综述[J]. 人口学刊, (6): 52-59.

李惠茹, 王金营, 席增雷, 2014. 首都圈、新型城镇化的可持续发展探讨——"首都圈、城镇化与可持续发展"学术研讨会综述[J]. 经济研究, (10): 189-192.

李骏阳, 1998. 刘易斯人口流动思想述评: 兼论我国农业劳动力的转移[J]. 西北人口, (2): 24, 49-53.

李林, 2007. 中国城市化质量差异与其影响因素研究[D]. 北京: 中国农业大学.

李明秋, 郎学彬, 2010. 城市化质量的内涵及其评价指标体系的构建[J]. 中国软科学, (12): 187-191.

李琪, 2013. 城市化质量研究: 理论框架与中国经验[M]. 北京: 中国经济出版社.

李琪, 安树伟, 2012. 中国地级及以上城市的城市化质量比较研究[J]. 经济论坛, (12): 54-61.

李强, 龙文进, 2009. 农民工留城与返乡意愿的影响因素分析[J]. 中国农村经济, (2): 48-56, 68.

李勤, 张元红, 张军, 等, 2009. 城乡统筹发展评价体系: 研究综述和构想[J]. 中国农村观察, (5): 4-12, 24, 97.

李秋颖, 方创琳, 王少剑, 等, 2015. 山东省人口城镇化与空间城镇化协调发展及空间格局[J]. 地域研究与开发, 34(1): 31-36.

李瑞, 2009. 托达罗人口流动模型与中国农村剩余劳动力的转移[J]. 商业经济, (7): 3-4.

李树琮, 2002. 中国城市化与小城镇发展[M]. 北京: 中国财政经济出版社.

李文军, 唐兴霖, 2012. 地方政府公共服务均等化研究——来自中国省级面版数据的分析[J]. 中州学刊, (4): 46-51.

李新影, 2008. 基于人力资本的农村劳动力迁移调查分析[D]. 长春: 吉林大学.

李叶妍, 2016. 人口转移就业、产业发展与城市包容度关系研究[J]. 现代管理科学, (8): 45-47.

李裕瑞, 王婧, 刘彦随, 等, 2014. 中国"四化"协调发展的区域格局及其影响因素[J]. 地理学报, 69(2): 199-212.

李振海, 任宗哲, 2010. 西部地区基本公共服务均等化: 现状、制度设计和路径选择[J]. 西北大学学报, 41(1): 5-9.

李正, 武友德, 蒋梅英, 2010. 人口与经济发展的空间协调性分析及对策——以云南省为例[J]. 地理与地理信息科学, (3): 53-57, 66.

李子联, 2013. 人口城市化滞后土地城市化之谜——来自中国省际面板数据的解释[J]. 中国人口资源环境, 23(11).

梁波, 2008. 西班牙社会保障制度对中国的启示[J]. 学理论, (21): 53-55.

林伟, 2014. 美国、日本和巴西的城市化模式比较[D]. 郑州: 河南大学.

林秀玉, 2004. 工业革命与英国都市化特征之探析[J]. 闽江学院学报, (6): 91-94, 102.

蔺雪芹, 王岱, 任旺兵, 等, 2013. 中国城市化对经济发展的作用机制[J] 地理研究, 32(4): 691-700.

刘传江, 郑凌云, 2004. 城镇化与城乡可持续发展[M]. 北京: 中国科学出版社.

刘法威, 许恒周, 王姝, 2014. 人口-土地-经济城镇化的时空耦合协调性分析——基于中国省际面板数据的实证研究[J]. 城市发展研究, 21(8): 7-11.

刘家强, 1997. 中国人口城市化——道路、模式与战略选择[M]. 成都: 西南财经大学出版社.

刘娟, 郑钦玉, 郭锐利, 2012. 重庆市人口城市化与土地城镇化协调发展评价[J]. 西南师范大学学报(自然科学版), 37(11): 66-72.

刘军, 2015. 二战后缅甸社会城乡结构变迁及其走向[J]. 学术探索, (6): 62-68.

刘蓉, 宋杰, 2011. 基于SPSIR模型的健康城市化包容性增长机制分析[J]. 文史博览(理论), (7): 62-65.

刘瑞明, 石磊, 2015. 中国城市化迟滞的所有制基础: 理论与经验证据[J]. 经济研究, (4): 109-123.

刘盛和, 陈田, 蔡建明, 2004. 中国半城市化现象及其研究重点[J]. 地理学报, 59(S1): 101-108.

刘士林, 2013. 中国都市化进程报告2012[M]. 北京: 北京大学出版社.

刘守英, 2014a 中国城乡二元土地制度的特征、问题与改革[J]. 国际经济评论, (3): 9-25.

刘守英, 2014b. 中共十八届三中全会后的土地制度改革及其实施[J]. 法商研究, (2): 3-10.

刘守英, 2014c. 中国土地制度改革的方向与途径[J]. 上海国土资源, (1).

刘维奇, 韩媛媛, 2013. 城市化与城乡收入差距——基于中国数据的理论与经验研究[J]. 山西财经大学学报, 35(5).

刘耀彬, 宋学锋, 2005. 改革开放以来中国工业化与城市化协调度分析[J]. 科技导报, 23(2): 48-51.

刘耀彬, 涂红, 2015. 中国新型城市化包容性发展的区域差异影响因素分析[J]. 地域研究与开发, (5): 55-59.

刘耀彬, 封亦代, 2016. 中国新型城市化包容性发展的情景模拟[J]. 华东经济管理, 30(5): 99-103.

刘易斯, 1989. 二元经济论[M]. 北京: 北京经济学院出版社.

刘铮, 1985. 人口理论教程[M]. 北京: 中国人民大学出版社.

卢洪靖, 2013. 我国城市化质量评估体系研究——以安徽省为例[J]. 赤峰学院学报(自然科学版), (5): 37-40.

卢丽文, 张毅, 李永盛, 2014. 中国人口城镇化影响因素研究——基于31个省域的空间面板数据[J]. 地域研究与开发, 33(3): 54-59.

陆大道, 陈明星, 2015. 关于"国家新型城镇化规划(2014—2020)"编制大背景的几点认识[J]. 地理学报, 70(2): 179-185.

陆铭，陈钊，2004. 城市化、城市倾向的经济政策与城乡收入差距[J]. 经济研究，(6)：50-58.

陆益龙，2008. 户口还起作用吗——户籍制度与社会分层和流动[J]. 中国社会科学，(1)：150-163, 208-209.

逯进，郭志仪，2014. 中国省域人口迁移与经济增长耦合关系的演进[J]. 人口研究，(6)：107-114.

栾江，2014. 中国西部地区农村居民受教育程度对收入水平的影响研究[D]. 北京：北京林业大学.

罗正东，王保拿，1993. 中国城市化道路及其发展趋势[M]. 北京：学苑出版社.

雒海潮，李国梁，2015. 河南省城市化质量实证研究[J]. 地域研究与开发，(3)：73-78.

M. P. 托达罗，1988. 第三世界的经济发展学[M]. 北京：中国人民大学出版社.

马克思，恩格斯，1979. 马克思、恩格斯全集（第三卷）[M]. 北京：人民出版社.

孟庆松，韩文秀，2000. 复合系统协调度模型研究[J]. 天津大学学报，(4)：444-446.

米歇尔·博德，1986. 资本主义史：1500—1980[M]. 上海：东方出版社.

南锐，王新民，李会欣，2010.区域基本公共服务均等化水平的评价[J].财经科学，(12)：58-64.

聂华林，韩燕，钱力，2012.基于面板数据的我国人口城市化与经济增长动态比较研究[J].软科学，(5)：31-35.

欧文·加兰迪，1987. 转变中的大都市区[M]. 纽约：纽约出版社.

帕克，伯吉斯，麦肯齐，1987. 城市社会学[M]. 北京：华夏出版社.

潘祖光，1994.人口生活质量研究综述[J].人口学刊，(5)：33-37.

彭果秋，曹洪华，宋友，等，2015.川南城市群城市化质量与水平评价研究[J]资源开发与市场，(6)：11-14, 34.

钱雪飞，2010.新生代农民工收入情况及影响因素[J].当代青年研究，(3)：17-23.

桑秋，张宇平，苏飞，等，2008.20 世纪 90 年代以来沈阳市人口、经济、空间与环境的协调度分析[J].中国人口·资源与环境（2)：121-125.

山田浩之，1980. 都市的经济分析[M]. 东京：东洋经济新报社.

山田浩之，1991. 城市经济学[M]. 大连：东北财经大学出版社.

施建刚，王哲，2011.中国城市化与经济增长关系实证分析[J]城市问题，(9)：10-15.

史学斌，武辉，贾俊花，2006.人口城市化动力机制理论综述[J].西北人口，(3)：23-26.

世界环境与发展委员会，1997. 我们共同的未来[M]. 长春：吉林人民出版社.

宋俊岭，黄序，2001. 中国城镇化知识 15 讲[M]. 北京：中国城市出版社.

苏茜，2015.我国人口城市化质量研究[D].上海：上海师范大学.

孙久文，2013. 城乡协调与区域协调的中国城镇化道路初探[J]. 城市发展研究，(5)：62-67.

孙丽萍，杨筠，2015. 基于城镇体系视角的西部人口城镇化和土地城镇化协调性的实证分析[J]. 现代城市研究，(12).

孙群郎，2005. 20 世纪70 年代美国的"逆城市化"现象及其实质[J]. 世界历史，(1)：19-27.

孙旭，吴忠，杨友宝，2015.特大城市新型城市化质量综合评价及其空间差异研究——以上海市为例[J].东北师大学报（自然科学版），47(3)：154-160.

谭术魁，宋海朋，2013.我国土地城市化与人口城市化的匹配状况[J].城市问题，(11)：4-8.

谭涛，石宇，2012.城市"包容"乡村发展的指标体系、实现程度与区域比较研究——以无锡、扬州、盐城三市测算为例[J].江苏农村经济，(2)：23-26.

檀学文，2012. 稳定城市化——一个人口迁移角度的城市化质量概念[J]. 中国农村观察，(1)：2-12.

陶松，2012. 我国城市化现状及"半城市化"研究[D]. 合肥：安徽大学.

田雅娟，2006.我国工业化与城市化协调发展评价体系的研究[D].保定：河北大学.

童鹏，苏端初，2009.赤壁市城镇居民参保率有望年底达标[J].中国医疗保险，(5)：70.

王本兵,2011.我国城镇化发展的制度创新研究[D].青岛：中国海洋大学.

王春光,2003.中国农村流动人口"半城市化"问题[J].社会学问题,(5).

王春光,2006.农村流动人口的"半城市化"问题研究[J].社会学研究,(5):111-126,248.

王德利,方创琳,杨青山,等,2010.基于城市化质量的中国城市化发展速度判定分析[J].地理科学,16(5):643-650.

王德利,方创琳,2012.城市化发展质量研究进展及展望[J].现代城市研究,(7):15-21.

王飞儿,2004.生态城市理论及其可持续发展研究[M].杭州：浙江大学.

王洋,张京祥,罗震东,2014.西部欠发达地区城镇化困局的特征与机制——基于宁夏南部山区调研的探讨[J].经济地理,(9):40-47.

王富喜,孙海燕,2009.对改革开放以来中国城镇化发展问题的反思——基于城乡协调发展视角的考察[J].人文地理,(4):18-21.

王际宇,易丹辉,郭丽环,2015.中国新型城市化指标体系构建与评价研究[J].现代管理科学,(6):64-66.

王建康,谷国锋,姚丽,2015.城市化进程、空间溢出效应与城乡收入差距[J].经济学刊,(5):55-66.

王金营,2003.经济发展中人口城市化与经济增长相关分析比较研究[J].中国人口·资源与环境,(5).

王娟,2011.西部地区加快城镇化体制和政策研究——以成都统筹城乡改革试验为例[J].宏观经济研究,(2):64-73.

王军宏,王军强,2001.双重劳动力市场模型与企业内部劳动力市场[J].新疆社科论坛(2).

王雷,黄华兵,宫鹏,等,2012.中国1990-2010年城市扩张卫星遥感制图[J].科学通报,57(16):1388-1399.

王丽艳,2015.我国人口城市化与土地城市化协调发展的区域差异测度——来自东中西部省际面板数据[J].学习与实践,(4):14-24.

王丽艳,郑丹,游斌,2014.实现人口城市化与土地城市化良性互动发展问题研究[J].当代经济研究,(12):64-71.

王如松,1988.城市生态调控原则与方法[M].长沙：湖南教育出版社.

王珊珊,杨俊龙,2015.工业化与城市化协调发展关系研究[J].赤峰学院学报(自然科学版),(1):100.

王少飞,2002.用恩格尔系数衡量居民生活水平的可行性研究[J].统计研究,(6):19-22.

王小鲁,2010.中国城市化路径与城市规模的经济学分析[J].经济研究,(1).

王晓丽,2013.中国人口城镇化质量研究——基于市民化角度[D].天津：南开大学.

王旭,2006.美国城市发展模式[M].北京：清华大学出版社.

王雪霁,2014.我国土地城市化与人口城市化缺口：现状、原因及对策[J].中国物价,(7):44-47.

王洋,王少剑,秦静,2014.中国城市土地城市化水平与进程的空间评价[J].地理研究,33(12):16-26.

王永辉,2011.农村城市化与城乡统筹的国际比较[M].北京：中国社会科学出版社.

王云霞,南灵,2015.西安市城镇化进程中人口与土地协调发展研究[J].地域研究与开发,34(2):85-90.

王章辉,孙娴,1995.工业社会的勃兴[M].北京：人民出版社.

王章辉,黄柯可,1999.欧美农村城市化的转移与城市化[M].北京：社会科学文献出版社.

王哲野,程叶青,马靖,等,2015.东北地区城市民生质量测度与空间分析[J].地理科学,35(2).

王喆,陈伟,2014.工业化、人口城市化与空间城市化——基于韩、美、日等OECD国家的经验分析[J].经济体制改革,(5):177-181.

魏后凯,叶裕民,2011.城市与区域发展转型[M].北京：商务印书馆.

魏后凯,苏红键,2013.中国农业转移人口市民化进程研究[J].中国人口科学,(5):21-29.

魏杰,李富忠,刘学,等,2015.中国城乡协调发展的综合评价与研究[J].山西农业大学学报(社会科学版),(11).

"我国农村劳动力转移与农民市民化研究"课题组,2003.农民市民化的趋势与国内相关理论学派的主张[J].经济研究参考,

(5)：3-9.

巫正霞, 2009. 城市化水平与区域经济增长的相关性研究[D]. 金华：浙江师范大学.

吴殿廷, 任春艳, 张文新, 等, 2007. 区域城乡协调发展的综合评价——以宁波为例[J].北京师范大学学报(自然科学科学版), 14(5)：276.

吴华安, 杨云彦, 2011. 中国农民工半城市化的成因、特征与趋势：一个综述[J]. 西北人口, (4)：107-112.

武廷方, 夏刚, 2014. 城镇化驱动下的区域经济发展——中国城镇化与区域经济发展国际研讨会综述[J]. 经济研究, (3)：187-191.

西蒙·库兹涅茨, 1989. 现代经济增长[M]. 北京：北京经济学院出版社.

夏峰, 2015. 从规模城镇化走向人口城镇化——2020：城镇化转型升级大趋势[J]. 上海大学学报(社会科学版), 32(4).

夏小林, 王小鲁, 2000. 中国的城市化进程分析——兼评城市化方针[J]. 改革, (2)：33-38.

夏祎, 2008. 中国城市化与经济发展关系研究[D].北京：首都经贸大学.

向德平, 2002. 城市社会学[M]. 武汉：武汉大学出版社.

肖金成, 2009. 中国特色城镇化道路与农民工问题[J]. 发展研究, (5)：20-23.

肖尧, 2013. 城镇化、房地产价格与城乡收入差距[J]. 财经科学, (9)：100-107.

新玉言, 2013. 国外城镇化比较研究与经验启示[M]. 北京：国家行政学院出版社.

信长星, 2008. 关于就业、收入分配、社会保障制度改革中公平与效率问题的思考[J]. 中国人口学, (1)：4-11, 97.

徐昆鹏, 张雯, 何鑫, 2010. 城镇化模式选择与城乡协调发展——区域发展与新农村建设的探讨[J]. 学理论, (4)：42-44.

徐秋艳, 2007. 城市化水平测度方法研究综述[J]. 安徽农业科学, (29)：31-32.

徐瑞仙, 2009. 社会保障公平价值理念的理性回归[J]. 天水师范学院学报, (3)：41-45.

徐素, 于涛, 巫强, 2011. 区域视角下中国县级市城市化质量评估体系研究——以长三角地区为例[J]. 国际城市规划, (1)：57-62.

许芳, 2015. 城市化和城乡收入差距的时空演变[J]. 上海经济研究, 325(10)：116-122, 130.

许振亮, 赵宇娜, 周文霞, 2012. 国际生态城市研究前沿的知识图谱分析——基于共词网络分析视角[J]. 城市发展研究, (2)：121-130.

薛德升, 曾献君, 2016. 中国人口城镇化质量评价及省际差异分析[J]. 地理学报, 71(2).

闫威, 胡亮, 2009. 我国社会保障公用服务效率评价研究——基于数据包络分析方法[J]. 华东经济管理, (8)：53-57.

严俊霞, 冯璇, 等, 2013. 山西省城市化与生态环境综合水平协调度分析[J]. 山西大学学报(自然科学版), (2).

颜俊, 2014. 巴西人口城市化进程及模式研究[D]. 上海：华东师范大学.

杨东峰, 龙瀛, 杨文诗, 等, 2015. 人口流失与空间扩张：中国快速城市化进程中的城市收缩悖论[J]. 现代城市研究, (9)：26-31.

杨风, 2014. 排斥与融入：人口城市化进程中农民市民化研究[M]. 青岛：山东大学出版社.

杨丽霞, 苑韶峰, 王雪禅, 2013. 人口城市化与土地城市化协调发展的空间差异研究——以浙江省69县市为例[J]. 中国土地科学, (11)：20-24, 32.

杨薇, 张宏, 2010. 基于刘易斯模型的"民工荒"问题研究[J]. 现代商贸工业, 22(23)：177-178.

杨英强, 2008. 现阶段农民工市民化问题研究[D]. 成都：西南财经大学.

杨振宁, 2008. 城乡统筹发展与城镇化关系的实证研究——基于安徽的数据[J]. 农业经济问题, (5)：51-56.

杨志海, 刘雪芬, 王雅鹏, 2013. 县域城镇化能缩小城乡收入差距吗——基于1523个县(市)面板数据的实证检验[J]. 华中农业大学学报(社会科学版), (4)：42-48.

姚华松，徐学强，2008. 西方人口迁移研究进展[J]. 世界地理研究，14(16)：11.

姚士谋，陆大道，陈振光，等，2012. 顺应我国国情条件的城市化问题的严峻思考[J]. 经济地理，(5)：1-6.

姚士谋，张平宇，余成，等，2014. 中国新型城市化理论与实践问题[J]. 地理科学，34(6)：641-647.

叶晓东，杜金岷，2015. 新型城镇化与经济增长——基于技术进步角度的分析[J]. 科技管理研究，327(5)：185-189.

叶裕民，2001. 中国城市化质量研究[J]. 中国软科学，(7)：27-31.

叶裕民，2002. 中国城市化之路——经济支持与制度创新[M]. 北京：商务印书馆.

尹宏玲，徐腾，2013. 我国城市人口城市化与土地城市化失调特征及差异研究[J]. 城市规划学刊，(2)：16-21.

于立，2010. 城乡和谐发展与发展政策及实践中的"城市倾向"问题[J]. 城市规划学刊，(5)：64-70.

余宏，2009. 上海城市居民生活质量研究[M]. 北京：中国财政经济出版社.

余佳，丁金宏，2010. 中国户籍制度的政策效应、改革取向与步骤选择[J]. 华东师范大学学报(哲学社会科学版)，(4)：70-75，79.

俞芳，2012. 城市化质量内涵研究述评[J]. 经济论坛，(12)：98-100.

袁晓玲，王霄，何维炜，等，2008. 对城市化质量的综合评价分析——以陕西省为例[J]. 城市发展研究，(2)：42-45，49.

曾红颖，2012. 我国基本公共服务均等化标准体系及转移支付效果评价[J]. 经济研究，(6).

张亘稼，2007. 城市化指标体系探讨[J]. 云南财贸学院学报(社会科学版)，22(1)：79-80.

张贡生，罗登义，2013. 城市化质量评价指标体系：框架设计[J]. 青岛科技大学学报(社会科学版)，(4).

张国胜，2008. 中国农民工市民化：社会成本视角的研究[M]. 北京：人民出版社.

张季风，2003. 战后日本农村剩余劳动力转移及其特点[J]. 日本学刊，(2)：78-93.

张锦宗，朱瑜馨，周杰，2009. 人口-经济对中国城市化的影响分析[J]. 人口与经济，(1)：1-4.

张京祥，等，2012. 城乡基本公共服务设施布局均等化研究[J]. 城市规划，(2)：19-25.

张梅，2007. 发达国家和发展中国家城市化比较及启示[J]. 山西科技，(1)：20-21，23.

张明斗，2015. 农民工市民化：新型城镇化包容性发展的一个政策思路[J]. 农业经济，(11)：72-74.

张培刚，1991. 发展经济学通论(第1卷)[M]. 长沙：湖南出版社.

张鹏，2016. 我国民生保障实现模式的政治经济学研究[J]. 财经科学，(6)：75-83.

张青杰，朱小翠，姬俊双，2014. 我国城市化水平与经济增长的协调性——基于1995~2011年相关数据的分析[J]. 经营与管理，(4)：145.

张旺，周跃云，胡光伟，2013. 超大城市新三化的时空耦合协调性分析——以中国十大城市为例[J]. 地理科学，33(5).

张卫国，罗超平，李海明，2015. 农民工、产业结构与新型城镇化——"中国西部开发研究联合体第10届学术年会"综述[J]. 经济研究，575(8)：177-181，194.

张晓琳，袁国敏，2014. 我国社会保障支出效率的国际比较研究[J]. 渤海大学学报，(1)：71-77.

张旭昆，韩文婧，2010. 地方财政教育投入正外部性的实证分析——基于东、中、西部的比较[J]. 江西财经大学学报，(5)：27-31.

张燕，吴玉鸣，2006. 中国区域工业化与城市化的时空耦合协调机制分析[J]. 城市发展研究，(6)：46-51.

张耀宇，陈利根，陈会广，2016. "土地城市化"向"人口城市化"转变——一个分析框架及其政策含义[J]. 中国人口·资源与环境，187(3)：129-137.

张志强，杨鹏，张娜，2015. 河北省人口城市化与土地城镇化的协调发展评价[J]. 河北师范大学学报(哲学社会科学版)，(4)：145.

章友德，2003. 城市社会学案例教程[M]. 上海：上海大学出版社.

赵美玲，张雪琳，晋守博，2015. 皖北六市城市化质量的模糊综合评价[J]. 重庆工商大学学报（自然科学版），(10)：62.

赵新平，周一星，2002. 改革以来中国城市化道路及城市化理论研究述评[J]. 中国社会科学，2：132-138.

郑峰，2005. 可持续城市理论与实践[M]. 北京：人民出版社.

郑杭生，2005. 农民市民化：当代中国社会学的重要研究主题[J]. 甘肃社会科学，(4)：5-9.

郑亚平，2006. 我国省域城市化质量水平的测评[J]. 重庆工商大学学报，6：95-98.

郑梓桢，2003. 社会保险覆盖面人口基数测算与城市化质量评估[J]. 广东社会科学，(5)：54-60.

中国社会科学院"城镇化质量评估与提升路径研究"创新项目组，2013. 中国城镇化质量综合评价报告[J]. 经济研究参考，(31)：3-32.

钟秀明，武雪萍，2006. 城市化之动力[M]. 北京：中国经济出版社.

周长城，等，2009. 生活质量的指标建构及其现状评价[M]. 北京：经济科学出版社.

周大鸣，2011. 永恒的钟摆——中国农村劳动力的流动[M]// 都市里的村民——中国大城市的流动人口. 北京：中国编译出版社.

周丽萍，2012. 增强人口城市化的适度性和包容性[N]. 中国人口报，[2012-06-11].

周其仁，2013. 城乡中国（上）[J]. 北京：中信出版社.

周淑莲，郭克莎，等，2008. 中国的工业化与城市化[M]. 北京：经济管理出版社.

周文丽，2012. 人口流动对经济增长收敛效应实证分析——以甘肃省为例[J]. 南京人口管理干部学院学报，(2)：27-32.

周向红，2008. 健康城市[M]. 北京：中国建筑工业出版社.

周小刚，陈东有，2009. 中国人口城市化的理论阐释与政策选择：农民工市民化[J]. 江西社会科学，12：143-149.

周艳萍，2001. 中国人口城市化质量研究[J]. 杭州：浙江大学.

周一星，2007. 城市地理学[M]. 北京：商务印书馆.

周一星，曹广忠，1999. 改革开放20年来的中国城市化进程[J]. 城市规划，(12)：8-13.

朱宝树，2006. 人口城镇化与城乡统筹发展[J]. 华东师范大学学报（哲学社会科学版），(4)：33-39.

朱洪祥，雷刚，吴先华，等，2011. 基于预警指标体系的城市化质量评价——对山东省城市化质量评价体系的深化[J]. 城市发展研究，(12)：7-12.

朱江丽，李子联，2018. 户籍改革、人口流动与地区差距——基于异质性人口跨期流动模型的分析[J]. 经济学（季刊），15(2)：797-816.

朱杰，2008. 人口迁移理论综述及研究进展[J]. 江苏城市规划，(7)：42-46.

朱考金，狄金华，2008. 进城农民工的卫生健康状况及其影响因素分析——以南京市为例[J]. 华南农业大学学报（社会科学版），7(4)：15-20.

朱孔来，李静静，乐菲菲，2011. 中国城市化进程与经济增长关系的实证研究[J]. 统计研究，28(9)：80-87.

朱庆芳，2001. 社会指标体系[M]. 北京：中国社会科学出版社.

朱选功，2000. 城市化与小城镇建设的利弊分析[J]. 理论导刊，(4)：29-32.

邹农俭，1989. 中国农村城市化研究[M]. 南宁：广西人民出版社.

邹一南，2014. 城镇化的双重失衡与户籍制度改革[J]. 经济理论与经济管理，(2)：41-51.

Anderson K，Hayami Y. The Political Economy of Agricultural Protection[M]. Sidney：Allen & Unwin.

Bai X，Shi P，et al.，2014. Society：Realizing China's urban dream[J]. Nature，509(7499)：158-160.

Berry B J，1965. International structure of the city [J]. Law and Contemporary Problems，30(1)：112-119.

Chakravarti N R，1971. The India Minority in Burma：The Rise Decline of an Immigrant Community[M]. London：Oxford University Press.

Champion G, 1989. Counter urbanization: The changing pace and nature of population deconcentration[J]. Human Geography, 73(3): 210-211.

Chen B K, Lin Y F, Slavo R, 2014. Development strategy, urbanization and the urban-rural income gap in China[J]. Social Sciences in China, 135(1): 5-20.

Cohen B, 2006. Urbanization in developing countries: Current trends, future projections, and key challenges for sustainability[J]. Technology in Society, 28(1-2): 63-80.

Daly H, Cobb, 1989. For the Common Good[M]. Boston: Beacon Press.

Eldridge H T, 1956. The Process of Urbanization[M] // Demographic Analysis. Glencoe: Free Press.

Grossman G M, Alan B K, 1993. Environment Impacts of a North American Free trade Agreemnt[M] // Free Trade Agreement. Cambridge: MIT Press.

Grossman G M, Alan B K, 1995. Economic growth and the environment[J]. Quarterly Journal of Economics, 110(2).

Harry W R, 1981. National urban development strategies in developing country [J]. Urban Studies, 18(3): 267-283.

Kojima R, 1996. Introduction: Population migration and urbanization in developing countries[J]. The Developing Economies, (4): 349-369.

Lewis, 1954. Economic development with unlimited supplies of labor[J]. The Manchester School, 22(2): 139-191.

Li H B, Zhou L A, 2005. Political turnover and economic performance: The incentive role of personnel control in China[J]. Journal of Public Economics, (89): 1743-1762.

Lipton M, 1997. Why Poor People Stay Poor: A Study of Urban Bias in World Development[M]. Cambridge: Harvard University Press.

Naing O, 1989. Urbanization and economic development in Burma[J]. Journal of Social Issues in Southeast Asia 4(2): 233-260.

Northam R M, 1979. Urban Geography[M]. New York: Springer.

Shfik N, Sushenjit B, 1992. Economic growth and environmental quality: Time-series and cross-country evidence[J]. World Bank Policy Research Working Paper.

Sovani N V, 1964. The analysis of "over-urbanization" [J]. Economic Development and Cultural Change, 12(2): 113-122.

Tang R W, 2014. China's urbanization and resulting improvement of people's well-being[J]. China Economist, 9(3).

Tjallingii S P, 1995. Ecopolis: Strategies for Ecologically Sound Urban Development[M]. London: Backhuys Publishers.

United Nations Human Habitat, 2002. The state of the world's cities report 2001[R]. New York: United Nations Publications.

United Nations Human Habitat, 2004. Urban indicators guidelines [C]. United Nations Human Settlement Programmer. New York: United Nations Publications.

Vernon H, 2002. Urbanization in developing countries[J]. The World Bank Research Observer, 17(1): 89-112.

World Bank, 1997. Sharing rising incomes-disparities in China[R].

Yiftachel O, 1993. Urban social sustainability the planning of an Australian city[J]. Cities, 10(2): 139-157.

本书的写作和出版得到国家社会科学基金、曲靖师范学院科研基金、内江师范学院"乡村振兴与区域发展专业群"和"经济与金融类课程教学团队"项目以及"沱江流域高质量发展研究中心"的资助,特此感谢!